國譯 律呂新書

저자著者

채원정(蔡元定, 1135~1198)

자는 계통季通, 호는 서산西山. 주자朱子 제자.

아버지는 채발(蔡發, 1089~1152), 아들은 『서경집전書經集傳』을 지은 채침(蔡沈, 1167~1230).

저서著書 『대연상설大衍詳說』, 『연락원변燕樂原辨』, 『황극경세서皇極經世書』, 『태현잠허지요太玄潛虛指要』, 『홍범해洪範解』, 『팔진도설八陣圖說』 등

역주자譯註者

이후영李厚瑩

서암瑞巖 김희진金熙鎭 · 송담松潭 이백순李栢淳 선생 한학 사사

원광대학교 한문교육학 석사

저서著書 『설송서당雪松書堂』(2001), 『대전향제줄풍류』(2005)

공저共著 『대전향제줄풍류II』(2010)

역서譯書 『악기樂記』(2000), 『효경孝經』(2001), 『호암湖菴 병서집屛書集』(2007)
『화순김씨和順金氏 가승家乘』(2006) 등

공역共譯 『동북통사東北通史』(2007)
『악서樂書』(공역중)

저자 | 채 원 정 역주자 | 이 후 영

초판 발행 | 2011년 7월 27일

발행처. 도서출판 문진 / **주소.** 대전광역시 유성구 봉명동 535-5 한진오피스텔 1623호 / **등록.** 대전 제113호 /
대표전화. 042-933-6510 / **팩시밀리.** 042-603-5510 / **표지디자인.** 한그림

가격. 30,000원

ISBN 978-89-92229-36-4 93670

國譯

律呂新書

목차

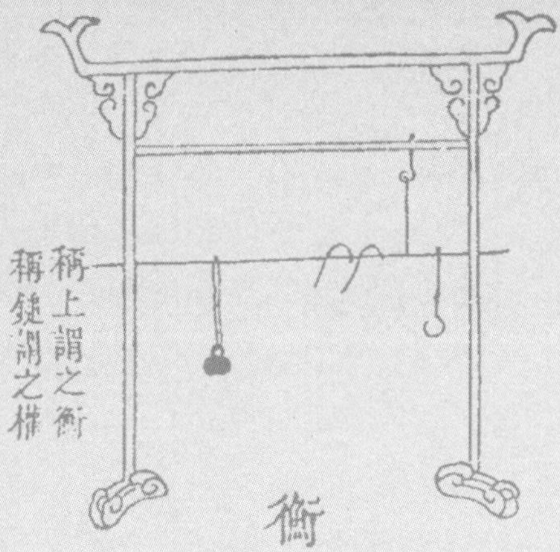

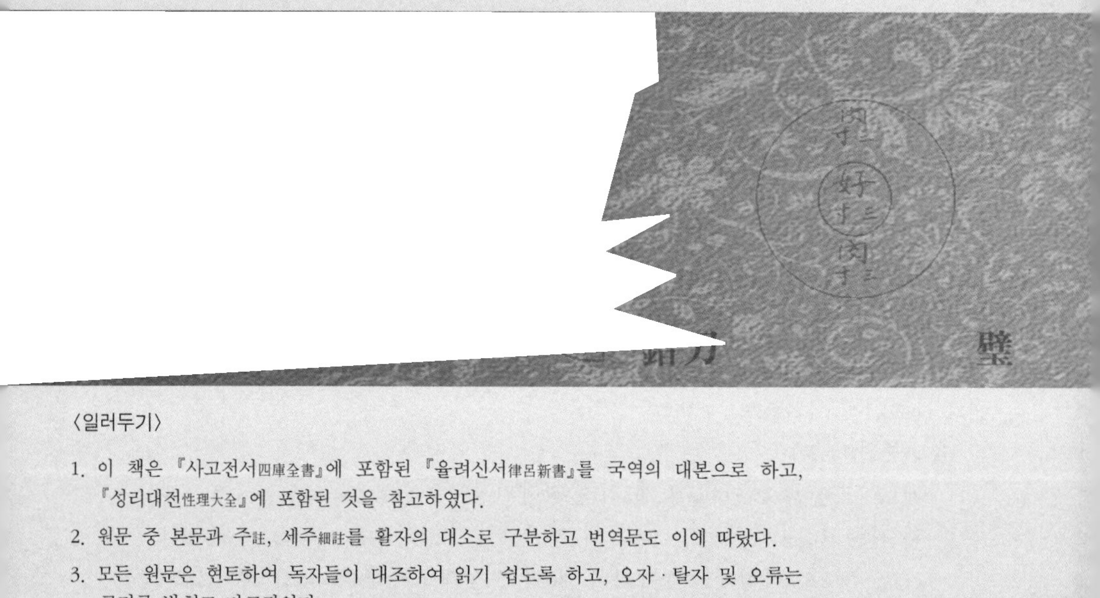

〈일러두기〉

1. 이 책은 『사고전서四庫全書』에 포함된 『율려신서律呂新書』를 국역의 대본으로 하고, 『성리대전性理大全』에 포함된 것을 참고하였다.
2. 원문 중 본문과 주註, 세주細註를 활자의 대소로 구분하고 번역문도 이에 따랐다.
3. 모든 원문은 현토하여 독자들이 대조하여 읽기 쉽도록 하고, 오자 · 탈자 및 오류는 근거를 밝히고 바로잡았다.
4. 각주는 가능한 해설에 가깝게 실었다.
5. 이 책에서 사용하고 있는 부호의 의미는 다음과 같다.

   『 』: 책명冊名

   「 」: 편명篇名

   " ": 직접 인용

   ' ': 간접 인용 및 강조

   「 」: 각주에서 인용

채원정蔡元定의

『율려신서律呂新書』

大泉五十

貨泉

律呂相生圖

1. 머리말

『예기』에 "악樂은 천지의 화和이다."라고 하고, 주자朱子는 "악에 오성과 12율이 있어 사람의 성정性情을 길러 그 마음의 사악한 것을 깨끗이 씻어내고 그 마음의 찌꺼기를 녹여 없앨 수 있다."라고 하였다. 바로 천지의 화和가 되고 사람의 성정을 길러 수신修身이 되는 도道인 악은 하나의 황종黃鐘과 그로부터 생성된 11률의 음률音律이 바탕이 된다.

그 음률은 우리 국악에서 민속악과 정악正樂이 다르다. 민속악은 더욱 유파流派에 따라 다르며, 정악 또한 향악鄕樂 계열과 당악唐樂 · 아악雅樂 계열이 다르고, 풍류 음악으로 보면 국악원 풍류와 지방 풍류가 다르다. 이는 그 악을 특징짓는 것 중 하나였다. 그러나 현행 추세의 공통적인 현상은 많은 연주 단체가 평균율 쪽으로 기울어지고 있다는 것이다. 경위야 어찌 되었든 이 시점에서 필요한 것은 음률에 대한 진지한 성찰일 것이다.

이번에 번역한 『율려신서』는 그러한 작업의 일환이 될 자료임을 확신한다. 그 이유는 첫째 성기聲氣의 근원인 황종과 나머지 11률 그리고 변율變律을 정하고 음계인 오성을 확립하여 60조調를 조직하였고, 둘째 중국 고대의 핵심적인 악리樂理인 삼분손익법과 60조에 대한 탁월한 이해로 독창적인 6변율六變律 이론을 제시하여 종래에 각 왕조王朝에서 습관적으로 사용한 12율律 4청성四淸聲의 오류를 바로잡았고, 셋째 역대 각 왕조에서 정확한 음률을 정하기 위해 기울인 노력의 흔적을 볼 수 있으며, 마지막으로 각 시대를 대표할 만한 학자들이 이루어놓은 악학樂學의 성과 등을 본서에서 볼 수 있기 때문이다.

역자譯者는 이 점에 관심을 갖고 오래전부터 관련 자료를 준비하고, 선행 작업으로 몇몇 국악 전공자들과 본서의 일부를 강독도 하며, 또한 『예기禮記

』「악기樂記」를 번역하고, 아직 책으로 출간되지는 않았지만 송宋나라 진양(陳暘, 1040~1110)의 『악서樂書』[1]를 공역共譯하며 본서의 많은 부분을 참고하였다. 이것을 종합하여 이참에 각주脚註를 붙여 출간하게 된 것이다. 각주는 저자의 의도가 충실하게 드러날 수 있도록 가능한 해설에 가깝게 세세하게 달았다.

번역에 사용한 대본은 두 종류였다. 하나는 1994년 학민문화사에서 영인하여 발행한 『성리대전性理大全』[2]에 포함된 것이고, 다른 하나는 표지에 '王雲五 主編 四庫全書珍本十集'이 기록된 지인知人이 소장하고 있는, 바로 『사고전서四庫全書』[3]에 포함된 『율려신서』를 중국에서 단행본으로 만든 것이었다. 그중 '제요提要'가 더 있는 『사고전서』 본을 번역의 대본으로 하고 『성리대전』 본을 참고하여 번역하였다.

2. 저자의 생애生涯[4]

먼저 저자 채원정(蔡元定, 1135~1198)은 남송 고종南宋高宗 5년(1135) 건주建州 건양建陽에서 태어난 송대宋代의 정주학자程朱學者이다. 자는 계통季通, 호는 서산西山이다. 군서群書를 섭렵한 대유大儒인 목당노인牧堂老人 채발(蔡發, 1089~1152)의 아들이고 주자(朱子, 1130~1200)의 명으로 『서경집전書經集傳』을 지은 채침(蔡沈, 1167~1230)의 아버지이다.

태어나면서 총명하여 8세에 시를 짓고 일기日記 수 천 구를 지었다. 10세부터 아버지에게서 정호(程顥, 1032~1085) · 정이(程頤, 1033~1107)의 『이정어록二程語錄』, 소옹(邵雍, 1011~1077)의 『황극경세서皇極經世書』, 장재(張載, 1020~1077)의 『정몽正蒙』을 배우고 연구하였으나, 뒤에 주자朱子의 명성을 듣고 그를 스승으로 삼았다. 주자는 그의 학문을 인정하여 벗으로 대우하였으며 사방에서 오는 사람들로 하여금 먼저 그에게 질정質正하도록 하였다.[5]

뒤에 태상소경太常少卿 우무尤袤와 비서소감祕書少監 양만리楊萬里가 잇달아

소疏를 올려 조정에 천거하여 불렀으나 병을 핑계로 굳게 사양하고 서산西山에 집을 지어 필생의 계획으로 삼았다.

54세인 남송 효종南宋孝宗 14년(1187)에 본서를 완성하고 주자에게 서문을 부탁하였다. 남송 영종南宋寧宗 원년(1195) 61세에 '위학僞學의 금禁'을 당하여 주자가 삭탈관직 되어 귀양 갈 때 그도 연좌되어 호남성湖南省 도주道州로 귀양 갔다가 남송 영종南宋寧宗 4년(1198) 64세를 일기一期로 유배지에서 생을 마감하였다.

'위학僞學의 금禁'은 당시 정사를 전횡하고 있던 한탁주韓侂冑가 도학을 위학僞學이라고 매도하고 주자朱子와 조여우趙汝愚의 문인들을 관직에서 축출하는 동시에 그 저서의 유포를 금지시킨 사건이다. 이 사건은 그보다 앞서 효종孝宗의 뒤를 이어 즉위한 광종光宗이 효종이 머물고 있던 중화궁重華宮에 한 번도 문안을 가지 않은 일에 대해 주자가 비례非禮라고 간언한 일(1194)에서 발단되었다. 이 간언을 놓고 조정은 찬반양론으로 나뉘었는데, 평소 주자 등 유신儒臣들의 강직함을 꺼리던 한탁주와 경당京鏜 등은 이 일을 기화奇貨로 삼아 유신들을 조정에서 내몰기로 음모하였다. 그에 따라 한탁주 등은, '탐독방사貪黷放肆'함이 유신들의 본 모습이고 '염결호례廉潔好禮'함은 그들의 위모僞貌라고 하여, 도학을 위학이라고 비난하면서 주자를 조정에서 축출하였고, 다음 해인 1195년 승상丞相이던 조여우도 내쫓았다. 그와 동시에『논어論語』·『맹자孟子』등의 경서를 금서禁書로 규정하여 그것의 유포 및 그에 대한 공공연한 논의를 금지시켰다. 그 다음 해인 1196년에는 본격적인 유신儒臣 숙청 작업이 진행되어 채원정과 조정의 유신들이 모두 숙청되었다. 또 그 다음 해인 1197년에는 위학역당僞學逆黨의 명단을 만들어 59명의 이름을 기록하였는데, 그곳에 기록된 인물은 주자와 채원정을 비롯한 조여우·유정留正·주필대周必大·왕린王藺·팽구년彭龜年·진부량陳傅良·누월樓鑰·여조검呂祖儉·섭적葉適·항안세項安世·양간揚簡·원섭袁燮·여조태呂祖泰 등이었다. 당시에는 이 금령에 의한 도학의 탄압이 극심하여 향시鄕試를 보기 위해 제출했던 가장家狀에는 반드시 '위학을 하는 사람이 아니다.[不是僞學]'라는 글을 써야 만 했을 정도였다.

그는 주문朱門의 수제자로서, 성性과 천도天道를 우선으로 하여 학생들을 가르쳤고, 스스로 효孝·제悌·충忠·신信으로 모범을 보였으며 배운 것을 충실하게 실천하였다. 박학하여 유가儒家 경전經典 뿐 아니라 천문天文·지리地理·악률樂律·역수曆數·병진兵陣 등에도 조예가 있었다. 시호는 문절文節이다.

저서에는 『대연상설大衍詳說』·『율려신서』·『연락원변燕樂原辨』·『황극경세서皇極經世書』·『태현잠허지요太玄潛虛指要』·『홍범해洪範解』·『팔진도설八陣圖說』 등이 있다.

3. 『율려신서』의 전래와 유포

현재까지 알려진 『율려신서』는 크게 세 가지로 볼 수 있다. 첫째는 송나라 당시에 주자의 서문을 수록하여 출간한 『율려신서』 단행본이 있었을 것으로 추정되나 우리나라에 전해졌다는 기록이 없고, 둘째는 명明나라 영락永樂 13년(1415)에 호광胡廣 등 42명의 학자가 왕명을 받고 편찬한 『성리대전性理大全』에 포함되어 출간된 것이고, 셋째는 청淸나라 건륭乾隆 46년(1781)에 『사고전서四庫全書』 경부經部의 악류樂類에 포함되어 출간된 것이다.

가장 먼저 우리나라에 전래된 것은 『조선왕조실록』 세종 1년(1419) 12월 7일 3번째 기사에 의하면 경녕군敬寧君 이비李裶가 명 성조明成祖의 하사품으로 들여온 『신수성리대전新修性理大全』인데, 명나라 초간初刊 후 4년의 일이었다. 그 후 세종 7년 10월 15일 4번째 기사에 의하면 충청·전라·경상도 감사에게 『성리대전』·『오경五經』·『사서四書』 등 인쇄에 필요한 닥[楮]을 진상하라고 하였으니 이 시기에 『성리대전』이 처음 인쇄되었을 것이고, 이어 세종 8년(1426)에 진헌사進獻使 첨총제 김시우가 명 선종明宣宗의 하사품으로 또

『성리대전性理大全』을 들여왔다. 또한 성종 17년 4월 14일 3번째 기사에 채수蔡壽가 아뢴 것을 보면 "『율려신서』는 예악禮樂 중 『성리대전』에 편입編入된 후 본국에 유포流布되었다."라고 하였으니, 조선 초기 『율려신서』는 『성리대전』에 편입되어 유포된 것을 알 수 있다.

그 후 정조 때 『사고전서』에 대한 기사가 5건 보이지만 들여왔다는 기사가 없고, 그 이후에는 『사고전서』에 대한 기사가 없다. 『사고전서』는 청淸나라 건륭乾隆 46년(1781)에 첫 한 벌이 완성되고 그 후 궁정용 4벌, 민간에 열람시키기 위해 만들어진 3벌 등이 있었던 것으로 보아 들여올 수 없었을 것이다.

따라서 조선조에는 『율려신서』 단행본은 없었고, 『사고전서』 본은 일반에 유포되지 않았으며, 오로지 『성리대전』 본만 유포된 것을 알 수 있다.

4. 『율려신서』가 조선의 악정에 끼친 영향

그러한 『율려신서』가 『조선왕조실록』에서 검색되는 것은 총 24건인데 세종 때 7건, 단종 때 1건, 성종 때 7건, 중조 때 4건, 정조 때 2건이다. 『성리대전』에 『율려신서』가 포함된 것을 감안하면 더 많을 것이라는 것을 짐작할 수 있다.

그 일부를 살펴보면, 『조선왕조실록』 세종 12년 8월 23일 2번째 기사에는 "경연經筵에서 『율려신서』 강의를 시작하였다."라고 하고, 같은 해 9월 29일 3번째 기사에는 "집현전에서 주척周尺을 상고하여 이를 바로잡게 하고, 악보를 지으라고 명하였으니, 임금이 『율려신서』와 여러 악서를 보고 그 제작의 묘를 알았으므로 이를 지으라 명한 것이다."라고 하였다. 이를 보면 세종 때 비로소 『율려신서』가 경연의 교재로 채택되었으며, 그 중요성을 알아 이를 배우기 위해 노력하고, 내용에 정통하여 바로 그 이론으로 작곡하도록 명하였다는 것을 알 수 있다. 세조 1권 총서 22번째 기사에는 "세종이 세조에게 『율려신서』를 보도록 명하였다."라고 하고, 세조 14년 7월 29일 1번째 기사에 "양성지梁誠之 · 이석형李石亨 등을 불러 『율려신서』를 강講하게 하였다."라고 하여, 세조 또한 세종과 같이 『율려신서』를 직접 배우고, 학자들이 가르칠 수 있도록 하였으니, 이를 매우 존숭하였다는 것을 알 수 있다. 성종 8년 12월 12일 5번째 기사에 "최숙정 · 이창신 · 손비장 등과 제복의 감찰 · 『율려신서』의 학습 등에 대해 논의하였다."라고 하고, 성종 20년 4월 12일 3번째 기사에는 "김응기에게 『율려신서』를 배울 인원을 뽑도록 하라."라고 하였으니, 성종 당시에는 한발 더 나아가 『율려신서』에 대한 교육이 국가 차원에서 이루어졌음을 알 수 있으며, 이를 통해 『율려신서』가 조선전기의 악정樂政에 많은 영향을 끼쳤으리라는 것을 짐작할 수 있다.

또한 성종 24년에는 조선 음악의 지남指南이 되는 『악학궤범樂學軌範』[6]을 편찬하였는데, 제1권의 내용 중 60조六十調, 12율의 둘레와 길이의 도설[十二律圍長圖說], 변율變律, 양률과 음려의 자리 도설[陽律陰呂在位圖說], 천신 제사의 강신악[祀天神] 등에 『율려신서』의 이론을 채택하고 있다. 이를 보면 『율려신서』의 이론이 조선의 음악이론을 형성하는 데 있어 매우 중요하였다는 것을 알 수 있다.

또한 조선후기 정조대왕 행장行狀에 의하면 "『악통樂通』[7]이 완성되었다. 왕은 주자가 인정한 채원정의 『율려신서』 이론이 미처 관현管絃에 시행되지 못한 것을 늘 한스럽게 여겨 그를 다시 손질해서 책으로 만들었던 것이다."라고 하였으니, 정조는 『율려신서』 이론으로 악을 펴고자 하였는데 여러 사정으로 이를 시행할 수 없자 이를 한으로 여겨 대신 그 이론으로 『악통』을 저술한 것을 알 수 있다.

이상에서 보면 『율려신서』는 조선왕조 내내 악정에 중요한 이론을 제공하고 또한 영향을 끼쳤다는 것을 알 수 있다.

5. 율려신서 내용 개관

번역대본에는 기윤(紀昀, 1724~1805)이 지은 사고전서총목제요四庫全書總目提要 중 하나인 '제요提要'가 있고, 이어 주자의 서문序文이 있는데, 주자는 서문에서 『율려신서』를 저술한 것이 시의時宜에 적절할 뿐만 아니라 또한 자신의 뜻과 부합한다고 하였으며, 또한 자신이 이 책을 수차 읽고 이 책의 서문을 쓰게 되었음을 밝히고 있다.

> 정미년(丁未年, 1127)에 남쪽으로 천도遷都한 것이 올해 60년이라, 신神과 사람의 분노가 아직도 다 흩어지지 않아 곧 옛날의 예문禮文을 상고할 겨를이 없었다. 그리하여 학사學士 · 대부大夫들이 옛 것을 답습하고 단순 · 비루鄙陋하게 되어, 드디어 다시는 음률音律에 뜻을 두는 사람이 없게 되었으니 너무 심하다. 우리 벗 건양建陽 사람 채원정 계통이 이런 때 홀로 그 학설學說을 좋아하여 힘써 구하여 널리 찾고 멀리에서까지 얻어 크고 작은 것을 구별하여 버리지 않고 그것을 여러 해 동안 누적하여 엮었는데, 서로 말은 주고받지 아니하였지만 은연히 마음과 마음이 들어맞는 두 권[8]의 저서에 많지 않은 글이었다. -중략- 내가 우둔하고 불민不敏한 재주로 수차 숙독하여 근근이 유사한 뜻을 얻었는데, 채계통이 이에 자기의 뜻을 아는 자라고 인정하였다. 그러므로 나에게 서문序文을 써줄 것을 부탁하여 사양할 수 없었다.

이어 책은 2권으로 나뉘어 있다. 한 권은 율려본원律呂本原으로 모두 13편이고, 다른 한 권은 율려증변律呂證辨으로 모두 10편이다.

율려본원 제1편부터 제5편까지는 성기聲氣의 근원인 황종과 12율, 그리고 자신의 독창적 이론인 변율과 같은 율려론이 있고, 이어 제6편부터 제9편까지 오성과 84성도八十四聲, 그리고 60조도六十調圖와 같은 음계론과 악조론樂調論이 있으며, 이어 제10편에 12율관으로 절기를 관측하는 후기법候氣法이 있고, 이어 제11편부터 제13편까지 황종률관으로부터 정하는 도 · 량 · 권 ·

형度量權衡이 있다.

권1. 율려본원의 내용을 개관해보면 다음과 같다.

제1편 황종黃鐘

저자는 『한서漢書』 「율력지律歷志」로부터 "황종률관의 길이는 9촌이고 공위(空圍 : 원통 단면적)는 9평방푼이니, 부피[積]는 810입방푼이다."라고 성기聲氣의 근원을 제시하였다. 그리고 설명하기를 "그 실수實數 길이 9촌과 공위空圍 9평방푼을 곱하기한 결과로 810입방푼을 얻은 것이기 때문에, '황종률관의 길이는 9촌이고 공위空圍는 9평방푼이니, 부피는 810입방푼이다.'인 것이다."라고 설명하였다. 이어 아래 산술법에서 원전술圓田術과 개방법開方法으로 지름 3푼 4리 6호에 강强을 산출하고 있다. 그리고 아래 권2. 율려증변/조율造律에서 이 지름에 따른 원둘레 10푼 3리 8호를 제시하였다. 하지만 지름 3푼 4리 6호를 3배하여 산출한 원둘레는 오류이다. 그 이유는 아래 제2편 율장단위경지수律長短圍徑之數를 개관한 곳에 있다.

또한 황종률관의 지름을 구하기 위해 원전술을 썼는데, 이 때 사용한 '9평방푼' 대신에 '90입방푼을 얻고 다시 9평방푼[단면적]×10푼[길이]에서 9평방푼'이라고 해야 한다. 이는 원전술에서 '원넓이=(지름×지름×3)/4'로부터 지름을 얻기 위한 것이므로 황종률관의 단면적 9평방푼, 곧 본문의 '공위(空圍 : 원통 단면적)는 9평방푼'으로부터 계산해야하기 때문이다.

제2편 황종지실黃鐘之實

『회남자』와 『전한서』, 그리고 『사기』 생종분生鐘分의 내용에 따라 자子 1로부터 나머지 11진辰을 차례로 3배로 계산하여 황종의 실수實數를 $1\times3^{11}=177147$로 제시하였다. 이는 삼분손익을 원활하게 계산하기 위한 수리數理이다.

제3편 황종생11률黃鍾生十一律

이는 자子를 1로 놓았을 때 삼분손익에 따른 나머지 11진辰의 비율을 계산한 것이다. 저자는 주註에서 다시 황종 1은 9촌이라고 하였다. 이 경우 삼분손익에 따라 계산하면 대려관은 4촌 1푼 8리 3호, 협종관은 3촌 6푼 6리 3호, 중려관은 3촌 2푼 8리 6호 2사 3홀이 되어 세 율관은 황종 9촌의 반인 4촌 5푼에 미달한다. 저자는 이를 "모든 성聲은 양陽이다. 아래로부터 위로 그 반에 미치지 못하면 음陰에 속해 통하지 못한다. 그러므로 쓸 수 없고, 위로 올려 반에 미친 다음에 양에 속해 비로소 조화롭다."라고 설명하였다. 이것은 12율 상생에서 대려·협종·중려를 2배로 계산해야하는 중요한 이론이다. 그런데도 저자의 설명에는 음양陰陽이 바뀌었다.

제4편 12율지실十二律之實

12진辰 순서에 따라 12율이 생기는 순서를 배열하여 먼저 자子를 황종 177147로 놓고 삼분손일과 삼분익일을 반복하여 나머지 11률이 생기는 수치를 계산하였는데, 저자는 12율이 중려에서 마치는 이유를 "중려관仲呂管 131072에 이르러 다음 삼분익일해서 정수로 떨어지지 않아 그 수가 계속되지 않으니, 이것이 율律이 12에서 그치는 이유이다."라고 하였다. 저자는 다시 주註에서 황종관을 9촌으로 놓고 나머지 율관을 계산하였다. 그리고 그 12율 가운데 반의 수치가 황종은 없고, 임종·남려·응종은 쓰지 않고, 나머지 율은 반을 썼는데, '전체' 치수 12율은 60조도六十調圖에서 쓰이는 '정률正律'이고, '반' 치수가 제시된 8음[汰·湛·潫·汏·浹·浹·潕·沖]은 60조도六十調圖에서 쓰이는 '반성半聲'이다. 따라서 이곳은 변율變律 이론에 따른 각각 다른 20율관의 치수를 표시하고 있는 것이다.

제5편 변율變律

저자는 변율에 대해 "12율이 각자 궁宮이 되어 오성과 2변二變이 생기는데, 그 황종·임종·태주·남려·고선·응종의 육률이 빠짐없이 두루 갖추어지고, 유빈·대려·이칙·협종·무역·중려의 육률에 이르면, 다시 황종·임종·태주·남려·고선·응종을 얻어야 하는데, 그 육률의 소리가 관이 조금 짧아 화성和聲하지 못한다. 그러므로 변율이 있게 된다."라고 설명하였다.

이를 살펴보면 오성을 따라 육률의 12율관律管이 돌아가며 서로 궁성이 되면 모두 60조調가 되는데, 12율은 삼분손익에 의해 얻어지므로 평균율이 아니다. 따라서 기본이라 할 수 있는 황종궁조를 이조移調하여 나머지 59조를 조직해보면 음계가 단순하지 않다.

먼저 황종궁조의 음계를 엘리스(A.J. Ellis)의 백분법百分法으로 표시하면 다음과 같다.

黃	大	太	夾	姑	仲	蕤	林	夷	南	無	應	潢
114	90	114	90	114	90	90	114	90	114	90	90	
궁		상		각		변치	치		우		변궁	궁

이 황종궁조를 기준으로 이조移調할 경우 궁성을 기준으로 상성·각성·변치·치성·우성 사이의 간격이 조에 따라 달라진다. 예컨대 대려궁조일 경우를 보면 음조직은 아래 도표와 같다.

大	太	夾	姑	仲	蕤	林	夷	南	無	應	潢	汏
90	114	90	114	90	90	114	90	114	90	90	114	
궁		상		각		변치	치		우		변궁	궁

이를 황종궁조와 비교해보면 궁과 상 사이는 204로 같고, 궁과 각 사이도 408로 같으나 궁과 변치 사이는 황종궁조는 612인데 대려궁조는 588이므로 대려궁조의 변치 임종은 원래 정률正律 임종이 아닌 다른 임종이어야 한다. 따라서 본율 12율을 더 확장해야하는 필요성이 발생한다. 이와 같은 경우를 해결하는 방법으로 제시한 것이 저자의 '변율變律' 이론이다. 이에 따르면 6변율에서 변율變律이 3율[林·南·應], 변반성變半聲이 5률[潢·淋·汏·湳

· 潳], 그리고 12율에서 정률正律이 12율[黃 · 大 · 太 · 夾 · 姑 · 仲 · 蕤 · 林 · 夷 · 南 · 無 · 應], 반성半聲이 8률[汏 · 潳 · 濷 · 汱 · 洟 · 浹 · 潕 · 浺]이 필요하여 모두 28률이 된다. 이 때 변율과 정률, 변반성과 반성이 같은 율이 있으나, 변율의 율관이 정률의 율관보다 미세하게 짧아 음이 조금 높으며, 변반성의 율관이 반성의 율관보다 미세하게 짧아 음이 높으니, 명백하게 다른 율이다. 각각의 율관 치수는 본서/율려본원/제4편 12율지실十二律之實의 각주 4) 도표와 제5편 변율變律의 각주 10)의 도표에 상세하다. 결국 삼분손익에 따라 생성된 12율로 5성 음계에 적용하여 조를 조직할 경우 이 변율變律의 이론을 따라야 60조調가 이루어질 수 있는 것이다.

이 변율이 6개인 것은 자子의 수 1을 놓고 3을 6제곱승하여 729를 얻고, 729로 본율 중려관의 수 131072에 곱해 다시 중려의 수 95551488을 얻어 이를 삼분익일과 삼분손일을 반복하면 정수로 계산되는 것이 6개이기 때문이다.

당시에 계산으로 이와 같은 사실을 밝혔는데, 저자의 수학적인 식견과 음악에 대한 깊은 이해에 그저 놀라울 따름이다.

제6편 율생오성도律生五聲圖

황종수 81로부터 삼분손익에 따라 오음음계의 수치를 계산하여, 궁 → 치 → 상 → 우 → 각의 차례로 계산된 다섯 음이 오음이 되는 것을 밝혔다.

제7편 변생變生

오음음계에서 3율 간격이 되는 각角과 치徵, 우羽와 궁宮 사이는 음정이 멀어 변치變徵와 변궁變宮을 써야 함을 설명하고, 수의 계산으로 변치와 변궁이 생성되는 것을 밝혔다.

저자는 이곳에서 "오성은 궁성과 상성, 상성과 각성, 치성과 우성 사이는 간격이 1률이고, 각성과 치성, 우성와 궁성 사이는 간격이 2율이다."라고 하였는데, 이는 오류이다. 이는 "오성은 궁성과 상성, 상성과 각성, 치성과 우성 사이는 간격이 2율이고, 각성과 치성, 우성와 궁성 사이는 간격이 3율이다."라고 해야 한다.

제8편 84성도八十四聲圖

오음과 12율에 따라 조직되는 60조 외에 2변을 더하여 조직되는 84조를 12율의 정률과 반성半聲, 6변율의 변율과 변반성의 유무에 따라 조를 규칙성 있게 배치하여 도표화한 것이다.

본문 도표의 세로줄 달의 순서인 11(황종) · 6(임종) · 1(태주) · 8(남려) · 3(고선) · 10(응종) · 5(유빈) · 12(대려) · 7(이칙) · 2(협종) · 9(무역) · 4(중려)는 황종을 삼분손익하여 하생 · 상생하는 순서이고, 가로줄 조調의 궁조 · 치조 · 상조 · 우조 · 각조는 궁을 삼분손익하여 하생 · 상생하는 순서이다. 그 가운데 12율의 정률과 반성半聲, 6변율의 변율과 변반성이 들어가는 조를 구별하기 위해 가로줄에서 변율과 변반성이 들어가는 조는 아래 황종변 · 임종변 · 태주변 · 남려변 · 고선변 · 응종변으로 내려 재배치하여 구별하고 있다.

이 84성도八十四聲圖에서 변치 · 변궁을 제외하고, 60조를 다시 월月의 순서와 오성의 순서로 정리하면, 이 도표의 11월(황종궁 → 무역상 → 이칙각 → 중려치 → 협종우) → 12월(대려궁 → 응종상 → 남려각 → 유빈치 → 고선우) → 1월(태주궁 → 황종상 → 무역각 → 임종치 → 중려우) - 중략 - 10월(응종궁 → 남려상 → 임종각 → 고선치 → 태주우)의 순서는 아래 본서/율려본원/제9편 60조도六十調圖의 왼쪽 세로줄의 조調의 순서가 된다.

11월에 해당하는 조調는 본서/율려본원/제9편 60조도六十調圖의 1.황종궁, 2.무역상, 3.이칙각, 4.중려치, 5.협종우에 해당하여 황종으로 음조音調를 시작해서 황종으로 곡을 마치고, 12월에 해당하는 조는 6.대려궁, 7.응종상, 8.남려각, 9.유빈치, 10.고선우에 해당하여 대려로 음조를 시작해서 대려로 곡을 마친다. 이하 1월부터 10월까지 다른 달도 같은 경우이다.

제9편 60조도六十調圖

12율과 오성에 따라 음계조직인 60조가 생성된 것을 도표화한 것이다. 12율은 돌려가며 궁성이 되는데 각각 7성이 있어 합이 84성이지만, 그 변궁 12는 우성의 뒤 궁성의 앞에 있고, 변치 12는 각성의 뒤 치성의 앞에 있는데, 궁성이면서 궁성을 이루지 못하고 치성이면서 치성을 이루지 못해 24성은 조調가 될 수 없기 때문에 모두 60조調가 된다고 하였다.

또한 황종궁으로부터 협종우에 이르기까지는 모두 황종으로 음조音調를 시작해서 황종으로 곡을 마친다고 하였는데, 이는 1.황종궁은 궁성 자리에 있는 황종이 궁, 2.무역상은 상성 자리에 있는 황종이 궁, 3.이칙각은 각성 자리에 있는 황종이 궁, 4.중려치는 치성 자리에 있는 황종이 궁, 5.협종우는 우성 자리에 있는 황종이 궁으로 각 조調 모두 황종이 궁이다. 따라서 궁에서 시작하여 궁에서 마치니, 황종에서 시작하여 황종에서 마친다는 것이다.

또 이 60조에서는 음계조직에 따라 음을 12율의 정률正律·반성半聲과 6변율의 변율變律·변반성變半聲 네 가지로 구분하고 있다. 정률·반성은 본서/율려본원/제4편 12율지실十二律之實의 각주 3) 도표에 나오는 것으로 정률은 주註의 '전체' 치수의 율이고 반성은 '반' 치수의 율이며, 변율·변반성은 본서/율려본원/제5편 변율의 각주10) 도표에 나오는 것으로 변율은 주註의 '전체' 치수의 율이고 변반성은 '반' 치수의 율이다. 이를 60조의 음계조직에서 밝혔다는 것은 삼분손익을 깊이 이해한 결과로 매우 탁견이 아닐 수 없다.

제10편 후기候氣

3중의 밀실에 12율관을 설치한 후 재를 넣고 오르는 치수를 절기에 따라 관측한 것을 기록하였다.

제11편　심도審度

황종관의 길이로부터 길이단위인 푼 · 촌寸 · 척尺 · 장丈 · 인引을 정하는 것이다.

제12편　가량嘉量

황종의 용기容器로부터 부피단위인 약龠 · 홉合 · 승升 · 두斗 · 곡斛을 정하는 것이다.

제13편　근권형謹權衡

황종의 무게로부터 무게단위인 수銖 · 냥兩 · 근斤 · 균鈞 · 석石을 정하는 것이다.

다음 권2. 율려증변律呂證辨을 개관하면 다음과 같다.

제1편부터 제4편까지는 『여씨춘추呂氏春秋』 · 『회남자』 · 『사기』 · 『전한서』 · 『후한서』 · 『수서』 · 『국조회요國朝會要』 등 여러 전적典籍에서 인용하여 황종과 12율이 생성되는 이론을 실증하고, 제5편부터 제8편까지는 『주례』 · 『예기』 · 『춘추좌씨전』 · 『국어國語』 · 『회남자』 · 『사기』 · 『전한서』 · 『후한서』 · 『통전』 등 여러 전적에서 인용하여 음계론을 실증하였으며, 제9편은 『후한서』와 『수서』에 수록된 내용으로 후기법을 실증하고, 제10편은 『주례』 · 『회남자』 · 『설원說苑』 · 『역위통괘험易緯通卦驗』 · 『손자산경孫子算經』 · 『전한서』 · 『수서』 등에서 인용하여 도度 · 량量 · 권權 · 형衡을 실증하였다.

권2. 율려증변은 권1. 율려본원을 실증한 부분이므로 편을 따라 일일이 개관하지는 않았지만, 몇 군데는 세세하게 살펴봐야하는 곳도 있다. 예컨대 제1편 조율造律에서 저자는 성기의 근원인 황종을 정하는 방법을 다음과 같이 제시하여 종래의 기장을 써서 황종을 구하는 방법과 달리하고 있다.

이제 알맞은 성기聲氣를 구하고자 하지만 맞는 표준을 만들 수 없으면, 우선 많은 대나무를 잘라 황종관에 견주어 보는 것만 못하다. 혹은 그 관을 극히 짧게 하고, 혹은 그 관을 극히 길게 하지만, 길고 짧은 범위 내에 각각 1푼씩 차이로 관管을 만들어, 모두 그 길이를 고르게 한 것이 9촌이 되게 하고 그 원둘레와 지름을 재어 황종법과 같게 한다. 이 같이 해서 번갈아 불면 중화中和의 소리를 얻을 수 있을 것이고, 얕고 깊은 차례로 벌려 진열하면 중화의 기운을 실지 시험할 수 있을 것이다. 참으로 성聲이 화和하고 기氣가 응하면 황종다운 황종이 된 것을 믿을 것이니, 황종이 믿음직하면 나머지 11률과 도度·량量·형衡·권權을 얻을 수 있을 것이다.

제2편 율장단위경지수律長短圍徑之數에서는 인용한 『전한서』「율력지」의 '故 置一得三 又二十五分之六 凡二十五 置終天之數' 부분은 황종수 81의 근본을 제기한 중요한 부분임에도 그 뜻을 이해할 수 없다. 따라서 분명한 설명이 있어야 하는데, '모두 수를 말미암아 적절하게 말한 것일 뿐이다.'고 말하고 문장이 잘못된 것을 언급하지 않았으며, 호원胡瑗의 『율려의律呂議』를 설명한 주註에서 지름 3푼 4리 6호와 원둘레 10푼 3리 8호의 학설을 말하였는데, 이는 지름과 원둘레의 비율을 옛날부터 쓰던 1 : 3을 적용한 것에 불과하다. 이미 『수서隋書』「율력지律歷志」에서는 "옛날 수數 9는 원주율圓周率이 3, 원경률圓徑率이 1이었는데, 그 방법이 소략하고 어긋났다."라고 하여 이미 옛날부터 쓰던 1 : 3의 비율이 잘못된 것을 천명하였고, 남조 송南朝宋의 조충지(祖沖之, 429~500)는 '지름이 113일 때 원둘레는 355'라고 밀률密率을 말하였으므로 이를 적용했어야 한다.

제4편 삼분손익상하상생三分損益上下相生에서는 12율을 산출하는 방법인 삼분손일과 삼분익일의 근본 원리를 『후한서』「율력지」에서 인용하였는데, 삼분손익법은 진대秦代의 『여씨춘추』와 한대漢代의 『회남자』·『사기』·『전한서』 등에서 이미 언급한 방법으로, 이 원리는 명明나라 주재육朱載堉이 『악률전

서樂律全書』[9]에서 삼분손익법을 과감하게 버리고, 연비례連比例 산출법에 따라 한 응음(應音 : octave)을 완전히 12등분한 평균율을 산출할 때까지 중국계 아악 이론을 지배하는 오직 하나의 원리였다.

> 양陽은 원으로 모양을 삼으니 그 성정性情이 동적動的이고, 음陰은 모난 것으로 절節을 삼으니 그 성정이 정적靜的이다. 동적인 것은 수가 3이고, 정적인 것은 수가 2이다. 양을 기준으로 음을 낳을 때는 2배하고, 음을 기준으로 양을 낳을 때는 4배하니, 모두 3에 1을 가감한 것이다. 양이 음을 낳는 것을 하생下生이라 하고, 음이 양을 낳는 것을 상생上生이라 한다.

제5편 화성和聲에서는 경방京房의 60률은 하생下生과 상생上生의 순서가 자子 → 미未 → 인寅 → 유酉 → 진辰 → 해亥 → 오午 → 축丑 → 신申 → 묘卯 → 술戌 → 사巳인데, 질미質未 이하는 자子 → 미未 → 인寅 → 유酉 → 진辰 → 해亥 → 미未 → 인寅 → 유酉 → 진辰 → 해亥 → 오午로 되어 있어 통일되어 있지 않다. 저자는 이에 대한 설명 없이 그대로 따르고 있다.

제7편 변궁 · 변치變宮變徵에서는 또한 본서/율려본원/제7편 변생變生과 같이 오성 음계의 간격에 오류가 있고, 제8편 육십조六十調에서는 인용한 공씨孔氏의 소疏는 21곳에서 하생下生과 상생上生이 바르지 않게 되어 있는데 이에 대한 상세한 설명이 부족한 것 등이다. 그 밖에도 여러 부분이 있으나 번역문 각주脚註에 상세하게 설명하였으므로 생략한다.

5. 마무리 글

이상에서 보면 주자의 인정을 받은 채원정에 의해 저술된 『율려신서』는 조선 초기 세종 1년에 전래되어 세종의 아악 정비에 주요 이론을 제공하였고, 그 뒤에도 조선의 악정樂政에 많은 영향을 끼쳤다. 원래 조선은 유학儒學을 국시로 삼았으므로 예악禮樂이 중요하였고, 유학 가운데 특히 주자학朱子

學을 존숭하였으므로 주자가 인정하고 서문序文을 써준 『율려신서』가 악樂을 기록한 많은 서적 중에서 가장 중요하였으리라는 것은 주지의 사실이다.

주요 내용 가운데 저자는 삼분손일과 삼분익일, 그리고 60조調에 대한 깊은 이해로 변율 이론을 창시하여, 종래의 12율十二律 4청성四淸聲의 병폐인 12율에서는 삼분손익법을 쓰면서 4청성 '황潢·대汏·태汰·협浹'은 정률正律 '황黃·대大·태太·협夾'을 한 응음應音 올린 음을 쓰는 것과, 그럼에도 불구하고 사용할 수 있는 율의 제한으로 이론에만 그쳤던 60조를 실제 음악의 음계로 활용할 수 있는 길을 열었다. 그 변율의 내용은 12율의 정률正律 12율[黃·大·太·夾·姑·仲·蕤·林·夷·南·無·應]과 반성半聲 8률[汰·㴌·濮·汏·洟·浹·潕·沖], 그리고 6변율의 변율變律 3율[林·南·應]과 변반성變半聲 5율[潢·淋·汰·湳·㴌]의 모두 28률을 60조에 쓰는 것이다. 이는 매우 탁견이 아닐 수 없다. 다만 당시 이후에 중국에서는 이 이론을 그대로 적용한 왕조가 없었고, 유가儒家의 악관樂觀에 충실했던 조선에서는 『율려신서』 일부 이론을 수용하였으나 그 핵심인 변율은 적용하지 못하였다.

그 밖의 내용 가운데 '율려본원律呂本原의 제3편 황종생11률黃鐘生十一律'에서 음양陰陽이 바뀐 것과 오성의 간격을 잘못 이해한 것, '율려증변律呂證辨 제1편 조율造律'에서 황종률관의 지름과 원둘레의 비율을 단순하게 1 : 3으로 밝힌 것, 그리고 옛날부터 전해온 것을 비판 없이 수용하여 생긴 오류가 있고, 게다가 '후기법候氣法'과 같이 신빙信憑할 수 없는 부분도 있었다.

그러나 이 『율려신서』는 성기聲氣의 근원인 황종과 12율, 그리고 음계와 조調 이론이 체계적으로 진술되어 있고, 또한 천지의 이치를 악리로 설명하고 있다. 거기에 깊이 보면 공자孔子의 예악禮樂 사상이 악리로 응축되어 있는 것을 알 수 있으니, 본서는 한 유학자가 피력한 일부의 악리樂理가 아니라, 실로 동양철학의 결정체이고 또 수천 년 많은 학자들이 이루어 놓은 악학樂學을 정리한 위대한 저서著書이다. 주자朱子는 저자에 대해 '관현管絃의 악기에 시행하려고 별도로 악서樂書를 만들어 그 일을 연구하였다.'고 하였으니, 이론에만 머무른 이론가가 아닌 실천적 음악가의 모습을 볼 수 있어 본서가 이론만을 위한 이론서가 아니었다는 것을 알 수 있다.

그러므로 독자들은 역자의 일천한 독서로 감히 옛날 훌륭한 학자의 학술을 어지럽히고 있다는 것만 탓하지 말고, 이 책이 국악 음률을 상고하는 데 필수적이라는 것을 염두에 두고 천천히 읽다보면 음악의 위대성을 이해하는 데 조금이라도 도움이 될 것이기에 역자는 부끄러움을 무릅쓰고 조심스레 권한다.

끝으로 미욱한 역자譯者가 본서를 번역할 수 있게 된 것은, 한학漢學의 길로 이끌어 글을 읽으며 살게 해주신 서암瑞巖 김희진金熙鎭 선생님과 송담松潭 이백순李伯淳 선생님, 그리고 대전향제줄풍류를 즐기게 해주신 서강瑞岡 권용세權容世 선생님과 대금 정악을 지도해주신 일란一蘭 조창훈趙昌勳 선생님의 은택임을 밝힌다. 또한 바쁜 시간을 내어 흔쾌히 교정해준 곡부강당曲阜講堂 동문 이관성李官聖 씨와 공주교대 겸임교수 김순진金順鎭 선생, 그리고 졸고拙稿를 기꺼이 출판해준 도서출판 문진問津의 김진웅金鎭雄 사장에게도 진심으로 감사드린다.

2011년 7월 일

상고서실尙古書室에서 이후영李厚瑩은 삼가 쓰다

1 『악서樂書』 : 1103년에 송 휘종宋徽宗에게 헌정된 『악서樂書』는 진양陳暘이 40여년에 걸쳐 쓴 방대한 역작으로 200권으로 이루어져 있다. 진양은 북송 말의 복주福州 사람으로 자는 진지晉之이다. 생몰 연대는 1040~1110 무렵이며, 휘종(1100~1125) 때 태상박사 겸 비서성정자太常博士兼秘書省正字와 예부시랑禮部侍郎 등을 지냈다.

2 『성리대전性理大全』 : 명 성조明成祖의 칙명으로 호광(胡廣, 1370~1418) 등 42명의 학자들이 편찬한 이학理學 문집 70권이다. 송유宋儒 120가家의 저술과 학술을 수록하였고 1414년에 완성되었다. 권두에 성조의 어제서문御製序文과 호광이 지은 「진서표進書表」와 선유성씨先儒姓氏와 목록이 있다. 권1에 「태극도太極圖」와 주돈이周敦頤의 「태극도설太極圖說」로부터 권70에 시詩・문文・부賦 등이 실려 있다. 내용은 송원학宋元學의 도학道學과 성리학性理學의 근본 문제를 다루되 이기理氣・성리性理를 중심으로 송원학의 정통성과 다른 학파에 대한 견해, 중국의 역사에 대한 인식과 정치의식 등을 체계적으로 이해할 수 있도록 편집하였다. <『유교대사전』, 유교사전편찬위원회, 1990, 710쪽>

3 『사고전서四庫全書』 : 청 고종淸高宗 때 각종 서적을 수집하여 편집한 총서叢書이다. '사고四庫'란, 경經・사史・자子・집集 4부部의 서고書庫를 이르는 말로서, 서적의 분류를 경・사・자・집의 4부로 하기 시작한 것은 당唐의 무덕武德 때부터이다. 1772년(건륭 37)에 사고전서관四庫全書館을 개설하여 한림원翰林院을 변리처辨理處로 삼고 무영전武英殿을 선사처繕寫處로 삼아, 총찬관總纂官인 기윤紀昀・육석웅陸錫熊・손사의孫士毅를 중심으로 14관官 360여 명의 인원이 작업에 참가하여, 10년 간에 걸쳐 완성하였다. 『사고전서』의 재료가 된 것으로는 칙찬본勅撰本・내부장본內府藏本・영락대전본永樂大典本・각 성省의 채진본採進本・개인의 진헌본進獻本・통행본通行本 등이었다. 서적의 총수는 저록著錄이 3503부部 79330권卷, 존목存目이 6819부 94034권에 달한다. 한편 체제를 통일하기 위해 모두 베껴 쓰게 하였고, 이것을 문연각文淵閣・문원각文源閣・문진각文津閣・문종각文宗閣・문회각文匯閣・문소각文溯閣・문란각文瀾閣 등 7각에 나누어 보관하였다. <『유교대사전』, 유교사전편찬위원회, 1990, 563쪽>

4 저자의 생애는 원元나라 중서우승상 총재中書右丞相總裁 탁극탁托克托의 『송사宋史』 권434 열전列傳 제193/유림儒林 4/채원정蔡元定과 『유교대사전』(유교사전편찬위원회, 1990)을 참고하였다.

5 뒤에~하였다 : 원元나라 중서우승상 총재中書右丞相總裁 탁극탁托克托의 『송사宋史』 권434 열전列傳 제193/유림儒林 4/채원정蔡元定. 「聞朱熹名 往師之 熹叩其學 大驚曰 此吾老友也 不當在弟子之列 遂與對榻 講論諸經奧義 每至夜分 四方來學者 熹必俾先從元定質正焉 채원정이 주자의 명성을 듣고 가서 스승으로 모셨는데, 주자가 그 학문을 질문해보고 크게 놀라 말하기를 "이 사람은 오래된 나의 벗과 같으니, 마땅히 제자의 반열에 있어서는 안 된다."라고 하고, 드디어 함께 걸상을 마주 놓고 여러 경전의 심오한 뜻을 강론하여 매번 밤중에 이르렀다. 사방에서 배우러 오는 사람은 주자가 반드시 먼저 원정에게 질정하게 하였다.」

6 『악학궤범』 : 조선의 의궤儀軌와 악보를 정리하여 성현成俔 등이 편찬한 악서樂書로 9권 3책이다. 1493년(성종 24년)에 예조판서 성현, 장악원제조 유자광柳子光, 장악원 주부 신말평申末平, 전악典樂 박곤朴棍 · 김복근金福根은 왕명을 받아 당시 장악원에 있던 의궤와 악보가 오래되어 헐었고, 요행히 남은 것들도 모두 소략하고 틀려서, 그것을 바로잡기 위하여 새로운 악규책樂規冊을 편찬하게 되었다. 1책에는 권1에 악리樂理와 용법을 다루어 육십조六十調 등을 설명하였고, 권2에 아악진설도설雅樂陣說圖說 · 속악진설도설俗樂陣說圖說, 권3에 고려사 악지 당악정재高麗史樂志唐樂呈才와 고려사 악지 속악정재高麗史樂志俗樂呈才를 해설하였다. 2책에는 권4에 시용당악정재도설時用唐樂呈才圖說, 권5에 시용향악정재도설時用鄕樂呈才圖說, 권6에 아부악기도설雅部樂器圖說을 싣고 있다. 3책에는 권7에 당부악기도설唐部樂器圖說, 권8에 당악정재의물도설唐樂呈才儀物圖說 · 연화대복식도설蓮花臺服飾圖說 · 정대업정재의물도설定大業呈才儀物圖說 · 향악정재악기도설鄕樂呈才樂器圖說 및 둑제소용纛祭所用의 궁시 · 검 · 창에 대한 설명, 권9에 관복도설冠服圖說 · 무동관복도설舞童冠服圖說과 둑복纛服 및 여기복식도설女妓服飾圖說을 수록하였다.

7 『악통樂通』 : 조선 정조가 고악古樂의 부흥을 위해 정조 15년(1791)에 저술하게 한 악서樂書이다. 『율려정의律呂正義』와 『신법율수新法律數』를 바탕으로 악률樂律 · 악조樂調 · 악기樂器 · 악보樂譜 · 악현樂懸 · 악무樂舞의 6편으로 나누어 엮었다.

8 저서 두 권 : 『율려신서』 제1권 「율려본원律呂本原」, 제2권 「율려증변律呂證辨」이다.

9 『악률전서樂律全書』 : 명明나라 정공왕鄭恭王의 아들 주재육(朱載堉, 1536~1611)이 17세기 초에 지은 42권의 저서이다. 율려에 관한 설과 악보 등이 수록되어 있다. 특히 내편 「율려정의」에는 삼분손익법을 과감하게 버리고, 연비례連比例 산출법

에 따라 한 응음(應音 : octave)을 완전히 12등분한 평균율을 산출하였으며, 중국 아악의 악리와 악곡 · 악기 · 무용에 관한 고금의 설을 상세히 논하고, 흐트러진 아악을 올바르게 세우겠다는 뜻에 따라 편찬된 책이다. 저자 주재육은 자는 백근伯勤, 호는 구곡산인句曲山人으로 회경부懷慶府 하내현河內縣에서 태어났다. 아버지가 억울하게 반역죄의 누명을 쓰고 유배된 동안, 궁문 바깥에 흙집을 짓고 19년이나 홀로 살 정도로 올곧은 사람이었다.

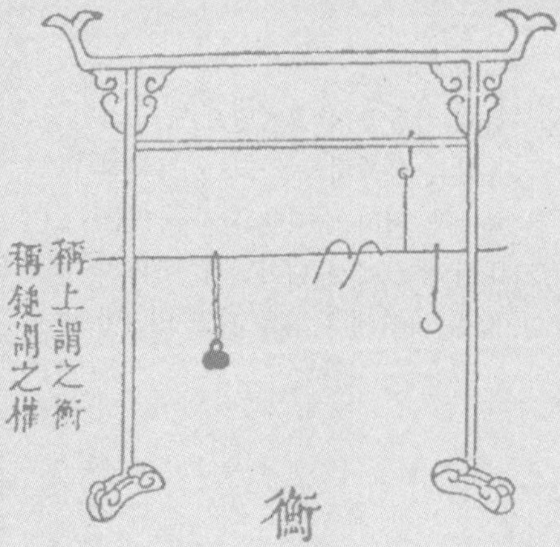

衡

璧

제요 提要

大泉五十

貨泉

律呂相生圖

제요提要[1]

臣等이 謹案律呂新書二卷하니 宋蔡元定撰이니이다. 元定의 字는 季通으로 建陽人이니, 慶元中에 坐黨禁하야 流道州卒하니, 事迹이 具宋史道學傳이니이다.

朱子稱 "其律書法度甚[2]精하야 近世諸儒ㅣ 皆莫能及이라"하시고, 又云 "季通이 理會樂律하야 大段有心力看得許多書라"하더시니, 及爲是書하야는 作序하야, 又曰 "黃鐘圍徑之數는 則漢斛之積分에 可考요, 寸을 以九分爲法은 則淮南太史小司馬之說에 可推요, 五聲二變之數와 變律半聲之例는 則杜氏之通典에 具焉이요, 變宮變徵之不得爲調는 則孔氏之禮疏에 固亦可見이라. 至于先求聲氣之元而因律以生尺하야난 則尤所謂卓然者하니, 而亦班班雜見于兩漢之制와 蔡邕之說과 與夫國朝會要하고, 以及程子張子之言이라"하시니, 蓋是書는 實朱蔡師弟子相與共成之者니, 故로 獨見許如此니이다.

書分二卷하니 一爲律呂本原이니 凡十三篇이니, 黃鐘第一, 黃鐘之實第二, 黃鐘生十一律第三, 十二律之實第四, 變律第五, 律生五聲圖第六, 變生第七, 八十四聲圖第八, 六十調圖第九, 候氣第十, 審度第十一, 嘉量第十二, 謹權衡第十三이요, 其一卷은 爲律呂證辨이니 凡[3]十篇이니, 造律第一, 律長短圍徑之數第二, 黃鐘之實第三, 三分損益上下相生第四, 和聲第五, 五聲大小之次第六, 變宮變徵第七, 六十調第八, 候氣第九, 度量權衡第十이니이다.

今考元定之說하니 '多截竹以擬黃鐘之管호대 皆卽以其長權爲九寸而度其圍徑하야 如黃鐘之法이라. 更迭以吹[4]면 則中聲可得이요, 淺深以列이면 則中氣可驗이라'하니, 是截管之法은 必本之候氣也어늘, 而候氣之說이 最爲荒渺하야 後漢 · 晉 · 隋志所載ㅣ 又各異同하야, 旣云 "以木爲案하야 加律其上이라"하고, 又云 "埋之土하야 與地平이라"하고, 又云 "置于案上而以土埋之하야 上平於地라"하니, 此置는 律有淺深高下之不一也일새니이다.

旣云 "以葭莩灰로 抑其內端호대 氣至者어든 灰去라"하고, 又云 "以竹莩灰로 實律하고 以羅縠으로 覆律口하야, 氣至어든 吹灰動縠하니, 有小動大動不動三說이

라"하고, 又云 "灰飛衝[5]素하야 散出于外어든 而氣應有早晩하고 灰飛有多少라"하야, 其說이 又不一也니이다. 然則候氣는 旣不足憑人하고 聲도 又無左驗하니, 是蔡氏所謂 '聲氣之元'者도 亦徒爲美聽而已요, 非能見之實事也니이다.

劉歆銅斛尺[6]이 詳漢志요, 而隋志도 又祥載니, 其銘曰 "律嘉量斛은 方尺而圜其外니, 庣旁은 九釐五毫요, 冪은 百六十二寸이요, 深尺積은 一千六百二十寸이며, 容十斗라"하니, 祖冲之所識는 以爲'漢世斛銘은 劉歆이 詭謬니, 其數는 爲算氏之劇疵'者ㅣ 是也니이다.

元定이 乃併漢志取之하야 以定黃鐘積實爲八百一十分하니 何也오? 荀勖之尺은 隋志所謂 '晉前尺'也니, 當晉之時하야 '阮咸이 已譏其高어늘,' 而元定은 以爲'此尺이 出于汲冢[7]之律이니 與劉歆之斛으로 最爲近古라'하나 樂聲高急이니이다. 不知當時之圍徑하니 果爲何如오?

夫古人所云 '徑三分 圍九分'者는 言圓徑三分而周九分也니, 空圍는 卽圓周也니이다. 胡瑗은 疑其管狹하야 不足容千二百黍하야 遂大其空徑四釐六毫하야 而周圍十分三釐八毫하니, 是亦徑三圍九之率也니이다. 因以空圍爲管하면 內之面冪爲容九方分矣어늘, 元定이 從之而以圓田術로 起算黃鐘積實이나 又失之太大하니, 則不精算術之悞也니이다.

至若謂黃鐘六變律은 不與本均之聲相應하야난 而不知當用淸聲이요, 又謂二變은 不可以爲調하야난 而不知二變之調ㅣ 具足五音이나, 若以二變音으로 爲每調之七音이면 則反爲出調니이다. 凡此는 皆元定之所未及詳者니, 故로 特著之하야 以糾其失焉하노이다.

乾隆四十六年 十一月에 恭校上 總纂官 臣 紀昀, 臣 陸錫熊, 臣 孫士毅와 總校官 臣 陸費墀하노이다.

신臣들이 『율려신서』 두 권을 삼가 살펴보니 송나라 채원정(蔡元定, 1135~1198)이 편찬한 것입니다. 채원정의 자字는 계통季通으로 건양建陽지방 사람입니다. 남송 영종南宋寧宗 경원慶元 연간(1195~1200)에 당금黨禁[8]에 연좌連坐되어 도주道州에 유배되어 죽었습니다. 사적事迹이 『송사宋史』「도학전道學傳」[9]에 구술具述되어 있습니다.

주자(朱子, 1130~1200)[10]는 칭찬하기를 "그 『율려신서』의 법도가 매우 정밀하여 근세의 여러 선비들이 미칠 수 없는 경지에 이르렀다."[11]라고 하고, 또 이르기를 "계통이 악률樂律을 이해하여 대단한 사고력思考力으로 많은 책을 보게 되었다."[12]라고 하였습니다. 이 책을 만듦에 이르러서는 서문序文을 지어, 또 말하기를 "황종관黃鐘管 원지름의 수치는 한나라 곡斛의 적분(積分 : 容量)에서 고찰할 수 있고,[13] 1촌을 9푼으로 나누어 기준을 삼은 것은 회남태사淮南太史 소사마小司馬[14]의 학설에서 미루어 생각할 수 있고,[15] 오성 · 2변二變의 수리數理와 변율 · 반성半聲[16]의 예例는 두우杜佑[17]의 『통전』[18]에 구비되어 있고,[19] 변궁과 변치가 조調가 될 수 없다는 것은 공영달孔穎達[20]의 『예기소禮記疏』에서 또한 볼 수 있다.[21] 먼저 성기聲氣의 근원[22]을 구하고 12율을 근거로 12율관척을 만드는 것에 대해서는 이른바 더욱 탁월한 것이라고 할 것이니, 또한 전한前漢 · 후한後漢의 제도와 채옹(蔡邕, 131~192)[23]의 학설과 『국조회요國朝會要』[24]에 현저하게 보이고, 정자程子[25] · 장자(張子, 1020~1077)[26]의 말에까지 미치고 있다."라고 하였으니, 이 책은 실상 주자朱子와 채원정 사제간師弟間에 완성한 것입니다. 그러므로 특히 인정하고 칭찬하기를 이와 같이 한 것입니다.

책은 2권으로 나뉘어 있습니다. 한 권은 율려본원律呂本原이니 모두 13편입니다. 제1편 황종黃鐘, 제2편 황종지실黃鐘之實, 제3편 황종생11률黃鐘生十一律, 제4편 12율지실十二律之實, 제5편 변율變律, 제6편 율생오성도律生五聲圖, 제7편 변생變生, 제8편 84성도八十四聲圖, 제9편 60조도六十調圖, 제10편 후기候氣, 제11편 심도審度, 제12편 가량嘉量, 제13편 근권형謹權衡입니다. 다른 한 권은 율려증변律呂證辨이니 모두 10편입니다. 제1편 조율造律, 제2편 율장단위경지수律長短圍徑之數, 제3편 황종지실黃鐘之實, 제4편 삼분손익상하상생三分

損益上下相生, 제5편 화성和聲, 제6편 오성대소지차五聲大小之次, 제7편 변궁 · 변치變宮變徵, 제8편 육십조六十調, 제9편 후기候氣, 제10편 도량권형度量權衡입니다.

이제 채원정의 학설을 고찰해보니, '많은 대나무를 잘라 황종관을 견주어 만드는데, 모두 그 길이는 9촌에 고루 맞추고 그 원지름을 재어 황종의 법과 같게 한다. 이와 같이 해서 번갈아 불어보면 중화中和의 소리를 얻을 수 있고, 깊이에 따라 늘어놓으면 중화의 기운을 실지 시험하여 볼 수 있다.'[27] 고 하였으니, 바로 관管을 잘라 율律을 정하는 법은 반드시 후기법候氣法[28]을 바탕으로 한 것입니다. 후기候氣의 학설이 정돈되지 않고 막연하여 『후한서』[29] · 『진서晉書』[30] · 『수서』[31]의 「율력지」에 수록된 것이 각각 달라, 앞 『후한서』에 말하기를 "나무로 책상을 만들어 그 위에 율관을 올려놓는다."[32]라고 하고, 또 『진서』에 말하기를 "땅에 묻어 땅과 평평하게 한다."[33]라고 하고, 또 『수서』에 말하기를 "책상 위에 두고 흙으로 묻어 위는 땅과 평평하게 한다."[34]라고 하였는데, 이같이 두는 것은 율관이 천심淺深과 고하高下가 일정하지 않기 때문입니다.

이어 『후한서』에 말하기를 "갈대 속청을 태워 얻은 재로 그 안쪽 끝을 막는데 기운이 이르면 재가 떨어져 나간다."[35]라고 하고, 또 『진서』에 말하기를 "대나무 속청을 태워 얻은 재로 율관을 채우고 올이 성글고 얇은 비단으로 율관 입구를 덮어, 기운이 이르면 바람이 재에 불어 비단을 움직이는데, 작게 움직이거나 크게 움직이거나 또는 움직이지 않는 세 가지 설이 있다."[36]라고 하고, 또 『수서』에 말하기를 "재가 날려 고운 흰 명주에 부딪쳐 밖으로 흩어져 나오면 기운이 응하는 것이 빠름과 늦음이 있고 재가 날리는 것이 많음과 적음이 있다."[37]라고 하여, 그 설이 또 한결같지 않습니다. 그렇다면 후기법候氣法은 이미 신빙信憑할 수 없고, 소리도 또 증거證據할 수 없으니, 채원정 이른바 '성기聲氣의 근원'이라는 것도 또한 한갓 듣기 좋은 것이 될 뿐이고, 실제 정황은 볼 수 있는 것이 아닙니다.

유흠(劉歆, ? ~ A.D. 23)[38]의 동곡척銅斛尺[39]이 『한서漢書』[40]의 「율력지律歷志」에 상세하고, 『수서』의 「율력지」에도 또한 상세히 수록되어 있습니다. 그 명문銘文에 말하기를 "율律의 가량곡嘉量斛[41]은 안쪽 방(方 : 한 변)이 1척에[42] 그 밖은 둥그렇다.[43] 조방(庣旁 : 나팔모양 입구)[44]은 9리 5호이고, 멱冪은 162평방촌이고,[45] 깊이 1척의 부피는 1620입방촌이며, 10말을 담는다."[46]라고 하였는데, 조충지(祖冲之, 429~500)[47]가 비판한 것은 '한나라 시대의 곡명斛銘은 유흠劉歆이 기만한 것이니 그 수는 계산한 사람이 몹시 잘못하였기 때문이다.'[48]고 한 것이 이것입니다.

채원정이 이에 아울러[49] 『한서』「율력지」에서 취하여 황종관의 부피를 810입방푼으로 정하였는데, 무엇 때문이겠습니까? 순욱荀勖[50]의 척尺은 『수서』「율력지」에 이른바 '진晉나라 전척前尺'[51]입니다. 진晉나라 당시에 '완함阮咸[52]이 이미 그것이 높은 것을 비판하였는데,'[53] 채원정은 '이 척이 급군汲郡의 무덤에서 발굴된 옥률玉律이니 유흠의 곡斛과 함께 고대에 가장 접근한다.'[54]고 생각하였지만, 악성樂聲이 높았습니다. 그런데도 당시의 원지름이 과연 어땠는지를 알지 못했으니, 결국 어떻게 되었겠습니까?

옛 사람이 말한 '지름이 3푼이고 둘레가 9푼이다.'는 것은 원지름이 3푼에 원둘레는 대략 9푼임을 말한 것이니,[55] 공위空圍는 곧 원둘레의 뜻입니다.[56] 호원(胡瑗, 993~1059)[57]은 그 황종관이 좁아 기장 1200알을 담을 수 없다고 의심하여,[58] 마침내 그 황종관의 지름을 4리 6호를 더 늘려 원둘레가 10푼 3리 8호가 되었으니,[59] 이 또한 지름 3에 원둘레 9의 비율입니다.[60] 그 원둘레 치수에 따라 관을 만들면 안의 면멱(面冪 : 斷面績)이 9평방푼인데,[61] 채원정이 이런 예를 따라 원전술圓田術[62]로 황종의 부피를 계산하였으나,[63] 또 너무 커서 잘못되었으니 산술算術이 정밀하지 못한 오류입니다.

변황종變黃鐘 이하 6변율六變律[64]은 본래 칠균七均[65]의 소리와 서로 응하지 않는다고 생각한 것에 관해서는 마땅히 청성淸聲을 써야 하는 것을 알지 못한 것이고,[66] 또 2변二變은 조調가 될 수 없다고 생각한 것에 관해서는 2변의 조가 오음을 빠짐없이 갖출 수 있지만,[67] 만약 2변음을 각 조의 7음으로 삼으면 도리어 조調를 벗어나는 것을 알지 못했습니다. 무릇 이것은 모두 채원정이 상세하게 밝히지 못한 것들입니다. 그러므로 특히 적어 그 잘못을 규명하는 것입니다.

청 고종淸高宗 건륭乾隆 46년(1781) 11월에 총찬관總纂官 신臣 기윤(紀昀, 1724~1805)[68], 신臣 육석웅陸錫熊[69], 신臣 손사의(孫士毅, 1720~1796)[70]와 총교관總校官 신臣 육비지(陸費墀, ? ~1790)[71]는 공경히 교정하여 올립니다.

1 제요提要 : '요점을 제시한다.'는 뜻으로 청淸나라 기윤(紀昀, 1724~1805)이 지은 사고전서총목제요四庫全書總目提要 중 하나이다.

2 대본에는 '湛'으로 되어 있으나 송宋나라 주자朱子의 『회암집晦庵集』 권46 서書/답첨원선答詹元善을 참조하여 '甚'으로 바로잡았다.

3 대본에는 '九'로 되어 있으나 문맥이 통하지 않아 '凡'으로 바로잡았다.

4 대본에는 '次'로 되어 있으나 본서/율려증변/제1편 조율造律을 참조하여 '吹'로 바로잡았다.

5 대본에는 '動'으로 되어 있으나 당唐나라 장손무기長孫無忌 등의 『수서隋書』 권16 지志 제11/율력상律歷上/후기候氣를 참조하여 '衡'으로 바로잡았다.

6 대본에는 '具'로 되어 있으나 당唐나라 장손무기長孫無忌 등의 『수서隋書』 권16 지志 제11/율력상律歷上/심도審度를 참조하여 '尺'으로 바로잡았다.

7 대본에는 '冢'으로 되어 있으나 문맥이 통하지 않아 '豕'으로 바로잡았다.

8 당금黨禁 : 남송 영종南宋寧宗 경원慶元 2년(1196) 재상 한탁주韓侂冑가 주자朱子를 위학僞學으로 몰아 당세의 명사名士들을 쫓아낸 사건이다. 당시 정사를 전횡하고

있던 한탁주가 도학을 위학僞學이라고 매도하고 주자朱子와 조여우趙汝愚의 문인들을 관직에서 축출하는 동시에 그 저서의 유포를 금지시킨 사건이다. 이 사건으로 채원정과 조정의 유신儒臣들이 모두 숙청되었다.

9 원元나라 중서우승상 총재中書右丞相總裁 탁극탁托克托 등等의 『송사宋史』 권434 열전列傳 제193/유림儒林 4/채원정蔡元定.

10 주자(朱子, 1130~1200) : 남송南宋의 대유학자로 이름은 희熹이고, 자는 원회元晦, 또는 중회仲晦이며, 호號는 회암晦庵, 또는 회옹晦翁이다. 경經·사史·철哲에 있어서 정자程子를 이어 송학宋學을 집대성集大成하였는데, 그 학을 주자학朱子學이라 한다. 유학儒學의 주류主流인 이기심성理氣心性·거경궁리居敬窮理의 학을 제창하였다. 저서에 『정씨유서程氏遺書』·『논어정의論語精義』·『맹자정의孟子精義』·『자치통감강목資治通鑑綱目』·『태극도설太極圖說』·『통서해通書解』·『근사록近思錄』·『논어집주論語集註』·『맹자집주孟子集註』·『시집전詩集傳』·『주역본의周易本義』·『역학계몽易學啓蒙』·『효경간오孝經刊誤』·『소학小學』·『맹자요략孟子要略』 등이 있다.

11 송宋나라 주자朱子의 『회암집晦庵集』 권46 서書/답첨원선答詹元善.

12 『주자어류朱子語類』 권92 악樂.

13 황종관黃鐘管~있고 : 한漢나라 난대영사蘭臺令史 반고班固의 『전한서前漢書』 권21상 율력지律曆志 제1상. 「黃鐘 爲天統 律長 九寸 九者 所以究極中和 爲萬物元也 …中略… 易曰 參天兩地而倚數 天之數始於一 終於二十有五 其義紀之以三 故置一得三 …中略… 得八十一 以天地五位之合終於十者乘之 爲八百一十分 …中略… 量者 龠合升斗斛也 所以量多少也 本起于黃鐘之龠 用度數審其容 以子穀秬黍中者千有二百實其龠 以井水準其槪 …中略… 聲中黃鐘 始于黃鐘而反覆焉 君制器之象也 龠者 黃鐘律之實也 황종은 천통天統이 되니 율관의 길이는 9촌이다. 9는 중화中和를 궁극한 것이니, 만물의 근본이 된다. …중략… 『주역』에 말하기를 '하늘에서 셋을 취하고 땅에서 둘을 취하여 수를 의지한다.'고 하니, 천수天數는 1에서 시작하고 25에서 마치는데, 그 의의는 천·지·인 셋으로 기강을 삼았다. 그러므로 1을 두고 3을 얻었다. …중략… 81을 얻고, 천지天地 다섯 자리의 합이 10에서 마치는 것으로 곱하면 810입방푼이 된다. …중략… 양量은 단위가 약龠·홉合·승升·두斗·곡斛이니 부피를 재는 것이다. 본래 황종의 약龠에서 시작하니 장단長短을 헤아리는 도度와 다과多寡를 헤아리는 수數를 기준으로 그 용기容器를 상세히 조사하여 정하는데, 찧지 않은 기장 알곡 중간 것 1200알로 그 약龠을 채워 우물물로 그 평미레 수평을 잡는다. …중략… 소리는 황종에 맞는데, 황종에서 시작하여 반곡反斛·복곡覆斛이 있으니, 임금이 기물器物을 만드는 상象이다. 약龠은 황종률관黃鐘律管의 부피이다.」

명明나라 구준丘濬의 『대학연의보大學衍義補』 권43 치국평천하지요治國平天下之要/명예악明禮樂/악률지제 중樂律之制中. 「蔡元定曰 嘉量 方尺所以起數也 漢斛 容十斗 實二千龠 計一百六十二萬分 爲一千六百二十寸 又曰 嘉量之法 合龠爲合 十合爲升 十升爲斗 十斗爲石 一石 積一千六百二十寸 爲分者一百六十二萬 一斗 積一百六十二寸 爲分者十六萬二千 一升 積十六寸二分 爲分者一萬六千二百 一合 積一寸六分二釐 爲分者一千六百二十 則黃鐘之龠 爲八百一十分 明矣 空圍八百一十分 則長累九十黍 廣容一千二百黍矣 蓋十 其廣之分 以爲長 十一其長之分 以爲廣 自然之數也 채원정이 말하였다. "가량嘉量에서 방(方 : 한 변)이 1척尺은 장단長短을 헤아리는 도度와 다과多寡를 헤아리는 수數가 시작되는 것이다. 한대漢代의 1곡斛은 10두斗를 담고 2천약龠을 채워 1620000입방푼立方分으로 계산하니 1620입방촌立方寸이 된다." 또 말하였다. "가량嘉量의 법은 2약龠을 합한 것이 1홉合이고, 10홉이 1승升이고, 10승이 1두斗이고, 10두가 1석石이다. 1석은 부피가 1620입방촌이고, 1620000입방푼이다. 1두는 부피가 162입방촌이고, 162000입방푼이다. 1승은 부피가 16.2입방촌이고, 16200입방푼이다. 1홉은 부피가 1.62입방촌이고, 1620입방푼이니, 황종의 약龠은 810입방푼이 분명하다. 공위(空圍 : 원둘레 안쪽부피)가 810입방푼이면, 길이는 기장 90알을 잇댄 것이니, 단면적은 그 길이의 부피에 기장 1200알을 담을 수 있는 크기이다. 그 율관 단면적의 푼을 10으로 해서 길이를 삼고, 그 길이의 푼을 10을 1로 해서 율관 단면적을 삼으니 자연의 수이다."」 그 주註. 「臣按 朱熹律呂新書序 所謂黃鐘圍徑之數 則漢斛積分可考者 此也 신臣이 살펴보니, 주자朱子의 『율려신서』 서문에 이른바 '황종관黃鐘管의 원지름의 수치는 한나라 곡斛의 용량에서 고찰할 수 있다.'는 것은 이것을 가리킵니다.」

14 회남태사 소사마 : 당대唐代의 사학자史學者인 사마정司馬貞이다. 자는 자정子正으로 하내(河內 : 현재 河南省) 출신이다. 현종玄宗 때 국자박사國子博士·홍문관학사弘文館學士 등을 역임하였다. 장가회張嘉會에게서 학문을 배웠다. 『사기』를 연구하여 『사기색은史記索隱』을 저술하였는데, 훈고訓詁가 엄밀하고 자료가 풍부하여 『한서漢書』 안사고顔師古의 주注와 병칭된다. 사마천司馬遷을 대사마大司馬로 일컫는데 대하여, 그는 소사마小司馬로 불린다. <『유교대사전』, 유교사전편찬위원회, 1990, 578쪽>

15 1촌을~있고 : 명明나라 구준丘濬의 『대학연의보大學衍義補』 권43 치국평천하지요治國平天下之要/명예악明禮樂/악률지제 중樂律之制中. 「司馬貞史記索隱註 黃鐘 八寸十分一 云 律 九九八十一 故 云 八寸十分一 사마정의 『사기색은史記索隱』 주註에 '황종은 8촌 10푼 1이다.'고 한 것은, 황종률黃鐘律은 9×9=81이므로 '8촌 10푼 1이다.'고 한 것이다.」 그 주註. 「臣按 此卽朱熹所謂 寸以九分爲法 淮南太史小司馬之法 可推者 此也 신臣이 살펴보니, 이곳의 주자 이른바 '1촌을 9푼으로 기준을 삼은 것은 회남태사淮南太史 소사마小司馬의 학설에서 미루어 생각할 수 있다.'고 한 것은 이것을 가리킵니다."

『흠정예기의소欽定禮記義疏』 권32 예운제禮運第9-3. "黃鐘長八寸十分一 以一寸分十分而有其一 황종은 8촌 10푼 1은 1촌을 10푼으로 나누고 1을 더한 것이다.」

16 변율・반성半聲 : 6변율에서 변율變律이 3율[林・南・應], 변반성變半聲이 5율[潢・淋・汏・湳・㴨]이고, 12율에서 12정률과 반성半聲 8률[汏・㴨・潫・汱・洟・浹・潕・浺]이 있다. 반성은 율관의 길이를 반으로 줄여 낸 소리이므로 곧 1옹음(應音 : octave)이 높은 소리이다. 아래 내용 중에 1옹음 높은 소리의 뜻으로는 자성子聲・청성淸聲이 있다.

17 두우(杜佑, 735~812) : 당대唐代의 사학자史學者로 자는 군경君卿이다. 경조京兆 만년(萬年 : 陝西省 西安市) 출신이다. 음보蔭補로 제남군참군齊南郡參軍이 되고 사도司徒・태보太保 등을 거쳐 기국공岐國公에 봉해졌다. 사회적・정치적 변동기를 살면서 사회의 움직임에 민감하고 정치에 밝았으며, 부국안민富國安民을 자신의 사명으로 삼았다. 또한 유질劉秩의 『정전政典』이 미비하다고 생각하여 빠진 것을 널리 모으고 신예新禮를 덧붙여 『통전』을 지었다. 뒤에 이 책을 바탕으로 정초鄭樵는 『통지通志』를 마단림馬端臨은 『문헌통고文獻通考』를 지었다. 시호는 문간文簡이다. 이 밖의 저서에 『통전』의 요점을 쓴 『이도요결理道要訣』 등이 있다. <『유교대사전』, 유교사전편찬위원회, 1990, 385쪽>

18 『통전』 : 당대唐代의 학자 두우(杜佑, 733~812)가 태고에서 당대까지의 정전政典을 모아 제도制度의 변천을 기술한 책으로 200권이다. 식화食貨・선거選擧・직관職官・예禮・악樂・병兵・형刑・주군州郡・변방邊防의 9개 부문으로 나누어 설명하였다. 남송南宋 정초鄭樵의 『통지通志』, 원대元代 마단림馬端臨의 『문헌통고文獻通考』 등은 이 책을 본떠서 나온 것이며 세 책을 합하여 흔히 '삼통三通'이라고 한다. 그의 입장은 체제의 변혁을 인정하는 진보주의進步主義였으며 당 말唐末에는 양염楊炎을 도와 재정개혁財政改革에 참여하기도 하였다. 육조시대六朝時代 연구에 필수적인 책으로서 다른 사서史書에 보이지 않는 사료史料도 많다. 그러나 문장이 간략하여 때로는 중대한 오해를 일으키기도 한다. 청대淸代에는 칙명勅命에 의해 『속통전續通典』 144권과 『황조통전皇朝通典』 100권이 간행되었다. <『유교대사전』, 유교사전편찬위원회, 1990, 1629쪽>

19 오성・2변二變의~있고 : 당唐나라 경조京兆 두우杜佑의 『통전通典』 권143 악樂 3/오성12율상생법五聲十二律相生法.

그 내용은 본서/율려증변律呂證辨/제5편 화성和聲에 상세하다.

20 공영달(孔穎達, 574~648) : 당대唐代의 경학자經學者로 자는 중달仲達이다. 하북성河北省 익주冀州 형수衡水 출신이다. 공자孔子의 32세손이다. 어려서부터 오경五經을 수

학修學하였으며, 재능을 널리 인정받았다. 수 양제隋煬帝 때 과거에 급제하여 관계官界에 나갔는데, 양제가 천하의 유자儒者들을 낙양에 불러들여 국자國子·비서祕書의 학사學士들과 함께 토론하게 했을 때 그가 으뜸이었다. 그러나 재능이 너무 뛰어나 노사老師·숙유宿儒들의 시기를 받고, 양제마저 그를 경원敬遠하게 되어 암살당할 위기에 이르렀다. 당나라 때에는 태종太宗에게 중용되어 국자박사國子博士를 거쳐 국자좨주國子祭酒·동궁시강東宮侍講 등을 역임하였다. 『수사隋史』·『대당의례大唐儀禮』의 편찬에 참가하고 『효경장구孝經章句』를 선술選述하였으며, 『오경정의五經正義』의 찬정撰定에 관계하였다. 특히 육조六朝시대에 분열된 남북 양학파의 통일을 목적으로 하는 『오경정의』의 찬정에서는 「정의서正義序」를 집필하는 등 중심적 역할을 하였다. 시호는 헌憲이다. <『유교대사전』, 유교사전편찬위원회, 1990, 115쪽>

21 변궁과~있다 : 한漢나라 정현鄭玄 주注, 당唐나라 공영달孔穎達 소疏의 『예기주소禮記注疏』 권22 예운禮運. 「黃鐘爲第一宮 下生林鐘爲徵 上生太簇爲商 下生南呂爲羽 上生姑洗爲角 林鐘爲第二宮 上生太簇爲徵 …中略… 是十二宮 各有五聲 凡六十聲 황종이 제1궁宮이 되고, 그 황종이 하생下生한 임종이 치徵가 되고, 그 임종이 상생한 태주가 상商이 되고, 그 태주가 하생한 남려가 우羽가 되고, 그 남려가 상생한 고선이 각角이 된다. 임종이 제2궁이 되고, 그 임종이 상생한 태주가 치가 되고, …중략… 이 12궁이 각각 오성이 있어 모두 60성聲이다.」

명明나라 구준丘濬의 『대학연의보大學衍義補』 권43 치국평천하지요治國平天下之要/명예악明禮樂/악률지제 중樂律之制中의 주註. 「臣按朱熹所謂 變宮變徵之不得爲調 則孔氏之禮疏 因亦可見者 此也 신臣이 살펴보니 주자의 이른바 '변궁과 변치가 조調가 될 수 없다.'는 것은 공영달의 『예기소禮記疏』에 내용이 있으니, 그에 따라 또한 볼 수 있는 것은 이것입니다.」

위 『예기주소禮記注疏』의 내용을 정리하면 아래 도표와 같고, 변궁과 변치는 없는 것을 알 수 있다.

	궁	상	각	치	우		궁	상	각	치	우
제1궁	黃	太	姑	林	南	제7궁	蕤	夷	無	汏	浹
제2궁	林	南	應	汰	⿰氵姑	제8궁	大	夾	仲	夷	無
제3궁	太	姑	蕤	南	應	제9궁	夷	無	潢	浹	⿰氵仲
제4궁	南	應	汏	⿰氵姑	⿰氵蕤	제10궁	夾	仲	林	無	潢
제5궁	姑	蕤	夷	應	汏	제11궁	無	潢	汰	⿰氵仲	淋
제6궁	應	汏	浹	⿰氵蕤	洟	제12궁	仲	林	南	潢	汰

22 성기聲氣의 근원 : 본서/율려본원/제8편 84성도八十四聲圖. 「律呂之數 往而不返 故黃

鐘 不復爲他律役所用 七聲 皆正律 無空積忽微 自林鐘而下 則有半聲 自蕤賓而下 則有變 皆有空積忽微 不得其正 故 黃鐘 獨爲聲氣之元 율려의 수는 계산이 진행되고는 복귀하지 않는다. 그러므로 황종은 다른 율에게 이용되지 않고, 황종궁은 7성聲이 모두 정률正律이니 미세한 나뉨이 없다. 임종으로부터 아래는 반성半聲이 있고, 유빈 이하는 변율이 있으니, 모두 미세한 나뉨이 있어 그 정률正律일 수 없다. 그러므로 황종만이 오직 성기聲氣의 근원이 된다.」

송宋나라 선성태수宣城太守 범욱范煜의 『후한서後漢書』 권11 율력지律歷志 제1. 「以黃鐘爲宮 太簇爲商 姑洗爲角 林鐘爲徵 南呂爲羽 應鐘爲變宮 蕤賓爲變徵 此聲氣之元五音之正也 황종으로 궁宮을 삼고, 태주로 상商을 삼고, 고선으로 각角을 삼고, 임종으로 치徵를 삼고, 남려로 우羽를 삼고, 응종으로 변궁을 삼고, 유빈으로 변치를 삼는다. 이것이 성기聲氣의 근원이고 오음五音의 정성正聲이다.」

제齊나라 위수魏收의 『위서魏書』 권109 지志 제14/악樂 5. 「黃鐘 爲聲氣之元 其管最長 故以黃鐘爲宮 황종이 성기聲氣의 근원이 된다. 그 관의 길이가 가장 길다. 그러므로 황종으로 궁宮을 삼는다.」

명明나라 가상천柯尙遷의 『주례전경석원周禮全經釋原』 권8 춘관하春官下. 「黃鐘 獨爲聲氣之元 諸律諸聲 皆黃鐘所生 所謂純粹中之純粹者也 황종이 오직 성기聲氣의 근원이 되니, 여러 율과 여러 오성은 모두 황종이 낳은 것들이니, 이른바 순수한 가운데 순수한 것이다.」

23 채옹(蔡邕, 131~192) : 후한後漢의 문학자文學者로 자는 백개伯喈이다. 하남성河南省 어현圉縣 출신이다. 170년 낭중郎中이 되었다가 한때 유배 생활을 하였다. 189년 동탁董卓에게 발탁되어 시어사侍御史・좌중랑장左中郎將 등을 역임하였으나 동탁이 죽음을 당한 후 투옥되어 옥중에서 죽었다. 호광胡廣・주목朱穆에게서 배웠으며 학문과 문예 방면에 활약하였다. 박학博學하여 사장辭章・술수術數・천문天文 등에도 조예가 깊었다. 175년 양사楊賜 등과 함께 육경六經의 문자를 바로잡을 것을 주청奏請하고, 스스로 그것을 예서체隷書體로 써서 돌에 새긴 후 태학太學 밖에 세웠다. 이것은 경서經書의 본분을 바로잡아 학자로 하여금 올바른 것을 취하게 한 것으로서 경학사經學史에서 중대한 의의를 지닌다. 시부詩賦에 능하고 특히 비명碑銘에 뛰어났으며, 비백체飛白體를 창시하였다. 또한 왕찬王粲을 비롯하여 많은 문인을 양성함으로써, 뒷날 건안문학建安文學의 토대를 닦았다. 저서에 『독단獨斷』과 후인들이 편찬한 시문집詩文集 『채중랑집蔡中郎集』이 있다. <『유교대사전』, 유교사전편찬위원회, 1990, 1520쪽.>

24 『국조회요國朝會要』 : 『송회요宋會要』이다. 송대宋代의 여러 제도에 대한 근본자료

를 항목별로 분류하고 연대순으로 배열해 놓은 서적으로 17편 200책이다. 북송·남송 시대를 통하여 전후 10회 편찬되었다. 연대에 따라 연혁적으로 집성한 문헌으로 송대의 역사를 연구함에 있어 귀중한 사료가 되고 있다. 송나라의 송수宋綬 등이 편찬한 것이다. 그 원본은 일단 소멸되었고, 명대明代의 『영락대전永樂大典』에 수록된 것이 남아 있어, 1808년 청淸의 서송徐松 등이 『전당문全唐文』을 『영락대전』에 의해 편집할 때 『송회요』 500~600권을 수록하여 편집하였다.

25 정자程子 : 북송北宋 때 하남河南 낙양洛陽 출신인 성리학자性理學者로 형 정호(程顥, 1032~1085)와 아우 정이(程頤, 1033~1107)를 가리킨다. 정호의 자는 백순伯淳, 시호諡號는 명도明道이며, 정이의 자는 정숙正叔이다. 이천백伊川伯에 봉해졌으므로 이천선생伊川先生으로 불렸다. 오랜 기간 낙양에서 강학하였으므로 그들의 학문을 낙학洛學, 또는 신유학新儒學이라고 부른다.

26 장자(張子, 1020~1077) : 본명은 재載로 북송北宋 때의 성리학자性理學者이다. 관학關學의 창시자이며 북송오자北宋五子의 한 사람이다. 자는 자후子厚이다. 봉상鳳翔 미현郿縣 횡거진橫渠鎭 출신으로 그곳에서 장기간 강학講學하였으므로 횡거선생橫渠先生이라고 불렸다. 어려서 고아가 되어 고학苦學하면서 병술兵術을 말하기를 좋아하였으나, 18세에 국사國事에 뜻을 두고 범중엄范仲淹에게 상서上書하였다가 그로부터 유가儒家의 가르침과 『중용中庸』을 전해 받은 이후, 여러 경적經籍과 백가서百家書를 두루 연구하였다. 1056년 경사京師에서 정호程顥·정이程頤를 만나 도학道學에 대해 의견을 나누고 크게 깨달은 바 있어 이후로는 이학異學을 버리기로 결심하였다. 1057년 진사進士가 된 후 외관직外官職을 역임하고 이어 저작좌랑著作佐郞·승문원교서承文院校書 등을 지냈다. 그 후 왕안석王安石이 신법新法을 실시하자 이에 반대하여 병을 핑계로 귀향하여 종남산終南山에 은거하면서 저술과 독서에 전념하였다. 저서에 『정몽正蒙』·『횡거역설橫渠易說』·『경학이굴經學理窟』·『장자어록張子語錄』 등이 있다. <『유교대사전』, 유교사전편찬위원회, 1990, 1320쪽.>

27 본서/율려증변/제1편 조율造律.

28 후기법候氣法 : 삼중의 밀실密室을 만들어 그 안에 명주[緹]를 펴고 그 위에 12율관十二律管을 각각 법대로 안치한 다음, 그 율관에 갈대 속청을 태운 재를 채우고 다시 그 위에 명주로 덮어놓으면, 동지절冬至節이 될 경우, 율律이 황종관黃鐘管에 맞아 황종관에 들어있는 재가 날아 움직이게 된다는데, 이것에 따라 절기의 변화를 예측하는 것을 말한다.

29 『후한서』 : 이십오사二十五史의 하나로 송대宋代의 사학자 범엽(范曄, 398~445)과 서진西晉의 사마표(司馬彪, ? ~306)가 후한後漢의 역사를 기록한 기전체紀傳體의 사서

史書이다. 본기本紀 10권, 열전列傳 80권, 지志 30권 등 총 120권으로 구성되어 있다. 본기와 열전은 범엽이 지志는 사마표가 찬撰하였다. 주석서로는 당대唐代 이현(李賢, 651~684)이 기紀와 전傳을 주注하고, 유소劉昭가 지志를 주注한 『후한서』 120권이 있다.

30 『진서晉書』 : 당 태종唐太宗의 지시로 방현령(房玄齡, 579~648) 등이 찬撰한 진대晉代의 정사正史로 130권이다. 644년에 이루어졌으며 제기帝紀 10권, 지志 20권, 열전列傳 70권, 그 밖에 재기載記 30권이 있다. 재기라는 양식이 정사에 나타나기는 처음인데 5호 16국에 관한 기록으로서 진晉나라 시대를 이해하는 데 도움을 주고 있다. <『동아세계대백과사전』 26권, 동아출판사, 1994, 127쪽.>

31 『수서隋書』 : 이십오사二十五史의 하나로 당대唐代의 사학자 위징(魏徵, 580~643) 등이 칙명으로 수대隋代의 역사를 기록한 기전체紀傳體의 사서史書이다. 본기本紀 5권, 지志 30권, 열전列傳 50권 등으로 구성되어 있다. 본기와 열전은 안사고(顔師古, 581~645)와 공영달(孔穎達, 574~648)이, 지志는 우지녕(于志寧, 588~665)과 이순풍(李淳風, 602~670) 등이 찬하였고, 위징은 편찬 작업을 감독하고 그 서론序論을 지었다. 지志는 남조南朝의 양梁·진陳·제齊·주周·수隋 등 5대의 전장典章·문물文物을 기록한 별개의 서책인데 뒤에 편입시켜 놓았다. 그 중에서 특히 「경적지經籍志」는 수대隋代의 서적들을 경經·사史·자子·집集의 4분류법을 사용하였다. <『유교대사전』, 유교사전편찬위원회, 1990, 798쪽.>

32 송宋나라 선성태수宣城太守 범욱范煜의 『후한서後漢書』 권11 율력지律歷志 제1.

33 당唐나라 태종문황제太宗文皇帝의 『진서晉書』 권16 지志 제6/율력상律歷上.

34 당唐나라 장손무기長孫無忌 등의 『수서隋書』 권16 지志 제11/율력상律歷上/후기候氣.

35 송宋나라 선성태수宣城太守 범욱范煜의 『후한서後漢書』 권11 율력지律歷志 제1.

36 당唐나라 태종문황제太宗文皇帝의 『진서晉書』 권16 지志 제6/율력상律歷上. 「或云以律著室中 隨十二辰 埋之 上與地平 以竹莩灰 實律中 以羅縠覆 律呂 氣至吹灰動縠 小動 爲和 大動 君弱臣强 不動 君嚴暴之應也 어떤 사람이 말하였다. '율관을 12진辰에 따라 밀실에 놓고 위는 땅과 평평하게 묻는다. 대나무 속청을 태운 재로 율관을 채워 올이 성글고 얇은 비단으로 덮어둔다. 율려관律呂管에 기운이 이르면 바람이 재에 불어 비단을 움직이는데, 작게 움직이는 것은 화합하는 기운이 응한 것이고, 크게 움직이는 것은 군주는 약하고 신하는 강한 기운이 응한 것이며, 움직이지 않는 것은 군주의 엄혹하고 포학한 기운이 응한 것이다.'」

37 당唐나라 장손무기長孫無忌 등의 『수서隋書』 권16 지志 제11/율력상律歷上/후기候氣.

38 유흠(劉歆, ? ~A.D. 23) : 전한前漢의 경학자經學者로 자는 자준子駿이다. 뒤에 이름을

수秀, 자는 영숙穎叔으로 고쳤다. 유향(劉向, B.C. 77~B.C. 6)의 아들로 『시경詩經』·『상서尙書』에 조예가 깊었다. 양웅(揚雄, B.C. 53~A.D. 18)과 동시대의 인물로서 함께 부賦에 뛰어났지만 양웅에는 미치지 못했고 경학經學으로 더 유명하였다. 한 왕조漢王朝에서 벼슬하여 경학을 강의하고 율력律曆을 고정考定하였으며 학문의 보급에 힘썼다. 처음에는 유향과 함께 궁중의 비장서秘藏書를 교열하다가 아버지가 사망하자 유업遺業을 계승하여 중국의 서적을 모아 중국 최초의 분류도서목록分類圖書目錄인 『칠략七略』을 완성하였다. 『한서漢書』「예문지藝文志」가 이것에 근거하여 지어졌다고 한다. 한편 그는 고서古書를 교열하다가 『춘추좌씨전春秋左氏傳』을 얻고 크게 기뻐하여 아울러 고문경서古文經書를 수집하여, 그에 관한 연구를 통해 종사宗師가 되었다. 따라서 유향은 금문학今文學의 대사大師로 유흠은 고문경학古文經學의 종宗으로 일컬어진다. 그 후 왕망(王莽, B.C. 45~A.D. 23)이 정치의 실권을 장악하자 중용되어 국사國史에 임명되었으며, 고문古文의 각 경經과 금문今文을 함께 학관에 설치하여 연구하였다. 저서에 『삼통력보三統曆譜』와 명대明代에 수집된 『유자준집劉子駿集』이 있다. <『유교대사전』, 유교사전편찬위원회, 1990, 1124쪽.>

39 동곡척銅斛尺 : 한대漢代의 왕망이 곡斛·두斗·승升·홉合·약龠의 다섯 가지를 합해 하나의 양기로 만들었다. 양기의 상부上部가 곡斛이 되고, 하부下部가 두斗가 되고, 왼쪽 귀가 승升이 되고, 오른쪽 귀가 홉合·약龠이 된다.

40 『한서漢書』 : 이십오사二十五史의 하나로 후한後漢의 사학자 반고(班固, 32~92)가 전한前漢의 고조高祖로부터 왕망王莽까지의 12세世 230년 간의 역사를 기록한 사서史書이다. 사마천(司馬遷, B.C. 145~ ?)의 『사기』와 더불어 정사체正史體, 즉 기전체紀傳體의 사체史體를 정립시킨 책으로서 『후한서』와 구별하여 『전한서』라고도 불린다. 본기本紀 12권, 표表 8권, 지志 10권, 열전列傳 70권 등 총 100권으로 구성되어 있으나 후세에 긴 편을 나누어 현존본現存本은 총 120권으로 이루어져 있다. 『사기』의 체제를 계승하였으나 『사기』가 통사通史인 데 반하여, 『한서』는 단대사斷代史로서 그 표현이 정연하고 기사의 내용이 상세하다. <『유교대사전』, 유교사전편찬위원회, 1990, 1683쪽.>

41 가량곡嘉量斛 : 표준이 되는 양기量器 이름이다. 주대周代에 부鬴·두豆·승升의 세 가지 양기가 있었다.

42 안쪽 방(方 : 한 변)이 1척에 : 원元나라 유근劉瑾의 『율려성서律呂成書』 권1 구황종적실면멱법求黃鐘積實面冪法 제3. 「斛面內 平 方一尺也 곡斛의 면面 안쪽이 평평하고 방(方 : 한 변)이 1척이다.」

43 그 밖은 둥그렇다 : 원元나라 유근劉瑾의 『율려성서律呂成書』 권1 구황종적실면멱

법求黃鐘積實面冪法 제3. 「循其方外四角而規圓之 其徑一尺四寸 有奇 그 방方의 사각을 따라 그림쇠로 둥글게 그리는데, 그 지름은 1척 4촌에 꼬리 수가 있다.」

44 조방庣旁 : 원元나라 유근劉瑾의 『율려성서律呂成書』 권1 구황종적실면멱법求黃鐘積實面冪法 제3. 「庣 過也 謂圓外四旁 略加開廣也 조庣는 한도를 넘는다는 뜻이니, 둥그런 사방에 대략 터진 나팔모양을 올린 것을 말한다.」

45 멱冪은~162평방촌이고 : 원元나라 유근劉瑾의 『율려성서律呂成書』 권1 구황종적실면멱법求黃鐘積實面冪法 제3. 「方尺 冪百寸 圓其外 每旁 約十五寸 四旁 共六十寸 庣旁 約二寸 方圓 皆在積冪之數 방方이 1척尺일 때 멱冪은 100평방촌이다. 그 바깥이 둥근 것은 모든 사방四旁마다 면적이 대략 15평방촌이니 사방四旁의 합이 60평방촌이고, 그 조방庣旁은 대략 2촌이다. 방方과 원圓에 모두 부피와 멱冪의 수치가 있다.」

멱冪은 물체의 외위外圍인 원통의 바깥 원둘레이다.

46 당唐나라 장손무기長孫無忌 등의 『수서隋書』 권16 지志 제11/율력상律歷上/심도審度. 한 변이 1척인 정사각형의 외접원 지름은 14.1421촌이고, 조방(庣旁 : 나팔모양 입구)이 9리 5호이면 전체 지름은 14.1421촌+(2×0.095)촌=14.3321촌이다. 이것으로 멱冪의 면적을 계산하면 (14.3321/2)×(14.3321/2)×(355/113)=161.3279평방촌이 되고, 깊이 1척의 부피를 계산하면 161.3279촌×10촌=1613.279입방촌이 된다.

47 조충지(祖冲之, 429~500) : 남조 송南朝宋의 과학자로 범양范陽 태생이며, 자는 문원文遠이다. 유송劉宋의 효무제孝武帝 밑에서 벼슬하여 462년 대명력大明曆을 만들었는데, 중신 대법흥戴法興의 반대를 만나 시행이 늦어지던 중 시행을 앞두고 황제가 붕어하여 중지되었다. 뒤에 이 역서는 양梁·진陳 양조에서 80년 동안 행해졌다. 종래의 역법曆法에 비하여 여러 가지로 개량이 되었으며, 391년 사이에 144개의 윤달을 넣고 또 세차歲差를 채용한 것 등이 특히 주목된다. 수학자로서는 『구장산술주九章算術註』, 『철술綴術』 10편이 있고, 지름이 113일 때 원둘레 355로 잡은 정밀한 원주율圓周率은 저명하며, 그의 산법의 깊이를 알 수 있다. 또한 기교機巧에도 뛰어나 지남차指南車·기기(欹器 : 속이 비었을 때 쓰러지고, 적당히 물이 차 있으면 쓰러지지 않으나 가득 채우면 역시 쓰러지지 않는 용기容器), 제갈량諸葛亮의 목우유마木牛流馬·천리선千里船·수대마水碓磨 등의 기기奇器를 만들었다. <『동아세계대백과사전』 25권, 동아출판사, 1994, 257쪽.>

48 양梁나라 심약沈約의 『송서宋書』 권13 지志 제3/역하曆下.

명明나라 매정조梅鼎祚의 『송문기宋文紀』 권15 조충지변대법흥역난의祖冲之辨戴法興歷難議.

49 아울러 : 당唐나라 장손무기長孫無忌 등의 『수서隋書』 권16 지志 제11/율력상律歷上/

심도審度에도 수록되어 있기 때문이다.

50 순욱荀勖 : 진晉나라 영천潁川 영음潁陰 사람으로 자는 공증公曾, 봉호는 제북군공, 시호는 성成이다. 벼슬은 위魏나라에서 시중侍中을 지냈고, 진晉나라 초 중서감中書監에 제수되고 광록대부光祿大夫에 올라 악사樂事를 관장했을 때 12율적律笛을 만들었다.

51 당唐나라 장손무기長孫無忌 등의 『수서隋書』 권16 지志 제11/율력상律歷上/율관위용서律管圍容黍.

52 완함阮咸 : 서진西晉 진류陳留 위씨尉氏 사람이다. 적籍의 조카로 자는 중용仲容이다. 벼슬은 산기시랑散騎侍郎을 지냈다. 죽림칠현竹林七賢의 한 사람으로 음률에 정통하여 중서감中書監 순욱이 종률鍾律을 새로 만들자 당시 사람들은 정밀하다고 칭찬하였으나 함咸은 너무 높다고 비평하였다. 순욱에게 미움을 받아 시평태수로 나갔다가 뒤에 다시 불려 들어갔다.

53 당唐나라 장손무기長孫無忌 등의 『수서隋書』 권16 지志 제11/율력상律歷上/심도審度. 「傅暢 晉諸公讚 云 荀勖 新造鐘律 時人 並稱其精密 惟陳留阮咸 譏其聲高 後 始平掘地 得古銅尺 歲久 欲腐 以校荀勖今尺 短校四分 時人 以咸爲神解 부창傅暢의 『진제공찬晉諸公讚』에 말하였다. "순욱이 새로이 종률鐘律을 제조하니, 당시 사람들이 모두 그 정밀함을 칭찬하였는데, 오직 진류陳留의 완함阮咸이 그 소리가 높은 것을 비판하였다. 뒤에 시평군始平郡 땅을 파서 옛 동척銅尺을 얻었는데, 세월이 오래되어 부식腐蝕이 되려하였다. 순욱의 금척今尺과 비교하니 4푼이 짧았으므로 당시 사람들이 완함을 신해神解라고 하였다."」

54 본서/율려증변/제10편 도량권형度量權衡/『수서』「율력지」의 15등척隋志十五等尺.

55 원둘레와 지름이~것이니 : 원래 원둘레와 지름이 3푼이면 원주의 약률略率을 적용할 경우 원둘레는 대략 3×3.14=9.42푼이다.

56 공위空圍는 곧 원둘레의 뜻입니다 : 본서/율려본원律呂本原/제1편 황종의 세주細註의 계산을 보면 저자 채원정은 공위空圍를 '원통 단면적'으로 이해하고 있고, 본서/율려증변/제2편 율장단위경지수律長短圍徑之數에 후한後漢 정강성鄭康成의 『월령주月令註』와 채옹(蔡邕, 131~192)의 동약명銅龠銘에 나오는 공위空圍를 주註에서 공위중광(空圍中廣 : 원통 단면적)으로 설명하였는데, 제요提要를 쓴 청淸나라 기윤紀昀은 이를 잘못보고 '원둘레'로 이해하고 있다. 따라서 제요提要서는 공위를 원둘레로 번역하였다.

57 호원(胡瑗, 993~1059) : 북송北宋의 유학자로 자는 익지翼之, 호는 안정安定이다. 강소성江蘇省 여고如皐 출신, 또는 해릉海陵 사람이다. 인종仁宗 때 사풍士風과 학풍 개혁운동에 일익을 담당했던 학자로서 벼슬은 천장각대제天章閣待制・태상박사太常博

士를 지냈다. 경우景祐 연간 초에 아악雅樂을 개정하고 악기樂器를 정비하고, 호주교수湖州敎授를 지낼 때 학교 제도를 완비하여 태학太學의 모범이 되었다. 저서는 『주역구의周易口義』·『홍범구의洪範口義』·『황우신악도기皇祐新樂圖記』가 있다.

58 그 황종관이~의심하여 : 황종관은 길이 9촌의 원통관으로 그 속에 기장 1200알을 담아야 한다. 이 경우 지름의 크기에 따라 담을 수 있는 부피가 결정된다. 1척尺=23.1㎝를 기준으로 하고 원주율을 위와 같이 3으로 하여 미터법으로 부피를 계산하면 다음과 같다. 지름은 3×0.231=0.693㎝이다. 따라서 부피는 3×(0.693/2)×(0.693/2)×90=32.4168075㎤이다.

59 마침내~되었으니 : 원주율을 3으로 계산하면, 지름은 3.46푼이다. 따라서 원둘레는 3.46푼×3=10.38푼이므로 곧 10푼 3리 8호이다. 원주율을 위와 같이 3으로 하고 이 지름을 미터법으로 환산하여 부피를 계산하면 다음과 같다. 지름은 3.46×0.231=0.79926㎝이므로 부피는 3×(0.79926/2)×(0.79926/2)×90=43.120116963㎤이다. 따라서 채원정이 산정한 부피인 32.4168075㎤보다 10.703309463㎤ 크다. 그러나 조충지祖冲之가 계산한 원주의 밀률密率 값은 3.1415926과 3.1415927 사이라고 하였고, 원주의 약률略率 값은 3.14라고 하였으므로 원주율을 3으로 계산하면 오차가 크다.

60 지름~비율입니다 : 지름 3푼일 때 원둘레가 9푼이면, 지름이 3푼 4리 6호일 때 원둘레는 10푼 3리 8호이다.

61 그에~9평방푼인데 : 원넓이=반지름×원둘레/2이다. 반지름은 3.46푼/2=1.73푼, 원둘레는 10.38푼이므로 위 공식에 대입하면, 1.73×10.38/2=8.9787평방푼이다. 따라서 대략을 잡아 9평방푼이라고 한 것이다.

62 원전술圓田術 : 원형으로 되어 있는 밭의 면적을 구하는 방법으로 네 가지가 있다. 첫째 원둘레의 반×지름의 반, 둘째 (원둘레×지름)/4, 셋째 (지름×지름×3)/4, 넷째 원둘레×원둘레/12.

63 채원정이~계산하였으나 : 본서/율려본원/제1편 황종黃鐘의 세주細註. "산술법이 810입방푼을 놓고 9겹으로 나누면 매 겹마다 90입방푼을 얻고 다시 9평방푼[단면적]×10푼[길이]에서 9평방푼을 얻는다. 원전술圓田術에서 그 9평방푼에 4/3을 곱해 12를 얻고, 12를 개방법開方法으로 나누어 3푼 4리 6호에 강强을 얻어 관管 속 지름의 수를 삼으니, 12에 다하지 않은 수는 2호 8사 4홀이다. 이제 원통부피[圓積]를 구하면 지름 3푼 4리 6호로 서로 곱하여 11푼 9리 7호 1사 6홀을 얻고, 개방법開方法으로 다하지 않은 수 2호 8사 4홀을 더하여 12평방푼을 얻는다. 12평방푼에 황종관의 길이 90푼을 곱하여 1080입방푼을 얻어 입방立方의 부피를 삼는다. 1080

입방푼을 3/4을 곱해 원통부피의 수를 삼으니, 810입방푼을 얻는다."

64 6변율 : 본서/율려본원/제5편 변율變律. 「黃鐘 十七萬四千七百六十二 林鐘 十一萬六千五百□□八 太簇 十五萬五千三百四十四 南呂 十□萬三千五百六十三 姑洗 十三萬八千□□八十四 應鐘 九萬二千□□五十六 황종은 174762이고, 임종은 116508이고, 태주는 155344이고, 남려는 103563이고, 고선은 138084이고, 응종은 92056이다.」

65 칠균七均 : 12율律의 각 음音을 궁음宮音으로 만든, 12균均의 일곱 음계音階이다.
송宋나라 한림학사翰林學士 구양수歐陽修의 『당서唐書』 권21 지志 제11/예악지禮樂志. 「加以二變 循環無間 故 一宮二商三角四變徵五徵六羽七變宮 其聲 繇濁至淸 爲一均 2변二變을 더해 순환하여 간단이 없으므로 1궁·2상·3각·4변치·5치·6우·7변궁이 그 소리가 탁濁으로부터 청淸에 이르러 일균一均이 된다.」
송宋나라 왕응린王應麟의 『옥해玉海』 권7 율력律歷/율려하律呂下/당칠음唐七音. 「言旋宮之法 以律經辰 互生 七音 各爲綱紀 故 五音 以宮聲爲首 律呂 以黃鐘爲元 言一律五音 倫比無間 加之二變 義若循環 故 曰 一宮 二商 三角 四變徵 五徵 六羽 七變宮 其聲 從濁至淸 爲一均 궁宮을 돌리는 법은 12율을 가지고 12진辰을 좇아 호생互生하게 하는데, 7음이 각각 기준이 된다. 그러므로 오음五音은 궁성宮聲으로 으뜸을 삼고 율려는 황종으로 으뜸을 삼는다. 한 율律마다 오음이 순서에 따라 이어 엮어져 거르지 않고 2변二變을 더하여 순환하는 것 같이 한다. 그러므로 '1궁·2상·3각·4변치·5치·6우·7변궁'이라한다. 그 성(聲 : 音程)이 낮은 음부터 높은 음에 이르기까지 일균一均이 된다.」
송宋나라 사마광司馬光의 『자치통감資治通鑑』 권294 후주기後周紀 5/세종예문효무황제하世宗睿文孝武皇帝下. 「十二律旋相爲宮以生七調 爲一均 12율이 돌아가며 궁宮이 되어 7조가 생기는 것이 일균一均이다.」
송宋나라 심괄沈括의 『몽계필담夢溪筆談』 권5 악률樂律 1. 「隋柱國鄭譯 始條具七均 展轉相生 爲八十四調 淸濁混淆 紛亂無統 競爲新聲 自後又有犯聲 側聲 正殺 寄殺 偏字 傍字 雙字 半字之法 從變之聲 無復條理矣 수隋나라 주국柱國 정역鄭譯이 비로소 7균均을 조목별로 갖추어 서로 돌려 조합하여 84조調를 만들었다. 높고 낮은 소리가 섞이고 뒤죽박죽인데 다투어 새 악[新聲]을 만들었다. 그 뒤로 또 범성犯聲·측성側聲·정살正殺·기살寄殺·편자偏字·방자傍字·쌍자雙字·반자半字의 법이 있어 변화를 따르는 소리가 다시 조리가 없게 되었다.」

66 변황종變黃鐘 이하~것이고 : 종래의 12율十二律 4청성四淸聲은 12율에서는 삼분손익법을 쓰면서 4청성 '潢·汏·汰·浹'은 정률正律 '黃·大·太·夾'을 한 옹음(應音 : octave) 올린 음을 쓴다. 이는 60에를 활용하기 위한 임시방편이다. 그럼에도 불구하고 60조는 율의 제한을 받게 된다. 저자는 이를 해결하기 위해 6변율을

창시하였는데, 모든 율은 황종으로부터 삼분손익법에 의해 생성되므로 12율의 정률正律 12율과 반성半聲 8률, 그리고 6변율의 변율變律 3율과 변반성變半聲 5율, 모두 28률을 계산에 의해 생성하였다. 그 결과 60조에서 음조직이 원활하게 되었다.

송宋나라 진양陳暘의 『악서樂書』 권77 상서훈의尙書訓義/우서虞書/익직益稷. 「古樂之發 六律 固正矣 而後世 四淸 興焉 律之所以不正也 五聲 固和矣 而後世 二變 興焉 聲之所以不和也 고악古樂이 발할 때는 육률六律이 본디부터 바른데, 후세에 4청성四淸聲이 생겼으니 율이 바르지 않다고 여겼기 때문이다.」

청淸나라 성세좌盛世佐의 『의례집편儀禮集編』 권7 향음주례鄕飮酒禮 제4-2. 「嘗讀漢書 成帝時 於揵水濱 得石磬十六 未必非成帝之前 工師附益四淸而爲之 非古制也 일찍이 『한서漢書』 성제成帝 때를 읽어보니, '건수揵水 물가에서 석경石磬 열여섯을 얻었다.'고 하였으니, 반드시 성제 전의 일인데, 공사工師가 4청성四淸聲을 덧붙여 만들어 놓고 부회傅會한 것이니, 옛 제도가 아니다.」

67 2변은~있지만 : 이 주장에 의하면 예컨대 이칙각夷則角과 중려치仲呂徵 사이에 유빈변치蕤賓變徵가 있게 되어 다음과 같은 음계조직을 갖추게 된다. 그러나 쓰이지 않는다.

	궁	상	각	변치	치	우	변궁
이칙각	夷 정률	無 정률	潢 변반성	汰 변반성	浹 반성	沖 반성	淋 변반성
유빈변치	甤 정률	夷 정률	無 정률	潢 변반성	汏 변반성	浹 반성	沖 반성
중려치	仲 정률	林 변율	南 변율	應 변율	潢 변반성	汰 변반성	㴌 변반성

68 기윤(紀昀, 1724~1805) : 청淸나라 헌현獻縣 사람으로 자는 효람曉嵐, 호는 석운石雲, 또는 춘범春帆 · 하간河間이며, 시호는 문달文達이다. 용서容舒의 아들이다. 청 고종淸高宗 건륭乾隆 연간(1736~1795)의 진사進士이다. 벼슬은 협판태학사協辦太學士 · 태자태보太子太保를 지냈다. 경학자經學者이자 문장가로서 사고전서四庫全書의 총찬總纂이 되어 편찬 사업을 완수하고, 사고전서총목제요四庫全書總目提要를 지었다. 저서는 『기문달공집紀文達公集』 · 『열미초당필기閱微草堂筆記』가 있다.

69 육석웅(陸錫熊, 1734~1792) : 청淸나라 강소江蘇 상해上海 사람으로 자는 건남健男 또는 이산耳山인데, 이산이 호라고도 한다. 건륭乾隆 연간의 진사進士이다. 벼슬은 내각중서사인內閣中書舍人 · 좌부도어사左副都御史를 지냈다. 기윤紀昀과 함께 사고제요四庫提要 편찬의 총책을 맡고 『통감집람通鑑輯覽』 · 『거란국지契丹國志』 · 『승조순절제신록勝朝殉節諸臣錄』 · 『하방기략河防紀略』 등을 편찬하였다. 만년에는 경제

학에 마음을 두고 공부하여 고금의 수리水利·병형兵刑·식화食貨 등의 일에 정통하였다. 서실 이름은 보규당寶奎堂이고, 저서는 『보규당문집寶奎堂文集』·『황촌시초篁村詩鈔』가 있다.

70 손사의(孫士毅, 1720~1796) : 청淸나라 인화仁和 사람으로 자는 지치智治, 호는 보산補山, 시호는 문정文靖이다. 청 고종淸高宗 건륭乾隆 연간의 진사進士이다. 면전緬甸·안남安南·호남湖南의 반묘叛苗, 호북胡北의 백련교白蓮敎를 평정하였다. 벼슬은 문연각文淵閣 태학사太學士를 지냈고, 삼등남三等男에 봉해졌다. 서실書室 이름은 백일산방百一山房이고, 저서는 『백일산방집百一山房集』·『주의奏議』가 있다.

71 육비지(陸費墀, ? ~1790) : 청淸나라 절강浙江 동향桐鄉 사람으로 자는 단숙丹叔, 호는 이재頤齋 또는 오경관수吳涇灌叟이다. 건륭乾隆 연간의 진사進士이다. 사고전서관총교四庫全書館總校 및 부총재副總裁가 되었으나 책에 오류가 있어 관직을 빼앗기고 재산을 적몰 당하였다. 서실 이름은 지음각枝蔭閣이다. 저서는 『역대직관표歷代職官表』·『역대제왕묘시년휘보歷代帝王廟謚年諱譜』·『지음각집枝蔭閣集』이 있다.

권1 율려신서律呂新書一

大泉五十

貨泉

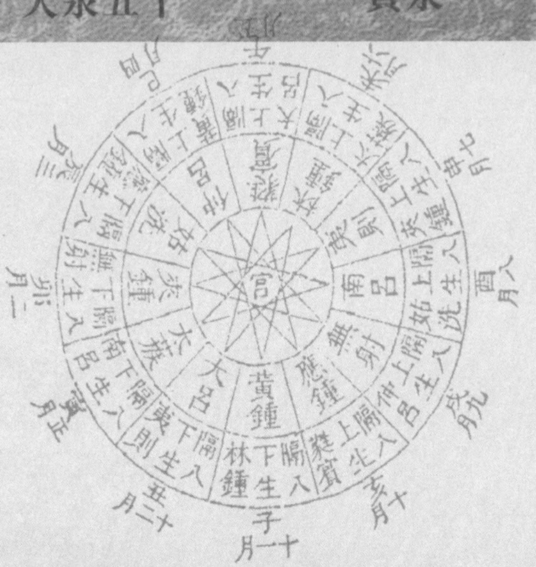

律呂相生圖

古樂之亡이 久矣라. 然秦漢之間은 去周未遠하야 其器與聲이 猶有存者라. 故로 其道ㅣ 雖不行於當世나 而其爲法은 猶未有異論也러니, 逮於東漢之末하야 以接西晉之初하야난 則已浸多說矣라.

歷魏 · 周 · 齊 · 隋 · 唐 · 五季하야 論者愈多而法愈不定이러니, 爰及我朝ㅣ 功成治定하야 理宜有作하야난 建隆 · 皇祐 · 元豐之間에 蓋亦三致意焉이나, 而和 · 胡 · 阮 · 李 · 范 · 馬 · 劉 · 楊 諸賢之議ㅣ 終不能以相一也어든, 而況於崇宣之季에 姦諛之會와 黥涅之餘ㅣ 而能有以語夫天地之和哉아?

丁未南狩ㅣ 今六十年이라, 神人之憤이 猶有未攄하야, 是固不遑於稽古禮文之事라. 然學士大夫ㅣ 因仍簡陋하야 遂無復以鐘律爲意者하니 則已甚矣라.

吾友建陽蔡君元定季通이 當此之時하야 乃獨心好其說而力求之하야, 旁搜遠取하야 巨細不捐하고 積之累年하니 乃若冥契의 著書兩卷에 凡若干言이라.

予嘗得而讀之하니, 愛其明白而淵深하고 縝密而通暢하야 不爲牽合傅會之談하야 而橫斜曲直이 如珠之不出於盤이라. 其言이 雖多出於近世之所未講이나 而實無一字도 不本於古人已試之成法하니, 蓋若黃鐘圍徑之數는 則漢斛之積分에 可考요, 寸을 以九分爲法은 則淮南太史小司馬之說에 可推요, 五聲二變之數와 變律半聲之例는 則杜氏之通典에 具焉이요, 變宮變徵之不得爲調는 則孔氏之禮疏에 固亦可見이라.

至於先求聲氣之元而因律以生尺하야난 則尤所謂卓然者하니 而亦班班雜見於兩漢之制와 蔡邕之說과 與夫國朝會要하고, 以及程子張子之言이라.

顧讀者不深考면 其間雖或有得於此나 而又不能無失於彼리니, 是以晦蝕紛拏하야 無復定論이리라.

大抵不拘攣於習熟見聞之近이면 卽肆其胸臆하야 妄爲穿穴而無所據依어늘, 季通은 乃能奮其獨見하야 超然遠覽하야 爬梳剔抉하야 參互考尋하야 用其半生之

力하야 以至於一旦豁然而融會貫通焉하니 斯亦可謂勤矣라.

及其著論하야난 則又能推原本根하고 比次條理하며 撮取機要하야 闡究精微하야 不爲浮詞濫說하야 以汨亂於其間하니 亦庶幾乎得書之體者라.

予謂國家行且平定中原하야 以開中天之運에 必將審音協律하야 以諧神人하리니, 當是之時하야 受詔典領之臣이 能得此書而奏之면 則東京郊廟之樂이 將不待公孫述之瞽師而後備요, 而參摹四分之書하니 亦無待乎後世之子雲而後知하야 好之矣리라.

抑季通之爲此書에 詞約理明하야 初非難讀이어늘, 而讀之者ㅣ 往往未及終篇하고 輒已欠伸思睡하야 固無由了其歸趣라. 獨以予之頑鈍不敏으로 乃能熟復數過하야 而僅得其指意之彷彿이어늘, 季通이 於是에 亦許予爲能知己志者라. 故로 屬予以序引하야 而予不得辭焉이로라.

季通이 更欲均調節族하야 被之管弦하야 別爲樂書하야 以究其業하고 而又以其餘力으로 發揮武侯六十四陣之圖하고 緖正邵氏皇極經世之歷하야 以大備乎一家之言하니 其用意ㅣ 亦健矣라. 予雖老病이나 儻及見之면 則亦豈非千古之一快也哉아?

淳熙丁未 正月朔旦에 新安 朱熹는 序하노라.

고악古樂의 망실亡失이 오래되었다. 그러나 진秦 · 한나라까지는 주周나라로부터 오래되지 않아 악기와 악이 아직 당시까지 남은 것이 있었다. 그러므로 그 악樂이 당대에 연주되지는 못하였지만 그 기본 이론에 대해서는 이론異論이 없었는데, 동한東漢[1] 말기에 이르러서부터 서진西晉[2] 초기에 가까워져서는 이미 침체되어 이설異說이 많아졌다.

북조北朝[3]인 북위北魏[4] · 북주北周[5] · 북제北齊[6] · 수隋[7] · 당唐[8]과 오대五代시대[9]를 지나면서 논한 사람들이 더욱 많아져 법이 더욱 정해지지 못하게 되었다.

우리 송나라가 왕업王業을 이루고 통치가 안정되어 천리天理가 마땅히 일어남에 이르러서는, 송 태조宋太祖 건륭建隆 연간(960~963), 송 신종宋神宗 황우皇祐 연간(1049~1053), 송 신종宋神宗 원풍元豐 연간(1078~1085)에 세 번 악에 대해 자기의 의사를 충분히 밝힐 수 있었으나, 화和[10] · 호胡[11] · 완阮[12] · 이李[13] · 범范[14] · 마馬 · 유劉 · 양楊 씨 등 제현諸賢들의 논의가 끝내 일치되지 않았는데, 하물며 북송 휘종北宋徽宗 숭녕崇寧 연간(1102~1106)으로부터 선화宣和 연간(1119~1125)[15]으로 이어진 북송北宋의 끝자락에 간사하고 아첨하는 무리들[16]과 범죄자들의 잔당[17]들이 천지의 화기和氣를 피력할 수 있었겠는가?[18]

정미년(丁未年, 1127)에 남쪽으로 천도遷都한 것이 올해 60년이라,[19] 신神과 사람의 분노가 아직도 다 흩어지지 않아, 곧 옛날의 예문禮文을 상고할 겨를이 없었다. 그리하여 학사學士 · 대부大夫들이 옛 것을 답습하며 단순하고 비루鄙陋하게 되어, 드디어 다시는 음률音律에 뜻을 두는 사람이 없게 되었으니 너무 심하다.

우리 벗 건양建陽 사람 채원정 계통이 이런 때 홀로 그 학설學說을 좋아하여 힘써 구하여 널리 찾고 멀리에서까지 얻어 크고 작은 것을 구별하여 버리지 않고 그것을 여러 해 동안 누적하여 엮었는데, 서로 말은 주고받지 아니하였지만 은연히 마음과 마음이 들어맞는 두 권[20]의 저서에 많지 않은 글이었다.

내 일찍이 읽어보니, 내용이 명백하고 깊으며 면밀하고 막힘이 없어 억지로 끌어다 붙인 말이 아니어서, 조리가 닿는 것이 마치 구슬이 쟁반을 벗어나지 않는 것처럼 일정한 범위를 넘지 않은 것을 좋아하게 되었다. 그 말이 비록 근세에 강론하지 않는 것에서 많이 나왔으나, 실상 한 글자도 옛 사람이 이미 시험해보고 이루어놓은 법에 근본하지 않음이 없었으니, 대체로 황종관의 원지름수치는 한나라 곡斛의 적분(積分 : 容量)에서 고찰할 수 있고,[21] 1촌을 9푼으로 나누어 기준을 삼은 것은 회남태사淮南太史 소사마小司馬의 학설에서 미루어 생각할 수 있고,[22] 오성 · 2변二變의 수리數理와 변율 · 반성半聲의 예例는 두우杜佑의 『통전』에 구비되어 있고,[23] 변궁과 변치가 조調가 될 수 없다는 것은 공영달孔穎達의 『예기소禮記疏』에서 또한 볼 수 있다.[24]

먼저 성기聲氣의 근원[25]을 구하고 12율을 근거로 12율관척을 만드는 것에 대해서는 이른바 더욱 탁월한 것이라고 할 것이니, 또한 전한前漢 · 후한後漢의 제도와 채옹蔡邕의 학설과 『국조회요國朝會要』에 명백하게 섞여 보이고, 정자程子 · 장자張子의 말에까지 미치고 있다.[26]

그러므로 읽는 사람이 깊이 고찰하지 않으면, 그 사이에 비록 혹 이곳에서는 마땅하게 여겼을지라도, 또한 다른 곳에서는 잘못으로 여기지 않을 수 없을 것이니, 이 때문에 암담하고 흠결이 생기며 서로 비판하여 다시 정론定論이 없게 될 것이다.

무릇 천박한 습관과 견문에 얽매이지 않으면, 곧 자기의 소견대로 함부로 천착穿鑿하여 의거依據할 것이 없는 것인데, 채계통은 독자적인 견해를 일으켜 초연하게 멀리 내다보아 정리하고 다듬으며 참고가 될 증거를 섞어 탐구하여, 반평생 공력으로 하루아침에 환히 이해하고 깨달았으니, 이 또한 직분을 다하였다고 말할 수 있을 것이다.

그 저술하여 논한 것에 이르러서는, 또 근본을 추구하고 조리條理있게 하며 기밀機密한 요점을 잡고 정밀한 데까지 연구하여 허황된 말로 그 사이를 어지럽히지 않았으니, 또한 거의 책의 체體를 이해하고 있는 사람이라고 할 것이다.

내 생각에는 국가가 장차 중원中原을 평정하여 하늘의 뜻에 맞는 운수運數를 열 때, 반드시 음音을 살피고 율律을 조화롭게 하여 신과 사람을 화하게 해야 할 것인데, 이때 조서詔書를 받아 주관主管하는 신하가 이 책을 얻어 임금께 아뢰면, 동경東京의 교사郊祀와 종묘제宗廟祭에 쓰이는 악이 공손술公孫述[27]의 맹인 악사樂師와 같은 사람을 기다리지 않아도 뒤에 준비될 것이고, 사방으로 분산된 책을 널리 구했으니, 또한 후세의 양웅(揚雄, B.C. 53~A.D. 18)[28] 같은 사람을 기다리지 않아도 뒤에 알아 그 악을 좋게 할 것이다.

또한 채계통이 이 책을 만들 때에 문사文詞는 요약하고 문리文理는 명백하여 애초에 읽기가 어렵지 않은데, 읽는 사람이 흔히 끝까지 읽지 않고 얼핏 그만두고는 하품하고 기지개를 켜며 졸아 참으로 그 귀추歸趨를 마치지 못하였다. 내가 우둔하고 불민不敏한 재주로 수차 숙독하여 근근이 유사한 뜻을 얻었는데, 채계통이 이에 자기의 뜻을 아는 자라고 인정하였다. 그러므로 나에게 서문序文을 써줄 것을 부탁하여 사양할 수 없었다.

채계통이 다시 절주節奏를 고르게 하여 관현管絃의 악기에 시행하려고 별도로 악서樂書를 만들어 그 일을 연구하고, 또 그 여력餘力으로 무후武侯[29]의 64진도六十四陣圖를 드러내고 소씨邵氏[30]의 『황극경세서皇極經世書』[31]의 내력來歷을 두서를 잡아 일가一家의 말을 크게 갖추었으니, 그 의향意向이 또한 건전하다. 내 비록 늙고 병들었으나 아마 볼 수 있다면, 또한 어찌 천고千古의 일대 쾌사快事가 아니겠는가?

남송 효종南宋孝宗 순희淳熙 정미년(丁未年, 1187) 정월 초하루 아침에 신안新安 주희朱熹는 서문을 쓰다.

朱子曰 "蔡神與의 名은 發이니 博學强記하고 高簡廓落한대 不能與世俗相俯仰이라. 因去遊四方하야 聞見益廣하야 遂於易象天文地理三式之說에 無所不通而皆能訂其得失하며, 杜門掃軌하고 專以讀書敎子爲事라. 季通이 生十年에 卽敎하야 使讀西銘하고, 稍長에 則示以程氏語錄과 邵氏經世와 張氏正蒙而語之 曰 '此ㅣ 孔孟正脉也라'하니라. 季通이 承厥志하야 學行之餘에 尤邃律曆하야 討論定著하야 遂成一家之言하야 使千古之誤로 曠然一新하고, 而遡其源流하야 皆有成法하니, 是亦足以顯其親於無窮矣라."

○季通律書는 法度甚精하야 近世諸儒ㅣ 皆莫能及이라.
○季通律書는 分明是好하야 却不是臆說이요 自有案據라.
○季通은 理會樂律하야 大段有心力看得許多書라.
○劉文簡公爚[32]曰 "先生은 天資高하고 聞道早하야 於書에 無所不讀하고 於事에 無所不講하야 明陰陽消長之運하고 達古今盛衰之理하야 上稽天時하고 下考人事라. 文公이 嘗曰 '人讀易書難이어늘 季通讀難書易라'하시고, 又曰 '造化微妙하니 惟深於理者라야 識之라. 吾與季通言호대 而未嘗厭也라'하시니라."
○西山眞氏曰 "先生이 嘗特召에 堅辭不起하니 世謂之聘君이라하니라. 聘君이 以師事文公하니 而文公이 顧曰 '季通은 吾老友也라'하시며, 凡性與天道之妙는 他弟子ㅣ 不得聞者어늘 必以語季通焉[33]하며, 異篇 · 奧傳 · 微辭 · 邃旨는 先令討究하고 而後親折衷之한대, 先生이 於經에 無不通이러라. 嘗語三子曰 '淵아! 汝는 宜紹吾易學하라'하시고, 曰 '沉아! 汝는 宜演吾皇極數니, 而春秋는 則以屬知方焉호리라'하시니라."
○黃瑞節曰 "案蔡氏祖子孫은 於斯文에 可知也니, 而盛時遠引하야 三世一轍이라. 朱子云 '蔡神與所以教其子者ㅣ 不干利祿하고 而開之以聖賢之學하니, 其志識高遠이 非世人所及이라'하시니라. 西山先生은 辭聘不起하며, 九峯先生은 三十歲에 卽棄擧子業하고 一以聖賢爲師하며, 九峯之子抗이 始擢進士第하야 理宗寶祐에 參政云이라. 律呂書는 蓋朱蔡師弟子ㅣ 相與成之者라. 朱子ㅣ 與西山書에 云 '但用古書古語호대, 或注疏하야 而以己意로 附其下方하야 甚簡約而極周盡하야, 學者ㅣ 一覽可得梗槩요, 其他ㅣ 推說之泛濫과 旁正之異同은 不盡載也라'하시니라."

주자가 말하였다. "채신여蔡神與의 이름은 발發[34]이니, 박학博學하고 기억력이 좋으며 매우 소탈하고 관대하였는데 세속과 영합하지 않았다. 도처에 돌아다니며 배움에 따라 견문이 더욱 넓어져 드디어 역상易象[35] · 천문天文 · 지리地理와 삼식三式[36]의 학설에 통달하여 옳고 그름을 바로잡을 수 있었으며, 두문불출하고 오로지 독서와 자식 교육에 종사하였다. 아들 채원정 계통이 10세가 되자 가르쳐 「서명西銘」[37]을 읽게 하고, 점점 자라 정호(程顥, 1032~1085)와 정이(程頤, 1033~1107)의 『어록語錄』[38]과 소옹(邵雍, 1011~

1077)의 『황극경세서皇極經世書』[39]와 장재(張載, 1020~1077)의 『정몽正蒙』[40]을 보이고 말하기를 '이것이 공맹孔孟의 정통正統이다.'고 하였다. 채계통이 그 뜻을 계승하여 배우고 행하는 여가에 율력律曆을 깊이 연구하여 토론하고 저술하여, 드디어 일가一家를 이루어 오래된 학문의 오류를 일신하고, 그 원류源流를 거슬러 올라가 모두 법을 이루었으니, 이 또한 무궁한 세상에 그 어버이를 현양顯揚한 것이다."

○ 채계통의 『율려신서』는 법도가 매우 정밀하여 근세의 여러 선비들이 미칠 수 없는 경지에 이르렀다.

○ 채계통의 『율려신서』는 분명하여 개인적인 견해가 아니고 근거가 있다.

○ 채계통이 악률樂律을 이해하여 대단한 사고력思考力으로 많은 책을 보게 되었다.

○ 문간공文簡公 유약劉爚[41]이 말하였다. "선생님은 천성天性이 고상하고 일찍이 도道를 들어 읽지 않은 책이 없고 강구講究하지 않은 일이 없어, 음양陰陽이 소멸하고 자라는 운수에 밝고 고금에 융성하고 쇠락하는 이치에 통달하여, 위로는 천시天時를 상고하고 아래는 인사人事를 고찰하였다. 주문공(朱文公 : 朱子)께서 일찍이 말씀하시기를 '남들은 쉬운 책도 어렵게 읽는데, 채계통은 어려운 책도 쉽게 읽는다.'고 하시고, 또 말씀하시기를 '천지의 조화造化가 미묘하니 이치를 깊이 꿰고 있는 사람만이 아는 것이다. 내가 채계통과 말하였는데 싫증난 적이 없다.'고 하셨다."

○ 서산西山 진덕수(眞德秀, 1178~1235)[42]가 말하였다. "선생이 일찍이 임금의 특소特召에 굳게 사양하고 일어나지 않으시니, 세상에서 빙군聘君이라 하였다. 빙군이 주문공朱文公을 스승으로 섬겼는데, 주문공이 좌중을 둘러보고 말씀하시기를 '채계통은 내 오랜 벗과 같다.'고 하셨으며, 오묘한 성性과 천도天道는 다른 제자들이 들을 수 없는 것이었는데 반드시 채계통에게는 말씀하셨으며, 특이한 책, 심오한 전傳, 미묘한 말, 깊은 뜻은 먼저 사리를 연구하게 하시고 뒤에 몸소 절충折衷 하셨는데, 선생이 경서에 대해 훤히

알지 않음이 없었다. 일찍이 세 아들에게 말씀하시기를 '연(淵, 1156~1236)[43]아! 너는 나의 역학易學을 계승해라!'고 하시고, '침(沈, 1167~1230)[44]아! 너는 나의 『황극수皇極數』[45]를 부연敷演해라! 『춘추』는 지방知方에게 부탁하겠다.'고 하셨다."[46]

○ 황서절黃瑞節[47]이 말하였다. "내가 살펴보니, 채씨蔡氏 집안의 할아버지 · 아들 · 손자는 우리 유학儒學에서 알아주는 분들이니, 한창 때 멀리까지 유학遊學하여 삼대三代가 한 법을 통달하였다. 주자께서는 말씀하시기를 '채신여蔡神與[48]가 그 아들을 가르친 방법이 이득과 녹봉祿俸을 구하지 않고 성현의 학문을 가지고 가르쳐 인도하였으니, 그 뜻이 높고 생각이 원대한 것이 세상 사람들이 미칠 바가 아니다.'고 하셨다. 서산 채원정 선생은 임금의 부름에 사양하고 일어나지 않았으며, 구봉九峯 채침(蔡沈, 1167~1230) 선생은 30세에 과거공부를 버리고 오로지 성현으로 스승을 삼았으며, 구봉九峯 선생의 아들 항(抗, 1193~1259)[49]이 비로소 진사進士에 뽑혀 남송 이종南宋理宗 보우寶祐 연간(1253~1258)에 참정參政[50]이 되었다한다. 『율려신서』는 주자와 채원정 사제간師弟間이 함께 완성한 것이다. 주자께서 서산 채원정에게 보낸 서신에 말하기를 '다만 고서古書와 고어古語를 썼는데, 간혹 주소注疏를 달아 자기 뜻을 그 아래에 부치니, 매우 간략簡略하고 극히 두루 상세하여, 학자가 한번 살펴 개략槪略을 얻을 수 있고, 그 밖에 장황하게 밝히어 논한 것과 다른 쪽 계통은 다 싣지 않았다.'고 하셨다."

1 동한東漢 : 광무제光武帝 유수劉秀가 왕망(王莽, B.C. 45~A.D. 23)의 신新나라를 토평하고 한실漢室을 중흥하여 25년에 세운 나라이다. 서울이 전한前漢의 서쪽 장안보다 동쪽 낙양洛陽에 있어 동한東漢이라 하고 후한後漢이라고도 한다. 12주主 196년 만인 220년 위魏나라에게 찬탈되었다.

2 서진西晉 : 사마염司馬炎이 삼국三國 위魏나라의 황제 조환曺奐으로부터 선양禪讓이라는 명목으로 황제 위를 빼앗아 제위에 오르고 낙양洛陽을 도읍으로 265년 진왕조(晉王朝 : 西晉)를 세웠다. 그 후 제3대 회제懷帝 때 이민족들이 일으킨 영가永嘉의 난으로 낙양과 장안長安이 파괴되고 311년에는 회제가 살해되었으며, 316년에는 제4대 민제愍帝도 잡혀 서진西晉은 멸망하였다. 이에 앞서 건업建業에 있었던 서진의 왕족 사마예司馬睿는 낙양과 장안이 함락되자 건업을 도읍으로 317년 동진東晋을 세웠다.

3 북조北朝 : 오호십륙국五胡十六國의 혼란을 수습한 북위北魏의 태무제(太武帝, 재위 423~452) 때부터 시작되어, 이 북위가 동위東魏와 서위西魏로 분열하고 동위는 북제北齊에게 서위는 북주北周에게 교체되었다가 북주가 북제를 멸망시키고 한때 화북지역을 통일하였으나, 얼마 못 가서 외척 양견(楊堅 : 隋文帝)이 제위를 양위 받고 건국한 수나라가 남조 최후의 왕조인 진陳나라를 멸망시키고 중국천하를 통일한 때까지를 말한다.

4 북위北魏 : 선비족鮮卑族 탁발부拓跋部가 중국 화북지역에 세운 북조北朝 최초의 왕조(386~534)이다. 위魏는 중국 고래의 전통에 의한 국가 체제를 채용하기로 정하고, 화북지방을 평정하기 위하여 몽골에서 데려온 여러 유목 부족을 해산시켜 부민部民을 군현郡縣의 호적에 편입하게 하였다. 그리고 훈공이 있는 부족 중의 유력자에게는 관작을 수여하고 한족漢族의 명문名門과 똑같이 고급관리로 채용하여 귀족제의 기초를 이루었다. 명원제明元帝 때 남조 송南朝宋을 공략하여 허남[河南] 지방의 땅을 빼앗았고, 태무제太武帝 때 하夏·북연北燕·북량北涼을 멸망시킴으로써 오호십육국五胡十六國의 난을 종식시켜 439년 마침내 북위는 강북지역 통일을 완성하였다. 그 뒤 북위는 우문태宇文泰와 고환高歡의 대립으로 각각 북위의 종실을 천자로 옹립한 서위西魏와 고환의 동위東魏로 분열되었고, 동위는 550년 고환의 아들 양洋에게 빼앗겨 북제北齊가 되었으며, 서위는 556년 우문태의 아들 우문각宇文覺에게 빼앗겨 북주北周가 되었다. <『동아세계대백과사전』 30권, 동아출판사, 1994, 551쪽.>

5 북주北周 : 북조北朝의 하나로 서위西魏의 실권자이던 우문태宇文泰가 죽고 아들 우문각宇文覺이 뒤를 이었을 때 그를 보좌하던 우문각의 사촌 우문호宇文護가 서위 공제西魏恭帝를 제위에서 밀어내고 세운 왕조(557~580)이다. 북주는 제4대 무제武帝 때 북제北齊를 평정하여 화북華北의 통일을 실현하였고 불교를 폐하여 왕권의 강화를 도모하였으나 무제의 아들 선제宣帝가 폭군이었기 때문에 민심을 얻지 못하였고, 그 틈을 탄 외척 양견楊堅이 정권을 빼앗아 수隋를 세워 5주主 24년 만에

망하였다.

6 북제北齊 : 동위東魏의 실권자 고양(高洋 : 高歡의 아들)이 세운 왕조(550~577)로 남제南齊와 구별하여 북제라고 한다. 꼭두각시 군주인 효정제孝靜帝를 밀어내고 동위의 영토를 그대로 인수, 국호를 제齊라 하고 도읍을 업鄴에 정하였다. 그러나 잇단 폭군·암군暗君이 독재를 강화하였고, 사치·난행亂行이 속출하였다. 동위 때부터 내려온 무장武將을 억압하는 한편, 황제의 비위를 맞추어 세력을 만회하려는 한인漢人 귀족이 정치를 좌우하였으며, 황제의 측근에는 아첨배가 득실거리며 권세를 부렸다. 이들 세력 간의 암투로 북제는 내부로부터 붕괴하여, 화북통일華北統一의 계기를 북주北周에 빼앗겼다. 경쟁국인 서위西魏·북주에 비하여 인재도 많았고 물자도 풍부하였지만, 결국은 북주에게 멸망되었다. <『동아세계대백과사전』 15권, 동아출판사, 1994, 46쪽.>

7 수隋 : 남북조 시대의 혼란을 진정시키고, 서진이 멸망한 후 분열되었던 중국을 약 300년 만에 재통일한 왕조(581~618)이다. 그러나 제2대 황제 양제煬帝 때 폭정暴政으로 인해 멸망하고, 그 후 약간의 혼란기를 거쳐 당나라가 중국을 재통일 하였다. 수도는 대흥성(大興城 : 長安)이었다.

8 당唐 : 618년 이연李淵이 건국하여 907년 애제哀帝 때 후량後梁 주전충朱全忠에게 멸망하기까지 290년간 20대의 황제에 의하여 통치되었다. 중국의 통일제국統一帝國으로는 한나라에 이어 제2의 최성기最盛期를 이루어, 당에서 발달한 문물文物 및 정비된 제도는 한국을 비롯하여 동東아시아 여러 나라에 많은 영향을 끼쳐 그 주변 민족이 정치·문화적으로 성장하는 데 크게 기여하였다. 중기 안녹산安祿山의 난亂 이후 이민족異民族의 흥기興起와 국내 지배체제의 모순이 드러나 중앙집권체제의 동요는 물론 사회 및 경제적으로도 불안이 가중되어 쇠퇴의 길을 밟았다.

9 오대五代시대 : 보통 오대십국五代十國시대라고 한다. 당나라가 멸망한 907년부터 960년 나라를 세운 송나라가 중국을 통일하게 되는 979년까지의 약 70년에 걸쳐 흥망興亡한 여러 나라와 그 시대이다. 그중 오대五代는 화북華北의 중심지대를 지배하고 정통왕조正統王朝의 계열로 볼 수 있는 양梁·당唐·진晉·한漢·주周나라 등 5왕조인데, 사가史家들이 그 이전에 존재하였던 같은 이름의 왕조와 구별하기 위해 앞에 후後자를 붙였다. 그리고 10국은 화남華南과 기타 주변 각 지방에서 흥망을 한 지방 정권으로 오吳·남당南唐·오월吳越·민閩·형남荊南·남한南漢·초楚·전촉前蜀·후촉後蜀·북한北漢을 말한다.

10 화현(和峴, 933~988) : 송나라 준의浚儀 사람으로 응凝의 아들이다. 자는 회인晦仁이

고 음악에 밝았다. 벼슬은 주객낭중主客郎中을 지냈다. 저서는 『봉상집奉常集』·『비각집祕閣集』·『무성왕묘찬주武成王廟贊注』가 있다.

11 호원胡瑗이다. 본서/제요提要 각주 57) 참조.

12 완일阮逸 : 송나라 건주建州 건양建陽 사람으로 자는 천은天隱이다. 천성天聖 연간의 진사進士이다. 벼슬은 항주지주사杭州知州事·국자감승國子監丞·둔전원외랑屯田員外郎을 지냈다. 강정康定 연간에 『종률제의병도鐘律制議幷圖』 3권을 지었고, 황우皇祐 연간에 종경제도鍾磬制度를 고쳐 정하고 대안악大安樂을 완성하였다. 저서는 『역전왕제병전도易筌王制幷田圖』가 있다.

13 이조李照 : 송宋나라의 악가樂家이다. 송 태종宋太宗 연간에 조칙으로 아악을 태부太府의 철척鐵尺을 기준으로 고치고, 인종仁宗 경우景祐 연간(1034~1038)에 송기宋祁·이수李隨와 함께 왕박王朴의 율을 비교조사해보니 고악古樂에 비해 5율, 금방악禁坊樂에 비해 2율이 높음을 알았다. 누서絫黍하는 것으로 약龠을 만드는 법을 버리고, 물로 황종을 비교하여 율두律斗와 악칭樂稱의 양기量器를 제정하였다. 종률관鍾律管을 제정하여 6약으로 1홉合을 삼아 10홉으로 1승을 삼고, 1승升 부피의 물로 1근을 삼고, 10근의 무게로 1칭稱을 삼았다. 『주례』 전동典同을 의거하여 12종鍾 외에 나머지 4종은 모두 청성淸聲이니 중성中聲이 아니고, 바로 정鄭·위衛나라의 악이므로 만약 사청四淸의 종을 제거하면 그로 말미암아 애잔하고 편벽한 소리가 일어나지 않을 것임을 주장하였다.

14 범촉공范蜀公 : 송나라 성도成都 화양華陽 사람인 범진(范鎭, 1008~1089)이다. 자字는 경인景仁으로 봉호는 촉군공蜀郡公, 시호는 충문忠文이다. 보원寶元 연간의 진사進士 장원으로 벼슬은 한림학사翰林學士·단명전 학사端明展學士·숭복궁 제거崇福宮提擧를 지냈다. 왕안석王安石의 변법變法에 반대하여 사직하였고, 『신당서新唐書』·『인종실록仁宗實錄』의 편수에 참여하였다. 저서는 『범촉공집范蜀公集』·『동재기사東齋記事』가 있다.

15 숭녕崇寧~연간(1119~1125) : 송 휘종宋徽宗은 연호로 1102~1106년은 숭녕崇寧, 1107~1110년은 대관大觀, 1111~1117년은 정화政和, 1118~1119년은 중화重和, 1119~1125년은 선화宣和를 썼으므로 북송北宋의 끝자락인 휘종徽宗 연간을 뜻한다. 휘종은 형인 제7대 황제 철종哲宗의 병사病死에 따라 즉위하였으나, 신종神宗의 황후였던 향태후向太后의 섭정을 받았다. 치세 초에는 온건한 신법파로 황태후의 신임이 두터웠던 증포曾布를 중용하고, 증포는 신법과 구법 양파로부터 인재를 등용하고, 신법과 구법의 다툼을 가라앉히면서 점진적인 개혁을 진행하였다. 하지만 신법파의 채경蔡京 등의 책동에 의해 증포는 실각하고 채경이 집권하자, 정치

를 채경蔡京 등 총신들에게 떠맡기고 호사스런 생활을 하였다. 1115년 여진족이 요遼나라의 지배를 벗어나 금金나라를 세웠을 때, 금나라와 동맹하여 요나라를 협공하여 연운십육주燕雲十六州를 수복하려고 꾀하였으나, 결과적으로 25년 금나라 군사의 진입을 초래하였다. 휘종은 흠종欽宗에게 양위하고 도군황제道君皇帝가 되어 책임을 모면하려고 하였으나, 재차 침공한 금나라 군사에 의해 국도 개봉開封이 함락되고, 흠종 등 황족과 함께 금나라 군대에 잡힘으로써 북송의 멸망[靖康의變]을 가져왔다. <『동아세계대백과사전』 30권, 동아출판사, 1994, 572쪽.>

16 간사하고~무리들 : 명明나라 구준丘濬의 『대학연의보大學衍義補』 권44 치국평천하지요治國平天下之要/명예악明禮樂/악률지제樂律之制. 「指蔡京輩 채경蔡京 무리를 가리킨다.」

채경(蔡京, 1047~1126)은 송 휘종宋徽宗 시대의 대신大臣으로 자는 원장元長이다. 원우元祐 등 구신舊臣을 내쫓고 왕안석王安石의 신법新法을 되살려 쓰면서 전후 네 차례나 정승政丞을 지냈으나 뒤에는 벼슬이 떨어지고 이내 죽었다.

17 범죄자들의 잔당 : 명明나라 구준丘濬의 『대학연의보大學衍義補』 권44 치국평천하지요治國平天下之要/명예악明禮樂/악률지제樂律之制. 「魏漢津 위한진魏漢津이다.」

송 휘종宋徽宗 때 방사方士인 위한진(魏漢津, 1017~1106)은 송나라 촉蜀 땅 사람으로 사호賜號는 충현거사沖顯居士이고, 한진허화충현보응선생漢津虛和沖顯寶應先生이라고 한다. 시호는 가성嘉晟이다. 악률樂律에 정통하였다. 구정九鼎·제좌대종帝坐大鐘·이십사기종二十四氣鐘을 제작하였고, 이후 신악新樂을 완성시켜 대성악大晟樂이라 명명命名되었다.

18 하물며~있었겠는가? : 명明나라 형운로邢雲路의 『고금율력고古今律曆考』 권34 율려律呂 6/율려律呂/역대악론歷代樂論. 「宋 大晟樂 卽方士魏漢津之所造 取徽宗指寸爲律者 朱子所謂 崇宣之季 姦諛之會 黥涅之餘 不足以語天地之和 指漢津而言也 송나라 대성악大晟樂은 곧 방사方士 위한진魏漢津이 지은 것이니, 휘종徽宗의 손가락에서 촌寸를 취하여 율律을 삼은 것이다. 주자朱子 이른바 '북송 휘종北宋徽宗 숭녕崇寧 연간(1102~1106)으로부터 선화宣和 연간(1119~1125)으로 이어진 북송北宋의 끝자락에 간사하고 아첨하는 무리들과 범죄자들의 잔당들이 천지의 화기和氣를 말하기에 충분하지 않다.'는 것은 위한진魏漢津을 가리켜 말한 것이다.」

19 정미년에~60년이라 : 송나라는 처음 개봉開封에 도읍하였으나 1126년 정강靖康의 변變으로 강남江南으로 옮겨 임안(臨安 : 杭州)에 천도하였다. 천도한 정미년丁未年은 남송 고종南宋高宗 건염建炎 1년인 1127년이고, 올해 정미년은 주자朱子가 이 서문을 쓴 효종孝宗 순희淳熙 14년인 1187년이다.

20 저서 두 권 : 『율려신서』 제1권 「율려본원律呂本原」, 제2권 「율려증변律呂證辨」이다.

21 황종관의～있고 : 본서/제요提要 각주 13) 참조.

22 1촌을～있고 : 본서/제요提要 각주 15) 참조.

23 당唐나라 경조京兆 두우杜佑의 『통전通典』 권143 악樂 3/오성12율상생법五聲十二律相生法.
그 내용은 본서/율려증변/제5편 화성和聲에 상세하다.

24 변궁과～있다 : 본서/제요提要 각주 21) 참조.

25 성기聲氣의 근원 : 본서/제요提要 각주 22) 참조.

26 또한～있다 : 본서/ 율려증변/ 제1편 조율造律에 상세하다.

27 공손술(公孫述, ? ～36) : 후한後漢 무릉茂陵 사람으로 자는 자양子陽이다. 왕망王莽의 천봉天鳳 연간(14～19)에 촉왕蜀王이 되어 성도成都에 도읍하였고, 후한後漢 제1대 광무제光武帝 건무建武 연간(25～55) 초에 나라를 성가成家, 연호를 용흥龍興이라 하다가 척살刺殺되었다.

28 양웅(揚雄, B.C. 53～A.D. 18) : 전한前漢의 유학자儒學者로 자는 자운子雲이다. 촉군蜀郡 성도成都 출신으로 청년 시절에 동향의 선배인 사마상여司馬相如의 작품을 통하여 배운 문장력을 인정받아 사부辭賦작가로서 성제成帝 때 궁정문인의 한 사람이 되었다. 왕망王莽이 정권을 찬탈한 후, 새 정권을 찬미하는 문장을 쓰고 대부大夫 벼슬을 지내기도 하였다. 이 때문에 위조僞朝에 협조하였다하여 송학宋學 이후에는 비난의 대상이 되기도 하였다. 만년에는 경학經學에 뜻을 두어 윤리・정치・철학을 연구하였으며 스스로 성현聖賢이라 자처하였다. 저서에 『태현경太玄經』・『법언法言』 외에 방언을 수집한 『방언方言』 등이 있다. <『유교대사전』, 유교사전편찬위원회, 1990, 897쪽.>

29 무후武侯 : 제갈량(諸葛亮, 181～234)이다. 삼국시대 촉蜀나라의 재상宰相으로 자는 공명孔明이다. 융중隆中에 은거하고 있을 때 유비劉備의 삼고초려三顧草廬에 못 이겨 출사出仕한 후 유비로 하여금 촉나라를 건국하게 하였다. 유비가 죽은 뒤 유조遺詔를 받들어 후주인 유선劉禪을 보필하다가 위魏나라의 사마의司馬懿와 오장원五丈原에서 대전對戰 중 진중에서 졸卒하였다. 그가 지은 「출사표出師表」는 명문으로 유명하다.

30 소씨邵氏 : 소옹(邵雍, 1011～1077)이다. 북송北宋의 성리학자性理學者・상수학자象數學者로 자는 요부堯夫, 자호自號는 안락安樂・백천百泉이다. 공성(共城 : 지금의 河北省範陽縣) 출신으로 청년 시절에 사방을 주유周遊하다가 북해北海의 이지재李之才에게서 선천상수학先天象數學을 전수받았다. 신종神宗 때 저작랑著作郎으로 부름을 받기

도 하였으나 평생 관직에 나가지 않았다. 주돈이周敦頤・장재張載・정호程顥와 함께 북송사철北宋四哲로 혹은 주돈이・장재와 함께 북송초삼자北宋初三子로 불린다. 시호는 강절康節이다. 저서에 『황극경세서皇極經世書』・『관물외편觀物外篇』 외에 시집인 『이천격양집伊川擊壤集』이 있다.

31 『황극경세서皇極經世書』 : 송나라 소옹(邵雍, 1011~1077)이 『주역』의 괘상卦象으로써 당요唐堯의 갑진甲辰으로부터 후주後周의 기미己未까지의 치란흥망治亂興亡의 역사와 율려・관물觀物을 합쳐서 서술한 12권의 책이다. 역리易理를 응용하여 수리數理로써 천지만물의 생성변화를 관찰하고 설명하였다. 12진辰을 하루, 30일日을 한 달, 12개월을 1년, 30년年을 1세世, 12세를 1운運, 30운을 1회會, 12회를 1원元으로 한다.

32 대본에는 '煸'으로 되어 있으나 『성리대전서性理大全書』 권22 율려신서律呂新書1/주註를 참조하여 '熗'으로 바로잡았다.

33 대본에는 '馬'로 되어 있으나 『성리대전서性理大全書』 권42 제유諸儒 4/주자문인朱子門人을 참조하여 '焉'으로 바로잡았다.

34 채발(蔡發, 1089~1152) : 송나라 건주建州의 건양建陽 사람으로 자는 신여神與, 호는 목당노인牧堂老人이다. 채원정蔡元定의 아버지로 유학儒學과 역상易象・천문・지리에 밝았다. 저서 『목당공집牧堂公集』・『지리발미地理發微』・『천문성상발미天文星象發微』가 있다.

35 역상易象 : 역易의 괘卦에 나타나는 현상이다.

36 삼식三式 : 골패 따위로 점을 치는 육임六壬, 음양陰陽의 변화에 따라 몸을 숨기고 길흉을 택하는 용병술인 둔갑遁甲, 그리고 술수가術數家 유파의 하나인 태을太乙이다.

37 「서명西銘」 : 송대宋代의 성리학자性理學者 장재(張載, 1020~1077)가 유교儒敎의 기본 윤리인 인애仁愛의 도리道理를 설명한 논문이다. 원명原名은 '정완訂頑'이었는데, 그와 동시대의 정이程頤의 충고에 의하여 고친 것이며, 또한 '폄우砭愚'라는 글을 「동명東銘」이라고 고쳤다. '서명'과 '동명'은 각각 그의 서재의 동서쪽에 건 명銘이라는 의미이다.

38 『어록語錄』 : 정호程顥・정이程頤 각각의 『어록』이 있다. 유자儒者의 평소 말을 모아서 기록한 글로 『당서唐書』 「예문지藝文志」에 의하면, 공사상孔思尙의 『송제어록宋齊語錄』에서 비롯되었다.

39 『황극경세서皇極經世書』 : 위 각주 31) 참조.

40 『정몽正蒙』 : 송대宋代의 성리학자性理學者 장재(張載, 1020~1077)가 기일원론氣一元

論에 입각하여 천도天道・인륜人倫을 논한 책으로 10권이다. 당시 사상계思想界의 몽매蒙昧를 깨우친다는 의미에서 '정몽'이라고 한 것인데 '정몽서正蒙書'라고도 한다. 그가 죽기 1년 전 1076년의 저술로서 당시 '신유학新儒學'의 이념하에서 불교佛教・도교道教에 대항하여 성학聖學을 일으킨다는 신념으로 『중용中庸』・『역경易經』의 사상에 근거를 두고 자신의 철학을 전개하였다.

41 유약(劉爚, 1144~1216) : 송나라 건양建陽 사람으로 자는 회백晦伯, 호는 운장雲莊, 시호는 문간文簡이다. 건도乾道 연간의 진사進士이다. 벼슬은 공부상서工部尙書를 지냈다. 사서집주四書集註를 간행하고, 운장선생雲莊先生이라 불렸다. 저서는 『주의奏議』・『사고史稿』・『경연고사經筵故事』・『동궁시해東宮詩解』・『예기해禮記解』・『강당고사講堂故事』・『운장외고雲莊外稿』가 있다.

42 진덕수(眞德秀, 1178~1235) : 남송南宋의 정주학자程朱學者로 자는 경원景元, 호는 서산西山이다. 복건성福建省 포성浦城 출신으로 벼슬이 참지정사參知政事에 이르렀다. 주자朱子의 재전제자再傳弟子로서, '위학지금僞學之禁'을 해제하고 주자학朱子學이 천하의 정학正學임을 밝혔다. 시호는 문충文忠이다. 저서에 『대학연의大學衍義』・『서산문집西山文集』・『독서기讀書記』・『사서집론四書集論』・『문장정종文章正宗』・『서산갑을고西山甲乙藁』・『대월갑을집對越甲乙集』・『경연강의經筵講義』・『서산정훈西山政訓』 등이 있다.

43 채연(蔡淵, 1156~1236) : 송나라 건주建州의 건양建陽 사람으로 자는 백정伯靜, 호는 절재節齋이다. 아버지 원정元定과 주자朱子에게 배워 역易에 정통하였다. 저서는 『주역훈해周易訓解』・『역상의언易象意言』・『시사문詩思問』・『논맹사문論孟思問』이 있다.

44 채침(蔡沈, 1167~1230) : 남송南宋의 정주학자程朱學者로 자는 중묵仲默, 호는 구봉九峯이다. 복건성福建省 건양현建陽縣 출신이다. 주자의 수제자인 채원정蔡元定의 아들로 어려서는 집에서 아버지의 가르침을 받았으나 뒤에 주자朱子에게서 수업하였다. 주자로부터 위촉을 받아, 주자가 미처 완성하지 못한 『서경』의 주석註釋을 수십 년의 연구 끝에 『서집전書集傳』으로 완성하였다. 1195년 아버지가 도주道州로 유배되자 유배지까지 따라갔다가 아버지가 죽은 후 고향으로 돌아왔다. 이후로 과거에의 뜻을 버리고 생계와 명리를 외면한 채 유학儒學의 연구에 종사하며 일생을 마쳤다.

45 『황극수皇極數』 : 3권으로 된 책이름으로 음양학陰陽學의 하나이다. 지은이는 미상이다. 팔괘의 수를 근거로 사람의 길흉화복과 자손의 일을 점치고, 고금의 치란은 모두 미리 정해진 것이라고 역설하였다.

46 송宋나라 진덕수眞德秀의 『서산문집西山文集』 권42 묘표墓表/구봉선생채군묘표九峯先生蔡君墓表.

47 황서절黃瑞節 : 『강서통지江西通志』 권51 선거選擧 3/송宋에 의하면 원 인종元仁宗 연우延祐 4년(1317)에 향시鄕試에 응시한 후 원元나라 말엽까지 벼슬하지 않았다. 자는 관락觀樂이고 안복安福 사람이다. 학문에 힘쓰고 깊이 생각하여 일찍이 『태극도설太極圖說』·『통서해通書解』·『서명西銘』·『역학계몽易學啓蒙』·『주자가례朱子家禮』 등 여러 책을 모아 아울러 주석을 더하고 제목하기를 『주자성서朱子成書』라고 하였다.

48 채신여蔡神與 : 채원정의 아버지 채발(蔡發, 1089~1152)이다. 위 각주 34) 참조.

49 채항(蔡杭, 1193~1259) : 송나라 건주建州의 건양建陽 사람으로 자는 중절仲節, 호는 구헌久軒, 시호는 문숙文肅, 또는 문간文簡이다. 원정元定의 손자로 소정紹定 연간의 진사進士이다. 벼슬은 동지추밀원사同知樞密院事·참지정사參知政事를 지냈다. 저서는 『경무요략經武要略』이 있다.

50 참정參政 : 재상宰相의 부직副職인 참지정사參知政事의 준말이다.

律呂本原

율려본원

黃鐘第一 以漢志斛銘文으로 定이라

제1편 황종 본문은 『한서』 「율력지」의 곡명문斛銘文을 가지고 정하였다.

長은 九寸이요 空圍는 九分이니 積은 八百一十分이라.

황종률관의 길이는 9촌이고 공위(空圍 : 원통 단면적)[1]는 9평방푼이니, 부피[積]는 810입방푼이다.[2]

案天地之數는 始於一하고 終於十이라. 其一三五七九는 爲陽하니, 九者는 陽之成也요, 其二四六八十은 爲陰하니, 十者는 陰之成也라.

黃鐘者는 陽聲之始니 陽氣之動也라. 故로 其數九는 分寸之數니 具[3]於聲氣之元이나 不可得而見이요, 及斷竹爲管하야 吹之而聲和하고 候之而氣應 而後數始形焉이라.

均其長하야 得九寸하며 審其圍하야 得九分한대, 此章凡言分者는 皆十分寸之一이라. 積其實하야 得八百一十分일새, '長이 九寸이요 圍가 九分이니 積은 八百一十分이라.' 是爲律本이니 度量衡權이 於是而受法이요, 十一律은 由是而損益焉이라. 算法이 置八百一十分하고 分作九重하면 每重得九分이라. 圓田術에 三分益一하야 得一十二하고, 以開方法으로 除之하야 得三分四釐六毫强하야 爲實徑之數하니, 不盡이 二毫八絲四忽이라. 今求圓積之數하면 以徑三分四釐六[4]毫로 自相乘하야 得十一分九釐七毫一絲六忽하고, 加以開方으로 不盡之數 二毫八絲四忽하야 得一十二分하고, 以管長九十分으로 乘之하야 得一千八十分하야 爲方積之數하고, 四分取三分爲圓積하니, 得八百一十分이라.

내가 살펴보니,[5] 천지의 수[6]는 1에서 시작하고 10에서 마친다. 그 1·3·5·7·9는 양陽이 되니 9는 양의 성수成數이고, 그 2·4·6·8·10은 음陰이 되니 10은 음의 성수이다.

황종은 양성陽聲의 시작이니 양기가 발동한 것이다. 그러므로 그 수 9는 길이 9촌과 공위空圍 9평방푼의 수이니 성기聲氣의 근원[7]에 구비되어 있으나 볼 수 없고, 대나무를 잘라 관을 만들어 그 관을 불어 소리가 조화롭고, 그 관을 살펴 기운이 응함[8]에 이른 이후에 수數가 비로소 드러난다.

그 길이를 과불급過不及이 없게 하여 9촌을 얻고, 그 공위空圍를 상세히 조사하여 9평방푼을 얻는데, 이 장章에서 말한 모든 푼은 1/10촌이다. 그 실수實數 길이 9촌과 공위空圍 9평방푼을 곱하기한 결과로 810입방푼을 얻은 것이기 때문에, '황종률관의 길이는 9촌이고 공위空圍는 9평방푼이니, 부피는 810입방푼이다.'인 것이다. 이것이 율관의 근본이 되니, 도度 · 량量 · 형衡 · 권權[9]이 이것에서 법을 받고, 나머지 11률은 이것으로부터 삼분손일三分損一 · 삼분익일三分益一[10]하여 얻는다. 산술법이 810입방푼을 놓고 9겹으로 나누면 매 겹마다 90입방푼을 얻고 다시 9평방푼[단면적]×10푼[길이]에서 9평방푼을 얻는다.[11] 원전술圓田術[12]에서 그 9평방푼에 4/3를 곱해 12를 얻고, 12를 개방법開方法[13]으로 나누어 3푼 4리 6호에 강强[14]을 얻어 관管 속 지름의 수를 삼으니, 12에 다하지 않은 수는 2호 8사 4홀이다.[15] 이제 원통부피[圓積]를 구하면 지름 3푼 4리 6호로 서로 곱하여 11푼 9리 7호 1사 6홀을 얻고, 개방법開方法으로 다하지 않은 수 2호 8사 4홀을 더하여 12평방푼을 얻는다. 12평방푼에 황종관의 길이 90푼을 곱하여 1080입방푼을 얻어 입방立方의 부피를 삼는다. 1080입방푼을 3/4을 곱해 원통부피의 수를 삼으니, 810입방푼을 얻는다.[16][17]

朱子曰 "本原第一章은 圍徑之數니, 此ㅣ 是最大節目이니 不可草草니라."

又曰 "古者에 只說空圍九分하고 不說徑三分한대, 蓋不啻三分이라 猶有奇也일새니라."

○魯齋彭氏曰 "黃鐘律管엔 有周, 有徑, 有面冪, 有空圍內積, 有從長이라. 如史記에 論從長하고, 漢書[18]律歷志에 論從長及積하며, 東漢鄭氏注月令에 論冪하고, 東漢蔡氏月令章句에 論從長하니, 皆不易之論이라.

獨周徑之說은 漢以前은 俱無明文이요, 漢律歷志에 開端未竟하고, 東漢蔡氏ㅣ 始創爲徑三分之說하고, 晉孟氏以後諸儒ㅣ 續爲[19]徑三分圍九分之說하고, 宋胡氏蔡氏ㅣ 又爲徑三分四釐六毫와 圍十分三釐八毫之說이라. 然考之于古圍周徑冪積하니 率皆未有合이라.

嘗依東漢蔡氏所言徑三分하야 以九章少廣으로 內祖氏密率하야 乘除하면 止得空圍內面冪七分七釐奇하야 乃少一分九十二釐奇요, 空圍內積實이 止得六百三十六分奇하야 乃少一百七十三分奇라. 如此則黃鐘之管이 無乃太狹아? 蓋黃鐘空積이 忽微하야 若徑內差一忽이면 卽面冪及積所差忽數ㅣ 至多하리니, 此東漢蔡氏之說이 所以不合也라.

晉孟氏諸儒ㅣ 言 '徑三分圍九分이라'하고, 又用徑一圍三之法이라. 雖是古率이나 然古人大約以此圓田이라. 若以密率推之컨댄 徑一則圍三有奇니, 假如徑七이면 則圍當二十有二라. 今依孟氏所言 徑三分이면 則圍長當九分四釐二毫一秒强이니, 不但止於九分也요, 若依九分圍長之數하면 則徑當止有二分八釐六毫二秒六忽强하야 又不及三分也라. 此晉孟氏諸儒之說이 所以不合也라.

宋胡氏는 不主徑三圍九之說하니 大意는 疑其管狹耳라. 然所言徑長三分四釐六毫와 圍長十分三釐八毫는 亦用徑一圍三之率이라. 若依所言三分四釐六毫徑하면 當得圍長十分八釐七毫六秒二忽强이니, 不但止於十分三釐八毫也라. 若依十分三釐八毫圍長之數하면 則徑止得三分三釐奇하야 又不及三分四釐六毫也라. 此宋胡氏之說이 所以不合也라.

宋蔡氏說徑圍分數는 與胡氏同이요, 至於算法하야난 用圓田術하야 三分益一하야 得一十二하고, 開方으로 除之하야 求徑하며, 又以徑으로 相乘하고 以管長으로 乘之호대, 用三分益一과 四分退一之法하야 求冪積이라. 今姑依其說하야 以九方分으로 平置[][20]하고, 又三分益一하여 以三方分으로 割置於九方分之外라. 如此[][21]하면 其積이 十二方分이요, 其從橫이 可得三分四釐六毫强과 不盡二毫八絲四忽하야 的如蔡氏之說이리라. 但依此徑하야 以密率相乘하면, 則空圍內面冪이 不但止得九方分이요, 乃得九方分零四十釐六十毫五十七秒十四忽奇하야, 空圍內積實이 不但止得八百一十分이요, 乃得八百四十六分五百四十五釐一百四十二毫[22]六百秒[23]奇리라. 如此면 則黃鐘之管이 無乃太大아? 細考之方內之圓하면 所占[24]者ㅣ 不止四分三하고, 圓外之方하면 所當退者ㅣ 又不及四分一하니,

以此로 知三分益一 四分退一이라. 乃虛加實退ㅣ 算家大約之法이니, 此宋蔡氏之說이 所以又不能以盡合也라.

今欲求黃鐘律管從長 · 周 · 徑 · 冪 · 積的實定數者는 須依蔡氏多截管候氣之說하고, 又以祖氏冲之密率로 乘除라야 方可라. 蓋祖冲之는 乃古今算家之最요, 而蔡氏는 多截管候氣之說로 實得造律本原하니, 其說이 乃前人未發者라.

今宜依此說하야 先多截竹以擬黃鐘之管하야 或短或長호대, 長短之內에 每差纖微하야 各爲一管하고, 悉以此諸管으로 埋地中하야 俟冬至時하야 驗之라. 若諸管之中에 有氣應者어든 卽取其管而計之하니, 知此管이 合於造化自然이요, 非人力可爲라. 卽以此管으로 分作九寸하야 寸作九分하고 分作九釐하고 釐作九毫하고 毫作九秒하고 秒作九忽하야, 以合八十一[25]終天之數라. 及[26]元氣運行하야 自子至亥히 得十七萬七千一百四十七之數니, 凡用此管하야 三分損益하야 上下相生은 由此라.

又取此管九寸하야 寸作十分하고 分作十釐하고 釐作十毫하고 毫作十秒하고 秒作十忽하야 以合天地五位라. 終于十之數하니 乃以十乘八十一하야 得八百一十分하고, 以八百一十分으로 配九十分管이라. 知此管長九十分空圍中엔 容八百一十分하니, 卽十分管長空圍中엔 容九十分이요, 一分管長空圍中엔 容九分이라. 凡求度量衡은 由此라.

乃以此管面空圍中所容九分이니 以平方冪法으로 推之하면 知一分有百釐하고 釐有百毫하고 毫有百秒하고 秒有百忽이라. 積而計之하면 一平方分에 通有面冪이 一萬萬忽이요, 九平方分에 通有面冪[27]이 九萬萬忽이니, 乃以此九萬萬忽로 依算經少廣章所載하야 宋祖冲之密率로 乘除하면, 得圓周長호대 的計十分六釐三毫六秒八忽萬分忽之六千三百一十二요, 又以圓周求徑하면 計三分三釐八毫四秒四忽 萬分忽之五千六百四十五요, 又以半徑半周로 相乘하면 仍得九萬萬忽內忽弱하야 通[28]得面冪九平方分也라.

旣以周徑으로 相乘하야 復得面冪如此하니, 則黃鐘之廣與長及空圍內積實을 皆可計矣라. 故面冪計九方分深一分管이면 則空圍內當有九立方分深九十分管이요, 計九寸이면 則空圍內當有八百一十立方分이니, 此卽黃鐘一管之實이라. 其數ㅣ 與天地造化로 無不相合하니 此算法所以成也라.

算法旣成之後에 或以竹或以銅으로 別爲之호대, 依其長各作八十一分하야 以爲

十二律이라. 相生之法은 又依其長作九十分하야 乃取九十分之分하야 計三分三釐八毫四秒四忽萬分忽之五千六百四十五하니 以合孔徑이라. 如此則圓長面羃與夫空圍內積이 自然無不諧會리라. 特徑數自八毫以下는 非可細分하니, 而算法積忽與秒도 不容不然이라."

주자가 말하였다. "율려본원律呂本原의 제1편은 황종률관 원지름의 수이다. 이것이 바로 최대의 관건關鍵이니, 허투루 지나칠 수 없다."

또 말하였다. "옛날 다만 공위空圍가 9평방푼임을 말하고 지름이 3푼임을 말하지 않았는데, 아마도 지름이 3푼뿐만 아니라 정수整數 이외의 꼬리수[29]가 있기 때문일 것이다."

◯ 노재魯齋 팽씨彭氏가 말하였다. "황종률관에는 원둘레가 있고, 지름이 있고, 면멱(面羃 : 斷面績)[30]이 있고, 원둘레 안 부피가 있고, 세로길이가 있다. 예컨대 『사기』에서는 세로길이를 논하고,[31] 『한서』「율력지」에서는 세로길이와 부피를 논하고,[32] 동한東漢의 정현鄭玄이 주注를 낸 『월령月令』[33]에서는 면멱(面羃 : 단면적)을 논하고,[34] 동한東漢 채옹蔡邕의 『월령장구月令章句』에서는 세로길이를 논하였으니,[35] 모두 바꾸지 못 할 논의이다.

오직 원둘레와 지름에 대한 학설은 한나라 이전은 모두 분명하게 써놓은 글이 없고, 『한서』「율력지」에서 실마리를 열었으나 다하지 못하고, 동한東漢 채옹蔡邕이 비로소 지름이 3푼이라는 학설을 제기하고, 진晉나라 맹강孟康[36] 이후 여러 선비들이 이어서 지름 3푼과 원둘레 9푼의 학설을 말하고,[37] 송나라 호원胡瑗과 채원정이 또 지름 3푼 4리 6호와 원둘레 10푼 3리 8호의 학설을 말하였다.[38] 그러나 옛날 원둘레 · 지름 · 면멱 · 부피를 고찰해보니 전부 부합하지 않았다.

일찍이 동한東漢의 채옹이 말한 지름 3푼을 의거하여 『구장산술九章算術』[39]의 소광법少廣法[40]을 써서 조충지祖冲之의 밀률密率[41]을 넣어 계산하면, 원둘레 안쪽 면멱이 평방 7푼 7리에 꼬리수[奇][42]를 얻어,[43] 바로 평방 1푼 92리에 꼬리수가 작게 되고,[44] 원둘레 안쪽부피인 떨어지지 않는 636입방푼을 얻어,[45] 바로 173입방푼 기(奇 : 꼬리수)가 작게 된다. 이 같으면 황종관이 너무 좁지 않겠는가? 황종관의 내경內徑이 대단히 미세하여 만약 내경이 1홀이라도 오차가 나면, 곧 면멱面冪과 적실積實에서 발생하는 오차 홀忽 수치가 대단히 많을 것이니, 이것이 동한東漢 채옹蔡邕의 학설이 합당하지 않은 이유이다.

진晉나라의 맹강과 여러 선비들이 '지름은 3푼이고 원둘레는 9푼이다.'고 하고, 또 지름 1에 원둘레는 3의 법을 썼다. 비록 이것이 옛날 비율이나, 옛날 사람이 대체大體를 잡아 이것으로 원전술圓田術을 하였다.[46] 만약 밀률密率로 추산推算해보면 지름이 1이면 원둘레는 3에 떨어지지 않는 수가 있게 되니,[47] 가령 지름이 7이면 원둘레는 22에 해당한다.[48] 이제 맹강이 말한 지름 3푼을 의거하면 원둘레 길이는 9푼 4리 2호 1초[49]와 강强에 해당하니,[50] 다만 9푼으로 떨어지지 않는다. 만약 9푼 원둘레 길이의 수치를 의거하면 지름은 2푼 8리 6호 2초 6홀과 강强에 해당하니,[51] 또 3푼에 미치지 못한다. 이것이 진晉나라의 맹강과 여러 선비들의 학설이 합당하지 않은 이유이다.

송나라 호원은 지름은 3푼이고 원둘레는 9푼이라는 학설을 존중하지 않았으니, 대강의 의미는 그 관管이 좁음을 의심한 것이다. 그러나 이미 언급한 지름 3푼 4리 6호와 원둘레 10푼 3리 8호는 또한 지름 1에 원둘레 3의 비율을 쓴 것이다. 만약 언급한 3푼 4리 6호의 지름을 의거하면 당연히 원둘레는 10푼 8리 7호 6초 2홀에 강强을 얻을 것이니,[52] 다만 10푼 3리 8호에 그치지 않는다. 만약 10푼 3리 8호의 원둘레 수를 의거하면 지름은 3푼 3리 기(奇 : 꼬리수)에 그쳐,[53] 또 3푼 4리 6호에 미치지 못한다. 이것이 송나라 호원의 학설이 합당하지 않은 이유이다.

송나라 채원정의 학설인 지름과 원둘레의 분수分數는 호원과 같다. 위 산술법에서는 원전술을 써서 삼분익일三分益一 하여 12를 얻고, 개방법開方法으로 나누어 지름을 구하며, 또 지름으로 서로 곱하기를 하고 황종관 길이를 곱하는데, 삼분익일과 사분퇴일四分退一[54]의 법을 써서 면멱面冪과 부피를 구하였다. 이제 우선 그 학설을 의거하여 9평방푼을 평치平置하고[田], 또한 삼분익일 하여 3평방푼을 9평방푼 밖에 분할하여 놓는다. 이와 같이하면[⊞] 그 결과가 12평방푼이고, 그 가로세로의 지름 3푼 4리 6호에 강强과 다하지 않은 수가 2호 8사 4홀을 얻어 꼭 채원정의 학설과 같을 것이다.[55] 다만 이 지름을 의거하여 밀률(密率 : 355/113)로 서로 곱하면, 원둘레 안쪽 면멱이 다만 9평방푼을 얻음에 그치지 않고, 바로 9평방푼에 잔여의 나머지 수 40리 60호 57초 14홀을 얻어,[56] 원둘레 안쪽부피가 다만 810입방푼을 얻음에 그치지 않고, 바로 입방 846푼 545리 142호 600초 기奇를 얻을 것이다.[57] 이와 같으면 황종관이 너무 크지 않겠는가? 사각형 안의 원을 상세히 고찰하면, 원이 점유하고 있는 면적이 3/4에 그치지 않고, 원 밖의 사각형을 고찰하면 감소한 것이 당연히 또 1/4에 미치지 못하니,[58] 이것으로 삼분익일(三分益一 : 4/3)과 사분퇴일(四分退一 : 3/4)을 알 수 있다. 바로 빈 것은 더하고 채워진 것은 줄이는 것이 산술가算術家의 대략적인 방법이다. 이것이 송나라 채원정의 학설이 또 모두 합당할 수 없는 이유이다.

이제 틀림없이 일정한 황종률관의 세로 길이와 원둘레와 지름과 면멱面冪 과 부피의 수數를 구하려는 사람은 모름지기 많은 관을 잘라 후기候氣하는 채원정의 학설을 의거하고, 또 조충지祖冲之의 밀률로 계산해야만 비로소 가능할 것이다. 조충지는 바로 고금의 산술가算術家 중에서 최고이고, 채원정은 많은 관을 잘라 후기候氣하는 학설로 실제로 율관을 만드는 본원을 얻었으니, 그 학설이 바로 앞 사람들이 밝히지 못한 것들이다.

이제 마땅히 이 학설을 의거하여 먼저 많은 대나무를 잘라 황종관을 견주어 혹은 짧고 혹은 길게 하되 길고 짧은 범위 내에 미세한 차이로 각각 관 하나씩을 만들고, 모든 이 관들을 땅에 묻어 동지冬至를 기다려 시험한다. 만약 여러 관 가운데 기운이 응하는 것이 있으면 바로 그 관을 찾아 계산하니, 이 관이 천지자연의 이치에 부합한 것이라, 인력으로 할 수 있는 것이 아니라는 것을 알 것이다. 곧 이 관을 9촌으로 나누어 1촌은 9푼으로, 1푼은 9리로, 1리는 9호로, 1호는 9초로, 1초는 9홀로 정하여, $9\times9=81$인 종천終天의 수에 부합하게 한다. 원기元氣가 운행함에 미쳐 자子로부터 해亥에 이르기까지 177147의 수를 얻으니,[59] 모두 이 관을 써서 삼분손일 · 삼분익일하여 상생上生과 하생下生하는 것은 이것을 말미암는다.

또 9촌길이 이 관을 거두어 1촌은 10푼으로, 1푼은 10리로, 1리는 10호로, 1호는 10초로, 1초는 10홀로 정하여 천수天數 다섯과 지수地數 다섯[60]에 부합하게 한다. 10에서 마치니, 10으로 81에 곱하여 810입방푼을 얻고, 810입방푼으로 90푼 관에 짝짓는다. 이 90푼 길이의 원둘레 안쪽 속에 810입방푼을 담으니, 곧 10푼 길이의 관 통 속에 90입방푼을 담고, 1푼 길이의 관 통 속에 9입방푼을 담는 것을 알 수 있다. 무릇 도度 · 량量 · 형衡을 구하는 것은 이것에서 말미암는다.

이에 1푼 길이의 이 관의 단면 원둘레 안쪽넓이에 담는 것이 9평방푼이니, 넓이 내는 멱법冪法으로 추산하면, 1평방푼이 100평방리, 1평방리가 100평방호, 1평방호가 100평방초, 1평방초가 100평방홀임을 알 수 있다. 누적하여 계산하면 1평방푼에 통하는 면멱面冪이 10000×10000평방홀이 있고, 9평방푼에 통하는 면멱이 90000×10000평방홀이 있으니, 이에 이 90000×10000평방홀을 가지고 『구장산술九章算術』 「소광장少廣章」에 수록된 것을 의거하여 송나라 조충지의 밀률로 계산하면 원둘레 길이를 얻는데 꼭 10푼 6리 3호 6초 8홀×10000홀에 6312를 얻고,[61] 또 원둘레로 지름을 구하면 3푼 3리 8호 4초 4홀×10000홀에 5645를 얻고,[62] 또 반지름과 반원둘레로 곱하면 90000평방홀내 홀약忽弱을 얻어 면멱 9평방푼을 얻을 것이다.[63]

이미 원둘레와 지름으로 서로 곱하여 다시 면멱面冪을 얻는 것이 이와 같으니, 황종관의 단면적과 길이 및 원둘레 안쪽 부피를 모두 계산할 수 있다. 그러므로 면멱面冪은 계計 9평방푼이고 깊이는 1푼 관이면, 원둘레 안쪽넓이는 마땅히 9입방푼과 깊이 90푼 관이 있을 것이고, 계計 9촌이면 원둘레 안쪽부피가 마땅히 810입방푼이 있을 것이니, 이것이 곧 황종관 부피이다. 그 수가 천지조화와 서로 부합하니, 이것이 산술법이 이루어진 것이다.

산술법이 이미 이루어진 뒤에 혹 대나무나 황동으로 별도로 만드는데, 그 81푼으로 만든 길이에 의거하여 12율관을 만든다. 상생相生의 법은 또 90푼으로 만든 길이에 의거하여, 이에 90푼의 푼을 취하여 3푼 3리 8호

4초 4홀×10000홀에 5645를 계산하는데, 이것이 구멍의 지름에 부합한다. 이 같으면 원둘레 길이의 면멱面冪과 원둘레 안쪽부피가 자연히 잘 맞을 것이다. 특히 지름 수 8호毫 이하는 세분할 수 없으니, 산술법의 부피 홀忽과 초秒도 그렇지 않음이 없다."

1 공위空圍 : 공위空圍는 두 가지 관점에서 볼 수 있다. 첫째는 원통의 단면적이다. 이 경우는 공위가 9평방푼이 되어 적積은 바로 부피인 810입방푼이 된다. 저자는 주註에서 적積 810입방푼은 길이와 공위의 곱하기한 결과로 설명하였고, 또 부피 810입방푼으로부터 단면적 9평방푼, 곧 본문의 '공위 9평방푼'을 도출하고, 다시 개방법으로 지름 3푼 4리 6호에 강强을 얻었다. 또 본서/율려증변/제2편 율장단위경지수律長短圍徑之數에 후한後漢 정강성鄭康成의 『월령주月令註』와 채옹(蔡邕, 131~192)의 동약명銅龠銘에 나오는 공위空圍를 주註에서 공위중광(空圍中廣 : 원통 단면적)으로 설명하였으니 공위를 원통 단면적으로 본 것이 분명하다. 이에 따라 이를 원전술에서 원넓이로 계산하면 (3.46×3.46×3)/4=8.9787평방푼이 된다. 이를 조충지의 밀률을 사용하여 현대 수학법으로 계산하면 다음과 같다. 원넓이=반지름^2×(355/113)이므로 반지름=$\sqrt{(113\times9)/355}$이니, 반지름=1.6926푼이고 지름은 3.3851푼이다. 후한後漢 때 주척周尺 단위 1척=20.25㎝로 계산하면 1푼=0.2025㎝이므로 지름은 0.6855㎝가 되고, 만약 조선조 세종 때의 황종척으로 계산하면 1척=34.7㎝, 1푼=0.347㎝이므로 지름은 1.1746297㎝가 된다. 둘째 '원둘레'로 보면, '원둘레=지름×원주율'이므로 아래 『수서隋書』의 지름과 원둘레의 비율인 1 : 3에 따라, 지름 3푼, 원주율 3으로 계산한 수가 된다. 이 때 적積은 면적이 되어 810평방푼이 된다. 이에 따라 원둘레 9푼, 길이 9촌의 황동판을 말아 만든 황동관의 안쪽부피를 계산하면 다음과 같다. 원전술에서 '원넓이=원둘레×원둘레/12'를 써서 계산하면 '9×9/12=6.75평방푼'이고, 이것에 길이를 곱해주면 '6.75×90=607.5입방푼'이 된다. 이는 옛 원통관의 제조법이 평평한 금속판을 말아 만든 것에서 유추해 볼 수 있다. 그러나 황종관의 부피가 810입방푼이라는 원칙에 위배되므로 가능성이 없다. 당唐나라 장손무기長孫無忌 등의 『수서隋書』 권16 지志 제11/율력상律歷上/비수備數.

「古之九數 圓周率 三 圓徑率 一 其術疏舛 옛날 수數 9는 원주율圓周率이 3, 원경률圓徑率이 1이었는데, 그 방법이 소략하고 어긋났다.」

2 황종률관의~810입방푼이다 : 저자의 아래 세주細註 계산을 잘 살펴보면 공위空圍를 원통 단면적으로 적積은 부피로 이해하고 있다. 따라서 번역문에 공위는 면적단위 평방푼을 쓰고, 적積은 부피단위 입방푼을 썼다.
본서/제요提要 각주 13) 참조.

3 대본에는 '其'로 되어 있으나 『성리대전서性理大全書』 권22 율려신서律呂新書 1/율려본원律呂本原/황종黃鐘 제1을 참조하여 '具'로 바로잡았다.

4 대본에는 '三'으로 되어 있으나 문맥이 통하지 않아 '六'으로 바로잡았다.
12의 평방근은 3.464이고, 또한 위에서 이미 '三分四釐六毫强'을 제시하고 있기 때문이다.

5 내가 살펴보니 : 본서의 저자인 채원정蔡元定이다.

6 천지의 수 : 『주역周易』 계사상繫辭上. 「天一 地二 天三 地四 天五 地六 天七 地八 天九 地十 天數五 地數五 五位相得而各有合 天數二十有五 地數三十 凡天地之數五十有五 하늘의 수가 1이고 땅의 수가 2이며, 하늘의 수가 3이고 땅의 수가 4이며, 하늘의 수가 5이고 땅의 수가 6이며, 하늘의 수가 7이고 땅의 수가 8이며, 하늘의 수가 9이고 땅의 수가 10이니, 하늘의 수가 다섯이고 땅의 수가 다섯이다. 다섯의 자리가 서로 맞으며 각기 합함이 있으니, 하늘의 수가 25이고 땅의 수가 30이다.」

7 성기聲氣의 근원 : 본서/제요提要 각주 22) 참조.

8 그 관을~응함 : 후기법候氣法이다. 본서/제요提要 각주 28) 참조.

9 도度·량量·형衡권權 : 도는 길이, 양은 부피, 형은 저울대, 권은 저울추의 표준이다.

10 삼분손일三分損一·삼분익일三分益一 : 송宋나라 선성태수宣城太守 범욱范煜의 『후한서後漢書』 권11 율력지律歷志 제1/율력지律歷志. 「術曰 陽以圓爲形 其性動 陰以方爲節 其性靜 動者數三 靜者數二 以陽生陰倍之 以陰生陽四之 皆三而一 陽生陰曰下生 陰生陽曰上生 율술律術에 말하기를 "양陽은 원으로 모양을 삼으니 그 성정性情이 동적動的이고, 음陰은 모난 것으로 절節을 삼으니 그 성정이 정적靜的이다. 동적인 것은 수가 3이고, 정적인 것은 수가 2이다. 양을 기준으로 음을 낳을 때는 2배하고, 음을 기준으로 양을 낳을 때는 4배하니, 모두 3에 1을 가감한 것이다. 양이 음을 낳는 것을 하생下生이라 하고, 음이 양을 낳는 것을 상생上生이라 한다."」
이는 중국계 아악의 12율을 산출하는 방법이다. 기본음基本音인 황종의 음높이를 먼저 정한 다음, 한 번은 삼분손일(三分損一 : 2/3)하여 완전 5도 위의 음인 임종林鐘

을 얻고, 이 임종을 삼분익일(三分益一 : 4/3)하여 전회 5도轉回五度, 즉 완전 4도 아래의 태주太簇를 얻는 방법을 차례로 거듭하여 12율을 모두 얻게 된다. 삼분손일은 하생下生이라 하고, 삼분익일은 상생上生이라 하는데, 이는 음이 낮아 귀한 소리에서 음이 높아 천한 소리를 산출算出하므로 하생이라 하고, 다음은 음이 높아 천한 소리에서 음이 낮아 귀한 소리를 산출하므로 상생이라 한 것이다.

11 산술법이~얻는다 : 원문에서 810입방푼을 9로 나누면 90입방푼인데 9평방푼이라고 한 것은 오류이다. 이를 바로잡으면 '9평방푼' 대신에 '90입방푼을 얻고 다시 9평방푼[단면적]×10푼[길이]에서 9평방푼'으로 해야 한다. 원전술에서 원넓이=(지름×지름×3)/4이다. 따라서 이 공식에서 지름을 얻기 위한 것이므로 단면적 9평방푼으로부터 계산해야하기 때문이다. 이 9평방푼이 바로 본문의 '공위空圍 9평방푼'이다.

12 원전술圓田術 : 원넓이=(지름×지름×3)/4를 적용하였다. 본서/제요提要 각주 62) 참조.

13 개방법開方法 : 제곱근인 평방근平方根을 계산하여 구하는 개평開平과 세제곱근인 입방근(立方根 : 정육면체)을 계산하여 구하는 개립開立을 말한다.

14 강强 : 표기한 수 외에 우수리가 있음을 나타내는 말이다.
12의 평방근은 대략 3.4641이다.

15 원전술圓田術에서~2호 8사 4홀이다 : 9평방푼×4/3=12이다. 다시 12를 개방법으로 나누면 $\sqrt{12}$=3.464푼 정도가 되어 3푼 4리 6호에 강强을 얻는다. 3.464×3.464=11.9716이 되어. 원전술로 얻은 12에서 빼면 12-11.9716=0.0284가 되어 원래 12에서 2호 8사 4홀이 부족하다.
이를 현대 수학법으로 계산하면 다음과 같다. 원전술에서 원넓이=(지름×지름×3)/4이므로 대입하면 9=(지름×지름×3)/4이다. 정리하면 지름×지름=9×4/3이므로 결국 지름= $\sqrt{9\times 4/3}$ 되어 지름은 대략 3.46푼이다.

16 이제~810입방푼을 얻는다 : 지름을 곱하면 3.46×3.46=11.9716, 여기에 12에서 부족한 2호 8사 4홀을 더하면 11.9716+0.0284=12가 된다. 다시 여기에 길이를 곱하면 12×90=1080입방푼, 이를 3/4을 곱하면 1080×3/4=810입방푼이다.
이를 현대수학법으로 계산하면 다음과 같다. 원넓이=(지름×지름×3)/4에 대입하면 (3.46×3.46×3)/4=8.9787평방푼이다. 여기에 길이를 곱해 8.9787×90=808.083입방푼을 얻는다.

17 『양심당집養心堂集』 양심당시집養心堂詩集/문文/율려의문律呂疑問. 「蔡氏算法 置八百一十分 分作九重 每重當得九十分 謂九分者非也 又於九分上益一分 得十二開方 夫開方之法 如

三三四四五五六六 凡疊數者皆得成方 而十二開方者尤非也 以此求其徑 得三分四厘六毫 求其面冪 得八分九厘七毫八絲七忽 其所謂九方分者 亦不得爲九 加以二毫一絲三忽 然後得以爲九 所謂九者 陽之成也 蔡氏以黃鐘爲陽氣之始 陽聲之動 故其數爲九 必欲合其數 加以餘分 是爲假合非出於自然 채씨蔡氏 산술법이 810입방푼을 놓고 9겹으로 나누면 매 겹이 마땅히 90입방푼을 얻어야 하는데, 9입방푼이라고 말한 것은 잘못이다. 또 9푼에 위로 1푼씩을 더하여 12개방開方을 얻었는데, 개방법開方法은 3×3, 4×4, 5×5, 6×6과 같이 모든 숫자를 중첩시켜 곱한 것이 정방正方을 이룰 수 있으니, 12개방은 더욱 잘못되었다. 이것으로 그 지름 3푼 4리 6호를 얻고, 면멱(面冪 : 斷面績) 8푼 9리 7호 8사 7홀을 얻어, 그 이른바 9평방푼이라는 것은 또한 9가 될 수 없으니, 2호 1사 3홀을 더하고 나서야 9가 될 수 있다. 이른바 9는 양陽의 성수成數이다. 채씨가 황종으로 양기陽氣의 시작이며 양성陽聲의 발동이라 생각하였다. 그러므로 그 수를 9로 하여 반드시 그 수에 부합附合하게 하고자 하였고, 더욱 여분餘分을 썼으니, 이는 거짓 부합이라, 자연에서 나온 것이 아니다.」

지름 3푼 4리 6호일 때 면적 8푼 9리 7호 8사 7홀을 얻은 것은, 원전술에서 '(지름×지름×3)/4' 방법을 쓴 것이다. 현대 계산법은 지름이 3.46푼이면 면적은 9.397706평방푼이다.

이 『양심당집養心堂集』의 내용 가운데, 90입방푼인데 9입방푼이라고 말한 것은 잘못이라고 하였다. 이는 바른 지적인데, 그 이하의 내용은 잘못 보았다.

18 대본에는 『한서漢書』가 누락되어 있으나 대학사大學士 이광지李光地의 『고악경전古樂經傳』 권4 부악기附樂記/성률편聲律篇을 참조하여 보충하였다.

19 대본에는 '圍'로 되어 있으나 대학사大學士 이광지李光地의 『고악경전古樂經傳』 권4 부악기附樂記/성률편聲律篇을 참조하여 '爲'로 바로잡았다.

20 대본에는 '用'으로 되어 있으나 『성리대전서性理大全書』 권22 율려신서律呂新書1/율려본원律呂本原/황종黃鐘 제1을 참조하여 '▦'으로 바로잡았다.

21 대본에는 누락되어 있으나 『성리대전서性理大全書』 권22 율려신서律呂新書 1/율려본원律呂本原/황종黃鐘 제1을 참조하여 '⊕'을 보충하였다.

22 대본에는 '秒'로 되어 있으나 문맥이 통하지 않아 '毫'로 바로잡았다.

23 대본에는 '忽'로 되어 있으나 문맥이 통하지 않아 '秒'로 바로잡았다.

24 대본에는 '古'로 되어 있으나 문맥이 통하지 않아 '占'으로 바로잡았다.

25 대본에는 '十十二'로 되어 있으나 『성리대전서性理大全書』 권22 율려신서律呂新書 1/율려본원律呂本原/황종黃鐘 제1, 그리고 명明나라 형운로邢雲路의 『고금율력고古今律曆考』 권31 율려律呂 3/율려律呂/율장단위경지설律長短圍徑之說을 참조하여 '八十一'로 바로잡았다.

26 대본에는 '乃'로 되어 있으나 『성리대전서性理大全書』 권22 율려신서律呂新書1/율려본원律呂本原/황종黃鐘 제1, 그리고 명明나라 형운로邢雲路의 『고금율력고古今律曆考』 권31 율려律呂)/율려律呂/율장단위경지설律長短圍徑之說을 참조하여 '及'으로 바로잡았다.

27 대본에는 '幕'으로 되어 있으나 『성리대전서性理大全書』 권22 율려신서律呂新書1/율려본원律呂本原/황종黃鐘 제1을 참조하여 '冪'으로 바로잡았다.

28 대본에는 '通' 다음에 '之'가 있으나 『성리대전서性理大全書』 권22 율려신서律呂新書1/율려본원律呂本原/황종黃鐘 제1, 그리고 명明나라 형운로邢雲路의 『고금율력고古今律曆考』 권31 율려律呂3/율려律呂/율장단위경지설律長短圍徑之說을 참조하여 삭제하였다.

29 정수整數 이외의 꼬리수 : 원둘레 9푼일 때 원주율을 밀률인 355/113로 하여 지름을 구하면 다음과 같다. 지름=9푼/(355/113)이므로 지름=2.864788푼이다. 즉 지름이 2푼 8리 6호 4사 7홀 8미 8섬이므로 원둘레 9푼일 경우 지름이 3푼으로 떨어지지 않는다.

30 면멱面冪 : 면멱은 멱冪의 면적, 곧 단면적斷面積이다. 멱은 수학 용어이니, 고대에는 물체의 외위外圍를 멱이라고 하였다.

31 『사기』에서는~논하고 : 한漢나라 태사령太史令 사마천司馬遷의 『사기史記』 권25 율서律書 제3/율수律數. 「黃鐘長八寸十分一 宮 황종은 길이가 8촌×10푼+1=81푼이니, 궁宮이다.」

32 『한서』 「율력지」에서는~논하고 : 한漢나라 난대영사蘭臺令史 반고班固의 『전한서前漢書』 권21상 율력지律歷志 제1상. 「黃鐘 爲天統 律長 九寸 九者 所以究極中和 爲萬物元也 …中略… 易曰 參天兩地而倚數 天之數始於一 終於二十有五 其義紀之以三 故置一得三 …中略… 得八十一 以天地五位之合終於十者乘之 爲八百一十分 황종은 천통天統이 되니 율관의 길이는 9촌이다. 9는 중화中和를 궁극한 것이니, 만물의 근본이 된다. …중략… 『주역』에 말하기를 '하늘에서 셋을 취하고 땅에서 둘을 취하여 수를 의지한다.'고 하니, 천수天數는 1에서 시작하고 25에서 마치는데, 그 의의는 천·지·인 셋으로 기강을 삼았다. 그러므로 1을 두고 3을 얻었다. …중략… 81을 얻고, 천지天地 다섯 자리의 합이 10에서 마치는 것으로 곱하면 810입방푼이 된다.」

33 「월령月令」 : 『예기』 편명의 하나이다. 1년 12개월의 기후氣候와 그에 따르는 정령政令을 기록하였다.

34 동한의~논하고 : 한漢나라 정현鄭玄 주注, 당唐나라 공영달孔穎達 소疏의 『예기주소禮記注疏』 권14 월령月令. 「黃鐘 長九寸 凡律空圍九分 황종관은 길이가 9촌이고, 모든

율관의 공위空圍는 9평방푼이다.」

35 동한東漢 채옹蔡邕의~논하였으니 : 당唐나라 장손무기長孫無忌 등의 『수서隋書』 권16 지志 제11/율력상律歷上/심도審度. 「十一蔡邕銅籥尺 其銘曰籥 黃鐘之宮 長九寸 空圍九分 容秬黍一千二百粒 稱重十二銖 兩之爲一合 三分損益 轉生十二律 11은 채옹蔡邕의 동약척銅籥尺이니, 그 명銘에 말하였다. "1약籥이 황종궁黃鐘宮이니 길이는 9촌이고 공위空圍는 9평방푼이며, 용량은 기장 1200알을 담으며, 무게는 12수銖에 맞고, 그 둘을 합한 것이 1홉合이다. 삼분손일三分損一·삼분익일三分益一을 반복하여 11률을 낳는다."」

36 맹강孟康 : 삼국시대 위魏나라 안평安平 광종廣宗 사람으로 자는 공휴公休이다. 벼슬은 문제文帝 황초黃初 연간에 외척外戚으로 산기시랑散騎侍郎이 되었고, 이어 발해태수勃海太守·중서감中書監을 지냈다. 봉작은 광릉정후廣陵亭侯이다. 저서는 『한서주漢書注』가 있다.

37 진晉나라의~말하고 : 양백기한군鑲白旗漢軍 이개李鍇의 『상사尙史』 권100 율려지상律呂志上/율수律數. 「黃鐘之管 長九寸 徑三分 황종관은 길이가 9촌이고 지름이 3푼이다.」

38 송나라~말하였다 : 본서/율려증변/제2편 율장단위경지수律長短圍徑之數에서 안정安定 호원胡瑗의 『율려의律呂議』를 인용한 주註에 설명하였다.

본서/율려본원/제1편 황종. 「算法 置八百一十分 分作九重 每重得九分 圓田術 三分益一得一十二 以開方法 除之 得三分四釐六毫强 爲實徑之數 산술법이 810입방푼을 놓고 9겹으로 나누면 매 겹마다 90입방푼을 얻고 다시 9평방푼[단면적]×10푼[길이]에서 9평방푼을 얻는다. 원전술圓田術에서 그 9평방푼을 삼분익일(三分益一 : 4/3)하여 12를 얻고, 12를 개방법開方法으로 나누어 3푼 4리 6호에 강强을 얻어 관管 속 지름의 수를 삼는다.」

지름 3푼 4리 6호에 원둘레 10푼 3리 8호는 지름과 원둘레의 비율을 1 : 3으로 계산한 것이다. 그러나 이미 중국 남조 송南朝宋의 과학자 조충지祖沖之는 밀률密率 355/113를 제시하였다.

당唐나라 장손무기長孫無忌 등의 『수서隋書』 권16 지志 제11/율력상律歷上/비수備數. 「古之九數 圓周率 三 圓徑率 一 其術疏舛 옛날 수數 9는 원주율圓周率이 3, 원경률圓徑率이 1이었는데, 그 방법이 소략하고 어긋났다.」

39 『구장산술九章算術』 : 선진先秦 이래의 유문遺文을 모은 것이라 한다. 위魏나라 유휘劉徽의 『구장산술주九章算術註』가 있는 점으로 미루어 보아 그 이전에 정본定本이 있었다는 것을 알 수 있다. 저자와 저작연대는 불명이며, 그 내용은 다음의 9장으로 이루어져 있다. 제1장 방전方田은 전묘田畝의 넓이를 구하는 계산에 분수가 있으며, 제2장 속미粟米는 금전미곡의 교역산이 있다. 제3장 쇠분衰分은 비례의

계산, 제4장 소광少廣은 방전장과는 역으로 넓이에서 변과 지름을 구하는 계산인데, 제곱근풀이가 있다. 제5장 상공商功은 토목공사에 관한 문제, 제6장 균수均輸는 물자수송의 계산이며, 제7장 영부족盈不足은 분배의 과부족산, 그리고 제8장 방정方程은 1차연립방정식의 계산문제를 가감법으로 푸는 방법을 취급하였다. 제9장 구고句股는 직각삼각형에 관한 문제로 피타고라스의 응용문제이며 2차방정식도 취급하였다. <『동아세계대백과사전』 4권, 동아출판사, 1994, 419쪽.>

40 소광법少廣法 : 정사각형 및 원과 관련된 넓이와 제곱근 또는 세제곱근을 구하는 것을 다룬다. '소광少廣'은 '너비를 좁힌다.'는 뜻이니, 같은 넓이의 직사각형이라면 '길이를 길게 할수록 너비가 줄어든다[截從之多 益廣之少]'는 것을 지칭하여, 제목을 삼았다고 볼 수 있다.

41 밀률密率 : 당唐나라 장손무기長孫無忌 등의 『수서隋書』 권16 지志 제11/율력상律歷上/비수備數. 「密率 圓徑一百一十三 圓周三百五十五 밀률은 지름 113에 원둘레 355이다.」

42 기奇 : 정수整數 이외의 꼬리 수이다.

43 원둘레～얻어 : 원넓이는 3푼×3푼×(355/113)/4=7.068584평방푼이다.
결과가 다른 것은 소광법이 현대 수학의 계산법과 다르기 때문에 발생하는 오차이다.

44 바로～되고 : 지름을 3푼 4리 6호로 계산하면 3.46푼×3.46푼×(355/113)/4=9.402473평방푼이 되어 위에서 계산한 대략 평방 7푼 7리보다 평방 1푼 70리에 꼬리수가 작게 된다.

45 원둘레～얻어 : 관 부피는 7.068584평방푼×90푼=691.7256입방푼이다.
결과가 다른 것은 소광법이 현대 수학의 계산법과 다르기 때문에 발생하는 오차이다.

46 옛날 사람이～하였다 : 원전술의 원넓이=(지름×지름×3)/4에서 '3'이 바로 원주율에 해당하는 수이다.

47 만약～되니 : 지름 1일 때 원둘레는 1×(355/113)=3.141593이니, 3푼 1리 4호 1사 5홀 9미 3섬이다.

48 가령～해당한다 : 지름이 7일 때 원둘레는 7×(355/113)=21.991150이니, 21푼 9리 9호 1사 1홀 5미이다.

49 1초 : 당唐나라 장손무기長孫無忌 등의 『수서隋書』 권16 지志 제11/율력상律歷上/율직일律直日. 「孫子算術云 蠶所生吐絲爲忽 十忽爲秒 十秒爲毫 十毫爲釐 十釐爲分 『손자산경孫子算經』에 말하였다. "누에가 토해 만드는 사絲가 홀忽이 되니, 10홀이 1초秒가 되고, 10초가 1호毫가 되고, 10호가 1리釐가 되고, 10리가 1푼이 된다."」

『어제수리정온御製數理精蘊』 하편下編 권1 수부首部1/도량권형度量權衡. 「度法 丈以下 曰 尺寸分釐毫絲忽微纖沙塵埃渺漠 길이 단위[度法]는 장丈 이하는 척尺・촌寸・푼[分]・리釐・호毫・사絲・홀忽・미微・섬纖・사沙・진塵・애埃・묘渺・막漠이다.」

50 이제~해당하니 : 지름이 3푼일 때 원둘레는 3×(355/113)=9.424778이니, 9푼 4리 2호 4사 7홀 7미 8섬이다.

51 만약~해당하니 : 원둘레 9푼일 때 지름은 9/(355/113)=2.864788이니, 2푼 8리 6호 4사 7홀 8미 8섬이다.

52 만약~것이니 : 지름이 3.46푼일 때 원둘레는 3.46×(355/113)=10.869911이니, 10푼 8리 6호 9사 9홀 1미 1섬이다.

53 만약~그쳐 : 원둘레 10.38푼일 때 지름은 10.38/(355/113)=3.304056이니, 3푼 3리 4사 5미 6섬이다.

54 사분퇴일四分退一 : 위에서 말한 '四分取三'과 같은 뜻이다. '四分退一'은 어떤 수를 4로 나누고 1을 줄인다는 뜻이고, '四分取三'은 어떤 수를 4로 나누고 3을 얻는다는 뜻이다.

55 위 산술법에서는~것이다 : 위에서 채원정이 설명한 "산술법이 810입방푼을 놓고 9겹으로 나누면 매 겹마다 90입방푼을 얻고 다시 9평방푼[단면적]×10푼[길이]에서 9평방푼을 얻는다. 원전술圓田術에서 그 9평방푼에 4/3을 곱해 12를 얻고, 12를 개방법開方法으로 나누어 3푼 4리 6호에 강强을 얻어 관管 속 지름의 수를 삼으니, 12에 다하지 않은 수는 2호 8사 4홀이다. 이제 원통부피[圓積]를 구하면 지름 3푼 4리 6호로 서로 곱하여 11푼 9리 7호 1사 6홀을 얻고, 개방법開方法으로 다하지 않은 수 2호 8사 4홀을 더하여 12평방푼을 얻는다. 12평방푼에 황종관의 길이 90푼을 곱하여 1080입방푼을 얻어 입방立方의 부피를 삼는다. 1080입방푼을 3/4을 곱해 원통부피의 수를 삼으니, 810입방푼을 얻는다."를 설명한 것이다.

56 다만~얻어 : 원둘레 안쪽 면멱面冪은 (3.46/2)×(3.46/2)×(355/113)=9.40247345이니, 평방인 9푼 40리 24호 73초 45홀이다.

57 원둘레~것이다 : 9.4024734513×90=846.222610617이니, 846푼 222리 610호 617사이다.

58 사각형~못하니 : 예컨대 한 변이 3㎝인 사각형의 면적은 9㎠이고, 그 사각형의 내접원 면적은 3.14×1.5×1.5=7.065㎠이다. 따라서 내접원 면적은 사각형 면적의 3/4인 6.75㎠보다 크고, 감소한 것이 1/4인 2.25㎠보다 작다.

59 자子로부터~얻으니 : 한漢나라 고유高誘 주注의 『회남홍렬해淮南鴻烈解』 권3 천문훈天文訓. 「律之數六 分爲雌雄 故曰 十二鐘 以副十二月 十二 各以三成 故置一而十一 三之

爲積分十七萬七千一百四十七 黃鐘大數 立焉 율律의 수는 6인데 나뉘어 자웅雌雄이 되므로 '12종鐘이라'고 하며 12개월과 서로 맞는다. 12는 각각 3으로 이루어지므로 자子의 수 1을 놓고 3을 11승하면 값이 177147이 되어 황종의 대수大數가 성립된다.」

60 천수天數～다섯 : 『주역周易』 계사상繫辭上. 「天一 地二 天三 地四 天五 地六 天七 地八 天九 地十 天數五 地數五 하늘의 수가 1이고 땅의 수가 2이며, 하늘의 수가 3이고 땅의 수가 4이며, 하늘의 수가 5이고 땅의 수가 6이며, 하늘의 수가 7이고 땅의 수가 8이며, 하늘의 수가 9이고 땅의 수가 10이니, 하늘의 수가 다섯이고 땅의 수가 다섯이다.」

61 이에～얻고 : '원넓이=반지름×반지름×밀률'이고, '원둘레=지름×밀률'이므로 결국 '$\sqrt{\text{원둘레}}$=원넓이×4밀률'이다. 대입하면 '$\sqrt{\text{원둘레}}$=90000×10000×4×(355/113)'이므로 원둘레=106347.2355홀을 얻어, 10푼 6리 3호 4초 7홀에 2355가 된다.

62 또 원둘레로～얻고 : '지름=원둘레/밀률'이다. 이것에 대입하면 '지름=10.6368/(355/113)'이므로 지름=3.3857을 얻어 3푼 3리 8호 5초 7홀이 된다.

63 또 반지름과～것이다 : 원전술에서 '원넓이=반원둘레×반지름'이다. 이것에 대입하면 '원넓이=(10.6368/2)×(3.3844/2)'이므로 원넓이=8.99979648이 되어 9평방푼에 근사한 값을 얻는다.

黃鐘之實第二 以淮南子 · 漢前志로 定이요, 其寸分釐毫絲之法은 以律書生鐘分으로 定이라.

제2편 황종지실 본문은 『회남자』와 『전한서』 「율력지」를 가지고 정하고, 그 촌寸 · 푼分 · 이釐 · 호毫 · 사絲의 법은 『사기』 「율서律書」 생종분生鐘分을 가지고 정하였다.

子는 一이니 黃鐘之律이요, 丑은 三이니 爲絲法이요, 寅은 九니 爲寸數요, 卯는 二十七이니 爲毫法이요, 辰은 八十一이니 爲分數요, 巳는 二百四十三이니 爲釐法이요, 午는 七百二十九니 爲釐數요, 未는 二千一百八十七이니 爲分法이요, 申은 六千五百六十一이니 爲毫數요, 酉는 一萬九千六百八十三이니 爲寸法이요, 戌은 五萬九千□□□[1]四十九니 爲絲數요, 亥는 一十七萬七千一百四十七이니 黃鐘之實이라.[2]

자子는 1이니 황종률이고, 축丑은 3이니 사絲의 법法[3]이 되고, 인寅은 9니 촌寸의 수數가 되고, 묘卯는 27이니 호毫의 법이 되고, 진辰은 81이니 푼의 수가 되고, 사巳는 243이니 이釐의 법이 되고, 오午는 729니 이釐의 수가 되고, 미未는 2187이니 푼의 법이 되고, 신申은 6561이니 호毫의 수가 되고, 유酉는 19683이니 촌寸의 법[4]이 되고, 술戌은 59049니, 사絲의 수가 되고, 해亥는 177147[5]이니 황종의 실수實數[6]이다.

案黃鐘은 九寸이라. 以三分爲損益 故로 以三歷十二辰하야 得一十七萬七千一百四十七하야 爲黃鐘之實이라. 其十二辰이 所得之數는 在子寅辰午申戌六陽辰하야는 爲黃鐘寸分釐毫絲之數하고, 子는 爲黃鐘之律이요, 寅은 爲九寸이요, 辰은 爲八十一分이요, 午는 爲七百二十九釐요, 申은 爲六千五百六十一毫요, 戌은 爲五萬九千四十九絲라. 在亥酉未巳卯丑六陰辰하야는 爲黃鐘寸分釐毫絲之法이라. 亥는 爲黃鐘之實이요, 酉之一萬九千六百八十三은 爲寸이요, 未之二千一百八十은 爲分이요, 巳之二百四十三은 爲

釐요, 卯之二十七은 爲毫요, 丑之三은 爲絲라.

其寸分釐毫絲之法이 皆用九數라. 故로 九[7]絲爲毫하고 九毫爲釐하고 九釐爲分하고 九分爲寸하야 爲黃鐘하니, 蓋黃鐘之實은 一十七萬七千一百四十七之數라. 以三約之하면 爲絲者ㅣ 五萬九千四十九요, 以二十七約之하면 爲毫者ㅣ 六千五百六十一이요, 以二百四十三約之하면 爲釐者ㅣ 七百二十九이요, 以二千一百八十七約之하면 爲分者ㅣ 八十一이요, 以一萬九千六百八十三約之하면 爲寸者ㅣ 九라. 由是로 三分損益하야 以生十一律焉하니라.

或曰 "徑圍之分은 以十爲法이어늘, 而相生之分釐毫絲는 以九爲法은 何也오?" 曰 "以十爲法者는 天地之全數也요, 以九爲法者는 因三分損益而立也라. 全數者는 卽十而取九하고, 相生者는 約十而爲九하나니, 卽十而取九者는 體之所以立이요, 約十而爲九者는 用之所以行이니, 體者는 所以定中聲이요, 用者는 所以生十一律也니라." 或問 "算到十七萬有餘之數하니 當何用고?" 朱子曰 "以定管之長短而出是聲하니 大抵考究其法하면 是如此니라."

내가 살펴보니, 황종관은 9촌이다. 그것에 삼분三分으로 손익損益을 하므로 3으로 12진辰을 두루 계산하여 177147을 얻어[8] 황종의 실수(實數 : 被除數)로 삼는다. 그 12진辰이 얻게 된 수는 자子 · 인寅 · 진辰 · 오午 · 신申 · 술戌의 육양진六陽辰에 있어서는 황종의 촌寸 · 푼[分] · 리釐 · 호毫 · 사絲의 수數가 되고 자子는 황종률 1이 되고, 인寅은 9촌이 되고, 진辰은 81푼이 되고, 오午는 729리가 되고, 신申은 6561호가 되고, 술戌은 59049사가 된다.[9], 해亥 · 유酉 · 미未 · 기己 · 묘卯 · 축丑의 육음진六陰辰에 있어서는 황종의 촌寸 · 푼 · 리釐 · 호毫 · 사絲의 법法이 된다.[10] 해亥는 황종의 실수實數 177147이 되고, 유酉의 19683은 촌이 되고, 미未의 2187은 푼이 되고, 사巳의 243은 리가 되고, 묘卯의 27은 호가 되고, 축丑의 3은 사가 된다.[11]

그 촌寸 · 푼 · 리釐 · 호毫 · 사絲의 법(法 : 除數)이 모두 숫자 9를 쓴다. 그러므로 9사가 1호가 되고, 9호가 1리가 되고, 9리가 1푼이 되고, 9푼이 1촌이 되어 황종이 되니, 황종의 실수實數는 177147이다. 3으로 나누어 간략하게 하면 사絲가 되는 것은 59049이고, 27로 나누어 간략하게 하면 호毫가 되는 것은 6561이고, 243으로 나누어 간략하게 하면 이釐가 되는 것은 729이고, 2187로 나누어 간략하게 하면 푼이 되는 것은 81이고, 19683으로 나누어 간략하게 하면 촌寸이 되는 것은 9이다. 이것을 근거로 삼분손일 또는 삼분익일을 곱하여 11률律이 생긴다.

어떤 사람이 물었다. "지름과 원둘레의 수는 10진수를 원칙으로 하는데, 길이를 상생相生할 때 푼 · 리釐 · 호毫 · 사絲는 9진수를 원칙으로 하는 것은 무슨 이유입니까?" 내가 대답하였다. "10진수를 원칙으로 하는 것은 천지의 전수全數이고, 9진수를 원칙으로 하는 것은 삼분손일 또는 삼분익일을 곱하기함에 따라 확립된 것이다. 전수全數는 10에 나아가 9를 취하고, 상생相生은 10을 요약하게 하여 9를 삼는데, 10에 나아가 9를 취하는 것은 체體를 확립하는 방법이고, 10을 요약하게 하여 9를 삼는 것은 용用을 행하는 방법이다. 체體는 중성中聲이 정해지는 까닭이고, 용用은 11률이 생기는 까닭이다.[12]" 어떤 사람이 물었다. "산수算數가 17만 여의 수[13]에 이르니, 의당 어떻게 쓸 수 있겠습니까?" 주자가 대답하였다. "관管의 길이를 정해야 소리를 내니, 대개 그 법을 상고하여 연구하는 것이, 바로 이와 같은 것이다."

1 □□ : 100단위가 '0'인 것을 뜻한다.

2 子는~黃鐘之實이라 : 송宋나라 주자朱子의 『의례경전통해儀禮經傳通解』 권13 학례육지하學禮六之下/종률의鐘律義/우황종생11률수右黃鐘生十一律數도 내용이 같다. 「右黃鐘寸分數法 위는 황종의 촌寸 · 푼의 수數와 법(法 : 除數)이다.」

3 법法 : 법法은 제수除數나 승수乘數의 뜻이다. 가령 10/2=5에서 2, 5×2=10에서 2가 법이다. 이곳에서는 제수가 된다.

4 촌寸의 법 : 황종의 실수(實數 : 被除數) 177147을 유酉의 19683을 법(法 : 除數)으로

계산하면 9가 되어 촌寸의 수數가 되므로 유酉 19683은 촌의 법이 된다. 나머지 푼의 법, 이釐의 법, 호毫의 법, 사絲의 법法도 같다.

5 177147 : 한漢나라 고유高誘 주注의 『회남홍렬해淮南鴻烈解』 권3 천문훈天文訓. 「律之數六 分爲雌雄 故曰 十二鐘 以副十二月 十二 各以三成 故置一而十一 三之 爲積分十七萬七千一百四十七 黃鐘大數 立焉 율律의 수는 6인데 나뉘어 자웅雌雄이 되므로 '12종鐘이라'고 하며 12개월과 서로 맞는다. 12는 각각 삼재三才로 이루어지므로 자子의 수 1을 놓고 3을 11승하면 값이 177147이 되어 황종의 대수大數가 성립된다.」

6 실수實數 : 피제수被除數나 피승수被乘數의 뜻이다. 가령 10/2=5에서 10, 5×2=10에서 5가 실수實數이다. 이곳에서는 피제수가 된다.

7 대본에 누락된 '九'를 『성리대전서性理大全書』 권22 율려신서律呂新書1/율려본원律呂本原/황종지실黃鐘之實 제2를 참조하여 보충하였다.

8 3으로~얻어 : 자子는 1이므로 1×3^{11}=177147이 된다.

12진辰은 자子·축丑·인寅·묘卯·진辰·사巳·오午·미未·신申·유酉·술戌·해亥의 12지支이다.

9 율관의 길이 계산에서 삼분손익법을 쓰기 위해 9진수로 늘어난 것이다.

10 그 12진辰이~된다 ; 악樂에서 촌寸·푼·리釐·호毫·사絲는 9진수를 쓰므로 9사가 1호가 되고, 9호가 1리가 되고, 9리가 1푼이 되고, 9푼이 1촌이 된다. 육양진六陽辰인 자子·인寅·진辰·오午·신申·술戌은 자 1에서부터 위로 차례차례 9배씩 증가하여 인 9, 진 81, 오 729, 신 6561, 술 59049가 된다. 따라서 각각의 수는 촌·푼·리·호·사의 수數가 된다. 육음진六陰辰인 해亥·유酉·미未·기己·묘卯·축丑은 해 177147부터 아래로 차례차례 1/9배씩 감소하여 유는 19683, 미는 2187, 사는 243, 묘는 27, 축은 3이 된다. 따라서 각각의 수는 촌·푼·리·호·사의 법(法 : 분모)이 된다.

이를 도표화하면 다음과 같다.

12진辰	계 산 수	수數와 법法 계산	수數와 법法
자子	1	1	황종률
축丑	3×子1=3	27/9=3	사絲의 법法
인寅	3×丑3=9,	1×9=9	촌寸의 수數
묘卯	3×寅9=27	243/9=27	호毫의 법
진辰	3×卯27=81,	9×9=81	푼의 수
사巳	3×辰81=243	2187/9=243	이釐의 법
오午	3×巳243=729,	81×9=729	이釐의 수

12진辰	계 산 수	수數와 법法 계산	수數와 법法
미未	3×午729=2187	19683/9=2187	푼의 법
신申	3×未2187=6561,	729×9=6561	호毫의 수
유酉	3×申6561=19683	177147/9=19683	촌寸의 법
술戌	3×酉19683=59049	6561×9=59049	사絲의 수
해亥	3×戌59049=177147	177147	황종의 실實

11 율관의 길이 계산에서 삼분손익법을 쓰기 위해 9진수로 줄어든 것이다.

12 체體는~까닭이다 : 10진수로 율관律管의 지름과 원둘레를 정해져야 응용할 수 있는 본체本體인 황종관黃鐘管이 정해지고, 이렇게 정해진 황종관의 길이를 다시 9진수로 정한 후, 삼분손일과 삼분익일을 반복하여 나머지 11률이 정해진다.

13 17만 여의 수 : 177147이다.

黃鐘生十一律第三

제3편 황종생11률

子는 一分이요,

자子는 1이고,

一爲九寸이라.

1은 9촌이 된다.[1]

丑은 三分二요,

축丑은 3분의 2이고,

一爲三寸이라.

1은 3촌이 된다.[2]

寅은 九分八이요,

인寅은 9분의 8이고,

一爲一寸이라.

1은 1촌이 된다.[3]

卯는 二十七分十六이요,

묘卯는 27분의 16이고,

三爲一寸하고 一爲三分이라.
3은 1촌, 1은 3푼이 된다.[4]

辰은 **八十一分六十四**이요,
진辰은 81분의 64이고,

九爲一寸하고 一爲一分이라.
9는 1촌, 1은 1푼이 된다.[5]

巳는 **二百四十三分一百二十八**이요,
사巳는 243분의 128이고,

二十七爲一寸하고 三爲一分하고 一爲三釐라.
27은 1촌, 3은 1푼, 1은 3리가 된다.[6]

午는 **七百二十九分五百一十二**이요,
오午는 729분의 512이고,

八十一爲一寸하고 九爲一分하고 一爲一釐라.
81은 1촌, 9는 1푼, 1은 1리가 된다.

未는 **二千一百八十七分一千二十四**요,
미未는 2187분의 1024이고,

二百四十三爲一寸하고 二十七爲一分하고 三爲一氂하고 一爲三毫라.

243은 1촌, 27은 1푼, 3은 1리, 1은 3호가 된다.[7]

申은 **六千五百六十一分四千九十六**이요,

신申은 6561분의 4096이고,

七百二十九爲一寸하고 八十一爲一分하고 九爲一氂하고 一爲一毫라.

729는 1촌, 81은 1푼, 9는 1리, 1은 1호가 된다.[8]

酉는 **一萬九千六百八十三分八千一百九十二**이요,

유酉는 19683분의 8192이고,

二千一百八十七爲一寸하고 二百四十三爲一分하고 二十七爲一氂하고 三爲一毫하고 一爲三絲라.

2187은 1촌, 243은 1푼, 27은 1리, 3은 1호, 1은 3사가 된다.[9]

戌은 **五萬九千四十九分三萬二千七百六十八**이요,

술戌은 59049분의 32768이고,

六千五百六十一爲一寸하고 七百二十九爲一分하고 八十一爲一氂하고 九爲一毫하고 一爲一絲라.

6561은 1촌, 729는 1푼, 81은 1리, 1은 1사가 된다.[10]

亥는 **十七萬七千一百四十七分六萬五千五百三十六**이라.

해亥는 177147분의 65536이다.

一萬九千六百八十三爲一寸하고 二千一百八十七爲一分하고 二百四十三爲一釐하고 二十七爲一毫하고 三爲一絲하고 一爲三忽이라.[11]

19683은 1촌, 2187은 1푼, 243은 1리, 27은 1호, 3은 1사, 1은 3홀이 된다.[12]

案黃鐘生十一律하니 子寅辰午申戌의 六陽辰은 皆下生하고, 丑卯巳未酉亥의 六陰辰은 皆上生이라. 其上에 以三歷十二辰者는 皆黃鐘之全數며, 其下에 陰數以倍者는 卽算法은 倍其實이라. 三分本律而損其一也요, 陽數以四者는 卽算法은 四其實이라. 三分本律而增其一也라. 六陽辰은 當位自得하고, 六陰辰은 則居其衝한대, 其林鐘南呂應鐘의 三呂在陽[13]하니 無增損也요, 其大呂夾鐘仲呂의 三呂在陰[14]하니 則用倍數라야 方與十二月之氣相應이라. 蓋陰之從陽은 自然之理也니라.

내가 살펴보니, 황종이 11률을 낳는데, 자子 · 인寅 · 진辰 · 오午 · 신申 · 술戌의 육양진六陽辰은 모두 하생下生하고,[15] 축丑 · 묘卯 · 사巳 · 미未 · 유酉 · 해亥의 육음진六陰辰은 모두 상생上生한다.[16] 그 앞[17]에 3을 써서 12진辰을 두루 계산한 것은 모두 황종의 전수(全數 : 311=177147)이며, 그 뒤[18]에 음수陰數는 2배로 계산한 것은 곧 산술법은 그 실(實 : 분자)을 2배로 계산한 것이다. 본율本律을 3으로 나누어 그 값에서 하나를 덜어내어 곱한 것이고,[19] 양수陽數는 4배로 계산한 것은 곧 산술법은 그 실(實 : 분자)을 4배로 계산한 것이다. 본율을 3으로 나누어 그 값에서 하나를 더하여 곱한 것이다.[20] 육양진은 해당하는 자리에서 스스로 편안하고,[21] 육음진은 그 상충相衝하는 자리에 있는데,[22] 그 임종 · 남려 · 응종의 3려呂는 양陽의 자리에 있으니 증감增減이 없고,[23] 그 대려 · 협종 · 중려의 3려呂는 음陰의 자리에 있으니 2배수를 써야 곧 12월의 기운과 서로 응한다.[24] 음陰이 양陽을 따르는 것은 자연의 이치이다.

習軒吳氏曰 "子一分者는 數起子得一也요, 丑三分二者는 三이 其法이니 爲三分하고 兩이 其實이니 爲二也요, 寅九分八者는 三이 其法이니 爲九分하고 四ㅣ 其實이니 爲八也라. 以下生者는 倍其實이요, 以上生者는 四其實也라. 其[25]法은 以子로 析爲三分하면 每分이 五萬九千四十九니, 丑[26]은 於三分之中에 得其二하야 爲十一萬八千九十八이라. 積六寸이 爲林鐘하니, 此는 黃鐘之實을 三分損一하야 下生林鐘也라. 以子一로 析爲九分하면 每分이 得萬九千六百八十三하니, 寅이 於[27]九分之中에 得其八하야 爲十五萬七千四百六十四이라. 積八寸이 爲太簇하니, 此는 林鐘之實을 三分益一하야 上生太簇也라. 自卯而下는 放此라."

○黃瑞節曰 "其上云者는 十二辰分字以上이니, 如子一分 丑三分이 是也요, 其下云者는 十二辰分字以下니, 如二八十六이 是也라. 其上은 爲黃鐘全數요, 其下는 爲損益相生之數라."

○此損益數는 卽下章十二律實數니, 吳氏算法은 全載圖類를 今擧二律起例하야 附此라.

○子는 爲陽辰이니 黃鐘이 當位自得也요, 丑은 爲未衝이니 林鐘以未而居丑할새 居其衝也라, 他放此라. 衝은 一[28]作衡하니 餘載後辨證이라.

습헌習軒 오씨吳氏가 말하였다. "자子 1/1은 숫자가 자子에서 시작하므로 1을 얻은 것이다. 축丑 2/3는 그 법(法 : 除數)을 3으로 하니 3분三分이 되고, 그 실(實 : 被除數)을 둘로 하니 2가 된다.[29] 인寅 8/9은 그 법을 3으로 하니 9분九分이 되고 그 실을 4로 하니 8이 된다.[30] 그것에 따라 하생하는 것은 그 실을 2배로 하고 상생하는 것은 그 실을 4배로 한다.[31] 그 법은 자(子 : 177147)를 3으로 나누면 59049니, 축丑은 3으로 나눈 것 중에 그 2를 얻어 118098이 된다. 결과치 6촌이 임종이 되니, 이는 황종관에 삼분손일하여 임종을 하생下生한 것이다. 자(子 : 177147) 1/1을 9로 나누면 19683을 얻으니, 인寅은 9로 나눈 것 중에 그 8을 얻어 157464가 된다.[32] 결과치 8촌이 태주가 되니, 이는 임종관에 삼분익일하여 태주를 상생上生한 것이다. 묘卯 이하는 이 예와 같다."

○ 황서절黃瑞節이 말하였다. "그 앞[其上]이라고 한 것은 12진의 '분分'자 앞부분이니, 예컨대 '자일분子一分' · '축삼분丑三分' 같은 것이 이것이고, 그

뒤[其下]라고 한 것은 12진의 '분分'자 뒷부분이니, 예컨대 '2 · 8 · 16'이 이것이다. 그 앞은 황종의 전수全數이고, 그 뒤는 삼분손일 · 삼분익일해서 하생下生 · 상생上生한 수이다."[33]

○ 이 삼분손일 · 삼분익일한 수[34]는 곧 아래 장章[35] 12율의 실수實數인데, 위 습헌習軒 오씨吳氏의 산술법은 도표류에 모두 수록되어 있는 것을 이제 두 율律이 생기는 예를 들어 여기에 붙인 것이다.

○ 자子는 양진陽辰[36]이 되니 황종이 해당하는 자리에서 스스로 편안하다. 축丑은 미未와 상충相衝이 되는데, 임종이 미未로써 축丑자리에 있기 때문에 상충相衝하는 자리에 있는 것이다.[37] 다른 것도 이 예와 같다. 충衝은 어느 곳은 형衡으로 썼으니, 나머지는 뒤 「율려증변」[38]에 실려 있다.

1 1은~된다 : 원元나라 황진성黃鎭成의 『상서통고尙書通考』 권4 채서산황종생11률해蔡西山黃鐘生十一律解. 「一爲九寸 1은 9촌이 된다.」. 「一爲九寸者 一分 全用十七萬七千一百四十七 爲九寸全數 故 黃鐘之管 長九寸而上下損益 以生十一律也 1이 9촌이 된다는 것은 1/1이니 177147을 전용全用하여 9촌 전수全數가 된다. 그러므로 황종관은 길이가 9촌이니 삼분손일하여 하생下生하거나 삼분익일하여 상생上生하여 11률律이 나온다.」
이하 각주 12)까지 인용구 출전도 같다.

2 1은~된다 : 「『以十七萬七千一百四十七全數 分爲三分 丑 得其二分 爲十一萬八千九十八乃子之十七萬七千一百四十七 三分去一之數也 177147의 전수全數에 2/3를 곱해 축丑은 118098이 되니, 바로 자子 177147에 삼분거일(三分去一 : 2/3)을 곱한 수이다.」
「一爲三寸 1은 3촌이 된다」. 「一爲三寸者 丑三 每以一爲三寸 則得三箇三 爲九寸全數 1이 3촌이 된다는 것은 축丑은 3이니, 각 1로 3촌을 삼으면, 3개×3을 얻어 9촌 전수全數가 된다.」
「右 丑三分 得其二分 以一爲三寸 則二爲六寸 故 林鐘之管 長六寸 爲黃鐘三分去一下生之律 위는 축丑이 2/3를 얻은 것인데, 1로 3촌을 삼으면 2는 6촌이 된다. 그러므로 임종관林鐘管은 길이가 6촌이니 황종에 2/3를 곱해 하생한 율律이 된다.」

3 1은~된다 : 「以十七萬七千一百四十七全數 分爲九分 寅得八分 爲十五萬七千四百六十四 乃丑之十一萬八千九十八 三分益一之數也 177147의 전수全數에 8/9을 곱해 인寅은 157464가 되니, 바로 축丑 118098에 4/3를 곱한 수이다.」

「一爲一寸 1은 1촌이 된다.」. 「一爲一寸者 寅九 每以一爲一寸 則得九箇一 爲九寸全數 1이 1촌이 된다는 것은 인寅은 9니, 매 1마다 1촌을 삼으면 9×1을 얻어 9촌 전수全數가 된다.」

「右 寅九分 得其八分 以一爲一寸 則八爲八寸 故 太簇之管 長八寸 爲林鐘三分益一上生之律 위는 인寅이 8/9을 얻은 것인데, 1로 1촌을 삼으면 8은 8촌이 된다. 그러므로 태주관太簇管은 길이가 8촌이니 임종에 4/3를 곱해 상생한 율律이 된다.」

4 3은~된다 : 「以十七萬七千一百四十七全數 分爲二十七分 卯得十六分 爲十萬四千九百七十六 乃寅之十五萬七千四百六十四 三分去一之數也 177147의 전수全數에 16/27을 곱해 묘卯는 104976이 되니, 바로 인寅 157464에 2/3를 곱한 수이다.」

「三爲一寸 3은 1촌이 된다.」. 「三爲一寸者 卯二十七 以三爲一寸 則得九箇三 爲九寸全數 3이 1촌이 된다는 것은 묘卯는 27이니, 3으로 1촌을 삼으면 9×3을 얻어 9촌 전수全數가 된다.」

「一爲三分 1은 3푼이 된다.」. 「一爲三分者 卯二十七 每以一爲三分 則得二十七箇三分 爲八十一分 卽寸有九分之全數也 1이 3푼이 된다는 것은 묘卯는 27이니, 각 1로 3푼을 삼으면 27×3푼을 얻어 81푼이 된다. 곧 촌은 9푼 전수全數이다.」

「右 卯二十七分 得十六分 以三爲一寸 則十五 爲五寸 又以一爲三分 則合十六 爲五寸三分 故 南呂之管 長五寸三分 爲太簇三分去一下生之律也 위는 묘卯가 16/27을 얻은 것인데, 3으로 1촌을 삼으면 15는 5촌이 된다. 또 1로 3푼을 삼으면 합이 16이니 5촌 3푼이다. 그러므로 남려관南呂管은 길이가 5촌 3푼이니, 태주에 2/3를 곱해 하생한 율律이 된다.」

5 9는~된다 : 「以十七萬七千一百四十七全數 分爲八十一分 辰 得六十四分 爲十三萬九千九百六十八 乃卯之十萬四千九百七十六 三分益一之數也 177147의 전수全數에 64/81를 곱해 진辰은 139968이 되니, 바로 묘卯 104976에 4/3를 곱한 수이다.」

「九爲一寸 9는 1촌이 된다.」. 「九爲一寸者 辰八十一 每以九爲一寸 則得九箇九 爲九寸全數 9가 1촌이 된다는 것은 진辰은 81이니, 각 9로 1촌을 삼으면 9×9를 얻어 9촌 전수全數가 된다.」

「一爲一分 1은 1푼이 된다.」. 「一爲一分者 辰八十一 每以一爲一分 則得八十一箇一 爲八十一分全數 1이 1푼이 된다는 것은 진辰은 81이니, 각 1로 1푼을 삼으면 81×1을 얻어 81푼 전수全數가 된다.」

「右 辰八十一分 得六十四分 以九爲一寸 則六十三爲七寸 又以一爲一分 則合六十四 爲七寸一

分 故 姑洗之管 長七寸一分 爲南呂三分益一上生之律也 위는 진辰이 64/81을 얻은 것인데, 9로 1촌을 삼으면 63은 7촌이 된다. 또 1로 1푼을 삼으면 합이 64니 7촌 1푼이다. 그러므로 고선관姑洗管은 길이가 7촌 1푼이니, 남려에 4/3를 곱해 상생한 율律이 된다.」

6 27은~된다 : 「以十七萬七千一百四十七全數 分爲二百四十三分 巳 得一百二十八分 爲九萬三千三百一十二 乃辰之十三萬九千九百六十八 三分去一之數也 177147의 전수全數에 128/243을 곱해 사巳는 93312가 되니, 바로 진辰 139968에 2/3를 곱한 수이다.」

「二十七爲一寸 27은 1촌이 된다.」. 「二十七爲一寸者 巳二百四十三 每以二十七爲一寸 則得九箇二十七 爲九寸全數 27이 1촌이 된다는 것은 사巳는 243이니, 각 27로 1촌을 삼으면 9×29를 얻어 9촌 전수全數가 된다.」

「三爲一分 3은 1푼이 된다.」. 「三爲一分者 巳二百四十三 每以三爲一分 則得八十一箇三 爲八十一分全數 3이 1푼이 된다는 것은 사巳는 243이니, 각 3으로 1푼을 삼으면 81×3을 얻어 81푼 전수全數가 된다.」

「一爲三釐 1은 3리가 된다.」. 「一爲三釐者 巳二百四十三 每以一爲三釐 則三箇二百四十三得七百二十九釐 爲分有九釐全數 1이 3리가 된다는 것은 사巳는 243이니, 각 1로 3리를 삼으면 3×243하여 729리를 얻어 1푼에 9리가 있는 전수全數가 된다.」

「右 巳二百四十三分 得一百二十八 以二十七爲一寸 則一百八爲四寸 以三爲一分 則十八爲六分 以一爲三釐 則二爲六釐 合一百二十八則爲四寸六分六釐 故 應鐘之管 長四寸六分六釐 爲姑洗三分 ……以下闕文…… 위는 사巳가 128/243을 얻은 것인데, 27로 1촌을 삼으면 108은 4촌이 된다. 3으로 1푼을 삼으면 18이 6푼이 되고, 1로 3리를 삼으면 2는 6리가 되어 합 128은 4촌 6푼 6리가 된다. 그러므로 응종관應鐘管은 길이가 4촌 6푼 6리니, 고선을 ……이하 궐문…….」

7 243은~된다 : 「……以上闕文…… 益一 得十六萬五千八百八十八 爲蕤賓重上生之數也 ……이상 궐문…… 165888을 얻어 유빈이 거듭 상생한 수가 된다.」

「二百四十三爲一寸 243은 1촌이 된다.」. 「二百四十三爲一寸者 未二千一百八十七 每以二百四十三 爲一寸 則得九箇二百四十三 爲九寸全數 243이 1촌이 된다는 것은 미未는 2187이니, 각 243으로 1촌을 삼으면 9×243을 얻어 9촌 전수全數가 된다.」

「二十七爲一分 27은 1푼이 된다.」. 「二十七分爲一分者 未二千一百八十七 每以二十七 爲一分 則得八十一箇二十七 爲八十一分全數 27푼이 1푼이 된다는 것은 미未는 2187이니, 각 27로 1푼을 삼으면 81×27을 얻어 81푼 전수全數가 된다.」

「三爲一釐 3은 1리가 된다.」. 「三爲一釐者 未二千一百八十七 每以三爲一釐 則得七百二十九箇三 爲七百二十九釐全數 3이 1리가 된다는 것은 미未는 2187이니, 각 3으로 1리를 삼으면 729×3을 얻어 729리 전수全數가 된다.」

「一爲三毫 1은 3호가 된다.」. 「一爲三毫者 未二千一百八十七 每以一爲三毫 則得六千五百六十一毫 爲釐有九毫全數 1이 3호가 된다는 것은 미未는 2187이니, 각 1로 3호를 삼으면 6561을 얻어 1리에 9호가 있는 전수全數가 된다.」

「右 未二千一百八十七分 得一千二十四 以二百四十三爲寸 則九百七十二 爲四寸 又以二十七爲一分 又以三爲一釐 則二十四 爲八釐 又以一爲三毫 合一千二十四 則爲四寸一分八釐三毫 然大呂在陽 則用倍數 方與氣應 故 大呂之管 長八寸三分七釐六毫 爲蕤賓三分益一重上生之律 위는 미未가 1024/2187을 얻은 것인데, 243으로 1촌을 삼으면 972는 4촌이 된다. 또 27로 1푼을 삼고, 또 3으로 1리를 삼으면 24는 8리가 되고, 또 1로 3호를 삼으면, 합 1024는 4촌 1푼 8리 3호가 된다. 그러나 대려大呂가 양陽에 있으려면 배수倍數를 써야 한다. 그래야 기운과 응할 수 있다. 그러므로 대려관大呂管은 길이가 8촌 3푼 7리 6호니, 유빈에 4/3를 곱해 거듭 상생한 율律이 된다.」

8 729는～된다 : 「以十七萬七千一百四十七全數 分作六千五百六十一分 申 得四千九十六分 爲十一萬五百九十二 乃未之十六萬五千八百八十八 三分去一之數也 177147의 전수全數에 4096/6561을 곱해 신申은 110592가 되니, 바로 미未 165888에 2/3를 곱한 수이다.」

「七百二十九爲一寸 729는 1촌이 된다.」. 「七百二十九爲一寸者 申六千五百六十一 每以七百二十九爲一寸 則得九箇七百二十九 爲九寸全數 729가 1촌이 된다는 것은 신申은 6561이니, 각 729로 1촌을 삼으면 9×729를 얻어 9촌 전수全數가 된다.」

「八十一爲一分 81은 1푼이 된다.」. 「八十一爲一分者 申六千五百六十一 每以八十一爲一分 則得八十一箇八十一 爲八十一分全數 81이 1푼이 된다는 것은 신申은 6561이니, 각 81로 1푼을 삼으면 81×81을 얻어 81푼 전수全數가 된다.」

「九爲一釐 9는 1리가 된다.」. 「九爲一釐者 申六千五百六十一 每以九爲一釐 則得七百二十九箇九 爲七百二十九釐全數 9가 1리가 된다는 것은 신申은 6561이니, 각 9로 1리를 삼으면 729×9를 얻어 729리 전수全數가 된다.」

「一爲一毫 1은 1호가 된다.」. 「一爲一毫者 申六千五百六十一 每以一爲一毫 則得六千五百六十一毫 爲釐有九毫全數 1이 1호가 된다는 것은 신申은 6561이니, 각 1로 1호를 삼으면 6561호를 얻어 1리에 9호가 있는 전수全數가 된다.」

「右 申六千五百六十一分 得四千九十六 以七百二十九爲寸 則三千六百四十五爲五寸 以八十一爲分 則四百五爲五分 以九爲釐 則四十五爲五釐 又以一爲一毫 合四千九十六 則爲五寸五分五釐一毫 故 夷則之管 長五寸五分五釐一毫 爲大呂 三分去一下生之律 위는 신申이 4096/6561을 얻은 것인데, 729로 1촌을 삼으면 3645는 5촌이 되고, 81로 1푼을 삼으면 405는 5푼이 되고, 9로 1리를 삼으면 45는 5리가 되고, 또 1로 1호를 삼으면, 합 4096은 5촌 5푼 5리 1호가 된다. 그러므로 이칙관夷則管은 길이가 5촌 5푼 5리 1호니, 대려에 2/3를 곱해 하생한

율律이 된다.」

9 2187은~된다 : 「以十七萬七千一百四十七全數 分作一萬九千六百八十三分 酉 得八千一百九十二分 爲十四萬七千四百五十六 乃申之十一萬五百九十二 三分益一之數也 177147의 전수全數에 8192/19683을 곱해 유酉는 147456이 되니, 바로 신申 110592에 4/3를 곱한 수이다.」

「二千一百八十七爲一寸 2187은 1촌이 된다.」. 「二千一百八十七爲一寸者 酉一萬九千六百八十三 每以二千一百八十七爲一寸 則得九箇二千一百八十七 爲九寸全數 2187이 1촌이 된다는 것은 유酉는 19683이니, 각 2187로 1촌을 삼으면 9×2187을 얻어 9촌 전수全數가 된다.」

「二百四十三爲一分 243은 1푼이 된다.」. 「二百四十三爲一分者 酉一萬九千六百八十三 每以二百四十三爲一分 則得八十一箇二百四十三 爲八十一分全數 243이 1푼이 된다는 것은 유酉는 19683이니, 각 243으로 1푼을 삼으면 81×243을 얻어 81푼 전수全數가 된다.」

「二十七爲一釐 27은 1리가 된다.」. 「二十七爲一釐者 酉一萬九千六百八十三 每以二十七爲一釐 則得七百二十九箇二十七 爲七百二十九釐全數 27이 1리가 된다는 것은 유酉는 19683이니, 각 27로 1리를 삼으면 729×27을 얻어 729리 전수全數가 된다.」

「三爲一毫 3은 1호가 된다.」. 「三爲一毫者 酉一萬九千六百八十三 每以三爲一毫 則得六千五百六十一箇三 爲六千五百六十一毫全數 3이 1호가 된다는 것은 유酉는 19683이니, 각 3으로 1호를 삼으면 6561×3을 얻어 6561리 전수全數가 된다.」

「一爲三絲 1은 3사가 된다.」. 「一爲三絲者 酉一萬九千六百八十三 每以一爲三絲 則得五萬九千四十九 爲毫有九絲全數 1이 3사가 된다는 것은 유酉는 19683이니, 각 1로 3사를 삼으면 59049를 얻어 1호에 9사가 있는 전수全數가 된다.」

「右 酉一萬九千六百八十三分 得八千一百九十二 以二千一百八十七爲寸 則六千五百六十一爲三寸 以二百四十三爲一分 則一千四百五十八爲六分 以二十七爲一釐 則一百六十二爲六釐 以三爲一毫 則九爲三毫 以一爲三絲 則二爲六絲 合八千一百九十二 則爲三寸六分六釐三毫六絲 然夾鐘在陽 則用倍數 方與氣應 故 夾鐘之管 長七寸四分三釐七毫三絲 爲夷則 三分益一上生之律 위는 유酉가 8192/19683을 얻은 것인데, 2187로 1촌을 삼으면 6561은 3촌이 되고, 243으로 1푼을 삼으면 1458은 6푼이 되고, 27로 1리를 삼으면 162는 6리가 되고, 3으로 1호를 삼으면 9는 3호가 되고, 1로 3사를 삼으면 2는 6사가 되어 합 8192는 3촌 6푼 6리 3호 6사가 된다. 그러나 협종이 있으려면 배수倍數를 써야 한다. 그래야 기운과 응할 수 있다. 그러므로 협종관夾鐘管은 길이 7촌 4푼 3리 7호 3사니, 이칙에 4/3를 곱해 상생한 율律이 된다.」

10 6561은~된다 : 「以十七萬七千一百四十七全數 分作五萬九千四十九分 戌 得三萬二千七百六十八分 爲九萬八千三百四 乃酉之十四萬七千四百五十六 三分去一之數也 177147의 전수全數에 32768/59049을 곱해 술戌은 98304가 되니, 바로 유酉 147456에 2/3를 곱한 수이다.」

「六千五百六十一爲一寸 6561은 1촌이 된다.」. 「六千五百六十一爲一寸者 戌五萬九千四十

九 每以六千五百六十一爲一寸 則得九箇六千五百六十一 爲九寸全數 6561이 1촌이 된다는 것은 술戌은 59049니, 각 6561로 1촌을 삼으면 9×6561을 얻어 9촌 전수全數가 된다.」

「七百二十九爲一分 729는 1촌이 된다.」. 「七百二十九爲一分者 戌五萬九千四十九 每以七百二十九爲一分 則得八十一箇七百二十九 爲八十一分全數 729가 1촌이 된다는 것은 술戌은 59049니, 각 729로 1푼을 삼으면 81×729을 얻어 81푼 전수全數가 된다.」

「八十一爲一釐 81은 1리가 된다.」. 「八十一爲一釐者 戌五萬九千四十九 每以八十一爲一釐者 得七百二十九箇八十一 爲七百二十九釐全數 81이 1리가 된다는 것은 술戌은 59049니, 각 81로 1리를 삼아 729×81을 얻어 729리 전수全數가 된다.」

「九爲一毫 9는 1호가 된다.」. 「九爲一毫者 戌五萬九千四十九 每以九爲一毫 則得六千五百六十一箇九 爲六千五百六十一毫全數 9는 1호가 된다는 것은 술戌은 59049니, 각 9로 1호를 삼으면 6561×9를 얻어 6561호 전수全數가 된다.」

「一爲一絲 1은 1사가 된다.」. 「一爲一絲者 戌五萬九千四十九 每以一爲一絲 則得五萬九千四十九絲全數 1이 1사가 된다는 것은 술戌은 59049니, 각 1로 1사를 삼으면 59049사 전수全數를 얻는다.」

「右 戌五萬九千四十九 得三萬二千七百六十八 以六千五百六十一爲一寸 則二萬六千二百四十四爲四寸 以七百二十九爲一分 則五千八百三十二爲八分 以八十一爲一釐 則六百四十八爲八釐 以九爲一毫 則三十六爲四毫 以一爲一絲 則八爲八絲 合三萬二千七百六十八 則爲四寸八分八釐四毫八絲 故 無射之管 長四寸八分八釐四毫八絲 爲夾鐘 三分去一下生之律 위는 술戌이 32768/59049을 얻은 것인데, 6561로 1촌을 삼으면 26244는 4촌이 되고, 729로 1푼을 삼으면 5832은 8푼이 되고, 81로 1리를 삼으면 648은 8리가 되고, 9로 1호를 삼으면 36은 4호가 되고, 1로 1사를 삼으면 8은 8사가 되어 합 32768은 4촌 8푼 8리 4호 8사가 된다. 그러므로 무역관無射管은 길이 4촌 8푼 8리 4호 8사니, 협종에 2/3를 곱해 하생한 율律이 된다.」

11 子는 一分이요~一爲三忽이라 : 주註 부분은 송宋나라 주자朱子의 『의례경전통해儀禮經傳通解』 권13 학례육지하學禮六之下/종률의鐘律義/우황종생십일율수右黃鐘生十一律數에도 같은 내용이 나온다.

12 19683은~된다 : 「以一十七萬七千一百四十七全數 分之 亥 得六萬五千五百三十六分 仲呂用倍數 故 爲十三萬一千七十二 乃戌之九萬八千三百四 三分益一之數也 177147의 전수全數에 그 수로 나누어 해亥는 65536푼을 얻은 것이다. 중려는 배수倍數를 써야 한다. 그러므로 131072가 되니, 바로 술戌 98304에 4/3를 곱한 수이다.」

「一萬九千六百八十三爲一寸 19683은 1촌이 된다.」. 「一萬九千六百八十三爲一寸者 亥一十七萬七千一百四十七 每以一萬九千六百八十三爲一寸 則得九箇一萬九千六百八十三 爲九寸全數 19683이 1촌이 된다는 것은 해亥는 177147이니, 각 19683으로 1촌을 삼으면 9개×19683

을 얻어 9촌 전수全數가 된다.」

「二千一百八十七爲一分 2187은 1푼이 된다.」. 「二千一百八十七爲一分者 亥一十七萬七千一百四十七 每以二千一百八十七爲一分 則得八十一箇二千一百八十七 爲八十一分全數 2187이 1푼이 된다는 것은 해亥는 177147이니, 각 2187로 1푼을 삼으면 81개×2187을 얻어 81푼 전수全數가 된다.」

「二百四十三爲一釐 243은 1리가 된다.」. 「二百四十三爲一釐者 亥一十七萬七千一百四十七 每以二百四十三爲一釐 則得七百二十九箇二百四十三 爲七百二十九釐全數 243이 1리가 된다는 것은 해亥는 177147이니, 각 243으로 1리를 삼으면 729개×243을 얻어 729리 전수全數가 된다.」

「二十七爲一毫 27은 1호가 된다.」. 「二十七爲一毫者 亥一十七萬七千一百四十七 每以二十七爲一毫 則得六千五百六十一箇二十七 爲六千五百六十一毫全數 27이 1호가 된다는 것은 해亥는 177147이니, 각 27로 1호를 삼으면 6561개×27을 얻어 6561리 전수全數가 된다.」

「三爲一絲 3은 1사가 된다.」. 「三爲一絲者 亥一十七萬七千一百四十七 每以三爲一絲 則得五萬九千四十九箇三 爲五萬九千四十九絲全數 3은 1사가 된다는 것은 해亥는 177147이니, 각 3으로 1사를 삼으면 59049×3을 얻어 59049사 전수全數가 된다.」

「一爲三忽 1은 3홀이 된다.」. 「一爲三忽者 亥一十七萬七千一百四十七 每以一爲三忽 則五十三萬一千四百四十一忽 爲絲有九忽合黃鐘九寸之全數 1이 3홀이 된다는 것은 해亥는 177147이니, 각 1로 3홀을 삼으면 531441홀이 되어 1사에 9홀이 있는 전수全數가 된다.」

「右 亥一十七萬七千一百四十七 得六萬五千五百三十六 以一萬九千六百八十三爲一寸 則五萬九千四十九爲三寸 以二千一百八十七爲一分 則四千三百七十四爲二分 以二百四十三爲一釐 則一千九百四十四爲八釐 以二十七爲一毫 則一百六十二爲六毫 以三爲一絲 則六爲二絲 又以一爲三忽 合六萬五千五百三十六 爲三寸二分八釐六毫二絲三忽 然仲呂在陽 則用倍數 方與氣應 故仲呂之管 長六寸五分八釐三毫四絲六忽 爲無射 三分益一上生之律 위는 해亥가 65536/177147을 얻은 것인데, 19683으로 1촌을 삼으면 59049는 3촌이 되고, 2187로 1푼을 삼으면 4374는 2푼이 되고, 243으로 1리를 삼으면 1944는 8리가 되고, 27로 1호를 삼으면 162는 6호가 되고, 3으로 1사를 삼으면 6은 2사가 되고, 또 1로 3홀을 삼으면, 합 65536은 3촌 2푼 8리 6호 2사 3홀이 된다. 그러나 중려가 양陽에 있으려면 배수倍數를 써야 한다. 그래야 기운과 응할 수 있다. 그러므로 중려관仲呂管은 길이 6촌 5푼 8리 3호 4사 6홀이니, 무역에 4/3를 곱해 상생한 율律이 된다.」

자子부터 해亥까지 계산한 수를 도표화하면 다음과 같다.

순서	12율	삼분손익三分損益	주註	주註에 따른 길이
자	황종	1	1은 9촌이 된다.	9촌

순서	12율	삼분손익三分損益	주註	주註에 따른 길이
축	임종	1×2/3=2/3	1은 3촌이 된다.	6촌
인	태주	2/3×4/3=8/9	1은 1촌이 된다.	8촌
묘	남려	8/9×2/3=16/27	3은 1촌, 1은 3푼이 된다.	5촌 3푼
진	고선	16/27×4/3=64/81	9는 1촌, 1은 1푼이 된다.	7촌 1푼
사	응종	64/81×2/3=128/243	27은 1촌, 3은 1푼, 1은 3리가 된다.	4촌 6푼 6리
오	유빈	128/243×4/3=512/729	81은 1촌, 9는 1푼, 1은 1리가 된다.	6촌 2푼 8리
미	대려	512/729×2/3=1024/2187	243은 1촌, 27은 1푼, 3은 1리, 1은 3호가 된다.	4촌 1푼 8리 3호
신	이칙	1024/2187×4/3=4096/6561	729는 1촌, 81은 1푼, 9는 1리, 1은 1호가 된다.	5촌 5푼 5리 1호
유	협종	4096/6561×2/3=8192/19683	2187은 1촌, 243은 1푼, 27은 1리, 3은 1호, 1은 3사가 된다.	3촌 6푼 6리 3호 6사
술	무역	8192/19683×4/3=32768/59049	6561은 1촌, 729는 1푼, 81은 1리, 1은 1사가 된다.	4촌 8푼 8리 4호 8사
해	중려	32768/59049×2/3=65536/177147	19683은 1촌, 2187은 1푼, 243은 1리, 27은 1호, 3은 1사, 1은 3홀이 된다.	3촌 2푼 8리 6호 2사 3홀

13 대본에는 '陰'으로 되어 있으나 문맥이 통하지 않아 '陽'으로 바로잡았다.
본서/율려본원/제7편 변성變聲의 세주細註. 「朱子曰 凡聲 陽也 自下而上 未及其半 則屬於陰而未暢 故 不可用 上而及半然後 屬於陽而始和 주자가 말하였다. "모든 성聲은 양陽이다. 아래로부터 위로 그 반에 미치지 못하면 음陰에 속해 통하지 못한다. 그러므로 쓸 수 없고, 위로 올려 반에 미친 다음에 양에 속해 비로소 조화롭다."」
곧 여기에서 언급한 음陰·양陽의 개념은 황종관을 9촌으로 놓고 그 반인 4촌 5푼 이상일 때를 양陽, 그 미만을 음陰으로 본 것이다. 임종관은 6촌, 남려관는 5촌 3푼, 응종관은 4촌 6푼 6리이므로 양陽이 되기 때문이다.

14 대본에는 '陽'으로 되어 있으나 문맥이 통하지 않아 '陰'으로 바로잡았다.
대려관은 4촌 1푼 8리 3호, 협종관은 3촌 6푼 6리 3호, 중려관은 3촌 2푼 8리 6호 2사 3홀이므로 이는 모두 황종의 반성(半聲 : octave)인 4촌 5푼에 미달한다. 따라서 음陰이 되기 때문이다.

15 육양진은~하생하고 : 자子 황종은 미未 임종을, 인寅 태주는 유酉 남려를, 진辰 고선은 해亥 응종을, 오午 유빈은 축丑 대려를, 신申 이칙은 묘卯 협종을, 술戌 무역은 사巳 중려를 각각 삼분손일하여 하생한다.

16 육음진은~상생한다 : 축丑 대려는 신申 이칙을, 묘卯 협종은 술戌 무역을, 사巳 중려는 변황종을, 미未 임종은 인寅 태주를, 유酉 남려는 진辰 고선을, 해亥 응종은 오午 유빈을 각각 삼분익일하여 상생한다.

17 그 앞 : 대문 '子一分 丑三分二 寅九分八 卯二十七分十六…'에서 '分' 앞에 있는 '1·3·9·27…'을 가리킨다.

18 그 뒤 : 대문 '子一分 丑三分二 寅九分八 卯二十七分十六…'에서 '分' 뒤에 있는 '2·8·16…'을 가리킨다.

19 본율本律을~것이고 : 본율×2/3한 것이니 삼분손일한 것이다.

20 본율을~것이다 : 본율×4/3한 것이니 삼분익일한 것이다.

21 육양진은~편안하고 : 아래 도표를 보면 월月이 홀수로 되어 있는 육양진은 간지에 따른 12율과 삼분손익 수에 따른 12율관이 일치하고 있는데, 이를 말한다.

월月	12진	12율	삼분손익三分損益 수	삼분손익 수에 따른 12율관
11	자子	黃鐘	1	黃鐘管
12	축丑	大呂	1×2/3=2/3	林鐘管
1	인寅	太簇	2/3×4/3=8/9	太簇管
2	묘卯	夾鐘	8/9×2/3=16/27	南呂管
3	진辰	姑洗	16/27×4/3=64/81	姑洗管
4	사巳	仲呂	64/81×2/3=128/243	應鐘管
5	오午	蕤賓	128/243×4/3=512/729	蕤賓管
6	미未	林鐘	512/729×2/3=1024/2187	大呂管
7	신申	夷則	1024/2187×4/3=4096/6561	夷則管
8	유酉	南呂	4096/6561×2/3=8192/19683	夾鐘管
9	술戌	無射	8192/19683×4/3=32768/59049	無射管
10	해亥	應鐘	32768/59049×2/3=65536/177147	仲呂管

22 육음진은~있는데 : 위 도표를 보면 월月이 짝수로 되어 있는 육음진은 간지에 따른 12율과 삼분손익 수에 따른 12율관이 일치하지 않는데, 이를 말한다. 12진辰에서 서로 상충相衝하는 관계는 다음과 같다. 子와 午, 丑과 未, 寅과 申, 卯와 酉, 辰과 戌, 巳와 亥가 서로 상충相沖한다. 또한 위 각주 21)의 도표에 의하면, 축丑은 12율 순서로는 대려大呂이고 삼분손익 수에 따른 12율관으로는 임종관林鐘管이므로 서로 상충한다. 또한 12율 순서로 임종은 미未인데 삼분손익 수에 따른 12율관으로는 축丑의 자리에 있어 상충이 된다.

23 그 임종~없고 : 여기에서 언급한 음陰·양陽의 개념은 황종관을 9촌으로 놓고 그 반인 4촌 5푼 이상일 때를 양陽, 그 미만을 음陰으로 본 것이다.

24 그 대려~응한다 : 위 각주 12)의 도표에 따르면 대려관은 4촌 1푼 8리 3호, 협종관은 3촌 6푼 6리 3호, 중려관은 3촌 2푼 8리 6호 2사 3홀이다. 이는 모두 황종의 반성(半聲 : octave)인 4촌 5푼에 미달하여 음陰에 속한다. 따라서 각각 2배를 해주어야 양陽에 속하게 된다.

25 대본에는 '以'로 되어 있으나 『성리대전서性理大全書』 권22 율려신서律呂新書1/율려본원律呂本原/황종생11률黃鐘生十一律 제3을 참조하여 '其'로 바로잡았다.

26 대본에는 '五'로 되어 있으나 『성리대전서性理大全書』 권22 율려신서律呂新書1/율려본원律呂本原/황종생11률黃鐘生十一律 제3을 참조하여 '丑'으로 바로잡았다.

27 대본에는 '千'으로 되어 있으나 『성리대전서性理大全書』 권22 율려신서律呂新書1/율려본원律呂本原/황종생11률黃鐘生十一律 제3을 참조하여 '於'로 바로잡았다.

28 대본에는 '亦'으로 되어 있으나 『성리대전서性理大全書』 권22 율려신서律呂新書1/율려본원律呂本原/황종생11률黃鐘生十一律 제3을 참조하여 '一'로 바로잡았다.

29 축丑 2/3는~된다 : 삼분손일한 것을 말한다.

30 인寅 8/9은~된다 : 삼분익일한 것을 말한다.

31 그로써~한다 : 하생下生할 때는 삼분손일하고 상생上生할 때는 삼분익일하는 것을 말한다.

32 자子 1/1을~된다 : 177147/9=19683이고, 19683×8=157464이다.

33 예컨대 '축丑은 3분의 2이고'에서는 앞 수 3은 황종의 전수 177147이고 뒤 수 2는 그 중에 하나를 덜어낸 수에 해당한다는 의미이고, '인寅은 9분의 8이고'에서 앞 수 9는 황종의 전수 177147이고 뒤 수 8은 그 중에 하나를 덜어낸 수에 해당한다는 의미이다. 이하 내용도 같다.

34 이 삼분손일~수 : 분자에 해당하는 자子 1, 축丑 2, 인寅 8 등을 가리킨다.

35 본서/율려본원/제4편 12율지실十二律之實.

36 양진陽辰 : 12진辰 중에서 홀수에 해당하는 것으로 곧 자子・인寅・진辰・오午・신申・술戌이다.

37 축丑은~것이다 : 위 각주 22) 참조.

38 본서/율려증변/제4편 삼분손익상하상생三分損益上下相生에 실려 있다.

十二律之實第四

제4편 12율지실

子는 黃鐘이니 十七萬七千一百四十七이요,
자子는 황종이니 177147이고,

全은 九寸이요, 半은 無라.
전체는 9촌, 반半은 없다.

丑은 林鐘이니 十一萬八千□□九十八이요,
축丑은 임종이니 118098이고,

全은 六寸이요, 半은 三寸[1]이니 不用이라.
전체는 6촌, 반은 3촌인데 쓰지 않는다.

寅은 太簇니 十五萬七千四百六十四요,
인寅은 태주니 157464이고,

全은 八寸이요, 半은 四寸이라.
전체는 8촌, 반은 4촌이다.

卯는 南呂니 十□萬四千九百七十六이요,
묘卯는 남려니 104976이고,

全은 五寸三分이요, 半은 二寸六分이니 不用이라.

전체는 5촌 3푼, 반은 2촌 6푼인데 쓰지 않는다.

辰은 姑洗이니 十三萬九千九百六十八이요,

진辰은 고선이니 139968이고,

全은 七寸一分이요, 半은 三寸五分이라.

전체는 7촌 1푼, 반은 3촌 5푼이다.

巳는 應鐘이니 九萬三千三百一十二이요,

사巳는 응종이니 93312이고,

全은 四寸六分六釐요, 半은 二寸三分三釐니 不用이라.

전체는 4촌 6푼 6리, 반은 2촌 3푼 3리인데 쓰지 않는다.

午는 蕤賓이니 十二萬四千四百一十六이요,

오午는 유빈이니 124416이고,

全은 六寸二分八釐요, 半은 三寸一分四釐라.

전체는 6촌 2푼 8리, 반은 3촌 1푼 4리이다.

未는 大呂니 十六萬五千八百八十八이요,

미未는 대려니 165888이고,

全은 八寸三分七釐六毫요, 半은 四寸一分八釐二毫라.

전체는 8촌 3푼 7리 6호, 반은 4촌 1푼 8리 2호이다.

申은 **夷則**이니 **十一萬□□五百九十二**이요,

신申은 이칙이니 110592이고,

全은 五寸五分五釐一毫요, 半은 二寸七分二釐五毫라.

전 5촌 5푼 5리 1호, 반은 2촌 7푼 2리 5호이다.

酉는 **夾鐘**이니 **十四萬七千四百五十六**이요,

유酉는 협종이니 147456이고,

全은 七寸四分三釐七毫三絲요, 半은 三寸六分六釐三毫六絲라.

전체는 7촌 4푼 3리 7호 3사, 반은 3촌 6푼 6리 3호 6사이다.

戌은 **無射**이니 **九萬八千三百□□四**요,

술戌은 무역이니 98304이고,

全은 四寸八分八釐四毫八絲요, 半은 二寸四分四釐二毫四絲라.

전체는 4촌 8푼 8리 4호 8사, 반은 2촌 4푼 4리 2호 4사이다.

亥는 **仲呂**니 **十三萬一千□□七十二**라.

해亥는 중려니 131072이다.

全은 六寸五分八釐三毫四絲六忽이요, 餘二算이라. 半은 三寸二分八釐六毫二絲二忽이라.

전체는 6촌 5푼 8리 3호 4사 6홀, 나머지는 두 자리 수이다.[2] 반은 3촌 2푼 8리 6호 2사 2홀이다.[3]

案十二律之實은 約以寸法하면 則黃鐘林鐘[4]太簇는 得全寸[5]하고, 約以分法하면 則南呂姑洗은 得全分하고, 約以釐法하면 則應鐘蕤賓은 得全釐하고, 約以毫法하면 則大呂夷則은 得全毫하고, 約以絲法하면 則夾鐘無射은 得全絲라. 至仲呂之實十三萬一千七十二하야 以三分之不盡二算하야 其數不行하니, 此律之所以止於十二也라.

내가 살펴보니 12율의 실수(實數 : 被乘數)[6]는 촌법寸法으로 요약하면 황종 · 임종 · 태주는 온전한 촌寸만을 얻고,[7] 푼법[分法]으로 요약하면 남려 · 고선은 온전한 푼만을 얻고,[8] 이법釐法으로 요약하면 응종 · 유빈은 온전한 이釐만을 얻고,[9] 호법毫法으로 요약하면 대려 · 이칙은 온전한 호毫만을 얻고,[10] 사법絲法으로 요약하면 협종 · 무역은 온전한 사絲만을 얻는다.[11] 중려관仲呂管 131072에 이르러 다음 삼분익일해서 정수로 떨어지지 않아 그 수가 계속되지 않으니,[12] 이것이 율律이 12에서 그치는 이유이다.

1 대본에는 '二十'으로 되어 있으나 『성리대전서性理大全書』 권22 율려신서律呂新書1/율려본원律呂本原/12율지실十二律之實 제4를 참조하여 '三寸'으로 바로잡았다.

2 역자譯者가 실제 계산해본 결과 6촌 6푼 5리 9호 1사 4홀 7미 4섬과 떨어지지 않는 아래 수가 있다.

3 이를 도표화하면 다음과 같다. 역자 교정 값은 소수점 아래 6자리에서 반올림하였다.

12진	12율	삼분손익	주註	역자 교정	
				정률	반성
자	황종	177147	전체는 9촌, 반은 없다.	9촌	
축	임종	177147×2/3=118098	전체는 6촌, 반은 3촌인데 쓰지 않는다.	6촌	
인	태주	118098×4/3=157464	전체는 8촌, 반은 4촌이다.	8촌	4촌
묘	남려	157464×2/3=104976	전체는 5촌 3푼, 반은 2촌 6푼인데 쓰지 않는다.	$5.\dot{3}$촌	
진	고선	104976×4/3=139968	전체는 7촌 1푼, 반은 3촌 5푼이다.	$7.\dot{1}$촌	3.55555촌
사	응종	139968×2/3=93312	전체는 4촌 6푼 6리, 반은 2촌 3푼 3리인데 쓰지 않는다.	$4.\dot{7}4\dot{0}$촌	
오	유빈	93312×4/3=124416	전체는 6촌 2푼 8리, 반은 3촌 1푼 4리이다.	6.32099촌	3.16049촌
미	대려	124416×2/3=82944 82944×2=165888	전체는 8촌 3푼 7리 6호, 반은 4촌 1푼 8리 2호이다.	4.21399촌 8.42798촌	4.21399촌
신	이칙	82944×4/3=110592	전 5촌 5푼 5리 1호, 반은 2촌 7푼 2리 5호이다.	5.61866촌	2.80933촌
유	협종	110592×2/3=73728 73728×2=147456	전체는 7촌 4푼 3리 7호 3사, 반은 3촌 6푼 6리 3호 6사이다.	3.74577촌 7.49154촌	3.74577촌
술	무역	73728×4/3=98304	전체는 4촌 8푼 8리 4호 8사, 반은 2촌 4푼 4리 2호 4사이다.	4.99436촌	2.49718촌
해	중려	98304×2/3=65536 65536×2=131072	전체는 6촌 5푼 8리 3호 4사 6홀, 반은 3촌 2푼 8리 6호 2사 2홀이다.	3.32957촌 6.65915촌	3.32957촌

주註에서 전체의 수치를 쓰는 것은 정률正律로 12율이고, 반의 수치를 쓰는 것은 반성半聲으로 태주·고선·유빈·대려·이칙·협종·무역·중려이다. 정률 12율과 반성 8률이니 모두 20율이다. 이와 같이 반성을 써야 하는 이유는 본서/율려본원/제9편 60조도六十調圖 각주 7)을 참조한다.

4 대본에 누락된 '林鐘'을 『성리대전서性理大全書』 권22 율려신서律呂新書1/율려본원律呂本原/12율지실十二律之實 제4를 참조하여 보충하였다.

5 대본에는 '全寸' 뒤에 또 '全寸'이 있으나 『성리대전서性理大全書』 권22 율려신서律呂新書1/율려본원律呂本原/12율지실十二律之實 제4를 참조하여 삭제하였다.

6 12율의 실수 : 예컨대 위 각주 3) 도표에서 황종 177147을 기준으로 삼분손일三分損一과 삼분익일三分益一을 반복할 때, 임종은 177147×2/3=118098인데 177147이 실수(實數 : 被乘數)가 되고, 태주는 118098×4/3=157464인데 118098이 실수(實數 : 被乘

數)가 된다.

7 촌법寸法으로~얻고 : 황종 9촌, 임종 6촌, 태주 8촌이다.

8 푼법[分法]으로~얻고 : 남려는 5촌 3푼이니 53푼, 고선은 7촌 1푼이니 71푼이다.

9 이법釐法으로~얻고 : 응종은 4촌 6푼 6리니 466리, 유빈은 6촌 2푼 8리니 628리이다.

10 호법毫法으로~얻고 : 대려는 전체는 8촌 3푼 7리 6호니 8376호이고, 반은 4촌 1푼 8리 2호니 4182호이며, 이칙은 5촌 5푼 5리 1호니 5551호이다.

11 사법絲法으로~얻는다 : 협종은 전체는 7촌 4푼 3리 7호 3사니 74373사이고, 반은 3촌 6푼 6리 3호 6사이니 36636사이며, 무역은 4촌 8푼 8리 4호 8사니 48848사이다.

12 중려관仲呂管~않으니 : 중려의 수는 원래 무역의 수 98304를 삼분손일 한 수이다. 즉 98304×2/3=65536인데, 위 제3편 황종생11률黃鐘生十一律의 주註 '그 대려・협종・중려의 3려呂는 음陰의 자리에 있어 2배수를 써야 곧 12월의 기운과 서로 응한다.'에 따라 그 수를 2배하여 얻는다. 만약 그 수를 이어 다음을 계산할 경우 65536×4/3=87381.$\dot{3}$이 되어 3이 무한소수가 되므로 나누어떨어지지 않는다. 이에 의하면 삼분손익 계산법으로는 완전한 한 응음(應音 : octave) 위를 얻을 수 없다는 것을 알 수 있다. 1응음 위 황종을 얻기 위해서는 87381.$\dot{3}$이 아닌 황종수黃鐘數 177147의 반인 88573.5가 되어야 한다.

變律第五

제5편 변율

黃鐘은 **十七萬四千七百六十二**요, **小分**은 **四百八十六**이라.

황종은 174762이고,[1] 소수점 아래 수는 .486[2]이다.

全은 八寸七分八釐一毫六絲二忽이니 不用이요, 半은 四寸三分八釐五毫三絲一忽이라.

전체는 8촌 7푼 8리 1호 6사 2홀인데 쓰지 않고, 반은 4촌 3푼 8리 5호 3사 1홀이다.[3]

林鐘은 **十一萬六千五百□□八**이요, **小分**은 **三百二十四**라.

임종은 116508이고, 소수점 아래 수는 .324[4]이다.

全은 五寸八分二釐四毫一絲一忽三初요, 半은 二寸八分五釐六毫五絲六初라.

전체는 5촌 8푼 2리 4호 1사 1홀 3초이고, 반은 2촌 8푼 5리 6호 5사 6초이다.

太簇는 **十五萬五千三百四十四**요, **小分**은 **四百三十二**라.

태주는 155344이고, 소수점 아래 수는 .432[5]이다.

全은 七寸八分二毫四絲四忽七初이니 不用이요, 半은 三寸九分四釐五毫六絲六忽八初라.

전체는 7촌 8푼 2호 4사 4홀 7초인데 쓰지 않고, 반은 3촌 9푼 4리 5호 6사 6홀 8초이다.

南呂는 十□萬三千五百六十三이요, 小分은 四十五라.

남려는 103563[6]이고, 소수점 아래 수는 .45[7]이다.

全은 五寸二分三釐一毫六忽一初六秒요, 半은 二寸五分六釐七絲四忽五初三秒라.

전체는 5촌 2푼 3리 1호 6홀 1초初 6초秒이고, 반은 2촌 5푼 6리 7사 4홀 5초初 3초秒이다.

姑洗은 十三萬八千□□八十四요, 小分은 六十이라.

고선은 138084이고, 소수점 아래 수는 .60[8]이다.

全은 七寸一釐二[9]毫二絲一初二秒니 不用이요, 半은 三寸四分五釐一毫一絲一初一秒라.

전체는 7촌 1리 2호 2사 1초初 2초秒인데 쓰지 않고, 반은 3촌 4푼 5리 1호 1사 1초初 1초秒이다.

應鐘은 九萬二千□□五十六이라. 小分은 四十이라.

응종은 92056이다.[10] 소수점 아래 수는 .40[11]이다.

全은 四寸六分七毫四絲三忽一初四秒요, 餘算이라. 半은 二寸三分三毫六絲六忽六秒彊이니 不用이라.

전체는 4촌 6푼 7호 4사 3홀 1초初 4초秒이고, 나머지가 있다.[12] 반은 2촌 3푼 3호 6사 6홀 6초秒 강彊[13]인데, 쓰지 않는다.

案十二律이 各自爲宮하야 以生五聲二變하니, 其黃鐘林鐘太簇南呂姑洗應鐘의

六律을 則能具足이요, 至蕤賓大呂夷則夾鐘無射仲呂의 六律하야난 則取黃鐘林鐘太簇南呂姑洗應鐘한대, 六律之聲이 少下不和라. 故로 有變律하니, 變律者는 其聲이 近正而少高於正律也라.

然仲呂之實一十三萬一千□□七十二은 以三分之不盡二算하야 旣不可行하니 當有以通之라. 律當變者는 有六이라. 故로 置一而六三之하야 得七百二十九하고, 以七百二十九로 因仲呂之實十三萬一千□□七十二하야 爲九千五百五十五萬一千四百八十八이라. 三分益一하면 再生黃鐘林鐘太簇南呂姑洗應鐘六律하고, 又以七百二十九로 歸之하야 以從十二律之數하야 紀其餘分하야 以爲忽秒라. 然後에 洪纖高下ㅣ 不相奪倫이라.

至應鐘之實六千七百一十□萬八千八百六十四하야 以三分之하면 又不盡一算하야 數ㅣ 又不可行하니, 此는 變律之所以止於六也라. 變律은 非正律이라. 故로 不爲[14]宮也라. 朱子曰 "自黃鐘으로 至仲呂히 相生之道ㅣ 至是窮矣어늘, 遂復變而上生黃鐘之宮하니 再生之黃鐘은 不及九寸하고, 只是八寸有餘라. 然黃鐘은 君象也니 非諸宮之所能役이라. 故虛其正而不復用하고, 所用只再生之變者라. 就再生之變하면 又缺其半하니, 所謂缺其半者는 蓋若大呂爲宮하야 黃鐘爲變宮時에 黃鐘管最長하야 所以只得用其半이라. 其餘宮도 亦放此니라."

내가 살펴보니, 12율이 각자 궁宮이 되어 오성과 2변二變이 생기는데, 그 황종 · 임종 · 태주 · 남려 · 고선 · 응종의 육률이 빠짐없이 두루 갖추어지고, 유빈 · 대려 · 이칙 · 협종 · 무역 · 중려의 육률에 이르면, 다시 황종 · 임종 · 태주 · 남려 · 고선 · 응종을 얻어야 하는데, 그 육률의 소리가 관이 조금 짧아 화성和聲하지 못한다.[15] 그러므로 변율이 있게 되니, 변율은 그 소리가 정률에 가까워도 정률보다 조금 높다.[16]

그러나 중려의 실수實數 131072는 2/3로 곱해 정수로 떨어지지 않아 계산을 계속할 수 없으니, 당연히 통할 수 있게 해야 한다. 율이 당연히 변할 것이 여섯이 있다. 그러므로 자子의 수 1을 놓고 3을 6제곱승하여 729를 얻고, 729로 본율本律 중려관의 수 131072에 곱해 95551488을 얻는다. 그 수를 삼분익일 · 삼분손일하면 황종 · 임종 · 태주 · 남려 · 고선 · 응종의 육률이 다시 생긴다.[17] 또 729로 돌아가 12율의 수치를 따라 그 여분을 적어 홀忽 · 초秒를 삼는다.[18] 그런 뒤에 크고 · 작고, 높고 · 낮은 것이 서로 질서를 잃지 않게 된다.

응종의 실수(實數 : 被乘數) 67108864에 이르러 3으로 나누면, 또 정수로 떨어지지 않아 계산을 또 계속할 수 없다.[19] 이는 변율이 6에서 그치는 이유이다. 변율은 정률이 아니다. 그러므로 궁宮이 되지 못한다. 주자가 말하였다. "황종으로부터 중려에 이르기까지 상생相生하는 법이 이에 이르러 끝나는데, 의외로 다시 변하여 황종의 궁宮을 상생上生하니, 재생再生한 변황종은 9촌이 되지 못하고 다만 8여 촌이다.[20] 그러나 황종은 군상君象이니 다른 궁들이 이용할 수 있는 것이 아니다. 그러므로 그 정(正 : 正宮)을 비워 다시 쓰지 않고, 쓰는 것은 다만 재생의 변궁變宮이다. 곧 재생의 변궁에 나아가면 또 그 반이 없어진다. 이른바 '그 반이 없어진다.'는 것은, 예컨대 대려가 궁이 되어 황종이 변궁이 될 때 황종관이 가장 길어, 그 반을 쓸 수 있기 때문이다.[21] 그 나머지 궁도 또한 이 예와 같다."

1 황종은 174762이고 : 제4편 12율지실十二律之實에서 얻은 해(亥 : 仲呂, 98304×2/3=65536)를 2배(65536×2=131072)하여 131072를 얻고, 그 131072를 삼분익일(131072×4/3=174762.6)하여 얻어진 수이다. 원문의 수치와 차이가 나는 것은 옛날 계산법과 현대 계산법이 다른 것에서 오는 오차이다.

2 현대 계산법으로는 .6이다.

3 전체는~1홀이다 : 제4편 12율지실十二律之實의 주註에 해(亥 : 仲呂) '전체는 6촌 5푼 8리 3호 4사 6홀, 반은 3촌 2푼 8리 6호 2사 2홀이다.'에서 전체 6촌 5푼 8리 3호 4사 6홀을 삼분익일 한 수이다. (6촌 5푼 8리 3호 4사 6홀)×4/3=8촌 7푼 6리 3호 2사 5홀. 이를 반으로 나누어 4촌 3푼 8리 1호 6사 2홀을 얻는다.

원문의 수치와 차이가 나는 것은 옛날 계산법과 현대 계산법이 다른 것에서 오는 오차이다.

4 현대 계산법으로는 $.\dot{4}$이다.

5 현대 계산법으로는 $.\dot{5}9\dot{2}$이다.

6 나누어떨어지지 않는 수인데 소수점 이하는 반올림한 수이다. 아래 고선과 응종도 같다.

7 현대 계산법으로는 .062이다.

8 현대 계산법으로는 .082이다.

9 대본에는 '一'로 되어 있으나 『성리대전서性理大全書』 권22 율려신서律呂新書1/율려본원律呂本原/변율變律 제5를 참조하여 '二'로 바로잡았다.

10 '해亥는 중려니 131072이다.'로부터 계산하여, 이를 도표화하면 다음과 같다.

변율	삼분손익 수	주註	역자교정	
			변율	변반성
황종	131072×4/3 =174762.$\dot{6}$	전체는 8촌 7푼 8리 1호 6사 2홀인데 쓰지 않고, 반은 4촌 3푼 8리 5호 3사 1홀이다.		4.43943촌
임종	174762.$\dot{6}$×2/3 =116508.$\dot{4}$	전체는 5촌 8푼 2리 4호 1사 1홀 3초이고, 반은 2촌 8푼 5리 6호 5사 6초이다.	5.91924촌	2.95962촌
태주	116508.$\dot{4}$×4/3 =155344.$\dot{5}9\dot{2}$	전체는 7촌 8푼 2호 4사 4홀 7초인데 쓰지 않고, 반은 3촌 9푼 4리 5호 6사 6홀 8초이다.		3.94616촌
남려	155344.$\dot{5}9\dot{2}$×2/3 =103563.062	전체는 5촌 2푼 3리 1호 6홀 1초初 6초秒이고, 반은 2촌 5푼 6리 7사 4홀 5초初 3초秒이다.	5.26154촌	2.63077촌
고선	103563.062×4/3 =138084.082	전체는 7촌 1리 2호 2사 1초初 2초秒인데 쓰지 않고, 반은 3촌 4푼 5리 1호 1사 1초初 1초秒이다.		3.50770촌
응종	138084.082×2/3 =92056.055	전체는 4촌 6푼 7호 4사 3홀 1초初 4초秒이고. 반은 2촌 3푼 3호 6사 6홀 6초秒 강彊인데 쓰지 않는다.	4.67693촌	

주註에서 전체의 수치를 쓰는 것은 임종·남려·응종이고, 반의 수치를 쓰는 것은 황종·임종·태주·남려·고선·응종이다. 전체의 수치를 쓰는 것은 '변율變律'이라 하고, 반의 수치를 쓰는 것은 '변반성變半聲'이라 하는데, 변율의 임종·남려·응종은 제4편 12율지실十二律之實의 각주 3) 도표의 정률正律 임종·남려·응종보다 율관이 짧으니 음이 높고, 변반성 황종·임종·태주·남려·고선은 제4편 12율지실十二律之實의 각주 3) 도표의 반성 황종·임종·태주·남려·고선보다

또한 율관이 짧으니 음이 높다. 6변율은 변율 3율과 변반성 5율이니 모두 8률이다. 이는 모두 본서/율려본원/제9편 60조도六十調圖에 쓰이고 있다. 이 변율이 쓰이는 이유는 본서/율려본원/제9편 60조도六十調圖 각주 7)을 참조한다.

또 이에 따르면 본서의 저자는 12율의 정률正律 12율과 반성半聲 8률 외에 6변율의 변율 3율과 변반성 5율을 써야 함을 주장하여 기존 아악雅樂 음계인 12율 4청성과는 다름을 알 수 있다.

11 현대 계산법으로는 .055이다.

12 역자譯者의 계산은 4촌 6푼 7리 6호 9사 8홀 3미이다.

13 강彊 : 강强과 같고, 표기한 수 외에 우수리가 있음을 나타내는 말이다.

14 대본에는 '可'로 되어 있으나 『성리대전서性理大全書』 권22 율려신서律呂新書1/율려본원律呂本原/변율變律 제5를 참조하여 '爲'로 바로잡았다.

15 그 황종·임종·태주·남려·고선·응종의~못한다 : 오성에 따라 육률의 12율관律管이 돌아가며 서로 궁성이 되면 모두 60조調가 된다. 그런데 12율은 삼분손익에 의해 얻어지므로 평균율이 아니다. 기본이 되는 황종궁조의 음계를 엘리스(A.J. Ellis)의 백분법百分法으로 표시하면 다음과 같다.

黃	大	太	夾	姑	仲	蕤	林	夷	南	無	應	潢
114	90	114	90	114	90	90	114	90	114	90	90	
궁		상		각		변치	치		우		변궁	궁

이 황종궁조를 기준으로 이조移調할 경우 궁성을 기준으로 상성·각성·변치·치성·우성 사이의 간격이 조에 따라 달라진다. 예컨대 대려궁조일 경우를 보면 음조직은 아래 도표와 같다.

大	太	夾	姑	仲	蕤	林	夷	南	無	應	潢	汰
90	114	90	114	90	90	114	90	114	90	90	114	
궁		상		각		변치	치		우		변궁	궁

이를 황종궁조와 비교해보면 궁과 상 사이는 204로 같고, 궁과 각 사이도 408로 같으나 궁과 변치 사이는 황종궁조는 612인데 대려궁조는 588이므로 대려궁조의 변치 임종은 원래 정률 임종관이 아닌 다른 임종이어야 한다. 따라서 본율 12율을 더 확장해야하는 필요성이 발생하는 것이다. 이와 같은 경우를 해결하는 방법으로 제시한 것이 저자의 '6변율六變律' 이론이다. 이에 따르면 6변율에서 변율變律이 3율[林·南·應]과 변반성變半聲이 5율[潢·淋·汰·湳·澉], 그리고 12율에서 정률正律

12율[黃·大·太·夾·姑·仲·蕤·林·夷·南·無·應]과 반성半聲이 8률[汰·㴌·㵟·汏·洟·浹·潕·㳞]이 필요하여 모두 28률이 필요하다. 이 때 율명이 같지만, 변율의 율관이 정률의 율관보다 짧아 음이 조금 높으며, 변반성의 율관이 반성의 율관보다 짧아 음이 높다. 육률의 소리가 조금 낮다는 것은 결국 음이 높다는 것이다. 각각의 율관 치수는 본서/율려본원/제4편 12율지실十二律之實의 각주 3) 도표와 위 각주 10)에 상세하다.

16 변율은~높다 : 본율 황종은 9촌인데 변황종은 4촌 3푼 8리 5호 3사 1홀이어서 대략 1응음(應音 : octave) 높은 것을 알 수 있다. 나머지 임종·태주·남려·고선·응종의 경우도 같다.

17 그 수를~생긴다 : 이에 따라 본율 중려를 95551488로 놓고 계산하면 다음과 같다.

6변율	계산법	6변율	계산법
변황종	95551488×4/3=127401984	변남려	113246208×2/3=75497472
변임종	127401984×2/3=84,934656	변고선	75497472×4/3=100663296
변태주	84934656×4/3=113246208	변응종	100663296×2/3=67108864

18 또 729로~삼는다 : 예컨대 95551488×4/3=127401984 계산으로 얻은 수를 729로 나누면 174762667을 얻어 위 각주 10) 도표의 변황종의 수 174762.6보다 1000배 큰 수를 얻어, '전체는 8촌 7푼 8리 1호 6사 2홀이니 쓰이지 않고, 반은 4촌 3푼 8리 5호 3사 1홀이다.'를 적용할 수 있다. 나머지 변임종·변태주·변남려·변고선·변응종 또한 위 각주 10) 도표보다 1000배 큰 수를 얻어 변황종과 같이 각 율관에 적용할 수 있다.

19 응종의~없다 : 만약 그 수를 이어 다음을 계산할 경우 67108864×4/3=89478485.3의 3의 무한소수가 되어 나누어떨어지지 않는다.

20 재생한~8여 촌이다 : 위 본문의 주註와 같이 변황종관은 8촌 7푼 6리 3호 2사 5홀인데, 이를 반으로 나누어 4촌 3푼 8리 1호 6사 2홀을 쓴다.

21 예컨대~때문이다 : 대려궁大呂宮의 음계조직은 아래 도표와 같이 황종이 변궁이 되어 변반성變半聲을 써야 한다.

	궁	상	각	변치	치	우	변궁
대려궁	大 정률	夾 정률	仲 정률	林 변율	夷 정률	無 정률	潢 변반성

律生五聲圖第六

제6편 율생오성도

宮聲은 八十一이요, 商聲은 七十二요, 角聲은 六十四요, 徵聲은 五十四요, 羽聲은 四十八이라.

궁성은 81이고, 상성은 72이고, 각성은 64이고, 치성은 54이고, 우성은 48이다.[1]

案黃鐘之數는 九九八十一이니 是爲五聲之本이라. 三分損一하야 以下生徵하고, 徵를 三分益一하야 以上生商하고, 商을 三分損一하야 以下生羽하고, 羽를 三分益一하야 以上生角이라. 至角聲之數六十四하야 以三分之不盡一算하야 數不可行하니, 此는 聲之數ㅣ 所以止於五也라. 或曰 "此는 黃鐘一均五聲之數어늘 他律은 不然하니라" 曰 "置本律之實하고 以九九因之하야 三分損益하야 以爲五聲이라. 再以本律之實로 約之하면 則宮은 固八十一이요, 商亦七十二요, 角亦六十四요, 徵亦五十四요, 羽亦四十八矣니라." 假令 應鐘九萬三千三百一[2]十二를 以八十一로 乘之하면 得七百五十五萬八千二百七[3]十二하야 爲宮하고, 以九萬三千三百一十二로 約之하면 得八十一이라. 三分宮損一하야 得五百□□三萬八千八百四十八하야 爲徵하고, 以九萬三千三百一十二[4]로 約之하면 得五十四라. 三分徵益一하야 得六百七十一萬八千四百六十四하야 爲商하고, 以九萬三千三百一十二로 約之하면 得七十二라. 三分商損一하야 得四百四十七萬八千九百七十六하야 爲羽하고, 以九萬三千三百一十二[5]로 約之하면 得四十八이라. 三分羽益一하야 得五百九十七萬一千九百六十八하야 爲角하고, 以九萬三千三百一十二으로 約之하면 得六十四라.

내가 살펴보니, 황종의 수는 9×9=81이니 이것이 오성의 근본이다. 그 수를 삼분손일하여 치성을 하생下生하고, 치성을 삼분익일하여 상성을 상생上生하고, 상성을 삼분손일하여 우성을 하생하고, 우성을 삼분익일하여 각성을 상생한다. 각성의 수 64에 이르러 3으로 나누어 정수로 떨어지지 않으니, 이는 성음聲音이 5에서 마치는 이유이다. 어떤 사람이 말하기를 "이것은 황종을 기준으로 돌려 계산하여[一均][6] 오성이 되는 수인데, 다른 율律은 그렇지 못합니다."라고 하여, 대답하기를 "본율本律의 실수實數를 놓고 9에 9를 곱하기 하여 그것에 삼분손일 또는 삼분익일하여 오성을 만든다. 다시 본율의 실수實數로 나누면 궁은 본래 81이고, 상 또한 72이고, 각 또한 64이고, 치 또한 54이고, 우 또한 48이다."라고 하였다. 가령 응종 93312를 81로 곱하면 7558272를 얻어 궁을 삼고, 그 수를 93312로 나누면 81을 얻는다. 그 궁(宮 : 7558272)에 2/3를 곱해 5038848을 얻어 치를 삼고, 그 수를 93312로 나누면 54를 얻는다. 그 치(徵 : 5038848)에 4/3를 곱해 6718464를 얻어 상을 삼고, 그 수를 93312로 나누면 72를 얻는다. 그 상(商 : 6718464)에 2/3를 곱해 4478976을 얻어 우를 삼고, 그 수를 93312로 나누면 48을 얻는다. 그 우(羽 : 4478976)에 4/3를 곱해 5971968을 얻어 각을 삼고, 그 수를 93312로 나누면 64를 얻는다.[7]

1 이를 도표화하면 다음과 같다.

오성	궁성	상성	각성	치성	우성
오성의 수	81	54×4/3=72	48×4/3=64	81×2/3=54	72×2/3=48

2 대본에는 '二'로 되어 있으나 『성리대전서性理大全書』 권22 율려신서律呂新書1/율려본원律呂本原/율생오성도律生五聲圖 제6을 참조하여 '一'로 바로잡았다.

3 대본에는 '之'로 되어 있으나 『성리대전서性理大全書』 권22 율려신서律呂新書1/율려본원律呂本原/율생오성도律生五聲圖 제6을 참조하여 '七'로 바로잡았다.

4 대본에는 '一'로 되어 있으나 『성리대전서性理大全書』 권22 율려신서律呂新書1/율려본원律呂本原/율생오성도律生五聲圖 제6을 참조하여 '二'로 바로잡았다.

5 대본에는 '一'로 되어 있으나 『성리대전서性理大全書』 권22 율려신서律呂新書1/율려본원律呂本原/율생오성도律生五聲圖 제6을 참조하여 '二'로 바로잡았다.

6 황종을 기준으로 돌려 계산하여 : 송宋나라 한림학사翰林學士 구양수歐陽修의 『당서

唐書』 권21 지志 제11/예악지禮樂志. 「加以二變 循環無間 故 一宮二商三角四變徵五徵六羽七變宮 其聲 繇濁至淸 爲一均 2변二變을 더해 순환하여 간단이 없으므로 1궁 · 2상 · 3각 · 4변치 · 5치 · 6우 · 7변궁이 그 소리가 탁濁으로부터 청淸에 이르러 일균一均이 된다.」

송宋나라 왕응린王應麟의 『옥해玉海』 권7 율력律歷/율려하律呂下/당칠음唐七音. 「言旋宮之法 以律經辰 互生 七音 各爲綱紀 故 五音 以宮聲爲首 律呂 以黃鐘爲元 言一律五音 倫比無間 加之二變 義若循環 故 曰 一宮 二商 三角 四變徵 五徵 六羽 七變宮 其聲 從濁至淸 爲一均 궁宮을 돌리는 법은 12율을 가지고 12진辰을 좇아 호생互生하게 하는데, 7음이 각각 기준이 된다. 그러므로 오음五音은 궁성宮聲으로 으뜸을 삼고 율려는 황종으로 으뜸을 삼는다. 한 율律마다 오음이 순서에 따라 이어 엮어져 거르지 않고 2변을 더하여 순환하는 것 같이 한다. 그러므로 '1궁 2상 3각 4변치 5치 6우 7변궁이라'한다. 그 성(聲 : 音程)이 낮은 음부터 높은 음에 이르기까지 일균一均이 된다.」

송宋나라 사마광司馬光의 『자치통감資治通鑑』 권294 후주기後周紀5/세종예문효무황제하世宗睿文孝武皇帝下. 「十二律旋相爲宮以生七調 爲一均 12율이 돌아가며 궁宮이 되어 7조가 생기는 것이 일균一均이다.」

7 응종 93312에서부터 오성의 수를 계산하면 다음과 같다.

오성	오성 삼분손익 수	오성 수
궁	93312×81=7558272	7558272/93312=81
치	7558272×2/3=5038848	5038848/93312=54
상	5038848×4/3=6718464	6718464/93312=72
우	6718464×2/3=4478976	4478976/93312=48
각	4478976×4/3=5971968	5971968/93312=64

變聲第七

제7편 변성

變宮聲은 四十二이고, 小分은 六이라. 變徵聲은 五十六이라. 小分은 八이라.

변궁성은 42이고, 소수점 아래는 .6[1]이다. 변치성은 56이다. 소수점 아래는 .8[2]이다.

案五聲은 宮與商 · 商與角 · 徵與[3]羽는 相去各二[4]律이요, 至角與徵 · 羽與宮은 相去乃三[5]律이라. 相去二[6]律이면 則音節和하고, 相去三[7]律이면 則音節遠이라. 故로 角徵之間에 近徵收一聲하니 比徵少下라. 故謂之變徵요, 羽宮之間에 近宮收一聲하니 少高於宮이라. 故謂之變宮也라.

角聲之實六十有四는 以三分之不盡一算하야 既不可行이라, 當有以通之라. 聲之變者는 二라. 故로 置一而兩三之하야 得九하고, 以九로 因角聲之實六十有四하야 得五百七十六하고, 三分損益하야 再生變徵變宮二聲하고, 以九歸之하야 以從五聲之數호대, 存其餘數하야 以爲强弱이라. 至變徵之數五百一十二하야난 以三分之又不盡二算하야 其數又不行이라. 此는 變聲이 所以止於二也라. 變宮 · 變徵는 宮不成宮하고 徵不成徵니, 古人이 謂之和繆니라 又曰 "所以濟五聲之不及也라"하니라. 變聲非正이라. 故로 不爲調也니라.

내가 살펴보니, 오성은 궁성과 상성, 상성과 각성, 치성과 우성 사이는 간격이 2율이고, 각성과 치성, 우성과 궁성 사이는 간격이 3율이다. 간격이 2율이면 음정이 조화롭고, 간격이 3율이면 음정이 멀다. 그러므로 각성과 치성 사이에 치성에 가깝게 1성聲을 쓰니 치성에 비해 약간 낮다. 그러므로 변치라고 하고, 우성과 궁성 사이에 궁성에 가깝게 1성을 쓰니 궁성보다 높다. 그러므로 변궁이라 한다.

각성의 실수(實數 : 被除數) 64는 3으로 나누어 정수로 떨어지지 않아, 당연히 통하게 해야 한다. 변성變聲은 둘이다. 그러므로 자子의 수 1을 놓고 3을 제곱승하여 9를 얻고, 9를 가지고 각성의 실수實數 64에 곱해 576을 얻고, 삼분손일 · 삼분익일 하여 변치성變徵聲 · 변궁성變宮聲을 재생再生하고, 9로 돌려보내[나누어] 오성의 수를 따르는데, 그 나머지수를 두어 강强[8] · 약弱[9]을 삼는다.[10] 변치의 실수實數 512에 이르러서는 3으로 나누어 정수로 떨어지지 않아 그 수가 또 계속되지 않는다.[11] 이것은 변성이 둘에서 마치는 이유이다. 변궁 · 변치는 궁이면서 궁을 이루지 못하고 치면서 치를 이루지 못하니, 옛 사람이 '화무和繆'[12]라고 하였다. 또 말하기를 "오성이 미치지 못하는 것을 도와주는 것이다."라고 하였다. 변성은 정성이 아니므로 조調가 되지 못한다.[13]

朱子曰 "五聲之序에 宮은 最大而沈濁하고 羽는 最細而淸輕하며 商之大次宮하고 徵之細次羽하며 而角居四者之中焉이라. 然世之論中聲者ㅣ 不以角而以宮은 何也오?"

曰 "凡聲은 陽也라. 自下而上으로 未及其半면 則屬於陰而未暢이라. 故로 不可用이요, 上而及半然後에 屬於陽而始和라. 故로 卽其始而用之以爲宮히고 因其每變而益上하면 則爲商 爲角 爲變徵 爲徵 爲羽 爲變宮하니 而皆以爲宮之用焉이라. 是以로 宮之一聲[14]이 在五行하야난 爲土요, 在五常하야난 爲信이요, 在五事하야난 爲思라. 蓋以其正當衆聲하야 和與未和와 用與未用하니, 陰陽際會之中이 所以爲盛이라.

若角則雖當五聲之中이나 而非衆聲之會요, 且以七均論之하면 又有變徵以居焉이나, 亦非五聲之所取正也라. 然自其聲之始和者로 推而上之하면 亦至於變宮而止耳라. 自是以上은 則又過乎輕淸而不可以爲宮이라. 於是에 就其兩間而細分之하면 則其別이 又十有二하니 以其最大而沈濁者은 爲黃鐘하고, 以其極細而輕淸者은 爲應鐘이라. 及其旋相爲宮하야 而上下相生하야 以盡五聲二[15]變之用하면 則宮聲이 常不越乎十二之中호대, 而四聲者은 或時出於其外하야 以取諸律半聲之管이라. 然後에 七均備而一調成也라.

黃鐘之與餘律이 其所以爲貴賤者도 亦然이라. 若諸半聲以上은 則又過乎輕淸之甚하야 而不可以爲樂矣라. 蓋黃鐘之宮은 始之始 中之中也요, 十律之宮은 始之次而中少過也요, 應鐘之宮은 始之終而中已盡也라. 諸律半聲은 過乎輕淸하니 始之外而中之上也요, 半聲之外에 過乎輕淸之甚은 則又外之外 上之上하야 而不可爲樂者也라.

正'如子時初四刻은 屬前日하고 正四刻은 屬後日하니 其兩日之間이 卽所謂始之始 中之中也라.' 然則聲自屬陰以下는 亦當默有十二正變이나, 半律之地는 以爲中聲之前段[16]하니, 如子初四刻

之爲者하야, 但無聲氣之可紀耳라.

由是論之컨대, 則審音之難은 不在於聲而在於律이요, 不在於宮而在於黃鐘하니, 蓋不以十二律節之하면 則無以著夫五聲之實하고, 不得黃鐘之正하면 則十一律者ㅣ 又無所受以爲本律之宮也니라."

주자가 물었다. "오성의 차례에서 궁성이 가장 크면서 낮고 우성은 가장 가늘면서 높으며, 상성은 궁성 다음으로 크고, 치성은 우성 다음으로 가늘며, 각성은 4성의 가운데 있다. 그러나 세상에서 중성中聲을 말하는 사람들이 각성으로 하지 않고 궁성으로 하는 것은 무슨 이유인가?"[17]

내가 대답하였다. "무릇 성聲은 양陽이다.[18] 아래로부터 위로 그 반에 미치지 못하면 음陰에 속해 통하지 못한다. 그러므로 쓸 수 없고, 위로 올려 반에 미친 다음에 양에 속해 비로소 조화롭다.[19] 그러므로 그 처음에 나아가 그것으로 궁성을 삼고 그 궁성이 매번 변하는 것에 따라 위에 더하면 상성 · 각성 · 변치성 · 치성 · 우성 · 변궁성이 되니, 모두 궁성의 용用이 된다. 이 때문에 궁성이 오행五行에서는 토土가 되고, 오상五常에서는 신信이 되고, 오사五事에서는 사思가 된다.[20] 대체로 그 바른 것으로써 중성衆聲을 감당해 화하고 화하지 못함과 쓰이고 쓰이지 못함이 있으니, 음양陰陽이 만나는 즈음이 이 때문에 성한 것이다.

각성 같은 경우는 비록 오성의 중간에 있으나 중성衆聲이 교회交會하는 것이 아니고, 또 칠균七均을 기준으로 논하면 변치가 있지만,[21] 또한 오성의 정성正聲을 취한 것이 아니다. 그러나 그 성聲이 비로소 조화로운 칠균七均으로부터 미루어 올라가면 또한 변궁에 이르러 그칠 뿐이다. 이로부터 위로는 높아 궁성이 될 수 없다. 이에 그 각성과 변치 둘 사이에 나아가 세분하면, 그 분별이 또 12가지가 있으니,[22] 가장 크면서 낮은 것은 황종이 되고, 가장 가늘면서 높은 것은 응종이 된다. 그 율律들이 돌려가며 궁성이 되어[23] 상하로 상생相生하여 오성 · 2변二變의 용用을 다함에 미치면 궁성은 항상 12율 가운데를 넘지 않는데,[24] 나머지 사성四聲은 혹 때로 그 밖을 벗어나 여러 율 반성半聲의 관管에서 취한다.[25] 그런 뒤에 칠균七均이 갖추어져 하나의 조調가 이루어진다.

황종과 나머지 율이 귀천이 되는 까닭도 또한 그렇다. 여러 반성半聲 이상은 또 지나치게 높아 악樂이 될 수 없다. 대체로 황종궁黃鐘宮은 시작 중에서도 시작이고 가운데 중에서도 가운데이며, 10율의 궁[26]은 시작 다음이고 가운데를 조금 지난 것이며, 응종궁應鐘宮은 시작 중에 끝이고 가운데를 이미 다한 것이다.[27] 여러 율의 반성半聲은 높은 것을 벗어나니 시작 범위 밖이고 가운데의 꼭대기이며, 반성半聲의 밖에 지나치게 높은 것도 벗어난 것 중에 벗어난 것이고, 꼭대기 중에 꼭대기여서 악이 될 수 없는 것들이다.

가령 '예컨대 자정子正을 기준으로 자子시 처음 4각刻은 전날에 속하고 정각正刻 이후 4각은 뒷날에 속하니, 그 양일兩日 사이가 이른바 시작 중에 시작이고 가운데 중에 가운데이다.'[28] 그렇다면 성聲이 음陰에 속한 이하는[29] 또한 마땅히 소리 내지 않는 12율의 정률正律과 변율變律이 있겠으나, 반율半律의 경우는 중성中聲의 전단계가 되니, 예컨대 자子시의 처음 4각刻이 된 것 같은 것이어서, 다만 성기聲氣의 법이 되지 못 할 뿐이다.

이를 근거로 논하면, 음音을 살피는 어려움은 오성에 있지 않고 12율에 있으며, 궁성에 있지 않고 황종에 있다. 대체로 12율로 절제節制하지 않으면 오성의 실상을 드러낼 수 없고, 바른 황종을 얻지 못하면 나머지 11률이 또 근거를 받아 본율本律의 궁이 되지 못 할 것이다."

1 현대 계산법으로는 $.\dot{6}$인 무한소수이다.

2 현대 계산법으로는 $.\dot{8}$인 무한소수이다.

3 대본에는 '羽'로 되어 있으나 『성리대전서性理大全書』 권22 율려신서律呂新書1/율려본원律呂本原/변성變聲 제7을 참조하여 '與'로 바로잡았다.

4 대본에는 '一'로 되어 있으나 문맥이 통하지 않아 '二'로 바로잡았다.
예컨대 황종궁의 음계조직을 보면 아래 도표와 같고, 다른 조調의 음계조직도 같기 때문이다.

	궁	상	각	변치	치	우	변궁
황종궁	黃 정률	太 정률	姑 정률	蕤 정률	林 정률	南 정률	應 정률

아래 각주 5), 6), 7)도 같다.

5 대본에는 '二'로 되어 있으나 문맥이 통하지 않아 '三'으로 바로잡았다.

6 대본에는 '一'로 되어 있으나 문맥이 통하지 않아 '二'로 바로잡았다.

7 대본에는 '二'로 되어 있으나 문맥이 통하지 않아 '三'으로 바로잡았다.

8 강强 : 표기한 수 외에 우수리가 있음을 나타내는 말이다.

9 약弱 : 표기한 수에서 모자란 수가 있음을 나타내는 말이다.

10 그러므로~삼는다 : 변궁성은 각성의 수인 576으로부터 계산한다. 이를 도표화하

면 다음과 같다.

변성	변성 삼분손익 수	변성 수
변궁	576×2/3=384	384/9=42.$\dot{6}$
변치	384×4/3=512	512/9=56.$\dot{8}$

11 변치의~않는다 : 만약 그 수를 이어 다음을 계산할 경우 512×2/3=341.$\dot{3}$의 3의 무한소수가 되어 나누어떨어지지 않는다.

12 아마도 화무和繆는 음계를 조화롭게 구성하기 위해 기만적으로 쓰였다는 의미인 것 같다.

13 변성은~못한다 : 오성과 함께하여 칠성七聲을 이루지만 독립적인 조調로 12율의 음계조직을 이룰 수는 없다는 뜻이다.

14 대본에는 '聲一'로 되어 있으나 『성리대전서性理大全書』 권22 율려신서律呂新書1/율려본원律呂本原/변성變聲 제7을 참조하여 '一聲'으로 바로잡았다.

15 대본에는 '一'로 되어 있으나 『성리대전서性理大全書』 권22 율려신서律呂新書1/율려본원律呂本原/변성變聲 제7을 참조하여 '二'로 바로잡았다.

16 대본에는 '假'로 되어 있으나 『성리대전서性理大全書』 권22 율려신서律呂新書1/율려본원律呂本原/변성變聲 제7을 참조하여 '段'으로 바로잡았다.

17 변치와 변궁을 빼면, 위 각주 4)의 도표와 같이 각성이 중간에 있다.

18 무릇~양이다 : 아래 각주 19)의 도표와 같이 궁성의 수 9촌을 기준으로 그 반 이상을 양陽으로 본 것인데, 모든 칠성七聲의 수치가 4촌 5푼 이상이다.

19 무릇~조화롭다 : 아래 도표를 보면 7성의 치수가 모두 궁성의 반인 4촌 5푼보다 큰 것을 알 수 있다.

7성七聲	궁성	상성	각성	변치	치성	우성	변궁
7성의 수	81	72	64	56.$\dot{8}$	54	48	42.$\dot{6}$
7성의 치수	9촌	8촌	7.1촌	6.31촌	6촌	5.3촌	4.73촌

또한 본서/율려본원律呂本原/제3편 황종생11률黃鐘生十一律 각주 12)의 도표에 따르면 대려관은 4촌 1푼 8리 3호, 협종관은 3촌 6푼 6리 3호, 중려관 3촌 2푼 8리 6호 2사 3홀이므로 모두 황종관의 반성(半聲 : octave)인 4촌 5푼에 미달하여 각각 2배를 해준 것을 알 수 있다.

20 이 때문에~된다 : 오성 · 오행 · 오상 · 오사의 관계는 다음과 같다.

오성五聲	각角	치徵	궁宮	상商	우羽
오행五行	목木	화火	토土	금金	수水

오성五聲	각角	치徵	궁宮	상商	우羽
오상五相	인仁	예禮	신信	의義	지智
오사五事	시視	언言	사思	청聽	모貌

21 칠균을~있지만 : 칠균七均은 '궁성 · 상성 · 각성 · 변치 · 치성 · 우성 · 변궁.'이므로 변치가 중간이다.

22 이에~있으니 : 궁성과 변궁 사이는 조에 따라 12율이 배치된다. 따라서 각성과 변치에도 조에 따라 12율이 배치된다.

23 돌려가며~되어 :『예기禮記』 예운禮運. 「五聲六律十二管 還相爲宮也 오성을 따라 육률의 12율관律管이 돌아가며 서로 궁성이 된다.」
본서/율려본원/제9편 60조도六十調圖. 「十二律旋相爲宮 各有七聲 合八十四聲 宮聲十二 商聲十二 角聲十二 徵聲十二 羽聲十二 凡六十聲 爲六十調 其變宮十二 在羽聲之後 宮聲之前 變徵十二 在角聲之後 徵聲之前 宮不成宮 徵不成徵 凡二十四聲 不可爲調 12율이 돌려가며 궁宮이 되는데 12율에 각각 칠성七聲이 있어서 모두 84성이 된다. 궁성 12, 상성 12, 각성 12, 치성 12, 우성 12로 합계 60성인데 이것이 60조調가 된다. 그 변궁 12는 우성의 뒤와 궁성의 앞에 있고, 변치 12는 각성의 뒤와 치성의 앞에 있다. 변궁은 궁이되 궁을 이루지 못하고, 변치는 치이되 치를 이루지 못하여, 이 24성聲은 조調가 될 수 없다.」

24 궁성은~않는데 : 황종궁黃鐘宮일 경우 아래 도표와 같은데, 12율 정률正律 범위 안에 있다.

	궁	상	각	변치	치	우	변궁
황종궁	黃 정률	太 정률	姑 정률	蕤 정률	林 정률	南 정률	應 정률

25 나머지~취한다 : 궁宮은 군君, 상商은 신臣, 각角은 민民, 치徵는 사事, 우羽는 물物이므로 궁조宮調를 제외한 상조商調 · 각조角調 · 치조徵調 · 우조羽調에서는 능만陵慢을 피하기 위해 반성을 취하여 쓴다.

26 10율의 궁 : 황종궁黃鐘宮과 응종궁應鐘宮을 제외한 나머지 궁조宮調를 말한다.

27 대체로~것이다 : 12율 궁조宮調의 음계조직은 다음과 같다. 황종궁은 반성半聲이 없고 대려궁 이하는 반성과 변반성이 점점 증가하여 응종에 이르러서는 궁성인 응종을 제외한 모든 소리가 반성을 쓰고 있다.

	궁	상	각	변치	치	우	변궁
황종궁	黃 정률	太 정률	姑 정률	蕤 정률	林 정률	南 정률	應 정률
대려궁	大 정률	夾 정률	仲 정률	林 변율	夷 정률	無 정률	潢 변반성

	궁	상	각	변치	치	우	변궁
태주궁	太 정률	姑 정률	甤 정률	夷 정률	南 정률	應 정률	汏 반성
협종궁	夾 정률	仲 정률	林 변율	南 변율	無 정률	潢 변반성	汰 변반성
고선궁	姑 정률	甤 정률	夷 정률	無 정률	應 정률	汏 반성	浹 반성
중려궁	仲 정률	林 변율	南 변율	應 변율	潢 변반성	汰 변반성	氵姑 변반성
유빈궁	甤 정률	夷 정률	無 정률	潢 변반성	汏 반성	浹 반성	沖 반성
임종궁	林 정률	南 정률	應 정률	汏 반성	汰 반성	氵姑 반성	氵甤 반성
이칙궁	夷 정률	無 정률	潢 변반성	汰 변반성	浹 변반성	沖 반성	淋 변반성
남려궁	南 정률	應 정률	汏 반성	浹 반성	氵姑 반성	氵甤 반성	洟 반성
무역궁	無 정률	潢 변반성	汰 변반성	氵姑 변반성	沖 반성	淋 변반성	湳 변반성
응종궁	應 정률	汏 반성	浹 반성	沖 반성	氵甤 반성	洟 반성	潕 반성

28 명明나라 채청蔡淸의 『역경몽인易經蒙引』 권4상 상경上經.

'자子시 처음 4각刻'은 23시부터 자정子正까지이고, '정각正刻 이후 4각'은 자정부터 1시까지이다. 1각은 15분이므로 4각은 1시간이다.

29 성이~이하는 : 주자는 위에서 "아래로부터 위로 그 반에 미치지 못하면 음陰에 속해 통하지 못한다. 그러므로 쓸 수 없고, 위로 올라 반에 미친 다음에 양에 속해 비로소 조화롭다."라고 생각하여, 율관이 4촌 5푼에 미치지 못하는 대려관·협종관·중려관을 음陰으로 보고 2배수로 하였다. 따라서 '이하'라는 것은 율관이 이 보다도 더 짧아 음이 높은 변율變律을 뜻한다.

八十四聲圖第八 正律은 墨書요, 半聲은 朱書며, 變律은 朱書요, 半聲은 墨書라.

제8편 84성도[1] 정률은 검은색 글씨이고 반성半聲은 붉은색 글씨이며, 변율은 붉은색 글씨이고 반성은 검은색 글씨이다.[2]

十一月	黃鐘宮					
六月	林鐘宮	黃鐘徵				
正月	太簇宮	林鐘徵	黃鐘商			
八月	南呂宮	太簇徵	林鐘商	黃鐘羽		
三月	姑洗宮	南呂徵	太簇商	林鐘羽	黃鐘角	
十月	應鐘宮	姑洗徵	南呂商	太簇羽	林鐘角	黃鐘變宮
五月	蕤賓宮	應鐘徵	姑洗商	南呂羽	太簇角	林鐘變宮, 黃鐘變徵
十二月	大呂宮	蕤賓徵	應鐘商	姑洗羽	南呂角	太簇變宮, 林鐘變徵
七月	夷則宮	大呂徵	蕤賓商	應鐘羽	姑洗角	南呂變宮, 太簇變徵
二月	夾鐘宮	夷則徵	大呂商	蕤賓羽	應鐘角	姑洗變宮, 南呂變徵
九月	無射宮	夾鐘徵	夷則商	大呂羽	蕤賓角	應鐘變宮, 姑洗變徵
四月	仲呂宮	無射徵	夾鐘商	夷則羽	大呂角	蕤賓變宮, 應鐘變徵
	黃鐘變	仲呂徵	無射商	夾鐘羽	夷則角	大呂變宮, 蕤賓變徵
	林鐘變		仲呂商	無射羽	夾鐘角	夷則變宮, 大呂變徵
	太簇變			仲呂羽	無射角	夾[3]鍾變宮, 夷則變徵
	南呂變				仲呂角	無射變宮, 夾鐘變徵
	姑洗變					仲呂變宮, 無射變徵
	應鐘變					仲呂變徵

	궁조	치조	상조	우조	각조	세주
11	황종궁					
6	임종궁	황종치				
1	태주궁	임종치	황종상			
8	남려궁	태주치	임종상	황종우		
3	고선궁	남려치	태주상	임종우	황종각	
10	응종궁	고선치	남려상	태주우	임종각	황종변궁
5	유빈궁	응종치	고선상	남려우	태주각	임종변궁, 황종변치
12	대려궁	유빈치	응종상	고선우	남려각	태주변궁, 임종변치
7	이칙궁	대려치	유빈상	응종우	고선각	남려변궁, 태주변치
2	협종궁	이칙치	대려상	유빈우	응종각	고선변궁, 남려변치
9	무역궁	협종치	이칙상	대려우	유빈각	응종변궁, 고선변치
4	중려궁	무역치	협종상	이칙우	대려각	유빈변궁, 응종변치
	황종변[4]	중려치	무역상	협종우	이칙각	대려변궁, 유빈변치
	임종변		중려상	무역우	협종각	이칙변궁, 대려변치
	태주변			중려우	무역각	협종변궁, 이칙변치
	남려변				중려각	무역변궁, 협종변치
	고선변					중려변궁, 무역변치
	응종변					중려변치

案律呂之數는 往而不返이라. 故로 黃鐘은 不復爲他律役所用이요, 七聲이 皆正律이니 無空積忽微라. 自林鐘而下는 則有半聲하고, 大呂 · 太簇는 一半聲이요, 夾鐘 · 姑洗은 二半聲이요, 蕤賓 · 林鐘은 四半聲이요, 夷則 · 南呂는 五半聲이요, 無射 · 應鐘은 六半聲이요, 仲呂는 爲十二律之窮이나 三半聲이라. 自蕤賓而下는 則有變하니 蕤賓은 一變律이

요, 大呂는 二變律이요, 夷則은 三變律이요, 夾鐘은 四變律이요, 無射은 五變律이요, 仲呂는 六變律이라. 皆有空積忽微하야 不得其正이라. 故로 黃鐘이 獨爲聲氣之元이라.
雖十二律八十四聲이 皆黃鐘所生이나, 然黃鐘은 一[5]均이니 所謂純粹中之純粹者也요, 八十四聲은 正律六十三과 變律二十一이니, 六十三者는 九七之數也요, 二十一者는 三七之數也라. 或問聲氣之元한대, 朱子曰 "律歷家最重이 這元聲이니, 元聲이 一定이라야 向下都定이니 元聲差면 下都差니라."

내가 살펴보니, 율려의 수는 계산이 진행되고는 복귀하지 않는다. 그러므로 황종은 다른 율에게 이용되지 않고, 황종궁은 7성聲이 모두 정률이니 미세한 나뉨[空積忽微]이 없다.[6] 각조의 임종조로부터 아래는 반성半聲이 있고,[7] 대려조 · 태주조는 반성이 하나이고, 협종조 · 고선조는 반성이 둘이고, 유빈조 · 임종조는 반성이 넷이고, 이칙조 · 남려조는 반성이 다섯이고, 무역조 · 응종조는 반성이 여섯이고, 중려조는 12율 끝남이 되니 반성이 셋이다.[8] 각조의 유빈조로부터 이하는 변율이 있으니,[9] 유빈조는 변율이 하나이고, 대려조는 변율이 둘이고, 이칙조는 변율이 셋이고, 협종조는 변율이 넷이고, 무역조는 변율이 다섯이고, 중려조는 변율이 여섯이다.[10] 모두 미세한 나뉨이 있어 그 정률일 수 없다. 그러므로 황종만이 오직 성기聲氣의 근원이 된다.

비록 12율과 84성이 모두 황종에서 나온 것들이나, 황종일균黃鐘一均[11]은 이른바 순수한 중에 순수한 것이고, 84성은 정률 63과 변율 21이니, 63은 9×7에서 유래한 수이고, 21은 3×7에서 유래한 수이다.[12] 어떤 사람이 성기聲氣의 근원을 물었는데, 주자가 대답하였다. "율력가律歷家에서 가장 중요한 것이 이 원성元聲이다. 원성이 정해져야만 이하 다른 율도 모두 정해지는 것이니, 원성이 어긋나면 이하 모두 어긋난다."

[1] 84성도八十四聲圖 : 본문 도표의 세로줄 달의 순서인 11(황종) · 6(임종) · 1(태주) · 8(남려) · 3(고선) · 10(응종) · 5(유빈) · 12(대려) · 7(이칙) · 2(협종) · 9(무역) · 4(중려)는 황종을 삼분손익하여 하생 · 상생하는 순서이고, 가로줄 조의 궁조 · 치조 · 상조 · 우조 · 각조는 궁을 삼분손익하여 하생 · 상생하는 순서이다. 첫 번째 세로줄 궁조는 황종을 궁으로 하면 황종은 11월에 해당하므로 그에 따라 하생 · 상생하는 순서로 아래에 배치한 것이다. 두 번째 세로줄 치조는 황종치를 처음으로 놓고 아래에 차례로 배열한 것이다. 나머지 상조 · 우조 · 각조도 경우가 같다.
84성도八十四聲圖를 다시 월月의 순서와 오성의 순서로 정리하면 다음과 같다.

월	궁조	상조	각조	변치	치조	우조	변궁
11	황종궁	무역상	이칙각	유빈변치	중려치	협종우	대려변궁
12	대려궁	응종상	남려각	임종변치	유빈치	고선우	태주변궁
1	태주궁	황종상	무역각	이칙변치	임종치	중려우	협종변궁
2	협종궁	대려상	응종각	남려변치	이칙치	유빈우	고선변궁
3	고선궁	태주상	황종각	무역변치	남려치	임종우	중려변궁
4	중려궁	협종상	대려각	응종변치	무역치	이칙우	유빈변궁
5	유빈궁	고선상	태주각	황종변치	응종치	남려우	임종변궁
6	임종궁	중려상	협종각	대려변치	황종치	무역우	이칙변궁
7	이칙궁	유빈상	고선각	태주변치	대려치	응종우	남려변궁
8	남려궁	임종상	중려각	협종변치	태주치	황종우	무역변궁
9	무역궁	이칙상	유빈각	고선변치	협종치	대려우	응종변궁
10	응종궁	남려상	임종각	중려변치	고선치	태주우	황종변궁

이 도표의 11월(황종궁 → 무역상 → 이칙각 → 중려치 → 협종우) → 12월(대려궁 → 응종상 → 남려각 → 유빈치 → 고선우) → 1월(태주궁 → 황종상 → 무역각 → 임종치 → 중려우) …중략… 10월(응종궁 → 남려상 → 임종각 → 고선치 → 태주우)의 순서는 아래 본서/율려본원/제9편 60조도六十調圖의 왼쪽 세로줄의 조調의 순서가 된다.
11월에 해당하는 조는 본서/율려본원/제9편 60조도六十調圖의 1. 황종궁, 2. 무역상, 3. 이칙각, 4. 중려치, 5. 협종우에 해당하여, 황종으로 음조音調를 시작해서 황종으로 곡을 마치고, 12월에 해당하는 조는 6. 대려궁, 7. 응종상, 8. 남려각, 9. 유빈치, 10. 고선우에 해당하여, 대려로 음조를 시작해서 대려로 곡을 마친다. 이하 1월부

터 10월까지 다른 달도 같은 경우이다.

2 대본에는 정률과 반성, 변율과 변반성이 구별 없이 되어 있으나 『성리대전서性理大全書』 권22 율려신서律呂新書1/율려본원律呂本原/84성도八十四聲圖 제8을 참조하여 붉은색에 해당하는 글씨는 배경을 검은색으로 표시하여 구별하였다.

그 의미는 다음과 같다. 예컨대 '林鐘徵'는 '정률은 검은색 글씨이고 반성半聲은 붉은색 글씨'라고 했으니, '궁조'의 자리에 있는 '林'은 정률正律이고 '치조'의 자리에 있는 '汏'는 반성半聲이다. 다른 조의 경우도 같다. '林鐘變徵'는 '변율은 붉은색 글씨이고 반성은 검은색 글씨'라고 했으니, '궁조'의 자리에 있는 임종은 변율變律이고 '變徵'의 자리에 있는 대려는 변반성變半聲이다. 다른 변치조 · 변궁조의 경우도 같다. 그러나 변궁 · 변치는 궁이면서 궁을 이루지 못하고 치면서 치를 이루지 못하여 조調가 될 수 없으니, '84성도八十四聲圖'에서 변치 12조와 변궁 12조를 제외한 것이 아래 제9편의 60조가 된다.

	궁	상	각	변치	치	우	변궁
남려각	南 정률	應 정률	汏 반성	浹 반성	[illegible] 반성	[illegible] 반성	洟 반성
임종변치	林 정률	南 정률	應 정률	汏 반성	汰 반성	[illegible] 반성	[illegible] 반성

3 대본에는 '變'으로 되어있으나 『성리대전서性理大全書』 권22 율려신서律呂新書1/율려본원律呂本原/84성도八十四聲圖 제8을 참조하여 '夾'으로 바로잡았다.

4 황종변 : 11월 황종궁의 가로에 중려치 · 무역상 · 협종우 · 이칙각이 배치되어야 한다. 그런데 황종궁은 정률만 쓰이고, 그 옆으로 배치되어야 하는 중려치 · 무역상 · 협종우 · 이칙각은 모두 변반성이 쓰이므로 아래로 내려 황종변으로 하여 재배치한 것이고, 황종변 아래의 임종변은 6월 임종궁의 가로에 황종치 · 중려상 · 무역우 · 협종각이 배치되어야 한다, 그런데 임종궁은 정률正律과 반성半聲이 쓰이고, 황종치는 정률만 쓰이며, 옆으로 배치되는 중려상 · 무역우 · 협종각은 변율과 변반성이 쓰이므로 아래로 내려 임종변으로 하여 재배치한 것이다. 이하 태주변 · 남려변 · 고선변 · 응종변의 경우도 같다.

5 대본에는 '二'로 되어 있으나 『성리대전서性理大全書』 권22 율려신서律呂新書1/율려본원律呂本原/84성도八十四聲圖 제8을 참조하여 '一'로 바로잡았다.

6 7성은~없다 : 황종궁은 아래 도표와 같이 12정률만으로 조직되어 있고, 반성半聲이 없어 미세한 나뉨이 없다.

	궁	상	각	변치	치	우	변궁
황종궁	黃 정률	太 정률	姑 정률	㽔 정률	林 정률	南 정률	應 정률

한漢나라 난대영사蘭臺令史 반고班固의 『전한서前漢書』 권21상 율력지律歷志 제1상의 안사고顔師古 주注. 「孟康曰 空積 若鄭氏分一寸爲數千 忽微 若有若無 細於髮者也 맹강이 말하였다. "공적空積은 예컨대 정현鄭玄이 1촌을 수천으로 나눈 것과 같고, 홀미忽微는 있는 것도 같고 없는 것도 같아 터럭보다도 미세한 것이다."」

7 각조의~있고 : 예컨대 궁조의 임종궁조로부터 아래로 중려궁조까지와 치조의 임종치조로부터 아래로 중려치까지와 그 밖의 상조·우조·각조 등에 속해있는 것으로 여기에 속한 조에는 모두 반성半聲이 있다.

8 위 각주 7)에 속한 조에 조직되는 반성의 순서이다.

9 각조의~있으니 : 궁조의 유빈궁조로부터 아래로 중려궁조까지와 치조의 유빈치조로부터 아래로 중려치조까지와 그 밖의 상조·우조·각조 등에 속해있는 것으로 여기에 속한 조에는 모두 변율變律이 있다.

10 위 각주 9)에 속한 조에 조직되는 변율의 순서이다.

11 황종일균黃鐘一均 : 황종궁黃鐘宮의 음계조직을 말한다.

송宋나라 한림학사翰林學士 구양수歐陽修의 『당서唐書』 권21 지志 제11/예악지禮樂志. 「加以二變 循環無間 故 一宮二商三角四變徵五徵六羽七變宮 其聲 繇濁至淸 爲一均 2변二變을 더해 순환하여 간단이 없으므로 1궁·2상·3각·4변치·5치·6우·7변궁이 그 소리가 탁濁으로부터 청淸에 이르러 일균一均이 된다.」

송宋나라 왕응린王應麟의 『옥해玉海』 권7 율력律歷/율려하律呂下/당칠음唐七音. 「言旋宮之法 以律經辰 互生 七音 各爲綱紀 故 五音 以宮聲爲首 律呂 以黃鐘爲元 言一律五音 倫比無間 加之二變 義若循環 故 曰 一宮 二商 三角 四變徵 五徵 六羽 七變宮 其聲 從濁至淸 爲一均 궁宮을 돌리는 법은 12율을 가지고 12진辰을 좇아 호생互生하게 하는데, 7음이 각각 기준이 된다. 그러므로 오음五音은 궁성으로 으뜸을 삼고 율려는 황종으로 으뜸을 삼는다. 한 율律마다 오음이 순서에 따라 이어 엮어져 거르지 않고 2변을 더하여 순환하는 것 같이 한다. 그러므로 '1궁 2상 3각 4변치 5치 6우 7변궁이라'한다. 그 성(聲 : 音程)이 낮은 음부터 높은 음에 이르기까지 일균一均이 된다.」

송宋나라 사마광司馬光의 『자치통감資治通鑑』 권294 후주기後周紀5/세종예문효무황제하世宗睿文孝武皇帝下. 「十二律旋相爲宮以生七調 爲一均 12율이 돌아가며 궁宮이 되어 7조가 생기는 것이 일균一均이다.」

12 84성은~수이다 : 84성은 12율과 7성의 조합에 의해 이루어진 84개의 조調를

뜻한다. 12율과 오성의 조합에 의해 이루어진 것이 60조이고, 12율과 변치·변궁에 의해 이루어진 것이 24조이다. "84성은 정률 63과 변율 21이니, 63은 9×7에서 유래한 수이고, 21은 3×7에서 유래한 수이다."라고 한 것은 의미를 알 수 없다.

六十調圖第九 以周禮 · 淮南子 · 禮記鄭氏註 · 孔氏正義로 定이라.

제9편 60조도 본문은 『주례』 · 『회남자』 · 『예기』의 정현鄭玄의 주註와 공영달孔穎達의 정의正義를 가지고 정하였다.

	調	宮	商	角	變徵	徵	羽	變宮
1	黃鐘宮	黃 正	太[1] 正	姑 正	蕤 正	林 正	南 正	應 正
2	無射商	無 正	黃 變半	太 變半	姑 變半	仲 半	林 變半	南 變半
3	夷則角	夷 正	無 正	黃 變半	太 變半	夾 半	仲 半	林 變半
4	仲呂徵	仲 正	林 變	南 變	應 變	黃 變半	太 變半	姑 變半
5	夾鐘羽	夾 正	仲 正	林 變	南 變	無 正	黃 變半	太 變半
6	大呂宮	大 正	夾 正	仲 正	林 變	夷 正	無 正	黃 變半
7	應鐘商	應 正	大 半	夾 半	仲 半	蕤 半	夷 半	無 半
8	南呂角	南 正	應 正	大 半	夾 半	姑 半	蕤 半	夷 半
9	蕤賓徵	蕤 正	夷 正	無 正	黃 變半	大 半	夾 半	仲 半
10	姑洗羽	姑 正	蕤 正	夷 正	無 正	應 正	大 半	夾 半
11	太簇宮	太 正	姑 正	蕤 正	夷 正	南 正	應 正	大 半
12	黃鐘商	黃 正	太[2] 正	姑 正	蕤 正	林 正	南 正	應 正
13	無射角	無 正	黃 變半	太[3] 變半	姑 變半	仲 半	林 變半	南 變半
14	林鐘徵	林 正	南 正	應 正	大 半	太 半	姑 半	蕤 半
15	仲呂羽	仲 正	林 變	南 變	應 變	黃 變半	太 變半	姑 變半
16	夾鐘宮	夾 正	仲 正	林 變	南 變	無 正	黃 變半	太 變半
17	大呂商	大 正	夾 正	仲 正	林 變	夷 正	無 正	黃 變半
18	應鐘角	應 正	大 半	夾 半	仲 半	蕤 半	夷 半	無 半

	調	宮	商	角	變徵	徵	羽	變宮
19	夷則徵	夷 正	無 正	黃 變半	太 變半	夾 半	仲 半	林 變半
20	蕤賓羽	蕤 正	夷 正	無 正	黃 變半	大 半	夾 半	仲 半
21	姑洗宮	姑 正	蕤 正	夷 正	無 正	應 正	大 半	夾 半
22	太簇商	太 正	姑 正	蕤 正	夷 正	南 正	應 正	大 半
23	黃鐘角	黃 正	太 正	姑 正	蕤 正	林 正	南 正	應 正
24	南呂徵	南 正	應 正	大 半	夾 半	姑 半	蕤 半	夷 半
25	林鐘羽	林 正	南 正	應 正	大 半	太 半	姑 半	蕤 半
26	仲呂宮	仲 正	林 變	南 變	應 變	黃 變半	太 變半	姑 變半
27	夾鐘商	夾 正	仲 正	林 變	南 變	無 正	黃 變半	太 變半
28	大呂角	大 正	夾 正	仲 正	林 變	夷 正	無 正	黃 變半
29	無射徵	無 正	黃 變半	太 變半	姑 變半	仲 半	林 變半	南 變半
30	夷則羽	夷 正	無 正	黃 變半	太 變半	夾 半	仲 半	林 變半
31	蕤賓宮	蕤 正	夷 正	無 正	黃 變半	大 半	夾 半	仲 半
32	姑洗商	姑 正	蕤 正	夷 正	無 正	應 正	大 半	夾 半
33	太簇角	太 正	姑 正	蕤 正	夷 正	南 正	應 正	大 半
34	應鐘徵	應 正	大 半	夾 半	仲 半	蕤 半	夷 半	無 半
35	南呂羽	南 正	應 正	大 半	夾 半	姑 半	蕤 半	夷 半
36	林鐘宮	林 正	南 正	應 正	大 半	太 半	姑 半	蕤 半
37	仲呂商	仲 正	林 變	南 變	應 變	黃 變半	太 變半	姑 變半
38	夾鐘角	夾 正	仲 正	林 變	南 變	無 正	黃 變半	大 變半
39	黃鐘徵	黃 正	太 正	姑 正	蕤 正	林 正	南 正	應 正

	調	宮	商	角	變徵	徵	羽	變宮
40	無射羽	無 正	黃 變半	太 變半	姑 變半	仲 半	林 變半	南 變半
41	夷則宮	夷 正	無 正	黃 變半	太 變半	夾 變半	仲 半	林 變半
42	蕤賓商	蕤 正	夷 正	無 正	黃 變半	大 半	夾 半	仲 半
43	姑洗角	姑 正	蕤 正	夷 正	無 正	應 正	太 半	夾 半
44	大呂徵	大 正	夾 正	仲 正	林 變	夷 正	無 正	黃 變半
45	應鐘羽	應 正	大 半	夾 半	仲 半	蕤 半	夷 半	無 半
46	南呂宮	南 正	應 正	大 半	夾 半	姑 半	蕤 半	夷 半
47	林鐘商	林 正	南 正	應 正	大 半	太 半	姑 半	蕤 半
48	仲呂角	仲 正	林 變	南 變	應 變[4]	黃 變半	太 變半	姑 變半
49	太簇徵	太 正	姑 正	蕤 正	夷 正	南 正	應 正	大 半
50	黃鐘羽	黃 正	太 正	姑 正	蕤 正	林 正	南 正	應 正
51	無射宮	無 正	黃 變半	太 變半	姑 變半	仲 半	林 變半	南 變半
52	夷則商	夷 正	無 正	黃 變半	太 變半	夾 半	仲 半	林 變半
53	蕤賓角	蕤 正	夷 正	無 正	黃 變半	太 半	夾 半	仲 半
54	夾鐘徵	夾 正	仲 正	林 變	南 變	無 正	黃 變半	太 變半
55	大呂羽	大 正	夾 正	仲 正	林 變	夷 正	無 正	黃 變半
56	應鐘宮	應 正	大 半	夾 半	仲 半	蕤 半	夷 半	無 半
57	南呂商	南 正	應 正	大 半	夾 半	姑 半	蕤 半	夷 半
58	林鐘角	林 正	南 正	應 正	大 半	太 半	姑 半	蕤 半
59	姑洗徵	姑 正	蕤 正	夷 正	無 正	應 正	大 半	夾 半
60	太簇羽	太 正	姑 正	蕤 正	夷 正	南 正	應 正	大 半

	조(調)[5]	궁	상	각	변치	치	우	변궁
1[6]	황종궁	黃 정률	太 정률	姑 정률	蕤 정률	林 정률	南 정률	應 정률
2	무역상	無 정률	潢 변반성	汰 변반성	㴌 변반성	⿰氵仲 반성	淋 변반성	湳 변반성
3	이칙각	夷 정률	無 정률	潢 변반성	汰 변반성	浹 반성	⿰氵仲 반성	淋 변반성
4	중려치	仲 정률	林 변율	南 변율	應 변율	潢 변반성	汰 변반성	㴌 변반성
5	협종우	夾 정률	仲 정률	林 변율	南 변율	無 정률	潢 변반성	汰 변반성
6	대려궁	大 정률	夾 정률	仲 정률	林 변율	夷 정률	無 정률	潢 변반성
7	응종상	應 정률	汏 반성	浹 반성	⿰氵仲 반성	⿰氵蕤 반성	洟 반성	潕 반성
8	남려각	南 정률	應 정률	汏 반성	浹 반성	㴌 반성	⿰氵蕤 반성	洟 반성
9	유빈치	蕤 정률	夷 정률	無 정률	潢 변반성	汏 반성	浹 반성	⿰氵仲 반성
10	고선우	姑 정률	蕤 정률	夷 정률	無 정률	應 정률	汏 반성	浹 반성
11	태주궁	太 정률	姑 정률	蕤 정률	夷 정률	南 정률	應 정률	汏 반성
12	황종상	黃 정률	太 정률	姑 정률	蕤 정률	林 정률	南 정률	應 정률
13	무역각	無 정률	潢 변반성	汰 변반성	㴌 변반성	⿰氵仲 반성	淋 변반성	湳 변반성
14	임종치	林 정률	南 정률	應 정률	汏 반성	汰 반성	㴌 반성	⿰氵蕤 반성
15	중려우	仲 정률	林 변율	南 변율	應 변율	潢 변반성	汰 변반성	㴌 변반성
16	협종궁	夾 정률	仲 정률	林 변율	南 변율	無 정률	潢 변반성	汰 변반성
17	대려상	大 정률	夾 정률	仲 정률	林 변율	夷 정률	無 정률	潢 변반성
18	응종각	應 정률	汏 반성	浹 반성	⿰氵仲 반성	⿰氵蕤 반성	洟 반성	潕 반성

	조(調)[5]	궁	상	각	변치	치	우	변궁
19	이칙치	夷 정률	無 정률	潢 변반성	汰 변반성	浹 반성	㳞 반성	淋 변반성
20	유빈우	蕤 정률	夷 정률	無 정률	潢 변반성	汏 반성	浹 반성	㳞 반성
21	고선궁	姑 정률	蕤 정률	夷 정률	無 정률	應 정률	汏 반성	浹 반성
22	태주상	太 정률	姑 정률	蕤 정률	夷 정률	南 정률	應 정률	汏 반성
23	황종각	黃 정률	太 정률	姑 정률	蕤 정률	林 정률	南 정률	應 정률
24	남려치	南 정률	應 정률	汏 반성	浹 반성	㴌 반성	㶋 반성	洟 반성
25	임종우	林 정률	南 정률	應 정률	汏 반성	汰 반성	㴌 반성	㶋 반성
26	중려궁	仲 정률	林 변율	南 변율	應 변율	潢 변반성	汰 변반성	㴌 변반성
27	협종상	夾 정률	仲 정률	林 변율	南 변율	無 정률	潢 변반성	汰 변반성
28	대려각	大 정률	夾 정률	仲 정률	林 변율	夷 정률	無 정률	潢 변반성
29	무역치	無 정률	潢 변반성	汰 변반성	㴌 변반성	㳞 반성	淋 변반성	湳 변반성
30	이칙우	夷 정률	無 정률	潢 변반성	汰 변반성	浹 반성	㳞 반성	淋 변반성
31	유빈궁	蕤 정률	夷 정률	無 정률	潢 변반성	汏 반성	浹 반성	㳞 반성
32	고선상	姑 정률	蕤 정률	夷 정률	無 정률	應 정률	汏 반성	浹 반성
33	태주각	太 정률	姑 정률	蕤 정률	夷 정률	南 정률	應 정률	汏 반성
34	응종치	應 정률	汏 반성	浹 반성	㳞 반성	㶋 반성	洟 반성	潕 반성
35	남려우	南 정률	應 정률	汏 반성	浹 반성	㴌 반성	㶋 반성	洟 반성
36	임종궁	林 정률	南 정률	應 정률	洟 반성	汰 반성	㴌 반성	㶋 반성

	조(調)[5]	궁	상	각	변치	치	우	변궁
37	중려상	仲 정률	林 변율	南 변율	應 변율	潢 변반성	汰 변반성	㴌 변반성
38	협종각	夾 정률	仲 정률	林 변율	南 변율	無 변율	潢 변반성	汰 변반성
39	황종치	黃 정률	太 정률	姑 정률	蕤 정률	林 정률	南 정률	應 정률
40	무역우	無 정률	潢 변반성	汰 변반성	㴌 변반성	㳞 반성	淋 변반성	湳 변반성
41	이칙궁	夷 정률	無 정률	潢 변반성	汰 변반성	浹 변반성	㳞 반성	淋 변반성
42	유빈상	蕤 정률	夷 정률	無 정률	潢 변반성	汰 반성	浹 반성	㳞 반성
43	고선각	姑 정률	蕤 정률	夷 정률	無 정률	應 정률	汰 반성	浹 반성
44	대려치	大 정률	夾 정률	仲 정률	林 변율	夷 정률	無 정률	潢 변반성
45	응종우	應 정률	汏 반성	浹 반성	㳞 반성	⿰氵蕤 반성	洟 반성	潕 반성
46	남려궁	南 정률	應 정률	汏 반성	浹 반성	㴌 반성	⿰氵蕤 반성	洟 반성
47	임종상	林 정률	南 정률	應 정률	汏 반성	汰 반성	㴌 반성	⿰氵蕤 반성
48	중려각	仲 정률	林 변율	南 변율	應 변율	潢 변반성	汰 변반성	㴌 변반성
49	태주치	太 정률	姑 정률	蕤 정률	夷 정률	南 정률	應 정률	汏 반성
50	황종우	黃 정률	太 정률	姑 정률	蕤 정률	林 정률	南 정률	應 정률
51	무역궁	無 정률	潢 변반성	汰 변반성	㴌 변반성	㳞 반성	淋 변반성	湳 변반성
52	이칙상	夷 정률	無 정률	潢 변반성	汰 변반성	浹 반성	㳞 반성	淋 변반성
53	유빈각	蕤 정률	夷 정률	無 정률	潢 변반성	汰 반성	浹 반성	㳞 반성
54	협종치	夾 정률	仲 정률	林 변율	南 변율	無 정률	潢 변반성	汰 변반성

	조(調)[5]	궁	상	각	변치	치	우	변궁
55	대려우	大 정률	夾 정률	仲 정률	林 변율	夷 정률	無 정률	潢 변반성
56	응종궁	應 정률	汏 반성	浹 반성	⿰氵仲 반성	⿰氵甤 반성	洟 반성	潕 반성
57	남려상	南 정률	應 정률	汏 반성	浹 반성	⿰氵姑 반성	⿰氵甤 반성	洟 반성
58	임종각	林 정률	南 정률	應 정률	汏 반성	汰 반성	⿰氵姑 반성	⿰氵甤 반성
59	고선치	姑 정률	甤 정률	夷 정률	無 정률	應 정률	汏 반성	浹 반성
60	태주우	太 정률	姑 정률	甤 정률	夷 정률	南 정률	應 정률	汏 반성[7]

案十二律은 旋相爲宮호대 各有七聲하야 合八十四聲이라. 宮聲이 十二요, 商聲이 十二요, 角聲이 十二요, 徵聲이 十二요, 羽聲이 十二라. 凡六十聲이니 爲六十調라. 其變宮十二는 在羽聲之後 宮聲之前하고, 變徵十二는 在角聲之後 徵聲之前호대, 宮不成宮하고 徵不成徵하야 凡二十四聲은 不可爲調라.

黃鐘宮으로 至夾鐘羽는 並用黃鐘起調하야 黃鐘畢曲하고, 大呂宮으로 至姑洗羽는 並用大呂起調하야 大呂畢曲하고, 太簇[8]宮으로 至仲呂羽는 並用太簇起調하야 太簇畢曲하고, 夾鐘宮으로 至蕤賓羽는 並用夾鐘起調하야 夾鐘畢曲하고, 姑洗宮으로 至林鐘羽는 並用姑洗起調하야 姑洗畢曲하고, 仲呂宮으로 至夷則羽는 並用仲呂起調하야 仲呂畢曲하고, 蕤賓宮으로 至南呂羽는 並用蕤賓起調하야 蕤賓畢曲하고, 林鐘宮으로 至無射羽는 並用林鐘起調하야 林鐘畢曲하고, 夷則宮으로 至應鐘羽는 並用夷則起調하야 夷則畢曲하고, 南呂宮으로 至黃鐘羽는 並用南呂起調하야 南呂畢曲하고, 無射宮으로 至大呂羽는 並用無射起調하야 無射畢曲하고, 應鐘宮으로 至太簇羽는 並用應鐘起調하야 應鐘畢曲이라.

是爲六十調니 六十調는 卽十二律也요, 十二律은 卽一黃鐘也라. 黃鐘은 生十二律하고, 十二律은 生五聲二變하고, 五聲은 各爲綱紀하야 以成六十調하니 六

十調는 皆黃鐘損益之變也라.
宮商角三十六調는 老陽也요, 其徵羽二十四調는 老陰也니, 調成而陰陽備也라.
或曰 "日辰之數는 由天五地六錯綜而生하고, 律呂之數는 由黃鐘九寸損益而生하니, 二者不同이라. 至數之成하야난 則日은 有六甲하고 辰은 有五子하야 爲六十日하며, 律呂는 有六律五聲하야 爲六十調하야 若合符節은 何也오?"
曰 "卽上文之所謂'調成而陰陽備也라'하니 夫理必有對待ㅣ 數之自然也라. 以天五地六合陰與陽으로 言之하면 則六甲五子ㅣ 究於六十하니, 其三十六은 爲陽하고 二十四는 爲陰하며, 以黃鐘九寸紀陽不紀陰으로 言之하면 則六律五聲이 究於六十하니, 亦三十六은 爲陽하고 二十四는 爲陰이라. 蓋一陽之中에 又自有陰陽也니, 非知天地之化育者면, 不能與於此리라."

내가 살펴보니, 12율은 돌려가며 궁성이 되는데 각각 7성이 있어 합이 84성이다. 궁성이 12이고, 상성이 12이고, 각성이 12이고, 치성이 12이고, 우성이 12이다. 모두 60성이니 60조調가 된다. 그 변궁 12는 우성의 뒤 궁성의 앞에 있고, 변치 12는 각성의 뒤 치성의 앞에 있는데, 궁성이면서 궁성을 이루지 못하고 치성이면서 치성을 이루지 못해 24성은 조調가 될 수 없다.[9]

황종궁으로부터 협종우에 이르기까지는 모두 황종으로 음조音調를 시작해서 황종으로 곡을 마치고,[10] 대려궁으로부터 고선우에 이르기까지는 모두 대려로 음조를 시작해서 대려로 곡을 마치고, 태주궁으로부터 중려우에 이르기까지는 모두 태주로 음조를 시작해서 태주로 곡을 마치고, 협종궁으로부터 유빈우에 이르기까지는 모두 협종으로 음조를 시작해서 협종으로 곡을 마치고, 고선궁으로부터 임종우에 이르기까지는 모두 고선으로 음조를 시작해서 고선으로 곡을 마치고, 중려궁으로부터 이칙우에 이르기까지는 모두 중려로 음조를 시작해서 중려로 곡을 마치고, 유빈궁으로부터 남려우에 이르기까지는 모두 유빈으로 음조를 시작해서 유빈으로 곡을 마치고, 임종궁으로부터 무역우에 이르기까지는 모두 임종으로 음조를 시작해서 임종으로 곡을 마치고, 이칙궁으로부터 응종우에 이르기까지는 모두 이칙으로 음조를 시작해서 이칙으로 곡을 마치고, 남려궁으로부터 황종우에 이르기까지는 모두 남려로 음조를 시작해서 남려로 곡을 마치고, 무역궁으로부터 대려우에 이르기까지는 모두 무역으로 음조를 시작해서 무역으로 곡을 마치고, 응종궁으로부터 태주우에 이르기까지는 모두 응종으로 음조를 시작해서 응종으로 곡을 마친다.

바로 60조니 60조는 곧 12율에서 비롯하고, 12율은 곧 한 황종에서 비롯한다. 황종은 12율을 낳고, 12율은 오성과 2변을 낳고, 오성은 각각 기강紀綱이 되어 60조를 이루니, 60조는 모두 황종을 삼분손일 · 삼분익일해서 생긴 변화이다.

궁성 · 상성 · 각성 36조는 노양老陽[11]이고, 그 치성 · 우성 24조는 노음老陰[12]이니, 조調가 이루어져 음양陰陽이 갖추어진다. 어떤 이가 묻기를 "일진日辰의 수는 천수天數 5와 지수地數 6이 서로 섞임으로부터 생기고,[13] 율려의 수는 황종의 치수 9촌을 삼분손일 · 삼분익일함으로부터 생기니, 두 가지가 같지 않습니다. 수의 완성에 이르러서는 일日은 육갑六甲[14]이 있고 진辰은 오자五子[15]가 있어 60일이 되며, 율려는 육률과 오성이 있어 60조가 되어 부절符節을 합한 것 같은 것은 무슨 까닭입니까?"

내가 대답하였다. "곧 위 글에 이른바 '조調가 이루어져 음양陰陽이 갖추어진다.'고 하였으니, 이치는 반드시 상대가 있는 것이 수의 자연이다. 천수 5와 지수 6이 음과 양을 합하는 것을 가지고 말하면 육갑 · 오자가 60에서 다하니, 그 36은 양이 되고 24는 음이 되며, 황종의 치수 9촌이 양의 바탕이 되고 음의 바탕이 되지 않는 것으로 말하면[16] 육률 · 오성이 60에서 다하니, 또한 36은 양이 되고 24는 음이 된다. 일양一陽의 가운데에 또 자연 음양이 있으니, 천지의 화육化育을 아는 사람이 아니면, 이에 참여할 수 없을 것이다.”

朱子曰 “律呂는 有十二箇요, 用時엔 只使七箇라. 若更揷一聲이면 便拗了라.”

○旋宮은 且如大呂爲宮하면 則大呂는 用黃鐘八十一之數하야 而三分損一하야 下生夷則하고, 又用夷則[17]五十四之數하야 而三分益一하야 上生夾鐘이라. 其餘도 皆然이라.

○旋相爲宮은 若到應鐘爲宮하면 則下四聲은 都當低去라. 所以有半聲이요, 亦謂之子聲이니, 近時에 所謂淸聲이 是也라.

○樂家大率最忌는 臣民陵君이라. 故로 商聲이 不得過宮聲이라.

○如應鐘爲宮이면 其聲이 最短而淸이어늘, 或大呂[18]爲之商이면 則是商聲高似宮聲하야 爲臣陵君하야 不可用하니, 遂乃用大呂[19]律減半爲淸聲以應之라. 雖然이나 減半은 只是此律이라. 故로 亦能相應也라.

○若以黃鐘爲宮하면 則餘律皆順이나, 若以其他律爲宮하면 便有相陵處라. 今且以黃鐘[20]言之하면 自第九宮으로 後四宮은 則或爲角하고 或爲羽하고 或爲商하고 或爲徵라. 若以爲角하면 則是民陵其君하고, 若以爲商하면 則是臣陵其君이라. 徵爲事와 羽爲物도 皆可類推라. 故로 製黃鐘四淸聲用之하니 淸聲은 短其律之半이니 是黃鐘淸은 長四寸半也라. 若後四宮이 用黃鐘하야 爲角徵商羽하면 則以四淸聲으로 代之하니, 不可用黃鐘本律하야 以避陵慢이라. 沈存中이 云 “唯君臣民은 不可相陵이어니와 事物은 則不必避니라.”

주자가 말하였다. “율려는 12개가 있으나, 쓸 때는 다만 7개를 사용한다.[21] 만약 다시 1성이라도 끼워 넣으면, 곧 꼬이게 된다.”

○ 궁성을 돌리는 것은, 우선 예를 들어 대려로 궁성을 삼으면, 대려는 황종 81의 수를 써서 삼분손일하여 이칙을 하생下生하고, 또 이칙 54의 수를 써서 삼분익일하여 협종을 상생上生한다.[22] 그 나머지도 모두 그렇다.

○ 12율이 돌아가며 서로 궁성이 되는 것은 만약 응종이 궁성이 됨에 이르면, 아래 4성은 모두 마땅히 머리를 숙여 진행해야한다. 이 때문에 반성半聲이 있는 것인데, 또한 자성子聲이라 한다. 요사이 이른바 청성淸聲이 이것이다.[23]

○ 음악가들이 대체적으로 가장 금기시하는 것은 신하·백성이 임금을 능만陵慢하는 것이다. 그러므로 상성이 궁성을 넘을 수 없다.[24]

○ 예컨대 응종이 궁성이 되면 그 성聲이 가장 짧아 높은데, 혹 대려가 상성이 되면 이 상성 높기가 궁성과 유사하게 되어 신하가 임금을 능만陵慢하는 것이 되어

쓸 수 없으니, 바로 대려율관을 반으로 줄여 청성淸聲으로 대응시킨다.[25] 비록 이와 같이 반으로 줄이더라도 다만 이 대려이다. 그러므로 또한 서로 응할 수 있다.

○ 만약 황종으로 궁성을 삼으면 나머지 율은 모두 순하나, 만약 다른 율로 궁성을 삼으면 곧 서로 능만陵慢하는 곳이 있게 된다. 이제 우선 황종으로 말하면, 제9궁[26]으로부터 뒤 네 개의 궁[27]은 혹은 각성이 되고,[28] 혹은 우성이 되고,[29] 혹은 상성이 되고,[30] 혹은 치성이 된다.[31] 만약 황종으로 각성을 삼으면 이는 백성이 그 임금을 능만하는 것이 되고, 만약 황종으로 상성을 삼으면 이는 신하가 그 임금을 능만하는 것이 된다. 치성이 사事가 되는 것과 우성이 물物이 되는 것도, 모두 비슷하게 미루어 생각할 수 있다. 그러므로 황종을 비롯한 4청성을 만들어 쓰는데 청성은 그 율의 반이 짧으니, 청황종은 길이가 4촌 반이다. 만약 뒤 네 개의 궁이 황종을 써서 각성 · 치성 · 상성 · 우성이 되면, 4청성으로 대신하니, 황종 본율本律을 쓸 수 없어 능만을 피해야하기 때문이다. 심괄(沈括, 1031~1095)이 말하기를 "임금 · 신하 · 백성은 서로 능만할 수 없지만, 사事 · 물物은 꼭 피해야하는 것은 아니다."[32]라고 하였다.[33]

1 대본에는 '大'로 되어 있으나 문맥이 통하지 않아 '太'로 바로잡았다. 음계조직상 '太簇'가 되어야 하기 때문이다. 아래 각주 2), 3)도 같다.

2 대본에는 '大'로 되어 있으나 문맥이 통하지 않아 '太'로 바로잡았다.

3 대본에는 '大'로 되어 있으나 문맥이 통하지 않아 '太'로 바로잡았다.

4 대본에는 '半'으로 되어 있으나 문맥이 통하지 않아 '變'으로 바로잡았다.

5 조調 : 세로줄 조調의 순서는 본서/ 율려본원/ 제8편 84성도八十四聲圖에 의해 결정된 것이다. 제8편 84성도八十四聲圖의 각주 1) 도표 참조.

6 60조도六十調圖를 보면 1. 황종궁조와 12. 황종상조의 음계조직이 같게 보이는데 내용은 차이가 있다. 1. 황종궁조는 궁성 자리에 있는 황종이 궁宮이지만, 12. 황종상조는 상성 자리에 있는 태주가 궁이다. 아래의 다른 조調도 같은 경우이다.

	조	궁	상	각	변치	치	우	변궁
1	황종궁	黃 정률	太 정률	姑 정률	蕤 정률	林 정률	南 정률	應 정률
12	황종상	黃 정률	太 정률	姑 정률	蕤 정률	林 정률	南 정률	應 정률

7 도표에 나오는 정률・반성・변율・변반성의 관계는 다음과 같다.
정률・반성은 본서/ 율려본원/ 제4편 12율지실十二律之實의 각주 3) 도표에 나오는 것으로 정률은 주註의 '전체' 치수의 율이고 반성은 '반' 치수의 율이며, 변율・변반성은 본서/ 율려본원/ 제5편 변율의 각주 10) 도표에 나오는 것으로 변율은 주註의 '전체' 치수의 율이고 변반성은 '반' 치수의 율이다.
1979년 민족문화추진회의 『국역 악학궤범』 제1권 12율의 둘레와 길이 도설의 각주 77)을 참조하여 12궁조를 표시하면 다음과 같다. 이는 삼분손익법에 의하여 얻어진 음계를 엘리스(A.J. Ellis)의 백분법百分法으로 표시한 것을 이용한 것이다.

1. 황종궁조

	조調	궁	상	각	변치	치	우	변궁
1	황종궁	黃 정률	太 정률	姑 정률	蕤 정률	林 정률	南 정률	應 정률

黃	大	太	夾	姑	仲	蕤	林	夷	南	無	應	潢
114	90	114	90	114	90	90	114	90	114	90	90	
궁		상		각		변치	치		우		변궁	궁

2. 대려궁조

	조調	궁	상	각	변치	치	우	변궁
6	대려궁	大 정률	夾 정률	仲 정률	林 변율	夷 정률	無 정률	潢 변반성

大	太	夾	姑	仲	蕤	林	夷	南	無	應	潢	汏
90	114	90	114	90	90	114	90	114	90	90	114	
궁		상		각		변치	치		우		변궁	궁

위의 1. 황종궁조와 비교하면 궁과 상 사이는 204로 같고, 궁과 각 사이도 408로 같으나 궁과 변치 사이는 황종궁조는 612인데 대려궁조는 588이므로 대려궁조의 변치 임종은 원래 정률 임종관 6촌이 아닌 본서/ 율려본원/ 제5편 변율의 각주 10) 도표에 나오는 6변율 임종의 전체 5촌 8푼 2리 4호 1사 1홀 3초를 써야 한다. 궁과 우 사이는 906으로 같고, 궁과 변궁 사이는 황종궁조는 1110인데 대려궁조는 1086이므로 대려궁조의 변궁 황종은 원래 정률 황종관의 반인 4촌 5푼이 아닌 본서/ 율려본원/ 제5편 변율의 각주 10) 도표에 나오는 6변율 황종의 반 4촌 3푼

8리 5호 3사 1홀을 써야 한다.

3. 태주궁조

	조調	궁	상	각	변치	치	우	변궁
11	태주궁	太 정률	姑 정률	蕤 정률	夷 정률	南 정률	應 정률	汏 반성

太	夾	姑	仲	蕤	林	夷	南	無	應	潢	汏	汰
114	90	114	90	90	114	90	114	90	90	114	90	
궁		상		각		변치	치		우		변궁	궁

태주궁조는 위의 1. 황종궁조와 비교하여 궁으로부터 각 음계 사이의 합산 수치가 같아 변율과 변반성을 쓸 일이 없다.

4. 무역궁조

	조調	궁	상	각	변치	치	우	변궁
51	무역궁	無 정률	潢 변반성	汰 변반성	湽 변반성	淤 반성	淋 변반성	湳 변반성

無	應	潢	汏	汰	浹	湽	淤	澲	淋	洟	湳	潕
90	90	114	90	114	90	114	90	90	114	90	114	
궁		상		각		변치	치		우		변궁	궁

위의 1. 황종궁조와 비교하면 궁과 상 사이는 황종궁조는 204인데 무역궁조는 180이므로 무역궁조의 상 황종은 원래 정률 황종관의 반인 4촌 5푼이 아닌 본서/ 율려본원/ 제5편 변율의 각주 10) 도표에 나오는 6변율 황종의 반인 4촌 3푼 8리 5호 3사 1홀을 써야 한다. 궁과 각 사이는 황종궁조는 408인데 무역궁조는 384이므로 원래 정률 태주관의 반인 4촌이 아닌 본서/ 율려본원/ 제5편 변율의 각주 10) 도표에 나오는 6변율 태주의 반 3촌 9푼 4리 5호 6사 6홀 8초를 써야 한다. 궁과 변치 사이는 황종궁조는 612인데 무역궁조는 588이므로 원래 정률 고선관의 반인 3촌 5푼이 아닌 본서/ 율려본원/ 제5편 변율의 각주 10) 도표에 나오는 6변율 고선의 반 3촌 4푼 5리 1호 1사 1초初 1초秒를 써야 한다. 궁과 치 사이는 702로 같으므로 본서/ 율려본원/ 제4편 12율지실十二律之實의 각주 3) 도표에 나오는 정률 중려관의 반인 3촌 2푼 8리 6호 2사 2홀을 써야 한다. 궁과 우 사이는 황종궁조는 906인데 무역궁조는 882므로 원래 임종관의 반인 3촌이 아닌 본서/ 율려본원/ 제5편 변율의 각주 10) 도표에 나오는 6변율 임종의 반인 2촌 8푼 5리 6호 5사

6초를 써야 한다. 궁과 변궁 사이는 황종궁조는 1110인데 무역궁조는 1086이므로 원래 남려관의 반인 2촌 6푼이 아닌 본서/ 율려본원/ 제5편 변율의 각주 10) 도표에 나오는 6변율 남려의 반인 2촌 5푼 6리 7사 4홀 5초初 3초秒를 써야 한다. 나머지 협종궁조・고선궁조・중려궁조・유빈궁조・임종궁조・이칙궁조・남려궁조・응종궁조도 같은 방법으로 각 조에 쓰이는 12율과 정률・반성, 변율・변반성의 관계를 알 수 있다.

8 대본에는 '蔟'으로 되어 있으나 앞의 원문에서 '簇'로 썼으므로 이하 모든 '太蔟'은 '太簇'로 바로잡았다.

9 그 변궁 12는~없다 : 본서/제요提要 각주 21) 참조.

10 황종궁으로부터~마치고 : 1. 황종궁은 궁성 자리에 있는 황종이 궁, 2. 무역상은 상성 자리에 있는 황종이 궁, 3. 이칙각은 각성 자리에 있는 황종이 궁, 4. 중려치는 치성 자리에 있는 황종이 궁, 5. 협종우는 우성 자리에 있는 황종이 궁으로 각 조調 모두 황종이 궁이다. 따라서 궁에서 시작하여 궁에서 마치니, 황종에서 시작하여 황종에서 마친다. 아래 다른 조調의 경우도 같다.

11 노양老陽 : 『주역』 건괘乾卦의 공영달孔穎達의 소疏에 '7은 소양少陽, 9는 노양老陽, 8은 소음少陰, 6은 노음老陰이다.'고 하였다. 이곳에서 36을 노양老陽으로 본 것은 사상四象에 노양老陽의 수를 곱한 것으로 본 것이다.

12 노음老陰 : 사상四象에 노음老陰의 수를 곱한 것으로 본 것이다.

13 일진의~생기고 : 일(日 : 天干)은 갑甲부터 계癸까지 10진법이고, 진(辰 : 地支)은 자子부터 해亥까지 12진법이다. 따라서 둘을 차례로 조합하면 갑자甲子로부터 계해癸亥까지 60개의 일진日辰이 생기는데, 5와 6을 말한 것은 아래와 같이 천수天數와 지수地數의 중간을 잡아 말한 것이다.

한漢나라 난대영사蘭臺令史 반고班固의 『전한서前漢書』 권21상 율력지律歷志 제1상. 「五六者 天地之中合 5・6은 천지의 중합中合이다.」

그 주註. 「孟康曰 天 陽數 奇 一三五七九 五 在其中 地 陰數 耦 二四六八十 六 在其中 故曰 天地之中合 맹강이 말하였다. "하늘의 양수陽數는 홀수로 1・3・5・7・9니 5가 그 가운데 있고, 땅의 음수陰數는 짝수로 2・4・6・8・10이니 6이 그 가운데 있다. 그러므로 '천지의 중합中合'이라고 한다."」

14 육갑六甲 : 갑자甲子・갑술甲戌・갑신甲申・갑오甲午・갑진甲辰・갑인甲寅의 여섯 가지인데, 천간天干 중심의 육갑六甲 6가지, 육을六乙 6가지, 육병六丙 6가지 등을 모두 합하면 60가지가 된다.

15 오자五子 : 갑자甲子・병자丙子・무자戊子・경자庚子・임자壬子의 다섯 가지인데,

지지地支 중심의 오축五丑 5가지, 오인五寅 5가지 등을 모두 합하면 역시 60가지가 된다.

16 황종의~말하면 : 본서/율려본원/제7편 변성變聲의 세주細註. 「朱子曰 凡聲 陽也 自下而上 未及其半 則屬於陰而未暢 故 不可用 上而及半然後 屬於陽而始和 주자가 말하였다. "모든 성聲은 양陽이다. 아래로부터 위로 그 반에 미치지 못하면 음陰에 속해 통하지 못한다. 그러므로 쓸 수 없고, 위로 올려 반에 미친 다음에 양에 속해 비로소 조화롭다."」

17 대본에는 '林鐘'으로 되어 있으나 문맥이 통하지 않아 '夷則'으로 바로잡았다. 대려를 궁성 81로 놓고 삼분손일하면 치성 54인 이칙을 하생하기 때문이다.

18 대본에는 '蕤賓'으로 되어 있으나 문맥이 통하지 않아 '大呂'로 바로잡았다. 응종궁應鐘宮에서는 대려가 상성이기 때문이다.

19 대본에는 '蕤賓'으로 되어 있으나 문맥이 통하지 않아 '大呂'로 바로잡았다.

20 대본에는 '鍾'로 되어 있으나 앞의 원문에서 '鐘'으로 썼으므로 이하 모든 '黃鍾'은 '黃鐘'으로 바로잡았다.

21 율려는~사용한다 : 실제 음악에서 궁·상·각·변치·치·우·변궁의 칠성七聲에 따라 12율 중 7률律을 쓴다.

22 대려로~상생한다 : 대려궁조大呂宮調는 다음과 같다.

	조調	궁	상	각	변치	치	우	변궁
6	대려궁	大 정률	夾 정률	仲 정률	林 변율	夷 정률	無 정률	潢 변반성

궁성인 대려를 81로 놓고 삼분손일하여 치성 54인 이칙을 하생하고, 이렇게 얻어진 이칙 54를 삼분익일하여 상성 72인 협종을 상생한다.

23 12율을~이것이다 : 응종궁조應鐘宮調는 다음과 같다. 머리를 숙인다는 것은 궁성인 응종보다 높은 음을 쓴다는 뜻이니, 낮은 음은 귀하고 높은 음을 천하므로 능만을 피해야 하기 때문이다. 이에 따르면 반성半聲·자성子聲·청성淸聲이 같은 뜻임을 알 수 있다.

	조調	궁	상	각	변치	치	우	변궁
56	응종궁	應 정률	汏 반성	浹 반성	沖 반성	㶈 반성	洟 반성	潕 반성

24 상성이~없다 : 『예기禮記』 악기樂記. 「宮爲君 商爲臣 角爲民 徵爲事 羽爲物 궁宮이 임금이 되고, 상商이 신하가 되고, 각角이 백성이 되고, 치徵가 사事가 되고, 우羽가 물物이 된다.」

궁성은 군君이 되어 귀하고, 상성은 신臣이 되어 낮으므로 상성이 궁성보다 신분이 높아서는 안 된다. 곧, 궁성은 상성보다 귀한 낮은 음이 되고 상성은 궁성보다 천한 높은 음이 되어야 한다.

25 예컨대~대응시킨다 : 응종은 본율 12개 중에 가장 높은 음이다. 따라서 응종이 궁성이 되면 대려가 상성이 되는데, 이 때 대려를 본율 대려로 쓸 경우 응종보다 많이 낮아져 더 귀한 자리가 된다. 결국 신臣인 상성이 군君인 궁성보다 더 귀하게 되는 능만陵慢의 현상이 일어난다. 이를 방지하기 위해 대려를 1응음(應音 : octave) 올려 반성半聲 대려로 쓰는 것이다.

26 제9궁 : 이칙궁조夷則宮調이다. 60조로 보면 41번째이지만 궁조로 보면 9번째이다.

	조	궁	상	각	변치	치	우	변궁
41	이칙궁	夷 정률	無 정률	潢 변반성	汰 변반성	浹 변반성	沖 반성	淋 변반성

27 네 개의 궁 : 제9궁인 이칙궁, 제10궁인 남려궁, 제11궁인 무역궁, 제12궁인 응종궁이다.

28 혹은 각성이 되고 : 제9궁인 이칙궁의 각성이 황종이다.

29 혹은 우성이 되고 : 제9궁인 이칙궁, 제10궁인 남려궁, 제11궁인 무역궁, 제12궁인 응종궁의 궁에는 없고, 제4궁인 협종궁의 우성이 황종이다.

30 혹은 상성이 되고 : 제11궁인 무역궁의 상성이 황종이다.

31 혹은 치성이 된다 : 제9궁인 이칙궁, 제10궁인 남려궁, 제11궁인 무역궁, 제12궁인 응종궁의 궁에는 없고, 제6궁인 중려궁의 치성이 황종이다.

32 『예기禮記』 악기樂記의 진호陳澔 주註. 「於是 宮君商臣角民徵事羽物 皆安其位而不相奪倫也 이에 궁宮이 상징하는 군君, 상商이 상징하는 신臣, 각角이 상징하는 민民, 치徵이 상징하는 사事, 우羽가 상징하는 물物이 모두 그 자리에 편안하여, 서로 그 윤기倫紀를 침탈侵奪하지 않게 된다.」

33 그러므로 황종을~하였다 : 『악서樂書』 권101 악도론樂圖論/12율十二律/변사청辨四淸. 「彼謂黃鐘至夾鍾四淸聲 以附正聲之次 原其四者之意 盖爲夷則至應鍾 四宮而設 저 황종으로부터 협종에 이르기까지 4청성은 정률의 다음에 이어졌는데, 원래 네 가지의 뜻은 이칙궁夷則宮으로부터 응종궁應鍾宮에 이르기까지 4궁을 위하여 베풀었던 것이다.」
아래 도표를 보면 이칙궁조는 각角·치徵·우羽에 변반성變半聲 또는 반성半聲이 쓰이고 있는데 각의 황종을 정률을 쓰면 민民이 군君을 능만陵慢하게 되지만, 치徵의 협종은 사事가 되고 우羽의 중려는 물物이 되어 능만과 관계없게 되어 반성을 쓰지 않아도 된다. 나머지 남려조·무역조·응종조도 같은 경우이다. 따라서 이칙궁조·남려궁조·무역궁조·응종궁조에는 潢·汰·汰·浹이 반드시 필요하지만, 치徵과 우羽에 있는 㴌·㳞·⿰氵蕤·淋·洟는 반드시 필요한 것은 아니다.

	조	궁	상	각	변치	치	우	변궁
41	이칙궁	夷 정률	無 정률	潢 변반성	汰 변반성	浹 변반성	㳞 반성	淋 변반성
46	남려궁	南 정률	應 정률	汏 반성	浹 반성	㴌 반성	⿰氵蕤 반성	洟 반성
51	무역궁	無 정률	潢 변반성	汰 변반성	㴌 변반성	㳞 반성	淋 변반성	湳 변반성
56	응종궁	應 정률	汏 반성	浹 반성	㳞 반성	⿰氵蕤 반성	洟 반성	潕 반성

候氣第十

제10편 후기

候氣之法은 爲室三重하야 戶閉하고 塗釁必周密이라. 布緹縵室中하고 以木爲案하야 每律各一案이라. 內卑外高하야 從其方位하야 加律其上호대, 以葭灰實其端하야 覆以緹素[1]하고 按歷[2]而候之라. 氣至則吹하야 灰動素[3]하니 小動이어든 爲和氣하고, 大動이어든 爲君弱臣强專政[4]之應하고, 不動이어든 爲君嚴猛之應이라.

其升降之數는 在冬至엔 則黃鐘이 九寸이요, 升五分二釐三毫라. 大寒엔 則大呂ㅣ 八寸三分七釐六毫요, 升三分七釐六毫라. 雨水엔 則太簇ㅣ 八寸이요, 升四分五釐一毫六絲라. 春分엔 則夾鐘이 七寸四分三釐七毫三絲요, 升三分三釐七毫三絲라. 穀雨엔 則姑洗이 七寸一分이요, 升四分□□五毫四絲二忽이라. 小滿엔 則仲呂ㅣ 六寸五分八釐三毫四絲六忽이요, 升三分□□三毫四絲六忽이라. 夏至엔 則蕤賓이 六寸二分八釐이요, 升二分八釐라. 大暑엔 則林鐘이 六寸이요, 升三分三釐四毫라. 處暑엔 則夷則이 五寸五分五釐五毫요, 升二分五釐五毫라. 秋分엔 則南呂ㅣ 五寸三分이요, 升三分□□四毫一絲라. 霜降엔 則無射이 四寸八分八釐四毫八絲요, 升二分二釐四毫八絲라. 小雪엔 則應鐘이 四寸六分六釐라.[5]

후기법候氣法[6]은 3중의 밀실을 만들어 문을 닫고 세밀하게 틈을 메운다. 밀실 안에 붉은 명주를 펴놓고 나무 책상을 만들어 율관마다 각각 책상이 하나씩이다. 안쪽은 낮고 바깥쪽은 높게 하여 그 방위를 따라 그 위에 율관을 올려놓는데, 갈대 속청을 태운 재로 그 끝 마구리를 채워 흰 명주로 덮어 놓고 두루 살펴 그것을 관측한다. 기운이 이르면 바람이 일어 재가 명주를 움직이게 하는데, 작게 움직이면 화기和氣가 감도는 것이고, 크게 움직이면 임금은 약하고 신하가 강해 정사를 마음대로 하는 기운이 응한 것이고, 움직이지 않으면 임금이 엄하고 사나운 기운이 응한 것이다.

그 오르내리는 수치는 동지冬至에는 황종이 9촌이고, 5푼 2리 3호를 오른다. 대한大寒에는 대려가 8촌 3푼 7리 6호이고, 3푼 7리 6호를 오른다. 우수雨水에는 태주가 8촌이고, 4푼 5리 1호 6사를 오른다. 춘분春分에는 협종이 7촌 4푼 3리 7호 3사이고, 3푼 3리 7호 3사를 오른다. 곡우穀雨에는 고선이 7촌 1푼이고, 4푼 5호 4사 2홀을 오른다. 소만小滿에는 중려가 6촌 5푼 8리 3호 4사 6홀이고, 3푼 3호 4사 6홀을 오른다. 하지夏至에는 유빈이 6촌 2푼 8리이고, 2푼 8리를 오른다. 대서大暑에는 임종이 6촌이고, 3푼 3리 4호이다. 처서處暑에는 이칙이 5촌 5푼 5리 5호이고, 2푼 5리 5호를 오른다. 추분秋分에는 남려가 5촌 3푼이고, 3푼 4호 1사를 오른다. 상강霜降에는 무역이 4촌 8푼 8리 4호 8사이고, 2푼 2리 4호 8사를 오른다. 소설小雪에는 응종이 4촌 6푼 6리이다.[7]

案陽은 生於復하고, 陰은 生於姤하야 如環無端이어늘, 今律呂之數는 三分損益하야 終不復始는 何也오? 曰 陽之升은 始於子하야 午雖陰生이나 而陽之升于上者ㅣ 未已하고 至亥而後窮上反下하며, 陰之升은 始于午하야 子雖陽生이나 而陰之升于上者ㅣ 亦未巳요, 至巳而後窮上反下하나니, 律於陰엔 則不書라. 故로 終不復始也라.

是以로 升陽之數ㅣ 自子至巳난 差彊하니, 在律爲尤彊하고 在呂爲少弱하며, 自午至亥난 漸弱하니, 在律爲尤弱하고 在呂爲差彊이라. 分數多寡ㅣ 雖若不齊나, 然其絲分毫ㅣ 別[8]各有條理라. 此氣之所以飛灰요, 聲之所以中律也라.

或曰 "易은 以道陰陽이어늘 而律은 不書陰하니 何也오?" 曰 "易者는 盡天下之變하야 善與惡을 無不備也로대, 律者는 致中和之用하야 止於至善者也라. 以聲言之하면 大而至於雷霆하고 細而至於蠛蠓히 無非聲也라. 易則無不備也나, 律則寫其所謂黃鐘之聲而已矣라. 雖有十二律 六十調나 然實一黃鐘也라. 是理

也ㅣ 在聲爲中聲하고 在氣爲中氣하며 在人則喜怒哀樂이 未發與發而中節也니, 此는 聖人所以一天人 贊化育之道也니라."

내가 살펴보니, 양陽은 복괘(復卦 ䷗)에서 생기고, 음陰은 구괘(姤卦 ䷫)에서 생겨 고리같이 끝이 없는데,[9] 이제 율려의 수는 삼분손일 · 삼분익일하여 끝내 처음으로 돌아가지 않는 것은 무슨 까닭인가? 양이 차오르는 것은 자子에서 시작하여 오午에서 비록 음이 생기지만, 양이 위로 오르는 것이 그치지 않고 해亥에 이른 뒤에 오름을 다하여 돌이켜 내려오며, 음이 차오르는 것은 오午에서 시작하여 자子에서 비록 양이 생기지만, 음이 위로 오르는 것이 또한 그치지 않고 사巳에 이른 뒤에 오름을 다하여 돌이켜 내려온다.[10] 율이 음陰에 대해서는 기록하여 나타내지 않으므로 끝내고 다시 시작하지 않는 것이다.[11]

이 때문에 양陽이 차오르는 수가 자子로부터 사巳에 이르기까지는 조금씩 강해지는데, 양陽인 율律에 있어서는 더욱 강하게 되고 음陰인 여呂에 있어서는 조금 약하게 되며, 오午로부터 해亥에 이르기까지는 점점 약해지는데, 양인 율에 있어서는 더욱 약하게 되고 음인 여呂에 있어서는 조금씩 강하게 된다. 분수分數의 많고 적음이 비록 균일하지 못한 것 같으나, 그러나 그 사絲 · 푼 · 호毫가 별도로 각각 조리條理가 있다. 이것이 기氣가 재를 날리는 까닭이고, 소리가 율에 알맞은 까닭이다.

어떤 사람이 "역易은 음陰 · 양陽을 말하는데, 율은 음陰을 기록하여 나타내지 않으니 무슨 까닭인가?"라고 묻기에, 내가 대답하였다. "역易은 천하의 변화를 다하여 선善 · 악惡을 갖추지 않음이 없는데, 율은 중화中和의 용用을 극진히 하여 지선至善에 머문 것이다. 소리로 말하면 크게는 격렬한 천둥에 이르고 작게는 눈에놀이[蠛蠓][12] 소리에 이르기까지 소리 아닌 것이 없다. 역은 갖추지 않음이 없으나, 율은 이른바 황종의 소리를 베낀 것일 뿐이다. 비록 12율과 60조가 있으나, 그러나 실상 하나의 황종인 것이다. 이 이치가 소리에 있어서는 중성中聲이 되고, 기운에 있어서는 중기中氣가 되며, 사람에 있어서는 희喜 · 노怒 · 애哀 · 락樂이 미발한 것과 발한 것이 절도節度에 맞으니,[13] 이것은 성인이 하늘과 사람을 일치시키고 화육化育을 참찬參贊하는 방법이다."

魯齋彭氏曰 "西山蔡氏所述은 禮記月令章句의 蔡邕說也라. 如邕所云은 則'是爲十二月律하야 布室內十二辰하야 若其月氣至면 則辰之管灰飛而管空也라'하니, 然則十二月을 各當其辰하야 斜埋地下호대 入地處는 庳하고 出地處는 高라. 故로 云 '內庳外高라'하니라. 黃鐘之管을 埋於子位호대 上頭向南이라"하니라. 以外諸管은 推之可悉知리라. 又律書에 云 '以河內葭莩爲灰하고, 宜陽金門山竹爲管이라'하고, 熊氏云 '灰實律管하야 以羅縠覆之니 氣至則吹灰動縠矣라'하니라."

又長樂陳氏曰 "候氣之法은 造室三重하고 各啓門호대, 爲門之位는 外之以子하고 中之以午하고 內復以子니, 揚子所謂九閉之中也라. 蓋布緹縵室中호대 上圓下方하며, 依辰[14]位하야 埋律管호대, 使其端與地齊而以薄紗覆之라. 中秋에 白露降이어든, 採葭莩爲灰하야 加管端하야 以候氣至灰去하야, 爲氣所動者는 灰散하고 爲物所動者어든 其灰聚라. 今採諸說具圖云이라."

노재魯齋 팽씨彭氏가 말하였다. "서산 채원정이 기술한 것은『예기』「월령月令」장구章句의 채옹蔡邕의 학설이다. 곧 채옹이 말한 것은 '12월의 율관을 만들어 실내에 12진辰을 펼쳐 만약 그 달의 기운이 이르면 해당 신辰의 관管 재가 날려 관이 빈다.'고 하였으니, 그렇다면 12월의 율관을 각각 그 방위의 신辰에 배당하여 비스듬히 땅 아래에 묻는데, 땅에 들어가는 부분은 낮게 하고 땅에서 나오는 부분은 높게 한다. 그러므로 '안쪽은 낮고 바깥쪽은 높게 한다.'고 한 것이다. 황종관을 자子의 방위에 묻는데, 위 머리는 남쪽을 향하게 한다. 그 밖의 다른 관들은 미루어 생각하면 다 알 수 있을 것이다. 또 율서律書에 말하기를 '하내河內의 갈대로 재를 만들고, 의양宜陽 금문산金門山 대나무로 관管을 만든다.'[15]고 하고, 웅씨熊氏는 말하기를 '재로 율관을 채워 올이 성글고 엷은 비단으로 율관 입구를 덮어, 기운이 이르면 바람이 재에 불어 비단을 움직인다.'고 하였다."

또 장락長樂 진씨陳氏[16]가 말하였다. "후기법候氣法은 3중의 밀실을 만들어 각각 여는 문을 만드는데, 문을 만드는 위치는 밖은 자子의 방위로 하고, 가운데는 오午의 방위로 하고, 안쪽은 다시 자子의 방위로 하니, 양자揚子 이른바 '구폐지중九閉之中'[17]이라고 하였다. 밀실 안에 붉은 명주를 펴놓는데 위는 둥글고 아래는 모나게 한다. 12진辰의 방위를 따라 율관律管을 묻는데, 그 끝과 땅을 가지런히 하여 엷은 깁으로 덮는다. 중추中秋에 이슬이 내리면, 갈대를 채취하여 재를 만들어 관 끝에 넣어 기운이 이르러 재가 없어진 것을 살펴, 기운에 의해 움직이게 된 것은 재가 분산하고 물건에 의해 움직이게 된 것은 그 재가 모인다. 이제 여러 학설에서 채집하고 도면을 갖추었다고 하였다."[18]

1 대본에는 '索'으로 되어 있으나 『성리대전서性理大全書』 권22 율려신서律呂新書1/율려본원律呂本原/후기候氣 제10을 참조하여 '素'로 바로잡았다.

2 대본에는 '案曆'으로 되어 있으나 원元 나라 유근劉瑾의 『율려성서律呂成書』 권2 12율명의제16十二律名義第十六/삼중제실도三重緹室圖를 참조하여 '按歷'으로 바로잡았다.

3 대본에는 '索'으로 되어 있으나 『성리대전서性理大全書』 권22 율려신서律呂新書1/율려본원律呂本原/후기候氣 제10을 참조하여 '素'로 바로잡았다.

4 대본에는 '政'로 되어 있으나 『성리대전서性理大全書』 권22 율려신서律呂新書1/율려본원律呂本原/후기候氣 제10을 참조하여 '政'으로 바로잡았다.

5 대본에는 응종의 오른 수치가 누락되어 있으나 명明나라 한방기韓邦奇의 『원락지악苑洛志樂』 권2 후기候氣 제10에는 '陸三分一毫一絲'로 되어있다.

6 후기법候氣法 : 삼중의 밀실密室을 만들어 그 안에 명주를 펴고 그 위에 12율관十二律管을 각각 방법대로 안치한 다음, 그 율관에 갈대 속청을 태운 재를 채우고 다시 그 위에 명주로 덮어놓으면, 동지절冬至節이 될 경우, 율律이 황종관에 맞아 황종관에 들어있는 재가 날아 움직이게 된다는데, 이것에 따라 절기의 변화를 예측하는 것을 말한다.

7 이를 정리하면 다음과 같다.

월	간지	12율	절후	치수	오르는 치수	삼분손익에 따른 역자 교정
11	자	황종	동지	9촌	5푼 2리 3호	9촌
12	축	대려	대한	8촌 3푼 7리 6호	3푼 7리 6호	8.42798촌
1	인	태주	우수	8촌	4푼 5리 1호 6사	8촌
2	묘	협종	춘분	7촌 4푼 3리 7호 3사	3푼 3리 7호 3사	7.49154촌
3	진	고선	곡우	7촌 1푼	4푼 5호 4사 2홀	7.1촌

월	간지	12율	절후	치수	오르는 치수	삼분손익에 따른 역자 교정
4	사	중려	소만	6촌 5푼 8리 3호 4사 6홀	3푼 3호 4사 6홀	6.65915촌
5	오	유빈	하지	6촌 2푼 8리	2푼 8리	6.32099촌
6	미	임종	대서	6촌	3푼 3리 4호	6촌
7	신	이칙	처서	5촌 5푼 5리 5호	2푼 5리 5호	5.61866촌
8	유	남려	추분	5촌 3푼	3푼 4호 1사	5.3촌
9	술	무역	상강	4촌 8푼 8리 4호 8사	2푼 2리 4호 8사	4.99436촌
10	해	응종	소설	4촌 6푼 6리		4.740촌

8 대본에는 '則'으로 되어 있으나 『성리대전서性理大全書』 권22 율려신서律呂新書1/율려본원律呂本原/후기候氣 제10을 참조하여 '別'로 바로잡았다.

9 양은~없는데 : 전한前漢의 경학자經學者 맹희孟喜와 경방(京房, B.C. 77~B.C. 37)의 괘기설卦氣說에 의하면 양효陽爻가 11월 황종인 복괘復卦에서 시작하고 음효陰爻가 5월 유빈인 구괘姤卦에서 시작하는 것을 아래 도표를 보면 알 수 있다.

月	1	2	3	4	5	6	7	8	9	10	11	12
十二辰	寅	卯	辰	巳	午	未	申	酉	戌	亥	子	丑
卦	䷊	䷡	䷪	䷀	䷫	䷠	䷋	䷓	䷖	䷁	䷗	䷒
卦名	泰	壯	夬	乾	姤	遯	否	觀	剝	坤	復	臨
12律	太簇	夾鐘	姑洗	仲呂	蕤賓	林鐘	夷則	南呂	無射	應鐘	黃鐘	大呂
節候中	雨水	春分	穀雨	小滿	夏至	大暑	處暑	秋分	霜降	小雪	冬至	大寒

10 양이~내려온다 : 12진辰과 괘의 관계는 위 각주 9)와 같다.

11 율이~것이다 : 본서/율려본원/제7편 변성變聲의 세주細註. 「凡聲 陽也 自下而上 未及其半 則屬於陰而未暢 故 不可用 上而及半然後 屬於陽而始和 모든 성聲은 양陽이다. 아래로부터 위로 그 반에 미치지 못하면 음陰에 속해 통하지 못한다. 그러므로 쓸 수 없고, 위로 올려 반에 미친 다음에 양에 속해 비로소 조화롭다.」

12 눈에놀이[蠛蠓] : 쌍시류雙翅類 눈에놀이과에 속하는 작은 곤충이다.

13 사람에~맞으니 : 『중용中庸』 경1장. 「喜怒哀樂之未發 謂之中 發而皆中節 謂之和 中也者 天下之大本也 和也者 天下之達道也 희로애락喜怒哀樂의 미발未發을 중中이라 이르고, 발하여 모두 절도에 맞는 것을 화和라 이르니, 중中은 천하의 대본大本이요, 화和는 천하의 달도達道이다.」

14 대본에는 '方'으로 되어 있으나 『성리대전서性理大全書』 권22 율려신서律呂新書1/율려본원律呂本原/후기候氣 제10을 참조하여 '辰'으로 바로잡았다.

15 당唐나라 태종문황제太宗文皇帝의 『진서晉書』 권16 지志 제6/율력상律歷上/오음・12율五音十二律.

16 장락長樂 진씨陳氏 : 진상도陳祥道이다. 송나라 복주福州 민청閩淸 사람으로 자는 용지用之・우지祐之이며, 양暘의 형이다. 영종英宗 치평治平 연간의 진사進士로 벼슬은 국자감 직강國子監直講・비서성 정종秘書省正宗을 지냈다. 박학하였으며, 특히 예학에 정통하였다. 저서로는 『예서禮書』・『논어전해論語全解』가 있다.

17 이 말의 출전이 『어정연감류함御定淵鑑類函』 권16 세시부歲時部5/동지冬至1에는 '太玄經曰'로 되어 있고, 『태평어람太平御覽』 권28 시서부時序部13/동지冬至에도 '太玄經曰'로 되어 있다.

『태현경太玄經』은 한나라 양웅揚雄이 『주역』에 견주어 지은 책으로 10권이다.

18 송宋나라 진양陳暘의 『악서樂書』 권102 악도론樂圖論/12율十二律/율려후기지법律呂候氣之法.

審度第十一

제11편 심도

度者는 分·寸·尺·丈·引이니 所以度長短也라. 生於黃鐘之長호대 以子穀秬黍中者九十枚로 度之하니 一爲一分이라. 凡黍를 實於管中하면 則十三黍와 三分黍之一 而滿一分하야 積九十分하면 則千有二百黍矣라. 故此九十黍之數與下章千二百黍之數는 其實一也라. 十分이 爲寸이요, 十寸이 爲尺이요, 十尺이 爲丈이요, 十丈이 爲引이라. 數는 始於一하고 終於十者ㅣ 天地之全數也라. 律이 未成之前엔 有是數而未見律이요, 成而後에 數ㅣ 始得以形焉하니, 度之成은 在律之後요, 度之數는 在律之前이라. 故로 律之長短圍徑以度之하야 分寸之數而定焉이라.

도度는 단위가 푼·촌寸·척尺·장丈·인引이니 길이를 재는 것이다. 황종의 길이에서 생기는데, 찧지 않은 기장 알곡 중간 것 90알로 재니 한 알이 1푼이다. 기장을 황종률관에 채우면 13알과 1/3알이 1푼마다 채워져, 90푼에 쌓이면 기장 1200알이 된다. 그러므로 이 기장 90알 수와 아래 제12편 「가량嘉量」의 기장 1200알의 수는 실상은 한 가지이다.[1] 10푼이 1촌이고, 10촌이 1척이고, 10척이 1장丈이고, 10장이 1인引이다.[2] 수는 1에서 시작하고 10에서 마치는 것이 천지의 전수全數이다.[3] 율관律管이 이루어지기 전에는 이 수치는 있지만 아직 율관을 볼 수 없고, 이루어진 뒤에 수가 비로소 나타나니, 도度가 이루어지는 것은 율관의 뒤에 있고, 도의 수는 율관의 앞에 있다. 그러므로 율관의 길이와 원지름을 재어 푼·촌寸의 수가 정해진다.

1 (13알+1/3알)×90푼=1200알.

2 도度는~1인引이다 : 한漢나라 난대영사蘭臺令史 반고班固의 『전한서前漢書』 권21상 율력지律歷志 제1상.

3 수는 1에서~전수全數이다 : 『주역周易』 계사상繫辭上. 「天一 地二 天三 地四 天五 地六 天七 地八 天九 地十 天數五 地數五 하늘의 수가 1이고 땅의 수가 2이며, 하늘의 수가 3이고 땅의 수가 4이며, 하늘의 수가 5이고 땅의 수가 6이며, 하늘의 수가 7이고 땅의 수가 8이며, 하늘의 수가 9이고 땅의 수가 10이니, 하늘의 수가 다섯이고 땅의 수가 다섯이다.」

嘉量第十二

제12편 가량

量者는 龠·合·升·斗·斛이니 所量多少也라. 生於黃鐘之容호대 容以子穀秬黍中者一千二百하야 實其龠하야 以井水로 准其槩하야 以度數로 審其容이라. 一龠은 積八百一十分이라. 合龠爲合이요, 兩龠也니 積一千六百二十分이라. 十合爲升이요, 二十龠也니 積一萬六千二百分이라. 十升爲斗이요, 百合은 二百龠也니 積十六萬二千分이라. 十斗爲斛이라. 二千龠은 千合이요 百升也니 積一百六十二萬分이라.

양量은 단위가 약龠·홉合·승升·두斗·곡斛이니 부피를 재는 것이다. 황종의 용기容器에서 생기는데, 찧지 않은 기장 알곡 중간 것 1200알을 담아 약龠을 채워 우물물로 그 평미레[1] 수평을 잡아 장단長短을 헤아리는 도度와 다과多寡를 헤아리는 수數를 기준으로 그 용기를 상세히 조사하여 정한다. 1약은 부피가 810입방푼이다.[2] 2약龠이 1홉이고, 2약이니 부피가 1620입방푼이다.[3] 10홉이 1승이고, 20약이니 부피가 16200입방푼이다.[4] 10승이 1두이고, 100홉은 200약이니 부피가 162000입방푼이다.[5] 10두가 1곡이다.[6] 2000약은 1000홉이고 100승이니, 부피가 1620000입방푼이다.[7]

1 평미레 : 말이나 되에 곡식을 담고 그 위를 밀어서 고르게 하는 데 쓰는 방망이이다.

2 본서/율려본원/제1편 황종黃鐘. 「長 九寸 空圍 九分 積 八百一十分 황종률관黃鐘律管의 길이는 9촌寸이고 공위空圍는 9평방푼이니, 부피는 810입방푼이다.」

3 1약이 810입방푼이므로 2약×810입방푼=1620입방푼이다.

4 20약×810입방푼=16200입방푼이다.

5 200약×810입방푼=162000입방푼이다.

6 양은~1곡이다 : 한漢나라 난대영사蘭臺令史 반고班固의 『전한서前漢書』 권21상 율력지律歷志 제1상.

7 2약이 1홉이고 1/10승이며 810입방푼이기 때문이다.

謹權衡第十三

제13편 근권형

權衡者는 銖兩斤鈞石이니 所以權輕重也라. 生於黃鐘之重호대 以子穀秬黍中者一千二百으로 實其龠이라. 百黍ㅣ 一銖요, 一龠이 十二銖요, 二十四銖ㅣ 爲一兩이요, 兩龠也라. 十六兩이 爲斤이요, 三十二龠은 三百八十四銖也라. 三十斤이 爲鈞이요, 九百六十龠은 一萬一千五百二十銖요 四百八十兩也라. 四鈞이 爲石이라. 三千八百四十龠은 四萬六千八十銖요 一千九百二十[1]兩也라.

권權・형衡[2]은 단위가 수銖・냥兩・근斤・균鈞・석石이니 무게를 다는 것이다. 황종의 무게에서 생겼는데, 찧지 않은 기장 알곡 중간 것 1200알로 약龠을 채운다. 기장 100알이 1수이고, 1약이 12수이고, 24수가 1냥이고, 2약龠이다.[3] 16냥이 1근이고, 32약은 384수이다.[4] 30근이 1균이고, 960약은 11520수이고 480냥이다.[5] 4균이 1석이다. 3840약은 46080수이고 1920냥이다.[6]

1 대본에는 '一萬九千二百'으로 되어 있으나 문맥이 통하지 않아 '一千九百二十'으로 바로잡았다.
1약이 1/2냥이니 3840약×1/2냥=1920냥이기 때문이다.

2 권權・형衡 : 물건의 무게를 다는 기구로 권權은 저울추, 형衡은 저울대이다.

3 기장 1200알이 1약이고 기장 1200알은 12수니 1약은 12수이다. 따라서 24수는 2약이다.

4 1약이 12수이므로 32약×12수=384수이다.

5 1약이 1/2냥이며 12수이므로 960약×12수=11520수이고, 960약×1/2냥=480냥이다.

6 1약이 1/2냥이며 12수이므로 3840약×12수=46080수이고, 3840약×1/2냥=1920냥이다.

권2 율려신서律呂新書二

大泉五十　　貨泉　　半兩

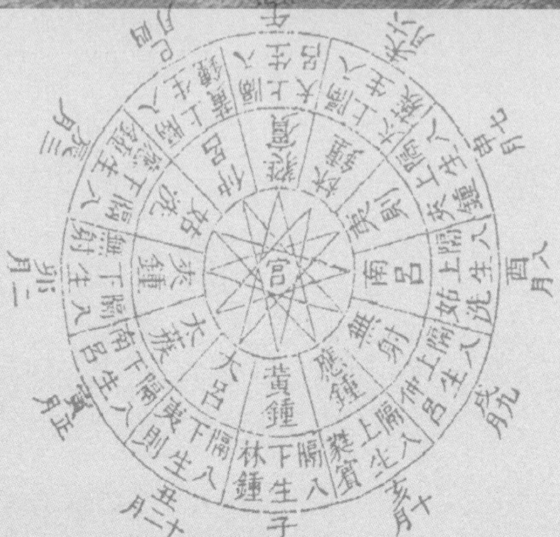

律呂相生圖

律呂證辨

율려증변

造律第一

제1편 조율

班固漢前志曰 "黃帝ㅣ 使伶倫[1]으로 自大夏之西로 昆崙[2]之陰하야 取竹之解谷호대 生其竅厚均[3]者를 斷兩節間而吹之하야 以爲黃鐘之宮하고 制十二筩하야 以聽鳳之鳴호대, 其雄鳴爲六하고 雌鳴亦六하니, 比[4]黃鐘之宮而皆可以生之니 是爲律本이라. 至治之世엔 天地之氣ㅣ 合以生風하고 天地之風氣ㅣ 正하야 十二律이 定이라."

반고班固[5]의 『전한서』 「율력지」에 말하였다. "황제黃帝[6]가 영륜伶倫[7]에게 대하大夏[8]의 서쪽으로부터 곤륜崑崙[9]의 북쪽에 가 해곡解谷[10]의 골짜기에서 대나무 중 그 구멍과 두께가 고른 것을 취하여 양쪽 마디 사이를 잘라 불어 황종의 궁宮을 삼고, 12통筩을 만들어 봉鳳의 울음소리를 따르게 하였는데, 수컷 울음소리가 여섯이 되고 암컷 울음소리도 여섯이 되니, 황종의 궁을 견주어 모두 생기게 할 수 있다. 이것이 율본律本이 된다. 잘 다스려지는 세상에서는 천지의 기운이 합해져 바람이 생기고 천지의 풍기風氣 바로잡혀 12율이 정해진다."[11]

○劉昭漢後志曰 "伏羲作易하고 紀陽氣之初하야 以爲律法호대, 建日冬至之聲하야 以黃鐘爲宮 太簇爲商 姑洗爲角 林鐘爲徵 南呂爲羽 應鐘爲變宮 蕤賓爲變徵하니, 此聲氣之元이요 五音之正也니라."
又曰 "截管爲律하야 吹以攷聲하고 列以候氣하니 道之本也니라."

○ 유소劉昭[12]가 집주集注한 『후한서』「율력지」에 말하였다. "복희伏羲[13]가 역易을 짓고 양기陽氣의 시초를 단서로 율법律法을 만들었는데, 동짓날의 소리를 창시해 황종으로 궁을 삼고, 태주로 상을 삼고, 고선으로 각을 삼고, 임종으로 치를 삼고, 남려로 우를 삼고, 응종으로 변궁을 삼고, 유빈으로 변치를 삼았으니, 이는 성기聲氣의 근원이고 오음의 정성正聲이다."[14]

또 말하였다. "관을 잘라 율관을 만들어 그것을 불어 성聲을 상고하고 벌려놓아 후기候氣하니 도道의 근본이다."[15]

○國朝會要曰 "古者黃鐘으로 爲萬事之根本이라. 故로 尺·量·權衡이 皆起於黃鐘이라. 至晉隋間하야 累黍爲尺而以制律이나, 容受ㅣ 卒不能合이요, 及平陳하고 得古樂하야 遂用之라. 唐興하야 因聲以制樂하니 其器는 雖無法이나 而其聲은 猶不失於古라. 五代之亂에 大樂淪散하니 王樸이 始用尺定律이나 而聲與器를 皆失之라. 故로 太祖ㅣ 患其聲高하야 特減一律하고 至是하야 又減半律이라. 然太常樂은 比唐之聲하야 猶高五律하고 比[16]今燕樂하야 高三律하니, 帝ㅣ 雖勤勞於制作이나 而未得其當者는 有司ㅣ 失之於以尺而生律也일새라." 案此는 皆范蜀公之說이라.

○ 『국조회요國朝會要』[17]에 말하였다. "옛날 황종으로 만사의 근본을 삼았다. 그러므로 척尺·량量·권權·형衡이 모두 황종에서 비롯하였다. 진晉·수隋나라 연간에 이르러 기장을 잇대어 척尺을 만들어 율관을 제정하였으나, 용량이 결국 부합하지 않았고, 진陳나라를 평정하고 고악古樂을 얻어 드디어 썼다.[18] 당나라가 일어나 오성의 성聲을 따라 악을 제정하였는데 그 악기는 비록 법이 없었으나 그 성聲은 오히려 옛 제도를 잃지 않았다. 혼란한 오대五代시대[19]에 대악大樂이 쇠하여 흩어지니, 왕박(王樸, 915~959)[20]이 비로소 척尺을 써서 율관을 정하였으나 성聲과 악기를 모두 그르쳤다. 그러므로 태조(太祖, 재위 960~975)[21]가 그 성聲이 높은 것을 걱

정하여 특별히 1률을 내렸고 이때에 이르러 또 반율半律을 내렸다. 그러나 태상악太常樂은 당나라 성聲에 비해 오히려 5율이 높고, 지금 연악燕樂에 비해 3율이 높으니,[22] 황제皇帝가 비록 제작에 부지런히 힘썼으나 그 마땅함을 얻을 수 없었던 것은 담당관이 잘못된 척尺으로 율관을 만들었기 때문이다. 내가 살펴보니, 이것은 모두 범촉공范蜀公[23]의 학설이다.

○河南程氏曰 "黃鐘之聲은 亦不難定이라. 世自有知音者하니 將上下聲考之하야 旣得正이어든, 便將黍以實其管하야 看管實得幾粒然後에 推而定法이 可也라. 古法에 律管은 當實千二百粒黍호대 今羊頭黍는 不相應하니, 則將數等驗之하야 看如何大小者라야 方應其數니 然後에 爲正이라. 昔에 胡先生이 定樂에 取羊頭山黍하야 用三等篩子篩之하야 取中等者나 特未定也라."

又曰 "以律管定尺은 乃是以天地之氣爲準이니, 非秬黍之比也라. 秬黍積數는 在先王時엔 惟此適與度量合이라. 故로 可用이나, 今時則不同이라."

○ 하남河南 정씨程氏[24]가 말하였다. "황종은 또한 정하기 어려운 것이 아니다. 세상에는 자연 지음知音하는 사람이 있으니 높고 낮은 소리를 잡아 고찰하여 이미 정성正聲을 얻었으면, 곧 기장을 그 관管에 채워 몇 알로 채워졌는가를 본 뒤에 미루어 생각하여 법을 정하는 것이 옳다. 옛날 법에 율관은 마땅히 기장 1200알로 채워졌는데,[25] 이제 양두산羊頭山 기장[26]은 적합하지 않으니, 수數 등을 잡아 실지로 시험하여 크고 작은 여하를 보아야만 곧 그 수에 응할 것이다. 그런 뒤에 정성正聲이 될 것이다. 옛날 호원胡瑗 선생이 악을 정할 때에 양두산 기장을 얻어 세 등급의 체로 체질하여 중간 등급을 얻었으나, 특별히 정해지지는 않았다.[27]"

또 말하였다. "율관으로 척尺을 정하는 것은 바로 천지의 기氣로 기준을 삼는 것이니, 기장에 견줄 것이 아니다. 기장에서 얻어지는 부피와 수치는 옛날 훌륭한 선왕 때에는 오직 이것만이 마침 도度·량量과 부합하였으므로 쓸 수 있었으나, 이제는 같지 않다."

○橫渠張氏曰 "律呂는 有可求之理하니 德性淳厚者라야 必能知之니라."

○ 횡거橫渠 장씨張氏[28]가 말하였다. "율려는 구할 수 있는 이치가 있으니, 덕성德性이 순후淳厚한 사람만이 참으로 알 수 있다."

案律呂散亡하야 其器不可復見이나, 然古人所以制作之意는 則猶可考也라. 太史公曰 "細若氣하고 微若聲이라. 聖人이 因神而存之하니 雖妙나 必效라"하니, 言黃鐘이 始於聲氣之元也라. 班固所謂 "黃帝ㅣ 使伶倫으로 取竹호대 斷兩節間吹之하야 以爲黃鐘之宮이라"하고, 又曰 "天地之風氣ㅣ 正하야 而十二律ㅣ 定이라"하니라. 劉昭所謂 "伏義ㅣ 紀陽氣之初하야 以爲律法이라"하고, 又曰 "吹以考聲하고 列以候氣라"하니, 皆以聲之淸濁과 氣之先後로 求黃鐘者也라. 是는 古人制作之意也라. 夫律長則聲濁而氣先至나 極長則不成聲而氣不應하며, 律短則聲淸而氣後至나 極短則不成聲而氣不應하니, 此其大凡也라.

今欲求聲氣之中이나 而莫適爲準이면 則莫若且多截竹以擬黃鐘之管이라. 或極其短하고 或極其長호대 長短之內에 每差一分하야 以爲一管하야, 皆即以其長權爲九寸하고 而度其圍徑하야 如黃鐘之法焉이라. 如是而更迭以吹면 則中聲可得이요, 淺深以列이면 則中氣可驗이리라. 苟聲和氣應이면 則黃鐘之爲黃鐘者信矣니, 黃鐘者ㅣ 信이면 則十一律與度量衡權者得矣리라.

後世不知出此하고 而唯尺之求하야 晉氏而下는 則多求之金石이러니, 梁隋以來로 又參之秬黍라가, 下至王樸하야 剛果自用하야 遂專恃累黍而金石亦不復考矣라.

夫金石眞僞는 固難盡信이요, 若秬黍는 則歲有凶豐하고 地有肥瘠하고 種有長短

小大圓妥不同하니 尤不可恃라. 況古人이 謂 '子穀秬黍中者로 實其龠이라'하니, 則是는 先得黃鐘而後度之以黍하야 不足則易之以大하고 有餘則易之以小하야 約九十黍之長의 中에 容千二百黍之實하야 以見周徑之廣하야 以生度量衡權之數而已요, 非律生於黍也라. 百世之下에 欲求百世之前之律者는 其亦求之於聲氣之元이요, 而毋必之於秬黍면 則得之矣리라.

내가 살펴보니, 율려의 율관이 흩어 없어져 그 악기를 다시 볼 수 없지만, 옛날 사람이 제작한 뜻은 오히려 고찰할 수 있다. 태사공太史公[29]이 말하기를 "미세하기는 역易의 기운 같고 미묘하기는 오성의 성聲 같으나, 성인聖人이 신神을 의지하여 살피니 비록 미묘微眇하지만 반드시 드러난다."[30]라고 하였는데, 황종이 성기聲氣의 근원에서 시작된 것을 말한다. 반고가 말한 "황제黃帝가 영륜伶倫에게 대나무 두 마디 사이를 잘라 불어 황종의 궁성을 삼게 하였다."[31]라고 하고, 또 말하기를 "천지의 풍기風氣가 바로잡혀 12율이 정해진다."라고 하였다. 유소劉昭 이른바 "복희가 양기陽氣의 시초를 단서로 율법律法을 만들었다."[32]라고 하고, 또 말하기를 "율관을 불어 성聲을 상고하고, 벌려놓아 후기候氣하였다."라고 하였는데, 모두 성聲의 높낮이와 기운의 선후로 황종을 구한 것이다. 이는 옛날 사람이 율관을 제작한 뜻이다. 율관이 길면 소리가 낮아 기운이 먼저 이르지만 극히 길면 소리를 내지 못해 기운이 응하지 않으며, 율관이 짧으면 소리가 높아 기운이 뒤에 이르지만 극히 짧으면 소리를 내지 못해 기운이 응하지 않으니, 이것이 그 대강이다.

이제 알맞은 성기聲氣를 구하고자 하지만 맞는 표준을 만들 수 없으면, 우선 많은 대나무를 잘라 황종관에 견주어 보는 것만 못하다. 혹은 그 관을 극히 짧게 하고, 혹은 그 관을 극히 길게 하지만, 길고 짧은 범위 내에 각각 1푼씩 차이로 관管을 만들어, 모두 그 길이를 고르게 한 것이 9촌이 되게 하고 그 원지름을 재어 황종법과 같게 한다. 이 같이 해서 번갈아 불면 중화中和의 소리를 얻을 수 있을 것이고, 얕고 깊은 차례로 벌려 진열하면 중화의 기운을 실지 시험할 수 있을 것이다.[33] 참으로 성聲이 화和하고 기氣가 응하면 황종다운 황종이 된 것을 믿을 것이니, 황종이 믿음직하면 나머지 11률과 도·량·형·권을 얻을 수 있을 것이다.

후세에 이렇게 나오는 것을 알지 못하고 오직 척尺에서만 구하여, 진晉나라 왕조 이하는 금석金石에서 많이 구하였는데, 양梁·수나라 이래로 또 기장[秬黍]을 참고하다가, 후대 왕박王樸에 이르러 굳세고 과단성 있게 써서 드디어 오로지 기장을 잇대는 방법만을 믿어 금석金石을 쓰는 방법은 또다시 고찰하지 않았다.

금석의 진위眞僞는 참으로 다 믿기 어렵고, 기장은 풍년과 흉년드는 해가 있고, 토질이 비옥함과 척박함이 있고, 종자가 길고 짧고 크고 작고 둥글고 타원체가 있어 동일하지 않으니, 더욱 믿을 수 없다. 하물며 옛날 사람이 '찧지 않은 기장 알곡 중간 것으로 그 약龠을 채운다.'[34]고 하였으니, 이는 먼저 황종을 얻은 뒤에 기장을 헤아려 부족하면 큰 기장으로 바꾸고 남으면 작은 기장으로 바꾸어, 대략 기장 90알 길이의 관管 안에 1200알의 기장을 채워 원둘레와 지름의 범위를 보아 도·량·형·권의 수를 생성한 것일 뿐이지, 율律이 기장에서 나오는 것이 아니다. 백대百代 뒤에 백대 앞의 율을 구하려는 사람은 그 또한 성기聲氣의 근원[35]에서 구하고 기장에서 기필期必하지 않는다면 얻을 것이다.

1 한漢나라 난대영사蘭臺令史 반고班固의 『전한서前漢書』 권21상 율력지律歷志 제1상에는 '泠綸'으로 되어 있다.

2 한漢나라 난대영사蘭臺令史 반고班固의 『전한서前漢書』 권21상 율력지律歷志 제1상에는 '昆侖'으로 되어 있다.

3 대본에는 '筠'으로 되어 있으나 한漢나라 난대영사蘭臺令史 반고班固의 『전한서前漢書』 권21상 율력지律歷志 제1상과 『성리대전서性理大全書』 권22 율려신서律呂新書1/율려증변律呂證辨/조율造律 제1을 참조하여 '均'으로 바로잡았다.

4 대본에는 '此'로 되어 있으나 한漢나라 난대영사蘭臺令史 반고班固의 『전한서前漢書』 권21상 율력지律歷志 제1상과 『성리대전서性理大全書』 권22 율려신서律呂新書1/율려증변律呂證辨/조율造律 제1을 참조하여 '比'로 바로잡았다.

5 반고(班固, 32~92) : 후한後漢 초기의 역사가로 섬서성陝西省 안릉安陵 출신이다. 자字는 맹견孟堅이다. 아버지 표彪의 유지를 받들어 20년 동안 『한서』를 완성하고 뒤이어 『백호통의白虎通義』를 찬집撰集하였다. 두헌竇憲이 흉노를 칠 때 중호군中護軍으로 출전하였다가 패전하여 포로로 옥사하였다. <『유교대사전』, 유교사전편찬위원회, 1990, 493쪽.>

6 황제黃帝 : 중국 고대 신화전설상의 제왕으로 성은 공손公孫, 또는 희姬라고 하며, 헌원軒轅 지방의 언덕에서 태어났으므로 헌원씨軒轅氏라고 칭하기도 하고 유웅有熊에 그의 나라가 있었으므로 유웅씨라고도 칭하였다. 소전씨少典氏의 아들이다. 국가를 건설한 것이나 문물제도를 많이 발명하였다는 점에서 그는 중국 민족에게 문명을 전해준 개조로 숭앙崇仰되며 오늘날 중국 민족은 모두 황제의 자손이라고 칭하기도 한다. 『산해경山海經』과 『사기』에 의하면 창힐蒼頡로 하여금 육서六書를 만들어 결승結繩을 대신하게 하고, 예도隷道에게 수數를 정하게 하여 도度·량量·형衡을 정하게 하고, 영윤伶倫에게 율려를 정하게 하여 오음五音을 만들고, 기백岐伯의 자문을 받아 내경內經을 만들어 의약의 시초가 되게 하고, 화폐를 만들고 주거舟車·가옥·궁시弓矢·의관 제도를 만들기도 하였다한다. <『유교대사전』, 유교사전편찬위원회, 1990, 1756쪽.>

7 영륜伶倫 : 황제黃帝의 악관樂官이다.

8 대하大夏 : 한漢나라 난대영사蘭臺令史 반고班固의 『전한서前漢書』 권21상 율력지律歷志 제1상의 안사고顔師古 주注. 「應劭曰 大夏 西戎之國也 응소應劭가 말하였다. "대하는 서융西戎의 나라이다."」

대하는 중앙아시아의 아무다리아강 유역, 즉 지금의 아프가니스탄의 발크를 중심으로 한 지방을 한대漢代의 중국인이 부르던 명칭이다.

9 곤륜崑崙 : 신강新疆과 서장西藏 사이에 있고, 서쪽으로는 파미르고원과 접하고 동쪽으로는 청해淸海까지 뻗어 있다. 또는 히말라야 산을 이르는 말이다.

10 해곡解谷 : 한漢나라 난대영사蘭臺令史 반고班固의 『전한서前漢書』 권21상 율력지律歷志 제1상의 안사고顔師古 주注. 「孟康曰 解脫也 谷竹溝也 取竹之脫無溝節者也 一說 昆侖

之北谷名也 晉灼曰 谷名是也 맹강이 말하였다. "해解는 벗어난다는 뜻이고, 곡谷은 대나무 홈이니, 대나무 가운데 홈이 안 팬 것을 취하는 것이다." 한 설說에 곤륜昆侖의 북쪽 골짜기 이름이라고 하였다. 진작晉灼이 말하였다. "골짜기 이름이다."」

11 한漢나라 난대영사蘭臺令史 반고班固의 『전한서前漢書』 권21상 율력지律歷志 제1상. 한漢나라 고유高誘 주注의 『여씨춘추呂氏春秋』 권5 중하기仲夏紀 제5/5월기五月紀/고악古樂. 「昔黃帝 令伶倫 作爲律 伶倫 自大夏之西 乃之阮隃之陰 取竹於嶰谿之谷 以生空竅厚鈞者 斷兩節間 其長三寸九分而吹之 以爲黃鐘之宮 옛날 황제黃帝가 영륜伶倫에게 명하여 율을 짓게 하였는데, 영륜이 대하大夏의 서쪽으로부터 완유산阮隃山의 북쪽으로 가 해계嶰谿의 골짜기에서 구멍과 두께가 고른 대나무를 취하여 양쪽 마디 사이 3촌 9푼을 잘라 불어 황종궁을 삼았다.」

12 유소劉昭 : 남조 양南朝梁 고당高唐 사람으로 자는 선경宣卿이다. 노장老莊에 밝았다. 벼슬은 섬령剡令을 지냈다. 저서는 『유동전幼童傳』·『문집文集』이 있고, 특히 남조 송南朝宋의 범엽范曄이 지은 『후한서』를 양梁나라의 유소劉昭가 보충하고 집주集注하여 완성하였다.

13 복희伏羲 : 중국 고대 전설상의 인물로 삼황三皇의 한 사람이다. 성姓은 풍風이다. 진陳에 도읍을 정하고 115년간 제왕帝王의 자리에 있었다고도 하며 15세世 1260년간 통치하였다고도 한다. 『세본世本』「제계편帝系篇」에는 그를 '태호복희씨太昊伏羲氏'라 하였으며, 또 태호太昊를 대호(大昊·大皥)·태호太皥라고도 하고, 복희를 복희(宓犧·伏犧·伏戲)·포희(庖犧·包羲·炮犧)라고도 한다. <『유교대사전』, 유교사전편찬위원회, 1990, 532쪽.>

14 송宋나라 선성태수宣城太守 범욱范煜의 『후한서後漢書』 권11 율력지律歷志 제1/율력지律歷志.

이곳에서 말한 음조직은 다음과 같이 황종궁조이다.

	궁	상	각	변치	치	우	변궁
황종궁	黃	太	姑	蕤	林	南	應

15 송宋나라 선성태수宣城太守 범욱范煜의 『후한서後漢書』 권11 율력지律歷志 제1/율력지律歷志.

후기候氣는 본서/율려본원/제10편 후기候氣 참조.

16 대본에는 '此'로 되어 있으나 『성리대전서性理大全書』 권22 율려신서律呂新書1/율려증변律呂證辨/조율造律 제1을 참조하여 '比'로 바로잡았다.

17 『국조회요國朝會要』 : 본서/제요提要 각주 24) 참조.

18 진나라를~썼다 : 당唐나라 장손무기長孫無忌 등의 『수서隋書』 권16 지志 제11/율력상律歷上/율관위용서律管圍容黍. 「開皇九年平陳後 牛弘 辛彦之 鄭譯 何妥等 參考古律度各依時代 制其黃鐘之管 俱徑三分 長九寸 度自有損益 故 聲有高下 圍徑長短 與度而差 故 容黍不同 개황開皇 9년(589) 진陳나라를 평정한 뒤에 우홍牛弘・신언지辛彦之・정역鄭譯・하타何妥 등이 옛날 율관 제도가 각각 시대에 따라 그 황종관을 제정한 것을 참고해 보니, 모두 지름이 3푼이고 길이가 9촌이었다. 도(度 : 자)가 자연 손익법損益法이 있으므로 소리가 높낮이가 있고, 원지름의 길이가 도와 차이가 있었으므로 기장을 담는 것이 달랐다.」

진陳나라는 남조南朝 최후의 왕조로 무장 진패선(陳覇先 : 武帝)이 557년 양梁나라의 선위禪位를 받아 지금의 장강長江과 월강粵江 유역에 세운 나라이다. 도읍은 건강建康이었다. 5주主 33년 만인 589년 수나라에게 망하였다.

19 오대五代시대 : 보통 오대십국五代十國시대라고 한다. 당唐이 멸망한 907년부터 960년 나라를 세운 송宋이 중국을 통일하게 되는 979년까지의 약 70년에 걸쳐 흥망興亡한 여러 나라와 그 시대이다. 그 중 오대五代는 화북華北의 중심지대를 지배하던 정통왕조正統王朝의 계열로 볼 수 있는 양梁・당唐・진晉・한漢・주周 등 5왕조인데, 사가史家들이 그 이전에 존재하였던 같은 이름의 왕조와 구별하기 위해 앞에 후後자를 붙였다. 그리고 10국은 화남華南과 기타 주변 각 지방에서 흥망한 지방 정권으로 오吳・남당南唐・오월吳越・민閩・형남荊南・남한南漢・초楚・전촉前蜀・후촉後蜀・북한北漢을 말한다.

20 왕박(王樸, 915~959) : 오대五代시대 동평東平 사람으로 자는 문백文伯이다. 벼슬은 후주 세종後周世宗 때 비부낭중比部郎中・추밀사樞密使를 지냈다. 흠천력欽天曆을 짓고 아악雅樂을 고정考正하였다.

21 태조(太祖, 재위 960~975) : 송나라의 초대 군주로 이름은 조광윤趙匡胤이다. 오대五代 유일의 명군이었던 후주後周의 세종世宗이 죽은 후 그의 부장이었던 조광윤이 근위병의 추대를 받아 천자의 자리에 올라 960년 송나라를 건국하였다. 그는 오대五代 부장들의 횡포에 혐오를 느껴 제위에 오르자 군인을 억압하고 문관文官을 우대하여 문치文治주의를 채택하였다.

22 왕박이~높으니 : 본서/율려증변/제10편 도량권형度量權衡/『수서』「율력지」의 15등척隋志十五等尺. 「五代王朴準尺 比漢前尺 一尺二分 오대五代 왕박(王朴, 915~959)의 준척準尺은 한漢나라 전척前尺을 기준으로 비교하면 1척 2푼이다."

송宋나라 진양陳暘의 『악서樂書』 권97 악도론樂圖論/정척定尺. "今聖朝景祐中 李照 宋祁 李隨 按協王朴律準 高古樂五律 禁坊樂二律 太祖皇帝 取京縣秬黍 累尺成律 鑄鐘審之 其聲 猶高 更用太府布帛尺爲法 下太常四律 別詔取上黨秬黍 定星杪 爲龠合升斗 以興鐘鎛聲量之法 去四

清聲 用十二律 眞曠世擧也 지금 우리 송 인종宋仁宗 경우景祐 연간(1034~1038)에 이조李照・송기宋祁・이수李隨가 왕박王朴의 율을 비교조사해보니 고악古樂에 비해 5율, 금방악禁坊樂에 비해 2율이 높았다. 태조황제가 경현京縣의 기장을 취하여 기장을 잇대 얻은 척도로 율을 완성하고 종鐘을 주조하여 살펴보니 그 소리가 오히려 높았다. 다시 태부포백척太府布帛尺으로 법을 삼아 태상악을 4율 내리고, 별도 조칙으로 상당上黨 기장을 취하여 눈금을 정하여 약籥・홉合・승升・두斗를 만들어 종鐘・박鎛・성聲・량量의 법을 일으키고, 4청성을 없애 12율을 썼으니, 참으로 세상을 밝히는 거사였다.」

23 범촉공范蜀公 : 송나라 성도成都 화양華陽 사람인 범진(范鎭, 1008~1089)이다. 본서/권1. 율려신서律呂新書/주자 서문朱子序文 각주 14) 참조.

24 하남河南 정씨程氏 : 북송北宋 중기의 유학자儒學者로 하남河南 낙양洛陽 출신인 정이(程頤, 1033~1107)이다. 정이의 자는 정숙正叔, 호는 이천伊川, 시호는 정공正公이다. 이천백伊川伯에 봉해졌으므로 이천선생伊川先生으로 불리었다. 형 정호程顥와 함께 주돈이周敦頤에게서 배웠고, 형과 아울러 '이정자二程子'라 불리며 정주학程朱學의 창시자로 알려져 있다. 철종哲宗 초에 사마광司馬光・여공저呂公著 등의 추천으로 국자감 교수가 되었고, 이어서 비서성 교서랑校書郎・숭정전 설서崇政殿說書로 발탁되었다. 그러나 왕안석王安石・소식蘇軾 등과 뜻이 맞지 않았고, 당화黨禍를 입어 사천성四川省 부주涪州로 귀양 간 일도 있다. 학자로서의 그는 『역경易經』에 대한 연구가 특히 깊었고, '이기이원론理氣二元論'의 철학을 수립하여 큰 업적을 남겼다. 그의 철학은 주자에게 계승되어 『태극도설太極圖說』과 『태극도설해太極圖說解』에 나타나 있다. 저서에 『역전易傳』 4권이 있으며, 그의 학설은 형의 학설과 함께 서필달徐必達의 『이정전서二程全書』에 수록되어 있다. 또 그의 전기는 주자가 지은 『이락연원록伊落淵源錄』에 실려 있다. <『동아세계대백과사전』 24권, 동아출판사, 1994, 623쪽.>

25 옛날 법에~채워졌는데 : 당唐나라 장손무기長孫無忌 등의 『수서隋書』 권16 지志 제11/율력상律曆上/심도審度. 「十一蔡邕銅籥尺 其銘曰籥 黃鐘之宮 長九寸 空圍九分 容秬黍一千二百粒 稱重十二銖 兩之爲一合 三分損益 轉生十二律 11은 채옹蔡邕의 동약척銅籥尺이니, 그 명銘에 말하였다. "1약籥이 황종궁黃鐘宮이니 길이는 9촌이고 공위空圍는 9평방푼이며, 용량은 기장 1200알을 담으며, 무게는 12수銖에 맞고, 그 둘을 합한 것이 1홉合이다. 삼분손일・삼분익일을 반복하여 11률을 낳는다."」

26 양두산羊頭山 기장 : 양두산은 산서성 심원현沁源縣의 동북쪽에 있는 산이다. 여기에서 생산되는 검은 기장 100알을 늘어놓아 그 길이를 척尺의 기본으로 하고 그 무게를 저울의 기본으로 하고 그 부피를 양量의 기본으로 하였으며, 또 그것을

이용하여 음률의 기본인 황종을 만들었다 한다.

27 옛날~않았다 : 송宋나라 진양陳暘의 『악서樂書』 권97 악도론樂圖論/누서絫黍. 「聖朝李照 以縱黍絫尺 黍細而尺長 胡瑗 以橫黍絫尺 黍大而尺短 要皆失於以尺生律也 우리 송나라 이조李照는 기장을 세로로 잇댄 척을 썼으니 기장이 작아도 척도가 길었고, 호원胡瑗은 기장을 가로로 잇댄 척을 썼으니 기장이 커도 척도가 짧았다. 요컨대 모두 척도를 기본으로 율관을 만드는 것에서 잘못되었던 것이다.」

호원(胡瑗, 993~1059)은 본서/제요提要 각주 57) 참조.

28 횡거橫渠 장씨張氏 : 북송北宋의 성리학자인 장재(張載, 1020~1077)이다.

본서/제요提要 각주 26) 참조.

29 태사공太史公 : 『사기』를 쓴 한나라의 사마천司馬遷이 태사령太史令의 직에 있었으므로 일컫는 말이다.

본서/율려증변/제2편 율장단위경지수律長短圍徑之數의 각주 2) 참조.

30 한漢나라 태사령太史令 사마천司馬遷의 『사기史記』 권25 율서律書 제3.

31 한漢나라 난대영사蘭臺令史 반고班固의 『전한서前漢書』 권21상 율력지律歷志 제1상.

32 송宋나라 선성태수宣城太守 범욱范煜의 『후한서後漢書』 권11 율력지律歷志 제1/율력지律歷志.

33 우선~것이다 : 본서本書/율려본원/제1편 황종黃鐘의 세주細註 노재魯齋 팽씨彭氏의 설說. 「今宜依此說 先多截竹以擬黃鐘之管 或短或長 長短之內 每差纖微 各爲一管 悉以此諸管 埋地中 俟冬至時 驗之 若諸管之中 有氣應者 卽取其管而計之 知此管 合於造化自然 非人力可爲 卽以此管 分作九寸 寸作九分 分作九釐 釐作九毫 毫作九秒 秒作九忽 以合八十一 終天之數 及元氣運行 自子至亥 得十七萬七千一百四十七之數 凡用此管 三分損益 上下相生 由此 이제 마땅히 이 학설을 의거하여 먼저 많은 대나무를 잘라 황종관을 견주어 혹은 짧고 혹은 길게 하되 길고 짧은 범위 내에 미세한 차이로 각각 관 하나씩을 만들고 모든 이 관들을 땅에 묻어 동지冬至를 기다려 시험한다. 만약 여러 관 가운데 기운이 응하는 것이 있으면 바로 그 관을 찾아 계산하니, 이 관이 천지자연의 이치에 부합한 것이라, 인력으로 할 수 있는 것이 아니라는 것을 알 것이다. 곧 이 관을 9촌으로 나누어 1촌은 9푼으로, 1푼은 9리로, 1리는 9호로, 1호는 9초로, 1초는 9홀로 정하여 9×9=81인 종천終天의 수에 부합하게 한다. 원기元氣가 운행함에 미쳐 자子로부터 해亥에 이르기까지 177147의 수를 얻으니, 모두 이 관을 써서 삼분손일·삼분익일하여 상생上生과 하생下生하는 것은 이것을 말미암는다.」

34 한漢나라 난대영사蘭臺令史 반고班固의 『전한서前漢書』 권21상 율력지律歷志 제1상. 「量者 龠合升斗斛也 所以量多少也 本起於黃鐘之龠 用度數審其容 以子穀秬黍中者 千有二百實其龠 以井水准其概 合龠爲合 十合爲升 十升爲斗 十斗爲斛 而五量嘉矣 양量은 단위가 약龠·

홉合 · 승升 · 두斗 · 곡斛이니 부피를 재는 것이다. 본래 황종의 약龠에서 시작하니 장단長短을 헤아리는 도度와 다과多寡를 헤아리는 수數를 기준으로 그 용기容器를 상세히 조사하여 정하는데, 찧지 않은 기장 알곡 중간 것 1200알로 약龠을 채워 우물물로 그 평미레 수평을 잡는다. 2약이 1홉合이고, 10홉이 1승升이고, 10되가 1두斗이고, 10말이 1곡斛이니, 다섯 부피 단위가 훌륭하다.」

35 성기聲氣의 근원 : 본서/제요提要 각주 22) 참조.

律長短圍徑之數第二

제2편 율장단위경지수

司馬遷律書

律名	本文	改正
黃鐘	八寸七分一宮	八寸十分一[1]
林鐘	五寸七分四角	五寸十分四
太簇	七寸七分二商	七寸十分二
南呂	四寸七分八徵	四寸十分八
姑洗	六寸七分四羽	六寸十分四
應鐘	四寸二分三分二羽	四寸二分三分二
蕤賓	五寸六分三分一	五寸六分三分二 强이 四百八十六이라.
大呂	七寸四分三分一	七寸五分三分二 强이 四百□□五라.
夷則	五寸四分三分二商	五寸□□三分二 弱이 二百一十六이라.
夾鐘	六寸一分三分一	六寸七分三分一 强이 一百九十八이라.
無射	四寸四分三分二	四寸四分三分二 强이 六百□□二라.
仲呂	五寸九分三分二徵	五寸九分三分二 强이 五百八十一이라.

사마천(司馬遷, B.C. 145경~B.C. 86경)[2]의 「율서律書」

율명	본 문	개 정	역자 교정
황종	八寸七分一 宮	81푼	81푼 宮
임종	五寸七分四 角	54푼	81×2/3=54푼 徵[3]
태주	七寸七分二 商	72푼	54×4/3=72푼 商
남려	四寸七分八 徵	48푼	72×2/3=48푼 羽[4]
고선	六寸七分四 羽	64푼	48×4/3=64푼 角[5]
응종	四寸二分三分二 羽	42푼+2/3푼=42.67푼	64×2/3=42.6̇푼

율명	본 문	개 정	역자 교정
유빈	五寸六分三分一	56푼+2/3푼=56.66푼 표기한 수 외 나머지가 486이다.	42.6×4/3=56.8푼
대려	七寸四分三分一	75푼+2/3푼=75.66푼 표기한 수 외 나머지가 405이다.	56.8×2/3=37.925푼[6] 37.925×2=75.8519푼
이칙	五寸四分三分二 商	50푼+2/3푼=50.66푼 표기한 수 외 부족수가 216이다.	37.925×4/3=50.5679푼
협종	六寸一分三分一	67푼+1/3푼=67.33푼 표기한 수 외 나머지가 198이다.	50.5679×2/3=33.7119푼 33.7119×2=67.4239푼
무역	四寸四分三分二	44푼+2/3푼=44.67푼 표기한 수 외 나머지가 602이다.	33.7119×4/3=44.9492푼
중려	五寸九分三分二 徵	59푼+2/3푼=59.67푼 표기한 수 외 나머지가 581이다.	44.9492×2/3=29.9662푼 29.9662×2=59.9323푼

案律書此章所記分寸之法은 與他記不同하야 以難曉라. 故로 多誤라. 蓋取黃鐘之律은 九寸이니 一寸은 九分하야 凡八十一分이어늘, 而又以十約之爲寸이라. 故로 云 '八寸十分一'이니 本作'七分一'者는 誤也라.

今以相生次序로 列而正之하면, 其應鐘以下는 則有小分하니, 小分은 以三爲法일새라. 如歷家太少餘分强弱耳하니 其法이 未密也라. 今以二千一百八十七로 爲全分하면, 七百二十九로 爲三分一하고, 一千四百五十八로 爲三分二라. 餘分之多者는 爲强하고 少者는 爲弱하니, 列於逐律之下하야 其誤字를 悉正之하다.

隋志에 引此章中 '黃鐘 · 林鐘 · 太簇 · 應鐘 四律寸分'호대, 以爲與班固 · 司馬彪 · 鄭氏 · 蔡邕 · 杜夔 · 荀勗所論으로 雖尺有增減이나 而十二律之寸數는 並同하니, 則是時律書를 尙未誤也라. 及司馬貞索隱하야 始以'舊本에 作七分一은 爲誤라'하니, 其誤도 亦未久也라.

沈括이 亦曰 "此章七字는 皆當作十字니 誤屈中畫耳라. 大要律書에 用相生分數하니, 相生之法은 以黃鐘爲八十一分하고 今以十爲寸法이라. 故로 有[7]八寸一分이라. 漢前後志及諸家는 用審度하니 分數審度之法은 以黃鐘之長爲九十分호

대 亦以十爲寸法이라. 故로 有九十分이라. 法雖不同이나 其長短則一이라. 故로 隋志에 云 '寸數並同也라'하니라."

내가 살펴보니, 『사기』「율서」의 이 장에서 기록한 푼촌법[分寸法]은 다른 기록과 달라 환히 알기 어렵다. 그러므로 의혹이 많다. 대체로 황종이 사용하는 율관은 9촌이다. 1촌은 9푼이어서 모두 81푼인데, 다시 10푼을 1촌으로 요약하였다. 그러므로 '8촌×10푼+ 1푼=81푼[八寸十分一]'이라고 한 것이니, 본문에 '칠분일七分一'이라고 쓴 것은 오류이다.

이제 상생相生하는 차례로 나열하여 바로잡으면, 그 응종 이하는 여러 자리 소수점 아래 수가 있는데,[8] 여러 자리 소수점 아래 수가 있는 것은 3을 분모로 하기 때문이다.[9] 예컨대 역사학자는 너무 적은 나머지는 강强 · 약弱[10]으로 표기할 뿐이었으니, 그 법이 세밀하지 못하다. 만일 2187[11]을 전체의 수로 삼으면, 729가 1/3이 되고, 1458이 2/3가 된다. 나머지가 표기한 수보다 많은 것은 강强이 되고 적은 것은 약弱이 되니, 율 하나하나의 아래에 나열하여 그 오자誤字를 다 바로잡았다.

『수서』「율력지」에서 이 장章 가운데 '황종 · 임종 · 태주 · 응종 4율의 촌 · 푼'[12]을 인용하였는데, 반고 · 사마표司馬彪[13] · 정씨鄭氏[14] · 채옹蔡邕 · 두기杜夔[15] · 순욱이 논한 것과 비록 척尺은 증감이 있었으나, 12율의 촌寸 수는 모두 같았으니, 이 당시까지 『사기』「율서律書」를 아직 잘못으로 보지 않았던 것이다. 사마정司馬貞[16]의 『사기색은史記索隱』[17]에 이르러 비로소 '구본舊本에 칠분일七分一을 쓴 것은 잘못되었다.'고 하였으니, 그것을 잘못으로 본 것 또한 오래되지 않았다.

심괄沈括[18]이 또 말하였다. "이 장의 '七'자는 모두 마땅히 '十'자로 써야 하니 중간 획을 꼬부린 것이 잘못되었을 뿐이다. 『사기』「율서律書」에 상생相生 분수分數를 대략 썼는데, 상생법相生法은 황종으로 81푼을 삼고, 이제 10으로 촌법寸法을 삼았다. 그러므로 8촌 1푼[81푼]이 있는 것이다. 『전한서』 ·

『후한서』의 「율력지」와 여러 학파는 심도審度를 썼다. 분수分數와 심도審度하는 법은 황종관의 길이를 90푼으로 하였는데, 또한 10을 존법寸法으로 삼았다. 그러므로 90푼이 있는 것이다. 법이 비록 같지 않지만 그 길이는 같다. 그러므로 『수서』 「율력지」에 '촌수寸數가 아울러 같다.'[19]고 하였다."

其黃鐘下에 有'宮'하고, 太簇下에 有'商'하고, 姑洗下에 有'羽'하고, 林鐘下에 有'角'하고, 南呂下에 有'徵'字한대, 晉志에 論 "律書는 五音相生하니 而以宮生角하고, 角生商하고, 商生徵하고, 徵生羽하고, 羽生宮이라. 求其理用하면 罔見通途[20]"者ㅣ 是也라. 仲呂下에 有徵하고, 夷則下에 有商하고, 應鐘下에 有羽字한대, 三者는 未詳하니 亦疑後人誤增也라. 下云 '上九 商八 羽七 角六 宮五 徵九'者는 卽是上文聲律數라. 太簇八寸爲商하고, 姑洗七寸爲角[21]하고, 林鐘六寸爲徵[22]하고, 南呂五寸爲羽[23]하고 黃鐘九寸爲宮이니, 其曰宮五徵九는 誤字也라.

그 황종 아래에 '궁宮'자가 있고, 태주 아래에 '상商'자가 있고, 고선 아래에 '우羽'자가 있고, 임종 아래에 '각角'자가 있고, 남려 아래에 '치徵'자가 있는데, 『진서』 「율력지」에 "사마천司馬遷의 『사기』 「율서」는 오음五音이 상생한 것이니 궁이 각을 낳고, 각이 상을 낳고, 상이 치를 낳고, 치가 우를 낳고, 우가 궁을 낳은 것이다. 그 이치의 운용運用을 구하려면 견해가 막힘없이 통한 사람이 아무도 없었다."[24]라고 논한 것이 이것이다. 중려 아래에 '치徵'자가 있고, 이칙 아래에 '상商'자가 있고, 응종 아래에 '우羽'자가 있는데, 세 가지는 상세히 알 수 없으니, 아마도 뒷사람이 잘못해서 글자를 더한 것 같다. 아래 「율서律書」의 생종분生鍾分에 말한 '상上은 9이고, 상商은 8이고, 우羽는 7이고, 각角은 6이고, 궁宮은 5이고, 치徵는 9'[25]라는 것은, 곧 이 윗글인 율수律數이다. 태주 8촌은 상성이고, 고선 7촌은 각성이고, 임종 6촌은 치성이고, 남려 5촌은 우성이고, 황종 9촌은 궁성이니,[26] 그 '궁宮은 5이고, 치徵는 9'라는 것은 잘못된 글자이다.

漢志曰 "易曰 '參天兩地而倚數라'하니, 天之數는 始於一하고 終於二十五하나니, 其義는 紀之以三이라. 故로 置一得三이라. 凡二十五에 置終天之數하고 又二十五分之六하야[27] 得八十一하고, 以天地五位之合終於十者로 乘之하면 爲八百一十分하야 應曆[28]一統 孟康曰 "十九歲爲一章이니 一

統은 凡八十一章이라." 千五百三十九歲之章數하니 黃鐘之實也니 繇此之義하야 起十二律之周徑하니라. 孟康曰 "律孔徑三分은 參天數也요, 圍九分은 終天數也라."

地之數는 始於二하고 終於三十하나니, 其義는 紀之以兩이라. 故로 置一得二라. 凡三十에 置終地之數하야 得六十하고, 以地中六數로 乘之하면 爲三[29]百六十分하야 當期之日하니 林鐘之實也라. 孟康曰 "林鐘은 長六寸이요, 圍六分이니 以圍乘長하야 得三[30]百六十分이라."

人者는 繼天順地하며 序氣成物하야 統八卦하고 調八風하며, 理八政하고 正八節하며, 諧八音하고 舞八風하며, 監八方하고 被八荒하야 以終天地之功이라. 故로 八八六十四는 其義ㅣ 極天地之變하니 以天地五位之合 終於十者로 乘之하면 爲六百四十分하야 以應六十四卦하니 太簇之實也라. 孟康曰 "太簇는 長八寸이요 圍八分이니 爲積六百四十分也라."

『전한서』「율력지」에 말하였다. "『주역』에 말하기를 '하늘은 셋으로 하고 땅은 둘로 하여 수를 의지한다.'[31]고 하였으니, 천수天數는 1에서 시작하고 25에서 마치는데,[32] 그 뜻은 천·지·인 셋으로 기강을 삼았다. 그러므로 1을 두고 3을 얻었다. 무릇 25에 종천終天의 수 3을 놓고 [25×3], 또 25 가운데 6을 더해 81을 얻고,[33] 천지 다섯 자리의 합이 10에서 마치는 것으로 곱하면 810입방푼이 되어 역법曆法의 일통一統[34]인 맹강이 말하였다. "19년이 일장一章[35]이 되니, 일통은 모두 81장章이다." 1539년의 장수章數에 응하니, 황종의 부피이다. 이 뜻으로부터 12율의 주위(周圍 : 원둘레 안쪽넓이)와 지름이 시작되었다. 맹강이 말하였다. "율관의 구멍지름 3푼은 하늘에서 셋을 취한 수이고, 공위空圍 9평방푼은 종천終天의 수이다."

지수地數는 2에서 시작하고 30에서 마치는데,[36] 그 뜻은 둘로 기강을 삼았다. 그러므로 1을 두고 2를 얻었다. 무릇 30에 종지終地의 수 2를 놓아[30×2] 60을 얻고 지수의 가운데 수 6으로 곱하면 360입방푼이 되어 1년의 날수에 해당하니 임종의 부피이다. 맹강이 말하였다. "임종관은 길이가 6촌이고 공위空圍가 6평방푼이니, 공위로 길이를 곱하여 360입방푼을 얻는다."

사람은 하늘을 이어받고 땅을 따르며 기운을 차례로 받아 만물을 이루어 팔괘八卦[37]를 통제統制하고 팔풍八風[38]을 고르게 하며, 팔정八政[39]을 다스리고 팔절八節[40]을 바르게 하며, 팔음八音[41]을 조화롭게 하고, 팔풍八風에 맞춰 춤추며, 팔방八方[42]을 살피고, 팔황八荒[43]에까지 미쳐 천지의 공효功效를 마친다.[44] 그러므로 8×8=64는 그 뜻이 천지의 변화를 다하니, 천지 다섯 자리의 집합이 10에서 마치는 것으로 곱하면 640입방푼이 되어 64괘에 응하니 태주의 부피이다. 맹강이 말하였다. "태주는 길이가 8촌이고 공위空圍가 8입방푼이니 부피가 640입방푼이 된다."[45]

案漢志에 以黃鐘林鐘太簇三律之長으로 自相乘하고, 又因之以十也라. 黃鐘은 長九寸이니 九九八十一에 又以十因之하야 爲八百一十이요, 林鐘은 長六寸이니 六六三十六에 又以十因之하야 爲三百六十이요, 太簇는 長八寸이니 八八六十四에 又以十因之하야 爲六百四十이라. 黃鐘은 應曆一統하고, 林鐘은 當期之日하고, 太簇는 應六十四卦한대, 皆倚數配合爲說而已라.

獨黃鐘云 '繇此之義하야 起十二律之周徑이라'한대, 蓋黃鐘은 十其廣之分하야 以爲長하고, 十一其長之分하야 以爲廣이라. 故로 空圍九分이요 積八百一十分이니 其數與此相合이라. 長九寸에 積八百一十分이면 則其周徑ㅣ 可以數起矣니, 卽胡安定所謂 '徑이 三分四釐六毫요 圍ㅣ 十分二釐八毫者ㅣ' 是也라. 孟康이 不察하고 乃謂 '凡律圍徑不同하야 各以圍乘長하야 而得此數'者는 蓋未之考也리라.

내가 살펴보니, 『전한서』「율력지」에 황종·임종·태주 3율의 길이로 제곱하고, 또 그 수를 10배로 중첩하였다. 황종은 길이가 9촌이니 9×9=81에 또 그 수를 10배로 중첩하여 810이 되고, 임종은 길이가 6촌이니 6×6=36에 또 그 수를 10배로 중첩하여 360이 되고, 태주는 길이가 8촌이니

8×8=64에 또 그 수를 10배로 중첩하여 640이 되었다. 황종은 역법曆法 일통一統에 응하고, 임종은 1년의 날에 해당하고, 태주는 64괘에 응하였는데, 모두 수를 말미암아 적절하게 말한 것일 뿐이다.

오직 황종은 '이 뜻으로부터 12율의 원둘레와 지름이 시작되었다.'[46]고 하였는데, 황종은 그 율관 단면적의 푼을 10으로 해서 길이를 삼고, 그 길이의 푼을 10을 1로 해서 율관 단면적을 삼는다.[47] 그러므로 공위空圍는 9평방푼이고 부피는 810입방푼이니 그 수가 이것과 서로 부합한다. 길이 9촌에 부피가 810입방푼이면 그 원둘레와 지름의 수가 제기提起될 수 있으니, 곧 안정安定 호원胡瑗의 이른바 '지름이 3푼 4리 6호이고 원둘레가 10푼 2리 8호'[48]가 이것이다. 맹강[49]이 살피지 못하고 말하기를 '율관의 원지름이 같지 않아 각각의 원둘레에 길이를 곱해 이 수를 얻었다.'고 말한 것은, 아마 고찰하지 못했던 것 같다.

後漢鄭康成月令註曰 "凡律空圍는 九分[50]이라." 孔穎達疏曰 諸律 雖短長有差 其圍 皆以九分爲限

후한後漢 정강성鄭康成[51]의 『월령주月令註』에 말하였다. "모든 율관의 공위空圍는 9평방푼이다." 공영달孔穎達의 소疏에 말하였다. "모든 율관이 비록 길고 짧은 차이가 있으나, 그 공위空圍는 모두 9평방푼을 한도限度로 삼는다."

○蔡邕銅龠銘曰 "龠이 黃鐘之宮이니 長九寸이요 空圍九分이며, 容秬黍一千二百粒이며, 稱重十二銖하고 兩之爲一合이라. 三分損益하야 轉生十一律이라." 月令章句曰 "古之爲鐘律者는 以耳齊其聲이러니, 後人不能則假數하야 以正其度하니, 度正則音已正矣라. 鐘은 以斤兩尺寸中所容受升斗之數爲法하고, 律도 亦以寸分長短爲度라. 故曰 '黃鐘之管은 長九寸이요 徑三分이라'하니라. 其餘稍

短하야 雖大小나 圍數無增減이라. 以度量者ㅣ 可以文載口傳하야 與衆共知라. 然不如耳決之明也니라."

○ 채옹(蔡邕, 131~192)[52]의 동약명銅龠銘에 말하였다. "1약龠이 황종궁이니 길이는 9촌이고 공위空圍는 9평방푼이며, 용량은 기장 1200알이며, 맞는 무게는 12수銖이고, 그 약龠 둘을 합한 것이 1홉合이다. 삼분손일·삼분익일을 반복하여 나머지 11률을 낳는다." 『월령장구月令章句』[53]에 말하였다. "옛날 종鐘과 율관律管을 만드는 사람은 귀로 그 소리를 바로잡았는데, 후대 사람은 할 수 없으면 수를 빌어 그 도수度數를 바로잡았으니, 도수가 바르면 음률이 바르게 된다. 종鐘은 근斤·냥兩[54]과 척尺·촌寸 단위에 맞는 것과 승升·두斗에 담는 수로 기준을 삼고, 율관도 또한 촌寸·푼의 길이로 법도를 삼는다. 그러므로 '황종관은 길이가 9촌이고 지름이 3푼이다.'고 하였다. 그 나머지 율관은 점점 짧아져 비록 크거나 작거나 원둘레 수는 증감이 없다. 이로써 도度·량量이 글로 수록되고 구전口傳되어 많은 사람들이 알게 되었다. 그러나 분명하게 귀로 듣고 결정하는 것만 못하다."

○韋昭周語註曰 "黃鐘은 陽[55]之變也니, 管長九寸이요 徑三分 圍九分이라. 律長九寸[56]이니 因而九之하야 九九八十一이라. 故로 黃鐘之數ㅣ 立焉이니라."

○ 위소(韋昭, 204~273)[57] 「주어周語」[58] 주註에 말하였다. "황종은 양陽의 변모變貌니 관管의 길이가 9촌이고, 지름은 3푼, 공위空圍는 9평방푼이다. 율관 길이가 9촌이니, 9배로 중첩하여 9×9=81이다. 그러므로 황종수黃鐘數가 수립되었다."[59]

案鄭康成月令註에 云 "凡律空圍는 九分이라"하고, 蔡邕銅龠銘에 亦云 "空圍九分이라"하니, 蓋空圍中廣은 九分也라.

東都之亂에 樂律散亡이나, 邕之時未亂하야 當親定之하고 又曉解律呂어늘, 而月令章句에 云 "徑三分이라"하니 何也오? 孟康韋昭之時는 漢斛은 雖在나 而律不存矣요, 康昭等이 不通律呂라. 故로 康云 "黃鐘 · 林鐘 · 太簇圍徑이 各異라"하고, 昭云 "黃鐘徑은 三分이라"하니, 皆無足怪者라. 隋氏之失은 豈康昭等이 有以啓之與아? 不知而作은 宜聖人所深戒也라.

내가 살펴보니, 정강성鄭康成의 『월령주月令註』에 "모든 율관의 공위空圍는 9평방푼이다."라고 하고, 채옹蔡邕의 동약명銅龠銘에 또한 "공위空圍는 9평방푼이다."라고 하였으니, 율관의 원둘레 안쪽넓이[空圍中廣]는 9평방푼이다.

동도東都 낙양洛陽의 난[60]에 악률이 흩어져 없어졌으나, 채옹 당시는 아직 혼란스럽지 않아 응당 친히 제정하고 또 율려를 깨달아 알았는데, 『월령장구月令章句』에서 "지름이 3푼이다."라고 하였으니, 무슨 까닭인가? 맹강 · 위소韋昭 당시에는 한나라 곡斛은 있었으나 율관은 존재하지 않았다. 맹강 · 위소韋昭 등이 율려에 통달하지 못하였으므로, 맹강은 "황종관 · 임종관 · 태주관 원지름이 각각 다르다."[61]라고 하고, 위소는 "황종관 지름은 3푼이다."라고 한 것이니, 모두 괴상할 것이 없다. 수나라 왕조의 잘못이 어찌 맹강 · 위소 등이 인도한 것이겠는가? 알지 못하면서 창작하는 것은 마땅히 성인聖人이 깊이 경계하는 것이다.

魏徵隋志曰 "開皇元年平陳後에 **牛弘 · 辛彥之 · 鄭譯 · 何妥等**이 **參考古律度**하니 **各**[62]**依時代**하야 **制**[63]**其黃鐘之管**호대, **俱徑三分**이요 **長九寸**이라. **度自有損益 故**로 **聲有高下**하야 **圍徑長短**이 **與度而差**라. **故**로 **容黍不同**이라.

今列其數云이라.

晉前尺은 **黃鐘**이 **容黍八百八粒**이며, **梁法尺**은 **黃鐘**이 **容八百二十八**이

며, 梁表尺은 黃鐘이 三이니 其一은 容九百二十五이요 其一은 容九百一十이요 其一은 容一千一百二十이며, 漢官尺은 黃鐘이 容九百三十九며, 古銀錯題의 黃鐘龠이 容一千二百이며, 宋氏尺은 卽鐵尺이니 黃鐘이 凡二니 其一은 容一千二百이요 其一은 容一千四十七이며, 後魏前尺은 黃鐘이 容一千一百一十五이며, 後周玉尺은 黃鐘이 容一千二百六十七이며, 後魏中尺은 黃鐘이 容一千五百五十五이며, 後魏後尺은 黃鐘이 容一千八百一十九이며, 東魏尺은 黃鐘이 容二千八百六十九며, 萬寶常水尺은 律母黃鐘이 容黍一千三百二十이라.
梁表[64]·鐵尺律黃鐘副別者는 其長短及口[65]空之圍徑은 並同이나, 而容黍ㅣ 或多或少하니, 皆是作者ㅣ 旁庣其腹하야 使有盈虛일새라."

위징魏徵[66]의 『수서』 「율력지」에 말하였다. "개황(開皇, 581~600)[67] 원년 진陳나라[68]를 평정한 뒤에 우홍牛弘[69]·신언지辛彦之[70]·정역鄭譯[71]·하타何妥[72] 등이 옛날 음률의 표준[律度]을 참고해 보니 각각 시대에 따라 그 황종관을 제정하였는데, 모두 지름이 3푼이고 길이가 9촌이었다. 도(度 : 자)가 자연 증감이 있었으므로 소리가 높고 낮아짐이 있어 원지름의 길이가 자와 차이가 있었다. 그러므로 기장을 담는 것이 달랐다.

이제 그 수를 배열한다.

진晉나라 전척前尺[73]은 황종관이 기장 808알을 담으며, 양梁나라 법척法尺[74]은 황종관이 기장 828알을 담으며, 양梁나라 표척表尺[75]은 황종관이 셋이니, 그 하나는 기장 925알을 담고, 다른 하나는 910알을 담고, 또 다른 하나는 1120알을 담으며, 한漢나라 관척官尺[76]은 황종관이 기장 939알을 담으며, 옛날 은銀으로 아로새긴 황종약黃鐘龠은 기장 1200알을 담으며,[77] 송씨척宋氏尺[78]은 곧 철척鐵尺으로 황종관이 모두 둘이니, 그 하나는 기장 1200알을 담고, 다른 하나는 1047알을 담으며, 후위後魏의 전척前尺[79]은 황종관이 기장 1115알을 담으며, 후주後周의 옥척玉尺[80]은 황종관이 기장 1267알을 담으며, 후위後魏의 중척中尺[81]은 황종관이 기장 1555알을 담으며, 후위後魏의 후척後尺[82]은 황종관이 기장 1819알을 담으며, 동위東魏의 척尺[83]은 황종관이 기장 2869알을 담으며, 만보상萬寶常의 수척水尺[84]은 율모律母[85]와 같은 음을 내는 황종관이 기장 1320알을 담는다.

양梁나라 표척表尺 3벌과 철척鐵尺 2벌의 황종률관이 다른 것은, 그 길이와 구멍의 원지름은 모두 같지만 기장을 담는 것이 혹은 많고 혹은 적었으니, 모두 이는 만든 사람이 그 복腹에 나팔모양을 입구에 만들어 가득차거나 비게 하였기 때문이다."

案梁表尺三律與宋氏尺二律이 容受不同이어늘, 史謂 '作者ㅣ 旁㢋其腹하야 使有盈虛일새라'[86]하니, 則當時制作之疎를 亦可見矣라. 晉前尺律黃鐘이 止容八百八黍者는 失在於徑三分也라.

古銀錯은 與玉尺·玉斗로 合이라. 玉斗之容受는 與晉前尺徑三分四氂六毫者로 不甚相遠이라. 但玉尺律은 徑이 不及三分이라. 故로 其律이 遂長하야 而尺長於晉前尺寸五分八氂이라. 蓋自漢魏而下하야 造律에 竟不能成하야 而度之長短과 量之容受와 權衡之輕重이 皆戾於古하니 大率皆由徑三分之說하야 誤之也라.

내가 살펴보니, 양梁나라 표척表尺 세 율관律管과 송씨척宋氏尺 두 율관이 담는 용량이 같지 않은데, 역사서에 '만든 사람이 그 복腹에 나팔모양을 입구에 만들어 가득차거나 비게 하였기 때문이다.'고 하였으니, 당시에 소홀하게 제작된 것을 볼 수 있다. 진晉나라 전척前尺 황종률관이 다만 기장 808알을 담는다는 것은 잘못이 지름 3푼에 있다.

옛날 은銀으로 아로새긴 채옹蔡邕의 동약銅龠은 옥척玉尺[87]·옥두玉斗[88]와 부합한다. 옥두가 담는 용량은 진晉나라 전척前尺 지름이 3푼 4리 6호와 크게 다르지 않다. 다만 옥척율관은 지름이 3푼에 미치지 못하므로 그 율관이 결과적으로 길어져 척이 진晉나라 전척前尺을 기준으로 1촌 5푼 8리 길다. 한漢·위魏나라로부터 내려와 율관을 만들 때 마침내 완성할 수 없어 도度의 길이와 양量의 용량과 권형權衡의 무게가 모두 옛날과 다르니, 대략 모두 지름이 3푼이라는 학설로부터 잘못된 것이다.

本朝胡安定律呂議曰 "案歷代律呂之制에 '黃鐘之管은 長이 九十黍之廣이니 積九寸이라'하니 度之所由起也요, '容이 千二百黍에 積이 八百一十分이라'하니 量之所由起也요, '重이 十有二銖라'하니 權衡之所由起也라.
旣度量權衡이 皆出於黃鐘之龠이면 則黃鐘之龠의 圍徑容受는 可取四者之法하니 交相酬驗하야 使不失其實也라. 今驗黃鐘律管하니 每長一分內에 實十三黍와 又三分黍之一하야 圍中에 容九方分也라.
後世儒者는 執守孤法하야 多不能貫知權量之法일새, 但制尺求律에 便爲堅證하고 因謂 '圍九分'者는 取空圍圓長九分爾라. 以是圍九分之誤로 遂有徑三分之說하니, 若從'徑三圍九'之法하면 則黃鐘之管은 止容九百黍하고 積止六百七分半이라. 如此면 則黃鐘之聲은 無從而正이며, 權量之法은 無從而生이니, 周之嘉量과 漢之銅斛이 皆不合其數矣리라.

우리 송나라 안정安定 호원胡瑗의 『율려의律呂議』에 말하였다. "내가 살펴보니, 역대 율려의 제도에 '황종관은 길이가 기장 90알을 늘어 논 거리니 결과치가 9촌이다.'고 하였으니 도度가 그것에서 시작되었고, '용량이 기장 1200알에 부피가 810입방푼이다.'고 하였으니 양量이 그것에서 시작되었고, '무게가 12수銖이다.'고 하였으니 권權·형衡이 그것에서 시작되었다.

이미 도度·량量·권權·형衡이 모두 황종약黃鐘龠에서 나왔으면, 황종약의 원지름·용량은 네 가지의 법을 취할 수 있으니 서로 실제 시험하여 그 실상을 잃지 않게 해야 한다. 이제 황종률관을 시험하니, 매 길이 1푼 안에 기장 13알과 3분의 1알을 채워 원둘레 가운데 9입방푼을 담았다.

후세의 유자儒者들은 고루한 법을 고수하여 대다수 권량權量의 법을 충분히 알지 못하였기 때문에, 다만 척尺을 제정하여 율律을 구할 때 바로 확증을 삼고 곧 '위圍 9푼'은 원둘레 길이 9푼을 취하는 것뿐이라고 생각하였다. 이 '위圍 9푼'의 잘못으로 결국 지름이 3푼이라는 말이 있게 되었다. 만약 '지름이 3푼이고 원둘레가 9푼이다.'는 법을 따르면 황종관은 다만 기장 900알을 담고 부피는 다만 607.5입방푼[89]이 된다. 이와 같으면 황종성黃鐘聲은 그에 따라 바르게 할 수 없으며, 권량법權量法은 그에 따라 생길 수 없으니, 주周나라의 가량嘉量과 한나라의 동곡銅斛이 모두 그 수가 합당하지 않을 것이다."

案十二律圍徑은 自先漢以前은 傳記並無明文하고, 惟班志에 云 '黃鐘은 八百一十分이니, 由此之義하야 起十二律之周徑이라'하니라. 然其說이 乃是以律之長으로 自乘而因之以十하니, 蓋配合爲說耳요, 未可以爲據也라.

惟審度章에 云 '一黍之廣度之의 九十分이 黃鐘之長이니 一爲一分이라'하고, 嘉量章엔 則'以千二百黍로 實其龠이라'하고, 謹權衡章엔 則'以千二百黍로 爲十二銖라'하니, 則是累九十黍하야 以爲長하고, 積千二百黍하야 以爲廣을 可見也라. 夫長은 九十黍요 容은 千二百黍면 則空圍는 當[90]有九方分하니, 乃是圍는 十分三釐八毫요, 徑은 三分四釐六毫也라. 每一分이 容十三[91]黍와 又三分黍之一하니 以九十因之하면 則一千二百也라.

又漢斛銘文에 云 '律嘉量은 方尺에 圓其[92]外니, 庣旁은 九釐五毫요, 冪은 百六十二寸이요, 深尺積은 一千六百二十寸이며, 容十斗라'하니라. 嘉量之法은 合龠爲合이요, 十合爲升이요, 十升爲斗요, 十斗爲石이요, 一[93]石은 積一千六百二十寸이니 爲分者는 一百六十二萬이요, 一斗는 積一百六十二寸이니 爲分者는 十六萬二千이요, 一升은 積十六寸二分이니 爲分者는 一萬六千二百이요, 一合은 積一寸六分二釐니 爲分者는 一千六百二十이라. 則黃鐘爲龠하니 爲八百一十

分이 明矣라.

空圍ㅣ 八百一十分이면 則長은 累九十黍하고 廣은 容一千二百黍矣라. 蓋十其廣之分以爲長하고 十一其長之分以爲廣하니 自然之數也라.

自孟康以律之長十之一爲圍之謬으로 其後韋昭之徒ㅣ 遂皆有徑三分之說이러니, 而隋志ㅣ 始著以爲定論이라. 然累九十黍요 徑三黍면 止容黍八百有奇하야 終與一千二百黍之法으로 兩不相通하야 而律竟不成이라.

唐이 因聲制樂하니 雖近於古나 而律亦非是요, 本朝承襲이나 皆不能覺이라. 獨胡安定이 以爲九分者는 方分也라하야 以破徑三分之法이라. 然所定之律이 不本於聲氣之元하고 一取之秬黍라.

故로 其度量權衡이 皆與古不合이요, 又不知變律之法이라. 但見仲呂反生이 不及黃鐘之數하고, 乃遷就林鐘以下諸律圍徑하야 以就黃鐘淸聲하니, 以夷則南呂로 爲徑三分 圍九分하고, 無射으로 爲徑二分八釐 圍八分四釐하고, 應鐘으로 爲徑二分六釐五毫 圍七分九釐五毫라.

夫律은 以空圍之同이라. 故로 其長短之異로 可以定聲之高下하니 而其所以爲廣狹長短者ㅣ 又莫不有自然之數하니 非人之所能爲也라.

今其律之空圍不同이 如此면 則亦不成律矣요, 遂使十二律之聲으로 皆不當位하야 反不如和峴舊樂之爲條理하니 亦可惜也라.

房庶는 以徑三分 周圍九分이 累黍容受이 不能相通일새, 遂'廢一黍爲一[94]分'之法하고, 而增益班志八字하야 以就其說이라. 范蜀公이 乃從而信之하니 過矣로다.

내가 살펴보니, 12율관 원지름은 전한前漢 이전의 전기傳記에는 명확한 기록이 없고, 오직 반고의 『한서』「율력지」에 '황종은 810입방푼이니, 이 뜻으로부터 12율의 주위(周圍 : 원둘레 안쪽넓이)와 지름이 생겼다.'[95]고 하였다. 그러나 그 학설이 바로 율관의 길이를 제곱하고 10으로 곱하기한 것이다. 이는 적절히 섞어 학설을 삼은 것일 뿐이니 근거로 삼을 만한 것이 아니다.

오직 『한서』「율력지」 심도장審度章에 '기장 한 알의 폭을 잇대 잰 90푼이 황종의 길이니 기장 한 알이 1푼이다.'고 하고, 『한서』「율력지」 가량장嘉量

章에는 '기장 1200알로 그 약龠을 채운다.'고 하고, 『한서』「율력지」 근권형장謹權衡章에는 '기장 1200알로 12수銖를 삼는다.'고 하였으니, 이는 90알의 기장을 잇댄 것으로 길이를 삼고, 기장 1200알을 담을 수 있는 크기의 부피로 해서 율관 단면넓이를 삼은 것을 알 수 있다.[96]

길이는 기장 90알이고, 용량은 기장 1200알이면, 공위空圍는 마땅히 9평방푼이어야 하니, 바로 원둘레는 10푼 3리 8호이고, 지름은 3푼 4리 6호이다.[97] 매 1푼이 기장 13알과 또 기장 1/3알을 담으니 90을 곱하면 1200이 된다.[98]

또 한나라 곡斛의 명문銘文에 '율律의 가량곡嘉量斛은 안쪽이 방(方 : 한 변)이 1척에[99] 그 밖은 둥그렇다. 조방(庣旁 : 나팔모양 입구)은 9리 5호이고, 멱冪은 162평방촌이고, 깊이 1척의 부피는 1620입방촌이며, 10말을 담는다.'[100]고 하였다. 가량법嘉量法은 약龠 둘을 합한 것이 1홉合이고, 10홉이 1승升이고, 10승이 1두斗이고, 10두가 1석石이고, 1석은 부피가 1620입방촌이니 푼으로는 1620000입방푼이고, 1두는 부피가 162입방촌이니 푼으로는 162000입방푼이고, 1승은 부피가 16촌 2푼 입방이니 푼으로는 16200입방푼이고, 1홉은 부피가 1촌 6푼 2리 입방이니 푼으로는 1620입방푼이다. 곧 황종이 1약이 되니 810입방푼이 분명하다.

공위(空圍 : 원둘레 안쪽부피)가 810입방푼이면, 길이는 기장 90알을 잇댄 것이고, 단면적은 그 길이의 부피에 기장 1200알을 담을 수 있는 크기이다. 그 넓이의 푼을 10으로 해서 길이를 삼고, 그 길이의 푼을 10을 1로 해서 넓이를 삼으니 자연의 수이다.[101]

맹강이 율관의 길이 10분의 1로 원둘레를 삼은 오류로부터 그 뒤에 위소韋昭의 무리들이 드디어 모두 지름이 3푼이라는 학설을 두게 되었는데, 『수서』「율력지」가 처음 기록하여 정론定論이 되었다. 그러나 잇댄 기장이 90알이고 지름이 기장 3알이면 다만 기장 800알에 나머지를 담아[102] 마침내 기장

1200알을 담는다는 법과 양쪽이 서로 통하지 않아 율관이 결국 이루어지지 않는다.

당나라가 오음의 소리에 따라 악을 제정하니 비록 옛날 제도에 가까웠지만 율이 또한 옳지 않았고, 우리 송나라가 계승하였으나 모두 알아차리지 못하였다. 다만 안정安定 호원胡瑗이 9푼이라는 것은 평방푼이라고 하여 지름 3푼의 법을 파기破棄하였다. 그러나 정해진 율이 성기聲氣의 근원을 바탕으로 하지 않고 한결같이 기장에서 취하였다.

그러므로 그 도度·량量·권權·형衡이 모두 옛날과 부합하지 않았고, 또 변율變律의 법[103]을 알지 못하였다. 다만 중려가 돌아가 낳는 것이 황종의 수에 미치지 못하는 것을 보고,[104] 바로 임종이하 여러 율관의 원지름을 낮추어 청황종에까지 나아가, 이칙관과 남려관을 지름 3푼과 원둘레 9푼으로 하고, 무역관을 지름 2푼 8리와 원둘레 8푼 4리로 하고, 응종관을 지름 2푼 6리 5호와 원둘레 7푼 9리 5호로 하였다.

율관은 공위空圍가 같기 때문에 그 길고 짧은 차이로 소리의 높낮이를 정할 수 있다. 그 넓고 좁으며 길고 짧게 된 까닭이 또 자연의 수에 있지 않음이 없으니 사람이 할 수 있는 것이 아니다.

이제 그 율관의 공위空圍가 같지 않은 것이 이와 같으면, 또한 율을 이루지 못하고, 결국 12율 소리가 모두 마땅한 자리를 잡지 못해, 도리어 화현和峴[105]의 옛날 음악이 조리 있는 것만도 못 할 것이니, 또한 애석하다.

방서房庶[106]는 지름 3푼과 원둘레 9푼이 잇대는 기장과 용량이 서로 통할 수 없기 때문에 드디어 '하나의 기장이 1푼이 된다.'는 법을 폐기하고, 반고의 『전한서』 「율력지」에 8자字를 더 늘려 그 설에 나아갔다. 범촉공范蜀公[107]이 바로 따라 믿었으니, 잘못이다.

1 八寸十分一 : 1촌을 10푼으로 해서 8촌을 계산하고 1이 더 있다는 의미이니, 곧 '8촌×10푼+1=81푼'이다. 임종·태주·남려·고선까지 방법이 같다.

2 사마천(司馬遷, B.C. 145경~B.C. 86경) : 전한前漢의 사학자史學者·유학자儒學者로 섬서섬陝西省 하양夏陽 출신이다. 자는 자장子長, 사마담司馬談의 아들이다. 동중서董仲舒에게서 공양학公羊學을, 공안국孔安國에게서 『고문상서古文尙書』를 배워 금고문今古文의 학문에 뛰어났다. 한편 황로학黃老學에도 관심이 깊었다. 20세 때에 호남湖南·강남江南의 각지를 여행하면서 고대의 유문遺文을 고찰하고 풍토와 민정民情을 익혔다. 그 뒤 35~36세 때에는 무제武帝의 명을 받아 파巴·촉蜀·곤명昆明 지역을 원정하였는데, 이 두 차례에 걸친 답사는 뒤에 『사기史記』를 찬술할 때 역사지리학歷史地理學에 입각한 실증적인 기술記述을 하게 되는 하나의 요인이 되었다. B.C. 108년 아버지의 뒤를 이어 태사령에 임명되자 달력 개정에 착수하여 B.C. 104년에 공손경公孫卿·호수壺遂와 함께 태초력太初曆을 완성하였다. 그 뒤 곧 아버지의 유언을 받들어 통사通史의 편찬에 착수하였다. 그 후 B.C. 99년 흉노匈奴에 항복한 이릉李陵을 변호하다가 무제의 분노를 사서 궁형宮刑을 받았으나 뒤에 사면되어 다시 중서령中書令이 되었다. 그는 사상적으로 유가학통儒家學統을 계승하였으며, 형벌을 받은 이후에는 이에 발분하여 20년에 걸쳐 황제皇帝로부터 한 무제漢武帝에 이르기까지의 본기本紀·연표年表·서書·세가世家·열전列傳 등 130편 526,000여 자를 기록하여 『사기』를 완성하였다. <『유교대사전』, 유교사전편찬위원회, 1990, 578쪽.>

3 대본에는 '角'으로 되어 있으나 문맥이 통하지 않아 '徵'로 바로잡았다.
본서/율려증변/제7편 변궁·변치變宮變徵에서 인용한 한漢나라 고유高誘 주注의 『회남홍렬해淮南鴻烈解』 권3 천문훈天文訓. 「淮南子曰 宮生徵 徵生商 商生羽 羽生角 『회남자』에 말하였다. "궁음은 치음을 낳고, 치음은 상음을 낳고, 상음은 우음을 낳고, 우음은 각음을 낳는다."」
이에 의하면 태주는 상성, 고선은 각성, 임종은 치성, 남려는 우성이 되어야 한다. 이는 음조직이 황종궁조이기 때문이다.
아래 각주 4), 5)도 같다.

4 대본에는 '徵'으로 되어 있으나 문맥이 통하지 않아 '羽'로 바로잡았다.

5 대본에는 '羽'으로 되어 있으나 문맥이 통하지 않아 '角'으로 바로잡았다.

6 37.925푼 : 소수점 아래에서 925가 반복되는 순환소수이다.

7 대본에 누락된 '有'를 『성리대전서性理大全書』 권22 율려신서律呂新書1/율려증변律呂證辨/율장단위경지수律長短圍徑之數 제2를 참조하여 보충하였다.

8 그 응종~있는데 : 황종은 9촌으로 놓으면 응종은 4촌 6푼 6리이다.
본서/율려본원/제2편 황종지실黃鐘之實의 각주 10) 도표와 제3편 황종생11률黃鐘生十一律의 각주 12) 도표 참조.

9 여러 자리~때문이다 : 황종수로부터 삼분손일 · 삼분익일을 반복하여 상생相生하므로 3을 분모로 한다.

10 강 · 약 : 강强은 표기한 수 외에 우수리가 있음을 나타내는 말이고, 약弱은 표기한 수에서 모자란 수이다.

11 2187 : 미未의 수이다. 푼의 법法이 된다.

12 당唐나라 장손무기長孫無忌 등의 『수서隋書』 권16 지志 제11/율력상律歷上/화성和聲.
「司馬遷律書云 黃鐘長八寸七分之一 太簇長七寸七分二 林鐘長五寸七分三 應鐘長四寸三分二 此樂之三 始十二律之本末也 사마천의 『사기』 「율서律書」에 말하기를 "황종은 길이가 81푼이고, 태주는 길이가 72푼이고, 임종은 길이가 54푼이고, 응종은 길이가 42.67푼이다."라고 하였는데, 이는 악률樂律에서 쓰이는 3분법이 12율의 본말本末에 처음 쓰인 것이다.」

13 사마표(司馬彪, ? ~306) : 서진西晉의 하내河內 온溫 사람으로 목睦의 맏아들이고, 자는 소통紹統이다. 어려서 독학篤學하고 많은 서적을 박람博覽하기는 하였으나 호색好色하고 경박한 행동이 많아서 사자嗣子가 되지 못하였다. 벼슬은 비서승秘書丞을 지냈다. 뒤에 학문에 정진하여 여러 책을 박람하고 『장자주莊子注』 · 『구주춘추九州春秋』 · 『속한서續漢書』 등을 저술하였다.

14 정씨鄭氏 : 후한後漢 말기의 대표적 유학자인 정현(鄭玄, 127~200)이다. 자는 강성康成이고, 북해北海 고밀高密 출생이다. 후정後鄭이라 하여 정흥鄭興 · 정중鄭衆 부자와 구별한다. 어려서 향색부鄕嗇夫가 되어 태학太學에 들어가 수업하였으며, 경조京兆 제오원선第五元先을 사사師事하여 『경씨역京氏易』 · 『춘추공양전春秋公羊傳』 · 『삼통력三通歷』 · 『구장산술九章算術』 등에 통하였다. 또 동군東郡 장공조張恭祖로부터 『주관周官』 · 『예기』 · 『춘추좌씨전』 · 『한시韓詩』 · 『고문상서古文尙書』 등을 배웠으며, 뒤에 부풍扶風 마융馬融에게서 고문경古文經을 배웠다. 당고黨錮의 사건으로 인하여 체포되어 금고禁錮 14년에 처해졌는데, 이 때 저술에 전념하여 『주역』 · 『상서尙書』 · 『모시毛詩』 등을 주注한 것이 백만여 언言이 되었다고 한다. 이것은 후한 말의 경학經學 성과를 망라한 것으로 고금문古今文 경학을 융관融貫하는 것이었다. 금문학자今文學者인 하휴何休가 『공양묵수公羊墨守』 · 『좌씨고황左氏膏肓』 · 『곡량폐질穀梁廢疾』을 저술하였을 때, 『발묵수發墨守』 · 『침고황鍼膏肓』 · 『기폐질起廢疾』을

저술하여 논박하였다. 따라서 그는 전한前漢, 후한後漢을 통해 수백 년에 걸쳐 계속된 금문파今文派와 고문파古文派의 논쟁을 하나로 통합하였다. 효진설爻辰說로써 『주역』의 경전문을 해석하였고, 오행五行으로써 팔괘의 효위爻位를 해석하였다. 고대의 역사 문헌의 정리에도 상당한 공헌을 하였는데, 『주관周官』은 주周나라의 제도라고 보았으며 그것과 들어맞지 않는 것들은 모두 은殷나라의 제도라고 치부하였다. 그러나 이 점에 있어서는 견강부회한 점이 많다. 『주역』·『상서尙書』·『모시毛詩』·『주례』·『의례儀禮』·『예기』·『논어論語』·『효경孝經』 등 경서의 주석을 하였으나, 그의 저서 중 완전하게 현존하는 것은 『모시』의 전箋과 『주례』·『의례』·『예기』의 주해뿐이고, 그 밖의 것은 단편적으로 남아 있다. <『유교대사전』, 유교사전편찬위원회, 1990, 1381쪽.>

15 두기杜夔 : 삼국시대 위魏나라 하남河南 사람으로 자는 공량公良이다. 음률에 정통하였다. 벼슬은 한 영제漢靈帝 때 아악랑雅樂郎, 위魏나라 때 군모좨주軍謀祭酒·태악령太樂令을 지냈다.

16 사마정司馬貞 : 당대唐代의 사학자史學者로 자는 자정子正이다. 하내(河內 : 지금의 河南省) 출신이다. 현종玄宗 때 국자박사國子博士·홍문관학사弘文館學士 등을 역임하였다. 장가회張嘉會에게서 학문을 배웠다. 『사기』를 연구하여 『사기색은史記索隱』을 저술하였는데, 훈고訓詁가 엄밀하고 자료가 풍부하여 『한서』 안사고顔師古의 주注와 병칭된다. 사마천司馬遷을 대사마大司馬로 일컫는데 대하여, 그는 소사마小司馬로 불린다. <『유교대사전』, 유교사전편찬위원회, 1990, 578쪽.>

17 『사기색은史記索隱』 : 당대唐代의 사학자 사마정司馬貞이 찬한 30권으로 된 『사기』의 주석서注釋書이다. 『사기』의 삼황본기三皇本紀를 보충하고 자신의 주注를 덧붙인 것이다. 훈고訓詁가 엄밀하고 자료가 풍부하여 『사기』의 3대 주석서 중에서 가장 우수한 것으로 평가받고 있다.

18 심괄(沈括, 1031~1095) : 송나라 항주杭州 전당 사람으로 자는 존중存中, 호는 몽계옹夢溪翁이다. 가우嘉祐 연간의 진사進士이다. 왕안석王安石의 변법變法 시행에 참여하여 제거사천감提擧司天監으로서 여러 의기儀器를 개작하였다. 벼슬은 한림학사翰林學士·선주지주사宣州知州事, 신종神宗 때 태자중윤太子中允을 지냈다. 천문天文·방지方志·율력律曆·음악·의약醫藥·복산卜算 등에 밝고 글을 잘 지었다. 저서로 『몽계필담夢溪筆談』·『장흥집長興集』이 있다.

19 당唐나라 장손무기長孫無忌 등의 『수서隋書』 권16 지志 제11/율력상律曆上/화성和聲.

20 대본에는 '逵'로 되어 있으나 당唐나라 태종문황제太宗文皇帝의 『진서晉書』 권16 지志 제6/율력상律曆上을 참조하여 '途'로 바로잡았다.

21 대본에는 '羽'로 되어 있으나 한漢나라 고유高誘 주注의 『회남홍렬해淮南鴻烈解』 권3 천문훈天文訓을 참조하여 '角'으로 바로잡았다.

22 대본에는 '角'으로 되어 있으나 한漢나라 고유高誘 주注의 『회남홍렬해淮南鴻烈解』 권3 천문훈天文訓을 참조하여 '徵'로 바로잡았다.

23 대본에는 '徵'로 되어 있으나 한漢나라 고유高誘 주注의 『회남홍렬해淮南鴻烈解』 권3 천문훈天文訓을 참조하여 '羽'로 바로잡았다.

24 당唐나라 태종문황제太宗文皇帝의 『진서晉書』 권16 지志 제6/율력상律歷上.
이 『진서』의 내용은 아래 본서의 내용과 맞지 않는다.
본서/율려본원/제6편 율생오성도律生五聲圖의 주註. 「案黃鐘之數 九九八十一 是爲五聲之本 三分損一 以下生徵 徵 三分益一 以上生商 商 三分損一 以下生羽 羽 三分益一 以上生角 至角聲之數六十四 以三分之不盡一算 數不可行 此聲之數 所以止於五也 내가 살펴보니, 황종의 수는 9×9=81이니 이것이 오성의 근본이다. 그 수를 삼분손일하여 치성을 하생下生하고, 치성을 삼분익일하여 상성을 상생上生하고, 상성을 삼분손일하여 우성을 하생하고, 우성을 삼분익일하여 각성을 상생한다. 각성의 수 64에 이르러 3으로 나누어 한 번에 정수로 떨어지지 않으니, 이는 성음聲音이 5에서 마치는 이유이다.」

25 한漢나라 태사령太史令 사마천司馬遷의 『사기史記』 권25 율서律書 제3/생종분生鍾分.
당唐나라 사마정司馬貞의 『사기색은史記索隱』 권8 율서律書 제3의 주注. 「此五聲之數亦上生三分益一 下生三分去一 宮下生徵 徵益一上生商 商下生羽 羽益一上生角 然此文 似數錯未暇硏覈也 이 오성의 수는 또한 삼분익일하여 상생하고 삼분손일하여 하생한 것이다. 궁은 치를 하생하고, 치는 삼분익일하여 상을 상생하며, 상은 우를 하생하고, 우는 삼분익일하여 각을 상생한다. 그러나 이 글은 숫자가 잘못된 것 같은데 틈을 내어 깊이 궁구窮究하여 밝히지는 못하였다.」
파양鄱陽 마단림馬端臨의 『문헌통고文獻通考』 권132 악고樂考5/율려제도律呂制度/주회암의례경전통해종률편朱晦庵儀禮經傳通解鍾律篇의 주註. 「此十二字 恐轉寫之誤 當作宮九徵六商八羽五角七十字 '상구상팔우칠각륙궁오치구上九商八羽七角六宮五徵九'의 이 12자는 아마도 베낀 것을 또 베끼면서 발생한 오류 같으니, 마땅히 '궁구치륙상팔우오각칠宮九徵六商八羽五角七'의 10자가 되어야 한다.」

26 태주 8촌은~궁성이니 : 한漢나라 태사령太史令 사마천司馬遷의 『사기史記』 권25 율서律書 제3/율수律數. 「九九八十一以爲宮 三分去一 五十四以爲徵 三分益一 七十二以爲商 三分去一 四十八以爲羽 三分益一 六十四以爲角 黃鐘長八寸七分一宮 …中略… 太簇長七寸七分二角 …中略… 姑洗長六寸七分四羽 …中略… 林鐘長五寸七分四角 …中略… 南呂長四寸七分八徵 9×9=81이 궁성이 되고, 81×2/3=54가 치성이 되고, 54×4/3=72가 상성이 되고, 72×2/

3=48이 우성이 되고, 48×4/3=64가 각성이 된다. 황종 길이는 81푼이며 궁성이고, 태주 길이는 72푼이며 각성이고, 고선 길이는 64푼이며 우성이고, 임종 길이는 54푼이며 각성이고, 남려 길이는 48푼이며 치성이다.」

한漢나라 고유高誘 주注의 『회남홍렬해淮南鴻烈解』 권3 천문훈天文訓에 의하면 태주는 상성, 고선은 각성, 임종은 치성, 남려는 우성이 되어야 한다.

27 대본과 『전한서』의 원문에는 '又二十五分之六 凡二十五 置終天之數'로 되어 있으나 문맥이 통하지 않아 시지면施之勉의 『한서집석漢書集釋』 6의 왕원계王元啓의 학설을 참조하여 '凡二十五 置終天之數 又二十五分之六'으로 고쳐 번역하였다.

이곳의 문맥은 반드시 수 81이 되어야 하기 때문이다.

28 대본에는 '歷'으로 되어 있으나 한漢나라 난대영사蘭臺令史 반고班固의 『전한서前漢書』 권21상 율력지律歷志 제1상을 참조하여 '曆'으로 바로잡았다.

29 대본에는 '二'로 되어 있으나 『성리대전서性理大全書』 권22 율려신서律呂新書1/율려증변律呂證辨/율장단위경지수律長短圍徑之數 제2를 참조하여 '三'으로 바로잡았다.

30 대본에는 '二'로 되어 있으나 『성리대전서性理大全書』 권22 율려신서律呂新書1/율려증변律呂證辨/율장단위경지수律長短圍徑之數 제2를 참조하여 '三'으로 바로잡았다.

31 『주역周易』 설괘전說卦傳.

그 본의本義. 「天圓地方 圓者 一而圍三 三各一奇 故參天而爲三 方者 一而圍四 四合二偶 故兩地而爲二 數皆倚此而起 하늘은 둥글고 땅은 네모졌는데, 둥근 것은 지름이 1에 원둘레가 3이니, 3은 각각 한 기수이므로 하늘은 셋으로 하여 3이 되고, 네모진 것은 한 변이 1에 둘레가 4니, 4는 두 우수偶數를 합한 것이므로 땅은 둘로 하여 2가 되었으니, 수數가 모두 이것에 의지하여 시작되었다.」

32 천수는~마치는데 : 『주역周易』 계사상繫辭上. 「天一 地二 天三 地四 天五 地六 天七 地八 天九 地十 天數五 地數五 五位相得而各有合 天數二十有五 地數三十 凡天地之數五十有五 하늘의 수가 1이고 땅의 수가 2이며, 하늘의 수가 3이고 땅의 수가 4이며, 하늘의 수가 5이고 땅의 수가 6이며, 하늘의 수가 7이고 땅의 수가 8이며, 하늘의 수가 9이고 땅의 수가 10이니, 하늘의 수가 다섯이고 땅의 수가 다섯이다. 다섯의 자리가 서로 맞으며 각기 합함이 있으니, 하늘의 수가 25이고 땅의 수가 30이다.」

천수天數 25는 천수 1·3·5·7·9의 합이다.

33 무릇 25에~81을 얻고 : 시지면施之勉의 『한서집석漢書集釋』 6. 「王元啓曰 又二十五分之六 此七字 當移著終天之數之下 終天之數爲二十五 二十五三 僅得七十五數 又加二十五分之六 故得八十一 爲一統之章數 其所以加六之故 竊未詳也 왕원계가 말하였다. "'又二十五分之六' 이 7글자는 마땅히 '終天之數'의 아래로 옮겨 놓아야 한다. 종천終天의 수는 25가 되고

25×3을 하면 75를 얻는데, 또 25 가운데 6을 더하므로 81을 얻어 일통一統의 장수章數가 된다. 그 6을 더하는 이유는 상세하지 않다."」

이 학설도 또한 6을 더하는 이유를 풀지 못하였다.

34 일통一統 : 전한前漢의 유흠劉歆이 만든 삼통력三統曆에서의 소주기小週期로 곧 1천 5백 39년이다.

35 일장一章 : 고대 역법曆法에서의 19년이다.

당唐나라 이적李籍의 『주비산경周髀算經』 권하. 「十九歲爲一章 19년이 1장章이 된다.」

『춘추좌씨전春秋左氏傳』 희공僖公 5년. 「春正月辛亥朔 日南至 봄 정월 신해삭辛亥朔에 동지冬至가 들었다.」

그 공영달孔穎達의 소疏. 「計十九年而有七閏 古曆十九年爲一章 以其閏餘盡故也 19년을 계산하여 일곱 번의 윤달을 두니, 고력古曆에서는 19년이 1장이 되는데, 그 윤달이 다 소진되기 때문이다.」

19년마다 한 차례씩 11월 초하루에 동지冬至가 든다. 해는 운행이 더디고 달은 운행이 빠르기 때문에 매번 29일하고 반일半日이 조금 넘을 때마다 달이 해를 따라 잡는데, 이를 한 달이라한다. 그러므로 전월前月 삭일朔日부터 후월後月 삭일朔日까지의 날수가 29일하고 반일이 조금 넘을 뿐이다. 1년으로 계산하면 11일이 남기 때문에 윤월閏月을 만들어 조정한다. 19년 사이에 일곱 번의 윤달을 두면 남은 날짜가 다 소진되기 때문에 다시 11월 삭일朔日에 동지가 든다. 그러므로 19년을 1장章이라한다.

36 지수는~마치는데 : 위 각주 32) 참조.

37 팔괘八卦 : 『주역周易』 계사상繫辭上. 「易有太極 是生兩儀 兩儀生四象 四象生八卦 역易에 태극太極이 있고 태극이 양의兩儀를 낳으며, 양의가 사상四象을 낳고 사상이 팔괘를 낳는다.」

팔괘八卦는 건(乾☰)·곤(坤☷)·진(震☳)·손(巽☴)·감(坎☵)·이(離☲)·간(艮☶)·태(兌☱)이다. 이는 각각 천天·지地·뇌雷·풍風·수水·화火·산山·택澤 등 우주를 구성하는 기본적인 여덟 가지 요소를 상징하여 길흉 판단에 의거하는 괘상卦象을 이루기도 한다.

38 팔풍八風 : 『예기禮記』 악기樂記의 공영달孔穎達 소疏. 「八風 八方之風也 律 十二月之律也 距冬至四十五日 條風至 條者 生也 四十五日 明庶風至 明庶者 迎衆也 四十五日 清明風至 清明者 芒也 四十五日 景風至 景者 大也 言陽氣長養也 四十五日 涼風至 涼 寒也 陰氣行也 四十五日 閶闔風至 閶闔者 咸收藏也 四十五日 不周風至 不周者 不交也 言陰氣未合化也 四十五日 廣莫風至 廣莫者 大莫也 開陽氣也 팔풍八風은 여덟 방향에서 불어오는 바람이요, 율律은

열두 달의 율律이다. 동지冬至를 지나 45일에 조풍條風이 불어오니 조條는 생生의 뜻이다. 그로부터 45일에 명서풍明庶風이 불어오니 명서明庶는 무리를 맞이한다는 뜻이다. 그로부터 45일에 청명풍淸明風이 불어오니 청명淸明은 망芒의 뜻이다. 그로부터 45일에 경풍이 불어오니 경景은 크다는 뜻으로 양기陽氣가 길러진다는 말이다. 그로부터 45일에 양풍凉風이 불어오니 양凉 차다는 뜻으로 음기陰氣가 행해지는 것이다. 그로부터 45일에 창합풍閶闔風이 불어오니 창합閶闔은 다 거두어 간직한다는 뜻이다. 그로부터 45일에 부주풍不周風이 불어오니 부주不周는 교류交流하지 않는다는 뜻으로 음기陰氣가 합하여 아직 변화하지 못하고 있다는 말이다. 그로부터 45일에 광막풍廣莫風이 불어오니 광막廣莫은 크게 넓다는 뜻으로 양기陽氣가 개시開始된다는 것이다.」

39 팔정八政 : 『상서尙書』 주서周書/홍범洪範. 「三 八政 一曰食 二曰貨 三曰祀 四曰司空 五曰司徒 六曰司寇 七曰賓 八曰師 세 번째 팔정八政은 첫째 식食, 둘째 화貨, 셋째 사祀, 넷째 사공司空, 다섯째 사도司徒, 여섯째 사구司寇, 일곱째 빈賓, 여덟째 사師이다.」

40 팔절八節 : 춘분春分・추분秋分・하지夏至・동지冬至・입춘立春・입하立夏・입추立秋・입동立冬이다.

41 팔음八音 : 금속金屬으로 만든 편종編鐘・특종特鐘・뇨鐃・탁鐸・방향方響・징鉦・나발喇叭 등의 악기樂器가 속하는 금부金部, 돌로 만든 편경編磬・특경特磬 등의 악기樂器가 속하는 석부石部, 현絃으로 만든 거문고・가야금・해금・아쟁牙箏・비파琵琶・금琴・슬瑟 등의 악기樂器가 속하는 사부絲部, 대나무로 만든 대금大笒・중금中笒・소금小笒・단소短簫・피리・소簫・지篪・약篇・관管 등의 악기樂器가 속하는 죽부竹部, 바가지로 만든 생笙・우竽・화和 등의 악기樂器가 속하는 포부匏部, 흙을 구워 만든 훈塤・부缶 등의 악기樂器가 속하는 토부土部, 가죽으로 만든 장구・좌고座鼓・건고建鼓・뇌도雷鼗 등의 악기樂器가 속하는 혁부革部, 나무로 만든 부拊・박拍・축柷・어敔・태평소 등의 악기樂器가 속하는 목부木部이다.

42 팔방八方 : 동・서・남・북・남동・북동・남서・북서이다.

43 팔황八荒 : 팔방의 아득히 먼 지방이다.

44 사람은~마친다 : 각 관계는 다음과 같다.

八音	革	匏	竹	木	絲	土	金	石
八方	北	東北	東	東南	南	西南	西	西北
八卦	坎☵	艮☶	震☳	巽☴	離☲	坤☷	兌☱	乾☰
八節候	冬至	立春	春分	立夏	夏至	立秋	秋分	立冬
八風	廣莫風	條風	明庶風	淸明風	景風	凉風	閶闔風	不周風

45 한漢나라 난대영사蘭臺令史 반고班固의 『전한서前漢書』 권21상 율력지律歷志 제1상.

46 한漢나라 난대영사蘭臺令史 반고班固의 『전한서前漢書』 권21상 율력지律歷志 제1상.

47 황종은~삼는다 : 원元나라 유근劉瑾의 『율려성서律呂成書』 권1 구황종적실면멱법求黃鐘積實面羃法 제3. 「空圍 八百一十分 則長累九十黍 廣容一千二百黍矣 蓋十其廣之分 以爲長 十一其長之分 以爲廣 自然之數也 공위(空圍 : 원둘레 안쪽부피)가 810입방푼이면, 길이는 기장 90알을 잇댄 것이고, 단면적은 그 길이의 부피에 기장 1200알을 담을 수 있는 크기이다. 그 율관 단면적의 푼을 10으로 해서 길이를 삼고, 그 길이의 푼을 10을 1로 해서 율관 단면적을 삼으니 자연의 수이다.」

'단면적은 그 길이의 부피에 기장 1200알을 담을 수 있는 크기이다.'는 것은 율관길이 90알에서 그 기장 한 알에 해당하는 율관의 단면마다에 기장을 담을 수 있는 단면적이다. 1200/90=13.3이므로 그 단면적은 기장 13알과 1/3을 담는 넓이가 된다.

한림원검토翰林院檢討 모기령毛奇齡의 『성유악본해설聖諭樂本解說』 권1 진악서소進樂書疏1. 「今黃鐘之管 其長 九寸 十一其長之分 以爲廣 則有九分 十 其廣之分 以爲長 則有九寸 是黃鐘之管 長九寸而廣九分也 이제 황종관은 그 길이가 9촌인데, 그 길이의 푼을 10을 1로 해서 율관 단면적을 삼으면 9평방푼이 있고, 그 율관 단면적의 푼을 10으로 해서 길이를 삼으면 9촌이 있으니, 바로 황종관은 길이는 9촌에 율관 단면적은 9평방푼인 것이다.」

그 주註. 「十一者 謂十分其九十分而得其一也 10을 1로 했다는 것은 그 90푼을 10푼씩으로 해서 그것을 1씩으로 얻은 것이다.」

이는 황종률관은 공위空圍 9평방푼을 10배하면 길이 9촌의 숫자가 되고, 길이 9촌을 1/10배하면 공위 9평방푼의 숫자가 되는 것을 설명한 것이다.

48 길이 9촌에 부피 810입방푼이면, 이 관管의 단면적은 당연히 9평방푼이다. 호안정이 계산한 수를 대입하면 (3.46/2)×(10.28/2)=8.8922평방푼이 되어 0.1078평방푼의 오차가 생기는 것을 알 수 있다.

49 맹강 : 삼국시대 위魏나라 안평安平 광종廣宗 사람으로 자는 공휴公休이다. 벼슬은 문제文帝 황초黃初 연간에 외척外戚으로 산기시랑散騎侍郎이 되었고, 이어 발해태수勃海太守·중서감中書監을 지냈다. 봉작은 광릉정후廣陵亭侯이다. 저서는 『한서주漢書注』가 있다.

50 대본에 누락된 '分'을 『성리대전서性理大全書』 권22 율려신서律呂新書1/율려증변律呂證辨/율장단위경지수律長短圍徑之數 제2를 참조하여 보충하였다.

51 정강성(鄭康成, 127~200) : 강성康成은 정현鄭玄의 자이다. 위 각주 14) 참조.

52 채옹(蔡邕, 131~192) : 후한後漢의 문학자文學者로 자는 백개伯喈, 하남성河南省 어현圉縣 출신이다. 170년 낭중郎中이 되었다가 한때 유배 생활을 하였다. 189년 동탁董卓에게 발탁되어 시어사侍御史·좌중랑장左中郎將 등을 역임하였으나 동탁이 죽음

을 당한 후 투옥되어 옥중에서 죽었다. 호광胡廣·주목朱穆에게서 배웠으며 학문과 문예 방면에 활약하였다. 박학博學하여 사장辭章·술수術數·천문天文 등에도 조예가 깊었다.

53 『월령장구月令章句』 : 채옹蔡邕의 저서로 본래는 12권이었다. 최소한 송대宋代까지는 존재하였다고 여겨진다. 인용 부분은 『통전』 권145와 『태평어람太平御覽』 권574에 본서보다 더 자세한 내용이 실려 있다.

54 근斤·냥兩 : 근斤은 16냥이고, 냥兩은 24수銖이다.

55 대본에 누락된 '陽'을 『국어國語』 권3 주어하周語下의 위소韋昭 주注를 참조하여 보충하였다.

56 대본에 누락된 '律長九寸'을 『국어國語』 권3 주어하周語下의 위소韋昭 주注를 참조하여 보충하였다.

57 위소(韋昭, 204~273) : 삼국시대 오吳나라 오군吳郡의 운양雲陽 사람으로 자는 홍사弘嗣, 봉호는 고릉정후高陵亭侯이다. 벼슬은 박사좨주博士祭酒·시중侍中을 지냈다. 박혁론博奕論을 지었고, 『오서吳書』를 편찬하였다. 손호孫皓에게 거슬려 하옥되어 죽었다. 진대晉代에 사마소司馬昭의 휘를 피하여 요曜로 고쳤다. 저서 『논어주論語注』·『효경주孝經注』·『국어주國語注』·『관직훈官職訓』·『변석명辯釋名』이 있다.

58 「주어周語」 : 주周나라의 좌구명左丘明이 『좌씨전左氏傳』을 쓰기 위하여 각국의 역사를 모아 찬술撰述한 것으로 전해지는 『국어國語』의 편명으로 「주어周語」는 3권이다.

59 『국어國語』 주어하周語下의 위소韋昭 주注.

60 동도 낙양의 난 : 동탁(董卓, ? ~192)이 189년 낙양에 입성한 뒤 190년 낙양성을 소각하고 장안으로 천도한 것을 말한다. 동탁은 후한後漢말 군웅群雄의 한 사람으로 임조臨洮 출신이다. 처음 강족羌族의 추장을 회유하여 세력을 길렀다. 189년 외척 하진何進이 환관을 토멸하고자 할 때 이에 호응하여 군사를 거느리고 낙양洛陽으로 향하였으나 하진은 도리어 환관에게 죽고, 환관들은 또 원소袁紹의 군대에게 몰살당하였다. 동탁은 그대로 낙양에 입성하여 헌제獻帝를 옹립하여 정권을 잡았다. 이에 대해 원소를 맹주로 하는 동탁 토벌군이 조직되자, 190년 동탁은 낙양성을 소각하고 장안으로 천도하였다. 그러나 그 뒤에도 횡포가 심하였고, 그 때문에 사도司徒 왕윤王允의 모략에 걸려 부장 여포呂布에 의해 살해되었다.

61 명明나라 예부倪復의 『종률통고鐘律通考』 권3 조율장造律章 제12의 주註. 「若諸律與黃鐘圍徑 各異 則諸律難生 非同心一統之義也 만약 여러 율관과 황종의 원지름이 각각 다르면 여러 율관은 생기기 어려우니, 한 중심으로 통일하는 뜻이 아니다.」

62 대본에는 '合'으로 되어 있으나 당唐나라 장손무기長孫無忌 등의 『수서隋書』 권16 지志 제11/율력상律歷上/율관위용서律管圍容黍을 참조하여 '各'으로 바로잡았다.

63 대본에는 '制律'로 되어 있으나 당唐나라 장손무기長孫無忌 등의 『수서隋書』 권16 지志 제11/율력상律歷上/율관위용서律管圍容黍을 참조하여 '律'로 바로잡았다.

64 대본에는 '寶'로 되어 있으나 당唐나라 장손무기長孫無忌 등의 『수서隋書』 권16 지志 제11/율력상律歷上/율관위용서律管圍容黍을 참조하여 '表'로 바로잡았다.

65 대본에는 '日'로 되어 있으나 당唐나라 장손무기長孫無忌 등의 『수서隋書』 권16 지志 제11/율력상律歷上/율관위용서律管圍容黍을 참조하여 '口'로 바로잡았다.

66 위징(魏徵, 580~643) : 당초唐初의 공신·학자로 자는 현성玄成이고, 시호는 문정공文貞公이다. 곡성曲城 출생이다. 수나라 말 혼란기에 이밀李密의 군대에 참가하였으나 곧 당 고조唐高祖에게 귀순하여 고조의 장자 이건성李建成의 유력한 측근이 되었다. 황태자 건성이 아우 세민世民과의 경쟁에서 패하였으나 위징의 인격에 끌린 태종의 부름을 받아 간의대부諫議大夫 등의 요직을 역임한 후 재상宰相으로 중용되었다. 특히 굽힐 줄 모르는 직간直諫이 유명하며, 주周·수·오대五代 등의 정사편찬正史編纂 사업과 『유례類禮』·『군서치요群書治要』 등의 편찬에도 큰 공헌을 하였다. <『동아세계대백과사전』 22권, 동아출판사, 1994, 312쪽.>

67 개황(開皇, 581~600) : 수 문제隋文帝 연호이다.

68 진陳나라 : 남조南朝 최후의 왕조로 무장 진패선(陳覇先 : 武帝)이 557년 양梁나라의 선위禪位를 받아 지금의 장강長江과 월강粤江 유역에 세운 나라이다. 도읍은 건강建康이었다. 5주主 33년 만인 589년 수나라에게 망하였다. 제5대 후주(後主, 582~589)는 매양 손을 맞이하여 잔치를 베풀고 장귀비張貴妃와 대좌對坐시켜 서로 신시新詩를 짓게 하고 그 중 가장 유려流麗한 것을 골라 가락을 짓고 남녀가 함께 부르게 하였는데, 이 곡이 옥수후정화玉樹後庭花이다. 그 가사는 경박하고 음탕하며 그 음조音調 매우 슬프므로 뒤에 망국지음亡國之音을 지칭하는 데 많이 쓴다.

69 우홍(牛弘, 546~611) : 수나라 안정安定 순고鶉觚 사람으로 자는 이인里仁, 시호는 헌憲이다. 본성은 요寮인데, 아버지 윤允이 서위西魏에 벼슬하여 우성牛姓을 하사받았다. 비서감秘書監이 되어 헌서獻書의 길을 열 것을 요청하고 오례五禮를 찬수하였으며, 명당明堂을 세우고 악률樂律을 바로잡았다. 벼슬은 이부상서吏部尙書·기장군공奇章郡公에 봉하여졌다. 왕을 수행하여 강도江都에 갔다가 그곳에서 죽었다.

70 신언지(辛彦之, ? ~591) : 수나라 농서隴西 적도狄道 사람이다. 어려서 고아가 되었으며, 우홍牛弘과 동창同窓이고, 학문을 좋아하여 경사經史를 널리 섭렵하고 행실이 바르지 않은 자들과는 어울리지 않았다. 북주北周에서 처음 벼슬을 하였다. 의례儀

禮의 제도를 관장하여 전사典祀·태축太祝·악부樂部·어정사조대부御正四曹大夫와 개부의동삼사開府儀同三司를 두루 지냈다. 수나라에 들어와 거듭 예부상서禮部尚書에 제수되어 우홍과 『신예新禮』를 편찬하였다. 시호는 선宣이다. 저서로는 『분전墳典』·『육관六官』·『축문祝文』·『예요禮要』·『신예新禮』·『오경이의五經異義』 등이 있다.

71 정역鄭譯 : 자는 정의正義이다. 수 문제隋文帝의 학우로 수나라가 선 뒤에 수 문제의 후대를 받았다. 음악에 밝아 84조調를 지었다.

72 하타何妥 : 수나라 서성西城 사람으로 자는 서봉栖鳳이다. 아버지는 하세호何細胡이다. 본래 호인胡人인데 장사하러 촉蜀에 들어왔다가 비현郫縣에 살았다. 하타가 어려 기민하고 말재간이 있고 악률樂律을 알았으며, 인물들의 좋고 나쁨을 비판하기를 좋아하였다. 문제文帝 때에 관직이 자주 승진되어 국자좨주國子祭酒에 이르렀다. 시호는 숙肅이다. 저서로는 『주역강소周易講疏』·『효경의소孝經義疏』와 문집 등이 있었으나 없어졌다.

73 진晉나라 전척前尺 : 당唐나라 장손무기長孫無忌 등의 『수서隋書』 권16 지志 제11/율력상律歷上/심도審度. 「晉泰始十年 荀勖律尺 爲晉前尺 진晉나라 태시泰始 10년 순욱荀勖의 율척律尺이 진晉나라 전척前尺이 된다.」

아래 각주 79)까지의 출전도 같다.

당唐나라 태종문황제太宗文皇帝의 『진서晉書』 권16 지志 제6/율력상律歷上/심도審度. "晉武帝泰始中 命荀勖 校太樂八音 不和始知 後漢至魏 尺長於古尺四分有奇 爰依周尺 更鑄律呂 以古器校之 第爲七品 一曰姑洗玉律 二曰小呂玉律 三曰西京銅望臬 四曰金錯 五曰銅斛 六曰古錢 七曰建武銅尺 진 무제晉武帝 태시泰始 연간(265~274)에 순욱에게 명하여 태악太樂의 팔음 악기를 조사하게 하여 조화롭지 않은 것을 비로소 알게 되었다. 후한後漢으로부터 위魏나라에 이르기까지 척도가 옛 척도 4푼에 기(奇 : 꼬리수)가 있는 것보다 길어 이에 주척周尺을 의거하여 다시 율려관을 주조하고 옛 기물을 기준으로 비교하여 차례로 칠품七品을 만들었으니, 1. 고선옥률姑洗玉律, 2. 소려옥률小呂玉律, 3. 서경동망얼西京銅望臬, 4. 금착金錯, 5. 동곡銅斛, 6. 고전古錢, 7. 건무동척建武銅尺이다.」

본서/제요提要. 「荀勖之尺 隋志所謂 晉前尺也 순욱의 척尺은 『수서』 「율력지」에 이른바 '진晉나라 전척前尺'입니다.」

진晉나라는 사마염司馬炎이 삼국三國 위魏나라의 황제 조환曹奐으로부터 선양禪讓이라는 명목으로 황제자리를 빼앗아 제위에 오르고 낙양洛陽에 도읍한 왕조이다. 서진西晉은 4대 52년, 동진東晉은 11대 103년으로 총 265~419년 존속하였다.

74 양나라 법척 : 「梁法尺 實比晉前尺 一尺七釐 世說稱有田父於野地中 得周時玉尺 便是天下

正尺 荀勗試以校己所造金石絲竹 皆短校一米 양梁나라 법척法尺은 진晉나라 전척前尺을 기준으로 비교하면 1척 7리이다. 세상의 소문이 '늙은 농부가 들판에서 주周나라 시대의 옥척玉尺을 얻었으니 곧 이것이 천하의 정척正尺이다.'고 하였다. 순욱이 자기가 만든 금金·석石·사絲·죽竹의 악기에 시험적으로 비교하니 모두 쌀 한 알 길이만큼 짧았다.」

양梁나라는 남조의 3번째 왕조로 소량蕭梁이라고도 한다. 남제南齊 말 내란이 일어나자 옹주자사雍州刺史 소연蕭衍은 501년 건강(建康 : 南京)을 공략, 폭군인 제6대 동혼후(東昏侯 : 廢帝)를 퇴위시키고 남강왕南康王을 화제和帝로 추대하여 스스로는 상국相國이 되었으나, 502년 화제에게 선양禪讓받아 제위에 오르고 국호를 양梁이라 하였다. 제6대 경제敬帝에 이르러 후경侯景의 난을 평정한 무장武將 진패선(陳霸先 : 武帝)에게 선양하여 양나라는 557년에 망하였다.

75 양나라 표척 : 「梁表尺 實比晉前尺 一尺二分二釐一毫有奇 蕭吉云 出於司馬法 梁朝刻其度於影表 以測影 案此卽祖暅所算 造銅圭影表者也 양梁나라 표척表尺은 진晉나라 전척前尺을 기준으로 비교하면 1척 2푼 2리 1호에 기(奇 : 끄리수)가 있다. 소길蕭吉이 말하였다. "사마씨司馬氏 법에서 유래하니 양梁나라 조정이 그 도수度數를 영표影表에 새겨 그림자를 측정測定하였다." 내가 살펴보니, 이것은 곧 조환祖暅이 계산한 것으로 동규銅圭·영표影表를 만든 것이다.」

조환祖暅은 남조 양南朝梁 범양范陽 추遒 땅 사람으로 자는 경삭景爍이고, 충지冲之의 아들이다. 벼슬은 대주경大舟卿을 지냈다. 가업을 이어 천문과 수학을 연구하였으며, 아버지가 제작한 대명력大明曆을 수정하여 반포하였다. 저서로는 『천문록天文錄』이 있다.

76 한나라 관척 : 「漢官尺 實比晉前尺 一尺三分七毫 蕭吉云 漢章帝時 零陵文學史奚景 於冷道縣舜廟下 得玉律 度爲此尺 傅暢 晉諸公讚 云 荀勖 新造鐘律 時人 並稱其精密 惟陳留阮咸 譏其聲高 後 始平掘地 得古銅尺 歲久 欲腐 以校荀勖今尺 短校四分 時人 以咸爲神解 此兩尺 長短近同 한漢나라 관척官尺은 진晉나라 전척前尺을 기준으로 비교하면 1척 3푼 7호이다. 소길蕭吉이 말하였다. "한 장제漢章帝시대에 영릉문학사零陵文學史 해경奚景이 냉도현冷道縣 순묘舜廟 아래에서 옥률玉律을 얻어 길이를 재어 이 척을 만들었다." 부창傅暢이 『진제공찬晉諸公讚』에 말하였다. "순욱이 새로이 종률鐘律을 제조하니, 당시 사람들이 모두 그 정밀함을 칭찬하였는데, 오직 진류陳留의 완함阮咸이 그 소리가 높은 것을 비판하였다. 뒤에 시평군始平郡 땅을 파서 옛 동척銅尺을 얻었는데, 세월이 오래되어 부식腐蝕이 되려하였다. 순욱의 금척今尺과 비교하니 4푼이 짧았으므로 당시 사람들이 완함을 신해神解라고 하였다." 이 두 척은 길이가 비슷하였다.」

한나라는 오대五代의 넷째 왕조인 후한後漢이다. 돌궐突厥의 사타족沙陀族의 출신으로서 후진後晋의 하동절도사河東節度使였던 유지원劉知遠은 후진後晋이 거란에게 망하자 이 틈을 다서 대량(大梁 : 開封)을 도읍으로 하고 947년 후한을 세웠다. 뒤를 이은 은제隱帝는 건국공신인 추밀사樞密使 곽위郭威와 충돌, 난병들에게 피살되어 결국 2주主 4년 만인 950년 후주後周에게 망하였다.

77 옛날~담으며 : 「蔡邕銅籥尺 後周玉尺 實比晉前尺 一尺一寸五分八氂 從上相承有銅籥一 以銀錯題其銘 曰 籥黃鐘之宮 長九寸 空圍九分 容秬黍一千二百粒 稱重十二銖 兩之爲一合 三分損益 轉生十二律 채옹蔡邕의 동약척銅龠尺과 후주後周의 옥척玉尺은 진晉나라 전척前尺을 기준으로 비교하면 1척 1촌 5푼 8리이다. 이전부터 계승된 동약銅龠 하나가 있는데 은으로 아로새겨 그 명문銘文을 썼는데, 말하기를 "1약龠이 황종궁黃鐘宮이니 길이는 9촌이고 공위空圍는 9평방푼이고, 용량은 기장 1200알이며, 맞는 무게는 12수銖이고, 그 둘을 합한 것이 1홉合이다. 삼분손일 · 삼분익일을 반복하여 11률을 낳는다."라고 하였다.」

78 송씨척宋氏尺 : 「宋氏尺 實比晉前尺 一尺六分四氂 開皇初 調鐘律尺 及平陳後 調鐘律水尺 此宋代人間所用尺 傳入齊梁陳 以制樂 制與晉後尺及梁時俗尺 劉曜渾儀尺 略相依近 當由人間常用 增損訛替之所致也 송씨척宋氏尺은 진晉나라 전척前尺을 기준으로 비교하면 1척 6푼 4리이다. 수 문제隋文帝 개황開皇 연간(581~600) 초에 종률척鐘律尺을 조율하고, 진陳나라를 평정한 뒤에 종률수척鐘律水尺을 조율하였으니, 이는 송대宋代 사람들이 쓴 척이 제齊 · 양梁 · 진陳에 전해져 악을 제정한 것이다. 제도가 진晉나라 후척後尺과 양梁나라 때의 속척俗尺, 그리고 유요劉曜의 혼의척渾儀尺과 대략 서로 비슷한데, 당연히 사람들이 상용常用함에 따라 증감이 착오錯誤난 소치所致이다.」

79 후위 전척 : 「後魏前尺 實比晉前尺 一尺二寸七氂 후위後魏의 전척前尺은 진晉나라 전척前尺을 기준으로 비교하면 1척 2촌 7리이다.」
후위後魏는 선비족鮮卑族의 탁발부拓跋部가 중국 화북지역에 세운 북조 최초의 왕조(386~534)이다. 원위元魏 · 북위北魏라고도 한다.

80 후주 옥척 : 「世說稱有田父於野地中 得周時玉尺 便是天下正尺 荀勗試以校己所造金石絲竹 皆短校一米 세상의 소문이 '늙은 농부가 들판에서 주周나라 시대의 옥척玉尺을 얻었으니 곧 이것이 천하의 정척正尺이다.'고 하였다. 순욱이 자기가 만든 금金 · 석石 · 사絲 · 죽竹의 악기에 시험적으로 비교하니 모두 쌀 한 알 길이만큼 짧았다.」
후주後周는 북조 북주北朝北周이다. 서위西魏의 실권자이던 우문태宇文泰가 죽고 아들 우문각宇文覺이 뒤를 이었을 때 그를 보좌하던 우문각의 사촌 우문호宇文護가 서위 공제西魏恭帝를 제위에서 밀어내고 세운 왕조이다. 557년부터 580년까지 6대 26년 존속하였다.

81 후위後魏 중척中尺 : 「中尺 實比晉前尺 一尺二寸一分一氂 중척中尺은 진晉나라 전척前尺을

기준으로 비교하면 1척 2촌 1푼 1리이다.」

82 후위 후척 : 「後尺 實比晉前尺 一尺二寸八分一釐 此後魏初 及東西分國 後周 未用玉尺之前 雜用此等尺 후척後尺은 진晉나라 전척前尺을 기준으로 비교하면 1척 2촌 8푼 1리이다. 이는 후위後魏 초기와 동서로 나라가 나뉘고 후주後周가 옥척玉尺을 사용하기 전에 이 척尺 등을 섞어 사용하였다.」

83 동위의 척 : 「東魏後尺 實比晉前尺 一尺五寸八毫 …中略… 魏史律歷志 云 公孫崇 永平中 更造新尺 以一黍之長 累爲寸法 尋太常卿 劉芳 受詔修樂 以秬黍中者 一黍之廣 卽爲一分 而中尉 元匡 以一黍之廣 度黍二縫 以取一分 동위東魏의 후척後尺은 진晉나라 전척前尺을 기준으로 비교하면 1척 5촌 8호이다. …중략… 『위서魏書』「율력지」에 말하였다. "공손숭公孫崇이 북위 선무제北魏宣武帝 영평永平 연간(508~512)에 신척新尺을 다시 만들었는데 기장 한 알의 길이를 기준으로 죽 이어 촌법寸法을 삼았고, 오래지 않아 태상경太常卿 유방劉芳이 조칙을 받아 악을 손질하였는데 중간 크기의 기장 한 알의 폭으로 1푼을 삼았고, 중위中尉 원광元匡은 기장 한 알의 폭을 기준으로 기장 두 알을 이어 놓고 재어 1푼을 취하였다."」

동위東魏는 중국 북위北魏가 내란으로 동서로 분리되었을 때 하북河北을 중심으로 534~550년까지 존속한 왕조이다.

84 만보상의 수척 : 「開皇十年萬寶常所造律呂水尺 實比晉前尺 一尺一寸八分六釐 개황開皇 10년 만보상萬寶常이 만든 율려수척律呂水尺은 진晉나라 전척前尺을 기준으로 비교하면 1척 1촌 8푼 6리이다.」

만보상萬寶常은 수 문제隋文帝 때 사람으로 종률鍾律에 통달하고, 팔음도 두루 잘 알았다. 문제 때 모든 악기를 만들었다.

85 율모律母 : 명明나라 주재육朱載堉의 『악률전서樂律全書』 권18 율려정의외편律呂精義外篇8/비전정금슬법秘傳定琴瑟法. 「琴弦散聲 爲律之正音 按第十徽 爲律之母 按第九徽 爲律之子 律母云者 能生散聲者也 律子云者 散聲所生者也 금현琴弦의 산성(散聲 : 현을 누르지 않고 타는 제일 낮은 음)이 율律의 정음正音이 된다. 제10휘徽에서 누르고 내는 음이 율모律母가 되고, 제9휘에서 누르고 내는 음이 율자律子가 되는데, 율모라고 하는 것은 산성을 낼 수 있기 때문이고, 율자라고 하는 것은 산성이 생기는 것이기 때문이다.」

86 당唐나라 장손무기長孫無忌 등의 『수서隋書』 권16 지志 제11/율력상律歷上/율관위용서律管圍容黍.

87 옥척玉尺 : 당唐나라 장손무기長孫無忌 등의 『수서隋書』 권16 지志 제11/율력상律歷上/심도審度. 「世說稱有田父於野地中 得周時玉尺 便是天下正尺 荀勗試以校己所造金石絲竹 皆短校一米 세상의 소문이 '늙은 농부가 들판에서 주周나라 시대의 옥척玉尺을 얻었으니 곧 이것이 천하의 정척正尺이다.'고 하였다. 순욱이 자기가 만든 금金·석石·사絲·죽竹의

악기에 시험적으로 비교하니 모두 쌀 한 알 길이만큼 짧았다.」

88 옥두玉斗 : 당唐나라 장손무기長孫無忌 등의 『수서隋書』 권16 지志 제11/율력상律歷上/심도審度. 「祖孝孫云 相承傳 是蔡邕銅籥 後周武帝保定中 詔遣 大宗伯 盧景宣 上黨公 長孫紹遠 岐國公 斛斯徵等 累黍造尺 從橫不定 後因修倉掘地 得古玉斗 以爲正器 據斗 造律度量衡 因用此尺 大赦 改元天和 百司行用 終於大象之末 其律黃鐘 與蔡邕古籥 同 조효손(祖孝孫, ?~624)이 말하였다. "계승되어 전해진 것은 바로 채옹蔡邕의 동약銅籥이다. 후주 무제後周武帝 보정保定 연간(561~565)에 대종백大宗伯 노경의盧景宣, 상당공上黨公 장손소원長孫紹遠, 기국공岐國公 곡사징斛斯徵 등에게 조칙을 내려 기장을 잇대어 척을 만들 때 가로·세로가 일정하지 않았는데, 뒤에 창고를 보수하려 땅을 파다가 옛날 옥두玉斗를 얻어 정기正器를 삼고, 그 옥두玉斗를 의거하여 율·도·량·형을 만들었다. 그에 따라 이 척을 쓰게 되어 대사大赦를 내리고 천화天和로 개원하였다. 백관百官들이 널리 행하여 쓰다가 후주 정제後周靜帝 대상大象 연간(579~580)의 말기에 중지되었다. 그 율은 채옹蔡邕의 고약古籥과 같았다."」

89 부피는 다만 607.5입방푼 : 원넓이는 '원둘레의 반×지름의 반'이므로 황종관 길이 90을 곱하면 부피가 나온다. 곧 (3/2)×(9/2)×90=607.5입방푼이다.

90 대본에는 '空當圍'로 되어 있으나 『성리대전서性理大全書』 권22 율려신서律呂新書1/율려증변律呂證辨/율장단위경지수律長短圍徑之數 제2를 참조하여 '空圍當'으로 바로잡았다.

91 대본에는 '三十'으로 되어 있으나 『성리대전서性理大全書』 권22 율려신서律呂新書1/율려증변律呂證辨/율장단위경지수律長短圍徑之數 제2를 참조하여 '十三'으로 바로잡았다.

92 대본에는 '則'으로 되어 있으나 『성리대전서性理大全書』 권22 율려신서律呂新書1/율려증변律呂證辨/율장단위경지수律長短圍徑之數 제2를 참조하여 '其'로 바로잡았다.

93 대본에는 '十'으로 되어 있으나 『성리대전서性理大全書』 권22 율려신서律呂新書1/율려증변律呂證辨/율장단위경지수律長短圍徑之數 제2를 참조하여 '一'로 바로잡았다.

94 대본에는 '三'으로 되어 있으나 『성리대전서性理大全書』 권22 율려신서律呂新書1/율려증변律呂證辨/律長短圍徑之數第二를 참조하여 '一'로 바로잡았다.

95 한漢나라 난대영사蘭臺令史 반고班固의 『전한서前漢書』 권21상 율력지律歷志 제1상. 「易曰 參天兩地而倚數 天之數 始於一 終於二十五 其義 紀之以三 故 置一得三 …中略… 得八十一 以天地五位之合終於十者 乘之 爲八百一十分 應曆一統 千五百三十九歲之章數 黃鐘之實也 繇此之義 起十二律之周徑 『주역』에 말하기를 '하늘에서 셋을 취하고 땅에서 둘을 취하여 수를 의지한다.'고 하였으니, 천수天數는 1에서 시작하고 25에서 마치는데, 그 뜻은 천·지·인 셋으로 기강을 삼았다. 그러므로 1을 두고 3을 얻었다. …중략… 81을 얻고, 천지天地

다섯 자리의 합이 10에서 마치는 것으로 곱하면 810입방푼이 되어 역법曆法의 일통一統인 1539년의 장수章數에 응하니, 황종의 부피이다. 이 뜻으로부터 12율의 주위(周圍 : 원둘레 안쪽넓이)와 지름이 시작되었다.」

96 이는~있다 : 기장 90알을 한 줄로 이은 것이 황종률관의 길이이고, 그 길이의 황종률관 단면적은 기장 1200알을 담을 수 있는 크기의 넓이라는 것이다.

97 바로~6호이다 : (10.38/2)×(3.46/2)=8.9787을 얻어 9에 근사한 것을 알 수 있다.

98 매 1푼이~된다 : (13+1/3)×90=1199.9999

99 안쪽이~1척에 : 원元나라 유근劉瑾의 『율려성서律呂成書』 권1 구황종적실면멱법求黃鐘積實面冪法 제3. 「斛面內 平 方一尺也 곡斛의 면面 안쪽이 평평하고 방方이 1척이다.」

100 당唐나라 장손무기長孫無忌 등의 『수서隋書』 권16 지志 제11/율력상律歷上/심도審度.

101 그 넓이의~수이다 : 위 각주 47) 참조.

102 그러나~담아 : 기장 한 알의 단면적은 0.5푼×0.5푼×3.14=0.785평방푼이고, 지름 3푼의 관 단면적은 1.5푼×1.5푼×3.14=7.065평방푼이다. 따라서 7.065/0.785=9이므로 지름 3푼의 관에 대략 9알의 기장이 들어간다. 다시 관의 길이는 90푼이므로 9알×90푼=810알이 되어, 대략 나머지가 있는 800알을 담는다고 한 것이다.

103 변율變律의 법 : 12율은 삼분손익에 의해 얻어지므로 평균율이 아니다. 이 음계를 엘리스(A.J. Ellis)의 백분법百分法으로 표시하면 다음과 같다.

黃	大	太	夾	姑	仲	蕤	林	夷	南	無	應	潢
114	90	114	90	114	90	90	114	90	114	90	90	
궁		상		각		변치	치		우		변궁	궁

이는 60조 가운데 황종궁조이므로 다른 조調로 이조移調를 하면 궁성을 기준으로 상성·각성·변치·치성·우성 사이의 간격이 조에 따라 달라진다. 따라서 저자는 60조에서 28률이 필요한 것으로 보고 이를 6변율로 해결하고 있다. 그 28률은 12율 정률正律 12율[黃·大·太·夾·姑·仲·蕤·林·夷·南·無·應]과 반성半聲 8률[汰·湖·潫·汏·洟·浹·潕·沖], 그리고 6변율에서 변율變律 3율[林·南·應]과 변반성變半聲 5률[潢·淋·汰·湳·湖]로 모두 28률이다. 이곳에서 반성과 변반성, 정률과 변율에 같은 율이 있으나 이는 근소한 차이로 율관의 치수가 다른 명백히 다른 율이다. 각각의 율관 치수는 본서/율려본원/제4편 12율지실十二律之實의 각주 3) 도표와 본서/율려본원/제5편 변율의 각주 10) 도표에 상세하다.

104 다만~보고 : 본서/율려본원/제4편 12율지실十二律之實의 주註에 자(子 : 黃鐘)의 '전체는 9촌'이라고 하였으므로 1응음(應音, octave) 위는 당연히 4촌 5푼이어야 한다. 그런데 해(亥 : 仲呂)에 '전체는 6촌 5푼 8리 3호 4사 6홀'이라고 하였으니, 이를 삼분익일하면 (6촌 5푼 8리 3호 4사 6홀)×4/3=8촌 7푼 6리 3호 2사 5홀이다. 이를 반으로 나누어 4촌 3푼 8리 1호 6사 2홀을 얻는다. 따라서 4촌 5푼에 미치지 못하여, 결국 1응음보다 더 높은 소리가 된다.

105 화현(和峴, 933~988) : 본서/권1. 율려신서律呂新書/주자 서문朱子序文 각주 10) 참조.

106 방서房庶 : 송나라 익주益州사람으로 진사進士에 급제하였다. 음률에 통하여 일찍이 『악서보망樂書補亡』을 저술하였다. 인종仁宗 황우皇祐 연간에 송기宋祁・전황천田況荐에 의해 부름을 받아 척률尺律 옛 제도의 법을 상세히 논하였고 『율려선상도律呂旋相圖』를 찬하여 올렸다. 당시에 호원胡瑗과 완일阮逸이 악을 제정하여 이미 의논이 정해져 그 학설이 마침내 폐기되어 시행되지 않았다.

107 범촉공范蜀公 : 송나라 성도成都 화양華陽 사람인 범진(范鎭, 1008~1089)이다. 본서/권1. 율려신서律呂新書/주자 서문朱子序文 각주 14) 참조.

黃鐘之實第三

제3편 황종지실

淮南子曰 "規는 始於一하니 一而[1]不生이라. 故로 分而爲陰陽하고 陰陽合和하야 而萬物生이라. 故曰 '一生二하고 二生三하고 三生萬物이라'하니라. 天地는 三月而爲一時라. 故로 祭는 祀三飯以爲禮하고, 喪은 紀三踊以爲節하고, 兵은 重三軍以爲制라. 以[2]三參物하야 三三如九라. 故로 黃鐘之數[3]는 九寸이라야 而宮音調라. 因而九之하면 九九八十一이라. 故로 黃鐘之數ㅣ 立焉이라. 黃者는 土德之色이요, 鐘者는 氣之[4]所鍾也라. 日冬至엔 德氣爲土요 土色黃이라. 故曰 '黃鐘이라'하니라. 律之數六이니 分爲雌雄이라. 故曰 '十二鐘이라'하고 以副十二月이라. 十二는 各以三成이라. 故置一而十一三之하면 爲積分十七萬七千一百四十七하야 黃鐘大數ㅣ 立焉이라."

『회남자』[5]에 말하였다. "법[規]은 1에서 시작하는데 1로는 낳을 수 없다. 그러므로 나뉘어 음陰·양陽이 되고, 음·양이 화합하여 만물이 생긴다. 그러므로 '1은 2를 낳고, 2는 3을 낳고, 3은 만물을 낳는다.'[6]고 하였다. 천지는 3개월을 한 계절로 한다. 그러므로 제사는 삼반三飯을 올려 제사지내는 것으로 예의를 삼고, 상례喪禮는 삼용三踊[7]을 법으로 절도를 삼고, 병력兵力은 삼군三軍을 중요하게 여기는 것으로 제도를 삼는다. 3으로 만물에 참여하여 3×3은 9와 같으므로 황종수는 9촌이어야만 궁음宮音이 조화롭다. 그 수를 9배로 중첩하면 9×9=81이다. 그러므로 황종수가 성립한다. 황黃은 토덕土德의 색이고, 종鐘은 기氣가 모이는 곳이다. 동지冬至에는 덕기德氣가 토土가 되고 토土의 색은 황黃이므로 '황종黃鐘'이라고 한 것이다. 율律의 수는 6인데 나뉘어 자웅雌雄이 되므로 '12종鐘'이라고 하고 12개월과 서로 맞는다. 12는 각각 3으로 이루어지므로 자子의 수 1을 놓고 3을 11제곱승하면 값이 177147이 되어[8] 황종의 대수大數

가 성립된다."[9]

○前漢志曰 "太極元氣는 函三爲一이니, 極은 中也요, 元은 始也라. 行於十二辰호대 始動於子하니, 參之하야 於丑得三하고, 又參之하야 於寅得九하고, 又參之하야 於卯得二十七하고, 又參之하야 於辰得八十一하고, 又參之하야 於[10]已得二百四十三하고, 又參之하야 於午得七百二十九하고, 又參之하야 於未得二千一百八十七하고, 又參之하야 於申得六千五百六十一하고, 又參之하야 於酉得萬九千六百八十三하고, 又參之하야 於戌得五萬九千□□四十九하고, 又參之하야 於亥得十七萬七千一百四十七이라. 此는 陰陽合德하고 氣鍾於子하야 化生萬物者也라."

○『전한서』「율력지」에 말하였다. "태극원기太極元氣는 천·지·인 세 기운을 포함하여 하나가 된 것이니,[11] 극極은 중中, 원元은 시始의 의미이다. 12진辰[12]에 운행하는데 자子에서 비로소 움직이니, 그 수인 자子 1에 3을 곱해 축丑에서 3을 얻고, 또 그 수에 3을 곱해 인寅에서 9를 얻고, 또 그 수에 3을 곱해 묘卯에서 27을 얻고, 또 그 수에 3을 곱해 진辰에서 81을 얻고, 또 그 수에 3을 곱해 사巳에서 243을 얻고, 또 그 수에 3을 곱해 오午에서 729를 얻고, 또 그 수에 3을 곱해 미未에서 2187을 얻고, 또 그 수에 3을 곱해 신申에서 6561을 얻고, 또 그 수에 3을 곱해 유酉에서 9683을 얻고, 또 그 수에 3을 곱해 술戌에서 59049를 얻고, 또 그 수에 3을 곱해 해亥에서 177147을 얻는다. 이는 음양陰陽이 덕을 합하고 기운이 자子에서 모여 만물을 화생化生한 것이다."[13]

○律書曰 "置一而九三之하야 以爲法이라. 實如法이면 得長一寸이니, 凡得九寸을 命曰黃鍾之宮[14]이라."

『사기』「율서」에 말하였다. “자子 1을 놓고 3에 9제곱승을 하여 법(法 : 분모)을 삼는다.[15] 실實과 법法이 같으면 수 1이 얻어지는데, 그 수 1을 놓고 3에 11제곱승을 하여 실(實 : 분자)을 삼아, 그 법과 그 실로 계산하여 9촌을 얻는 것[16]을 황종의 궁宮이라고 한다.”[17]

案淮南子에 謂‘置一而十一三之하야 以爲黃鐘之大數라’하니, 卽此는 置一而九三之하야 以爲寸法者로 其術一也라. 夫置一而九三之ㅣ 旣爲寸法이면 則七三之爲分法과 五三之爲釐法과 三三之爲毫法과 一三之爲絲法을 從可知矣라.

律書에 獨擧寸法者는 蓋已於生[18]鐘分內에 默具律寸分釐毫絲之法하고 而又於此律數之下에 指其大者하야 以明凡例也일새라.

一三之而得三하고, 三三之而得二十七하고, 五三之而得二百四十三하고, 七三之而得二千一百八十七하고, 九三之而得一萬九千六百八十三이라. 故로 一萬九千六百八十三를 以九分之하면 則爲二千一百八十七하고, 二千一百八十七을 以九分之하면 則爲二百四十三하고, 二[19]百四十三을 以九分之하면 則爲二十七하고, 二十七을 以九分之하면 則爲三하니 三者는 絲法也요, 九其三하면 得二十七하니 則毫法也요, 九其二十七하면 得二百四十三하니 則釐法也요, 九其二百四十三하면 得二千一百八十七하니 則分法也요, 九其二千一百八十七하면 得一萬九千六百八十三하니 則寸法也라. 一寸은 九分이요, 一分은 九釐요, 一釐는 九毫요, 一毫는 九絲라. 以之生十一律하고 以之生五聲二變이라. 上下乘除ㅣ 參同契合하야 無所不通하니 蓋數之自然也라.

顧自淮南太史公之後로 卽無識其意者라. 如京房之六十律이 雖亦用此十七萬七千一百四十七之數이나, 然乃謂‘不盈寸者은 十之所得으로 爲分하고, 又不盈分者은 十之所得으로 爲小分하야 以其餘爲强弱이라’하니, 不知黃鐘九寸이 以三損益하야 數不出九라. 苟不盈分者十之면 則其奇零이 無時而能盡하야 雖泛以强弱該之나 而卒無以見强弱之爲[20]幾何니 則其數之精微는 固有不可得而紀者矣라.

至於杜佑 · 胡瑗 · 范蜀公等하야난 則又不復知有此數하야 而以意强爲之法이라. 故로 通典엔 則自南呂而下는 各自爲法하야 固不可以見分釐毫絲之實하고, 胡范은 則止用八百一十分하니 乃是以積實生量之數로 爲律之長이요, 而其因乘之法도 亦用十數라. 故로 其餘算도 亦皆棄而不錄하니 蓋非有意於棄之라, 實其重分累析하야 至於無數之可紀라. 故로 有所不得而錄耳라.

夫自絲以下는 雖非目力之所能分이나, 然旣有其數하야 而或一算之差면 則法於此而遂變이니, 不以約十爲九之法으로 分之면 則有終不可得而齊者리라. 故로 淮南太史公之書ㅣ 其論此也已詳이어늘 特房等이 有不察耳라. 司馬貞史記索隱注 "'黃鐘 八寸十分一' 云은 '律은 九九八十一이라.' 故云八寸十分一이요, 漢書 云 '長九寸'者는 九分之寸也라."하니라. 此則古人論律에 以九分爲寸之明驗也라.

내가 살펴보니, 『회남자』에 '자子의 수 1을 놓고 3을 11제곱승하여 황종의 대수大數를 삼는다.'고 하였는데, 곧 이것은 자子의 수 1을 놓고 3을 9제곱승하여 촌寸의 법法을 삼는 것[21]과 그 방법이 동일하다. 자子의 수 1을 놓고 3을 9제곱승한 것이 이미 촌寸의 법法이 되면, 3을 7제곱승한 것이 푼의 법이 되는 것,[22] 3을 5제곱승한 것이 이釐의 법이 되는 것,[23] 3을 3제곱승한 것이 호毫의 법이 되는 것,[24] 3을 1제곱승한 것이 사絲의 법이 되는 것[25]을 따라 알 수 있다.

『사기』「율서」에 다만 촌寸의 법을 예로 들은 것은 아마도 이미 생종분生鍾分[26] 안에 율관의 촌寸 · 분分 · 이釐 · 호毫 · 사絲의 법을 설명 없이 갖추어 수록하였고, 또 이 율수律數[27]의 아래에 그 큰 것을 가리켜 범례凡例를 밝혔기 때문일 것이다.

3을 1제곱승해서 3을 얻고, 3을 3제곱승해서 27을 얻고, 3을 5제곱승해서 243을 얻고, 3을 7제곱승해서 2187을 얻고, 3을 9제곱승해서 19683을 얻는다. 그러므로 19683을 9로 나누면 2187이 되고, 2187을 9로 나누면 243이 되고, 243을 9로 나누면 27이 되고, 27을 9로 나누면 3이 되니, 3

은 사絲의 법(法 : 분모)이고, 9에 그 3을 곱하면 27을 얻으니 호毫의 법이고, 9에 그 27을 곱하면 243을 얻으니 이釐의 법이고, 9에 그 243을 곱하면 2187을 얻으니 푼[分]의 법이고, 9에 그 2187을 곱하면 19683을 얻으니 촌寸의 법이 된다.[28] 1촌은 9푼이고, 1푼은 9리釐이고, 1리는 9호毫이고, 1호는 9사絲이다. 그로써 11률이 나오고 그로써 오성·2변二變이 나온다. 위로 곱하고 아래로 나눈 것이 일치하고 부합해서 통하지 않음이 없으니 이는 수의 자연이다.

돌아보건대, 『회남자』와 태사공太史公 사마천 뒤로 곧 그 의의를 아는 사람이 없었다. 예컨대 경방(京房, B.C. 77~B.C. 37)[29]의 60률이 비록 또한 이 177147의 수를 썼으나, 바로 '1촌에 차지 못하는 것은 10의 얻은 바로 푼[分]을 삼고, 또 푼에 차지 않는 것은 10의 얻은 바로 소푼[小分]을 삼아, 그 나머지는 나머지수[强]와 부족수[弱]를 삼았다.'[30]고 말하였으니, 황종의 9촌이 3으로 손익損益하여 수가 9를 벗어나지 못함을 알지 못한 것이다. 참으로 푼에 차지 못하는 것을 10으로 계산하면 그 나머지가 다할 때가 없어, 비록 광범위하게 나머지수와 부족수로 맞게 하려하나, 마침내 나머지수와 부족수가 얼마나 되는지를 알 수 없을 것이니, 그 정미한 수는 참으로 기록할 수가 없을 것이다.

두우杜佑[31]·호원胡瑗[32]·범촉공范蜀公 등에 이르러서는 또다시 이 수가 있는 것을 알지 못해 자기 뜻으로 억지로 그 법을 삼았다. 그러므로 『통전』에서는 남려 이하는 각자 법이 되어 푼·이釐·호毫·사絲의 실수를 볼 수 없고, 호씨胡氏와 범씨范氏는 다만 810입방푼을 썼으니, 이는 적실생량(積實生量 : 부피)의 수로 율관의 길이를 삼은 것이고, 그 중첩하고 곱하기 하는 방법도 또한 10을 썼다. 그러므로 그 나머지 계산도 또한 모두 버리고 기록하지 않았으니, 아마도 버리는 데 의도가 있었던 것이 아니라, 실상 그 거듭 나누고 여러 차례 갈라 무수한 기록에 이를 수 있으므로 수록할 수 없었을 것이다.

사絲 이하는 비록 시력視力으로 나눌 수 있는 것이 아니나, 이미 그 수가 있어, 혹 한 계산이라도 틀리면 이것에서 법으로 굳어져 드디어 변할 것이니, 10을 9로 하는 법으로 나누지 않으면 마침내 정연整然할 수 없을 것이다. 그러므로 『회남자』와 태사공太史公 사마천의 책이 이를 논한 것이 이미 자상한데, 다만 경방京房 등이 살펴보지 못했을 뿐이다. 사마정司馬貞이 『사기색은史記索隱』에 주注하기를 "『사기』에 '황종은 8촌×10푼+1푼이다.'고 말한 것은, '율관은 9×9=81이므로 8촌×10푼+1푼이다.'이고, 『한서』에 말한 '길이 9촌'은 9푼을 1촌으로 한 것이다."[33]라고 하였다. 이것이 옛 사람이 율을 논할 때 9푼으로 1촌을 삼은 분명한 증거이다.

1 대본에 누락된 '而'를 한漢나라 고유高誘 주注의 『회남홍렬해淮南鴻烈解』 권3 천문훈天文訓을 참조하여 보충하였다.

2 대본에 누락된 '以'를 한漢나라 고유高誘 주注의 『회남홍렬해淮南鴻烈解』 권3 천문훈天文訓을 참조하여 보충하였다.

3 대본에 누락된 '數'를 한漢나라 고유高誘 주注의 『회남홍렬해淮南鴻烈解』 권3 천문훈天文訓을 참조하여 보충하였다.

4 대본에 누락된 '之'를 한漢나라 고유高誘 주注의 『회남홍렬해淮南鴻烈解』 권3 천문훈天文訓을 참조하여 보충하였다.

5 『회남자』 : 전한前漢의 회남왕淮南王 유안(劉安, B.C. 179~B.C. 122)이 문객들과 함께 지은 잡가서雜家書이다. 후한後漢의 고유高誘가 쓴 『회남자』 서문에 의하면, "유안이 소비蘇飛·이상李尙·좌오左吳·전유田由·뇌피雷被·모피毛被·오피伍被·진창晉昌 등 8인과 대산大山·소산小山 등 여러 유학자儒學者들과 함께 도덕을 강론하고 인의를 연구하여 이 책을 완성하였다."라고 하였다. 원래는 내편 21편, 외편 33편이었는데, 현재는 내편 21편뿐이다.

6 『노자덕경老子德經』 권하 하상공장구河上公章句 제3/도화道化 제42.

7 삼용三踊 : 『예기禮記』 잡기雜記. 「士 三踊 사士는 삼용三踊한다.」

사士의 상사喪事에 죽은 자를 향하여 세 번 발을 구르며 곡을 하는데, 운명한 직후와 소렴·대렴 때에 각각 발을 구르며 곡한다.

8 자子~되어 : 태극원기太極元氣는 1로 자子에서 시작하고, 축丑으로부터 해亥까지는 천天·지地·인人 세 기운을 뜻하는 3이 된다. 따라서 승수乘數에 영향이 없는 자子의 수인 1을 놓아두고 축丑으로부터 해亥까지 계산하면 3을 11번 곱하는, 곧 3의 11제곱승이 되어 177147이 된다.

9 한漢나라 고유高誘 주注의 『회남홍렬해淮南鴻烈解』 권3 천문훈天文訓.

10 대본에는 '于'로 되어 있으나 『성리대전서性理大全書』 권22 율려신서律呂新書1/율려증변律呂證辨/황종지실黃鐘之實 제3을 참조하여 '於'로 바로잡았다.

11 천天·지地·인人~것이니 : 한漢나라 난대영사蘭臺令史 반고班固의 『전한서前漢書』 권21상 율력지律歷志 제1상의 안사고顔師古 주註. 「孟康曰 元氣 始起於子 未分之時 天地人 混合爲一 故 子數 獨一也 맹강이 말하였다. "원기는 태초에 자子에서 시작하였는데, 아직 분화가 되지 않았을 때 천天·지地·인人이 혼합하여 하나가 된 것이다. 그러므로 자子의 수는 다만 1이다."」

12 12진辰 : 12지支이다.

13 한漢나라 난대영사蘭臺令史 반고班固의 『전한서前漢書』 권21상 율력지律歷志 제1상. 본서/율려본원/제2편 황종지실黃鐘之實 각주 10) 도표 참조.

14 대본에는 '律'로 되어 있으나 한漢나라 태사령太史令 사마천司馬遷의 『사기史記』 권25 율서律書 제3/생황종生黃鐘을 참조하여 '宮'으로 바로잡았다.

15 자子~삼는다 : 한漢나라 태사령太史令 사마천司馬遷의 『사기史記』 권25 율서律書 제3/생황종生黃鐘의 위소韋昭 주註. 「置一而九 以三乘之 是也 '치일이구置一而九'는 3으로 곱하는 것이 이것이다.」

『어제율려정의후편御製律呂正義後編』 권80 악제고樂制考3/한漢/생황종生黃鐘. 「自丑至酉 爲九 皆以三乘之 所謂置一而九三之也 축丑으로부터 유酉에 이르기까지가 9가 되니 모두 3으로 곱해나가는 것이 이른바 1을 놓고 3을 9제곱승[=19683]하는 것이다.」

본서/율려본원/제2편 황종지실黃鐘之實. 「酉 一萬九千六百八十三 爲寸法 유酉는 19683이니 촌寸의 법法이 된다.」

16 본서/율려본원/제2편 황종지실黃鐘之實. 「亥 一十七萬七千一百四十七 黃鐘之實 해亥는 177147이니 황종의 실實이다.」

해亥의 수는 3을 11제곱승하여 얻는데 '황종의 실實'이라고 하였으므로 앞서 말한 유酉의 수인 19683을 분모로 계산하면 9가 된다.

17 한漢나라 태사령太史令 사마천司馬遷의 『사기史記』 권25 율서律書 제3/생황종生黃鐘.

그 주註. 「索隱 實如法得一 實謂以子一乘丑三 至亥得十七萬七千一百四十七爲實數 如法謂以上萬九千六百八十三之法除實得九 爲黃鍾之長 得下有長 一下有寸者 皆衍字也 사마정의 『사기색은史記索隱』에 '실여법득일實如法得一'의 뜻은 '실實'은 자子 1을 놓고 축丑 3을 곱하기하면서부터 해亥에 이르러 177147을 얻어 실수實數를 삼는 것을 말하고, 여법如法은 그 위 19683을 분모로 실수 177147을 분자로 하여 9를 얻어 황종의 길이를 삼는 것을 말한다. '득得'자 아래에 '장長'자가 있고 '일一'자 아래에 '촌寸'자가 있는 것은 쓸데없이 낀 글자이다.」

18 대본에는 '生於'로 되어 있으나 『성리대전서性理大全書』 권22 율려신서律呂新書1/율려증변律呂證辨/황종지실黃鐘之實 제3을 참조하여 '於生'으로 바로잡았다.

19 대본에는 '三'으로 되어 있으나 『성리대전서性理大全書』 권22 율려신서律呂新書1/율려증변律呂證辨/황종지실黃鐘之實 제3을 참조하여 '二'로 바로잡았다.

20 대본에는 '所'로 되어 있으나 『성리대전서性理大全書』 권22 율려신서律呂新書1/율려증변律呂證辨/황종지실黃鐘之實 제3을 참조하여 '爲'로 바로잡았다.

21 자의~삼는 것 : 본서/율려본원/제2편 황종지실黃鐘之實. 「酉 一萬九千六百八十三 爲寸法 유酉는 19683이니 촌寸의 법法이 된다.」

22 3을~것과 : 본서/율려본원/제2편 황종지실黃鐘之實. 「未 二千一百八十七 爲分法 미未는 2187이니 푼의 법法이 된다.」

23 3을~것과 : 본서/율려본원/제2편 황종지실黃鐘之實. 「巳 二百四十三 爲釐法 사巳는 243이니 이釐의 법法이 된다.」

24 3을~것과 : 본서/율려본원/제2편 황종지실黃鐘之實. 「卯 二十七 爲毫法 묘卯는 27이니 호毫의 법法이 된다.」

25 3을~되는 것 : 본서/율려본원/제2편 황종지실黃鐘之實. 「丑 三 爲絲法 축丑은 3이니 사絲의 법法이 된다.」

26 생종분生鐘分 : 한漢나라 태사령太史令 사마천司馬遷의 『사기史記』 권25 율서律書 제3에 있는 부분이다.
당나라 사마정司馬貞의 『사기색은史記索隱』 권8 율서律書 제3의 주注. 「此算術 生鍾律之法也 이것은 산술로 음률을 만드는 법이다.」

27 율수律數 : 한漢나라 태사령太史令 사마천司馬遷의 『사기史記』 권25 율서律書 제3에 있는 부분이다.

28 3은~된다 : 악樂에서 촌寸·푼[分]·리釐·호毫·사絲는 9진수를 쓰므로 9사가 1호 되고, 9호가 1리가 되고, 9리가 1푼이 되고, 9푼이 1촌이 된다. 따라서 본서/율려본원/제2편 황종지실黃鐘之實에 의하면 황종의 실수인 177147을 9로 나누면 19683이 되어 촌寸의 법(法 : 분모)이 되고, 다시 19683을 9로 나누면 2187이 되어

푼[分]의 법이 되고, 다시 2187을 9로 나누면 243이 되어 이釐의 법이 되고, 다시 243을 9로 나누면 27이 되어 호毫의 법이 되고, 다시 27을 9로 나누면 3이 되어 사絲의 법法이 된다.

29 경방(京房, B.C. 77~B.C. 37) : 한 원제漢元帝 때의 역학자易學者로 본성本姓은 이씨李氏였는데, 음률音律을 좋아하여 음률의 이치를 미루어서 스스로 성을 경씨京氏로 정하였다. 자字는 군명君明이고, 동군東郡 돈구頓丘 출신이다. 원제元帝 때 박사博士가 되었으며, 여러 차례 상소하여 재이災異로써 시정득실時政得失을 추론하였다. 금문역학今文易學인 '경씨학京氏學 또는 경방역학京房易學'의 개창자로 일찍이 맹희孟喜의 문인 초연수焦延壽에게 『주역』을 배웠다. 역점易占을 행하기 위해 12율十二律을 수정확대해서 60률의 작성 기법을 개발하였다. 『경씨역전京氏易傳』을 지었다. <『유교대사전』, 유교사전편찬위원회, 1990, 53쪽.>

30 원元나라 황진성黃鎭成의 『상서통고尙書通考』 권3 율법상하상생손익지차律法上下相生損益之次. 「愚按 京房 以黃鐘之實 十七萬七千一百四十七 爲律本 其法 始於子 歷十二辰 以參乘之 得此數 以其實上下相生 …中略… 惟黃鐘林鐘太蔟三律 無餘分 其餘以一萬九千六百八十三 爲一寸之法 二千一百八十七 爲一分之法 計其餘分 以定準尺之餘數 不盈寸者 十之爲律分 不盈分者 又十之爲小分 以定律寸之强弱 내가 살펴보니, 경방은 황종의 실수 177147로 율본律本을 삼았다. 그 법은 자子에서 시작하여 12진辰을 차례대로 3으로 곱해[자子의 수 1을 놓고 3을 11승 한다.] 이 수를 얻어 그 실수를 가지고 상하로 상생하니, …중략… 오직 황종 · 임종 · 태주 세 율은 여분餘分이 없고, 그 나머지는 19683으로 1촌의 법을 삼고 2187로 1푼의 법을 삼는다. 그 여분을 계산하여 준척準尺의 여수餘數를 정하는데, 촌을 채우지 못하는 것은 10의 율푼[律分]을 삼고, 푼을 채우지 못하는 것은 또 10의 소푼을 삼아 율촌律寸의 나머지수[强]와 부족수[弱]를 정한다.」

31 두우(杜佑, 735~812) : 본서/제요提要 각주 17) 참조.

32 호원(胡瑗, 993~1059) : 본서/제요提要 각주 57) 참조.

33 당唐나라 사마정司馬貞의 『사기색은史記索隱』 권8 율서律書 제3의 주注.

三分損益上下相生第四

제4편 삼분손익상하상생

呂氏春秋曰 "黃鐘生林鐘하고, **林鐘生太簇**하고, **太簇生南呂**하고, **南呂生姑洗**하고, **姑洗生應鐘**하고, **應鐘生蕤賓**하고, **蕤賓生大呂**하고, **大呂生夷則**하고, **夷則生夾鐘**하고, **夾鐘生無射**하고, **無射生仲呂**하니, **三分所生益之一分**하야 **以上生**하고 **三分所生去其一分**하야 **以下生**이라. **黃鐘·大呂·太簇·夾鐘·姑洗·仲呂·蕤賓**은 **爲上**하고, **林鐘·夷則·南呂·無射·應鐘**은 **爲下**라."

『여씨춘추呂氏春秋』[1]에 말하였다. "황종은 임종을 낳고, 임종은 태주를 낳고, 태주는 남려를 낳고, 남려는 고선을 낳고, 고선은 응종을 낳고, 응종은 유빈을 낳고, 유빈은 대려를 낳고, 대려는 이칙을 낳고, 이칙은 협종을 낳고, 협종은 무역을 낳고, 무역은 중려를 낳으니, 3분하여 낳는 것에 그 1분을 더하여 상생上生하고, 3분하여 낳는 것에 그 1분을 덜어 하생下生한다.[2] 황종·대려·태주·협종·고선·중려·유빈은 상생하고 임종·이칙·남려·무역·응종은 하생한다."[3]

○淮南子曰 "黃鐘位子하니 **其數**는 **八十一**이니 **主十一月**하며 **下生林鐘**하고, **林鐘之數**는 **五十四**니 **主六月**하며 **上生太簇**하고, **太簇之數**는 **七十二**니 **主正月**하며 **下生南呂**하고, **南呂之數**는 **四十八**이니 **主八月**하며 **上生姑洗**하고, **姑洗之數**는 **六十四**니 **主三月**하며 **下生應鐘**하고, **應鐘之數**는 **四十二**니 **主十月**하며 **上生蕤賓**하고, **蕤賓之數**는 **五十六**이니 **主五月**하며 **上生大呂**하고, **大呂之數**는 **七十六**이니 **主十二月**하며 **下生夷則**하고, **夷則之數**는 **五十一**이니 **主七月**하며 **上生夾鐘**하고, **夾鐘之數**는 **六十八**이니 **主二月**하며 **下生無射**하고, **無射之數**는 **四十五**니 **主九月**하며 **上生仲呂**하고,

仲呂之數는 **六十**이니 **主四月**호대 **極不生**이라."

○ 『회남자』에 말하였다. "황종은 자子에 자리하니 그 수는 81로 11월을 주관하며 임종을 하생하고, 임종의 수는 54니 6월을 주관하며 태주를 상생하고, 태주의 수는 72니 정월을 주관하며 남려를 하생하고, 남려의 수는 48이니 8월을 주관하며 고선을 상생하고, 고선의 수는 64니 3월을 주관하며 응종을 하생하고, 응종의 수는 42니 10월을 주관하며 유빈을 상생하고, 유빈의 수는 56이니 5월을 주관하며 대려를 상생하고, 대려의 수는 76이니 12월을 주관하며 이칙을 하생하고, 이칙의 수는 51이니 7월을 주관하며 협종을 상생하고, 협종의 수는 68이니 2월을 주관하며 무역을 하생하고, 무역의 수는 45니 9월을 주관하며 중려를 상생하고, 중려의 수는 60이니 4월을 주관하는데, 수를 다하여 더 낳지 못한다."[4]

案呂氏 · 淮南子의 上下相生이 與司馬氏律書 漢前志로 不同하니, 雖大呂 · 夾鐘 · 仲呂ㅣ 用倍數는 則一이나, 然呂氏 · 淮南은 不過以數之多寡로 爲生之上下하야 律呂 · 陰陽이 皆錯亂而無倫하니 非其本法也라.

내가 살펴보니, 『여씨춘추』와 『회남자』의 상생上生하고 하생下生한 것이 사마천의 『사기』 「율서」 그리고 『전한서』 「율력지」와 다르다. 비록 대려 · 협종 · 중려가 배수倍數를 쓴 것은 동일하나, 『여씨춘추』와 『회남자』는 수의 다과多寡로 상생上生 · 하생下生을 한 것에 불과하여, 율려와 음양陰陽이 모두 뒤섞여 차례가 없으니, 그 본래 법이 아니다.

律書生鐘分

「율서律書」 생종분生鐘分[5]

子는 一分[6]이요, 丑은 三分二요, 寅은 九分八이요, 卯는 二十七分十六이요, 辰은 八十一分六十四요, 巳는 二百四十三分一百二十八이요, 午는 七百二十九分五百一十二요, 未는 二千十一分四千□□九十六이요, 申은 六千五百六十一分四千□□九十六[7]이요, 酉는 一萬九千六百八十三分八千一百九十二요, 戌은 五萬九千□□四十九分三萬二千七百六十八이요, 亥는 一十七萬七千一百四十七分六萬五千五百三十六이라.

자子는 1이고, 축丑은 황종의 3분의 2이고, 인寅은 황종의 9분의 8이고, 묘卯는 황종의 27분의 16이고, 진辰은 황종의 81분의 64이고, 사巳는 황종의 243분의 128이고, 오午는 황종의 729분의 512이고, 미未는 황종의 2187분의 1024이고, 신申은 황종의 6561분의 4096이고, 유酉는 황종의 19683분의 8192이고, 술戌은 황종의 59049분의 32768이고, 해亥는 황종의 177147분의 65536이다.[8]

案此는 卽三分損益하야 上下相生之數니 其分字以上者는 皆黃鐘之全數요, 子律數요, 寅寸數요, 辰分數요, 午釐數요, 申毫數요, 戌絲數니, 其丑卯巳未酉亥 則三分律寸分釐毫絲之法也라. 其分字以下者는 諸律이 所取於黃鐘長短之數也라. 假令子一分[9]이면 則一 爲九寸이니 是黃鐘之全數요, 丑三分二면 則一 爲三寸하야 三三如九니 亦是黃鐘之九寸을 三分取其二라. 故林鐘得六寸이라. 寅九分八이면 則一爲一寸이니 亦是黃鐘之九寸九分取其八이라. 故太簇得八寸이라

其上下相生之敍는 則晉志에 所謂 '在六律爲陽이면 則當位自得而下生於陰하고, 在[10]六呂爲陰이면 則得其所衝而上生於陽'者ㅣ 是也라. 丑爲林鐘이요, 卯爲南呂요, 巳爲應鐘이요, 未爲大呂요, 酉爲夾鐘이요, 亥爲仲呂라.

大呂 · 夾鐘 · 仲呂는 止得半聲하니 必用倍數라야 乃與天地之氣로 相應이라. 其寸分釐毫絲는 皆積九以爲法하니 詳見上章이라.

내가 살펴보니, 이는 곧 삼분손일·삼분익일하여 상생·하생한 수니, 그 분分자 앞 숫자는 모두 황종의 전수全數이고,[11] 자子는 율수律數이고, 인寅은 촌수寸數이고, 진辰은 푼수[分數]이고, 오午는 이수釐數이고, 신申은 호수毫數이고, 술戌은 사수絲數이다.[12] 그 축丑·묘卯·사巳·미未·유酉·해亥는 율律·촌寸·푼[分]·이釐·호毫·사絲를 삼분三分하는 법(法 : 분모)이다.[13] 그 분分자 뒤 숫자는 모든 율이 황종 길이를 기준으로 얻은 수이다. 가령 자子는 1이면 1은 9촌이니 이는 황종의 전수全數이다. 축丑은 3분의 2이면 1은 3촌이 되어 3×3=9와 같으니 또한 황종 9촌을 3으로 나누어 그 2를 취한 것이다. 그러므로 임종은 6촌을 얻는다. 인寅은 9분의 8이면 1은 1촌이니 또한 황종 9촌을 9로 나누어 그 8을 취한 것이다. 그러므로 태주는 8촌을 얻는다.

그 상생하고 하생하는 차례는 『진서』「율력지」에 이른바 '12진辰이 육률에 있어 양陽이 되면 마땅한 자리를 만족하게 여겨 음陰을 하생하고, 육려六呂에 있어 음陰이 되면 그 상충相衝하는 것을 얻어 양을 상생한다.'[14]는 것이 이것이다. 축丑은 임종이 되고, 묘卯는 남려가 되고, 사巳는 응종이 되고, 미未는 대려가 되고, 유酉는 협종이 되고, 해亥는 중려가 된다.

대려·협종·중려는 다만 반성(半聲 : octave)을 얻으니 반드시 배수倍數를 써야 만 천지의 기운과 서로 응한다.[15] 그 촌寸·푼[分]·이釐·호毫·사絲는 모두 9를 누적하여 분모를 삼았는데, 상세한 것은 위 장章에 있다.

漢前志曰 "黃鐘을 三分損一하야 下生林鐘하고, 三分林鐘益一하야 上生太簇하고, 三分太簇損一하야 下生南呂하고, 三分南呂益一하야 上生姑洗하고, 三分姑洗損一하야 下生應鐘하고, 三分應鐘益一하야 上生蕤賓하고, 三分蕤賓損一하야 下生大呂하고, 三分大呂益一하야 上生夷則하고, 三分夷則損一하야 下生夾鐘하고, 三分夾鐘益一하야 上生無射하고, 三分無射損一하야 下生仲呂라. 陰陽相生하니 自黃鐘始而左旋하야 八八爲伍라.

『전한서』「율력지」에 말하였다. "황종을 삼분손일하여 임종을 하생하고, 임종을 삼분익일하여 태주를 상생하고, 태주를 삼분손일하여 남려를 하생하고, 남려를 삼분익일하여 고선을 상생하고, 고선을 삼분손일하여 응종을 하생하고, 응종을 삼분익일하여 유빈을 상생하고, 유빈을 삼분손일하여 대려를 하생하고, 대려를 삼분익일하여 이칙을 상생하고, 이칙을 삼분손일하여 협종을 하생하고, 협종을 삼분익일하여 무역을 상생하고, 무역을 삼분손일하여 중려를 하생한다. 음陰과 양陽이 상생相生하는데 황종에서 시작해서 좌선左旋하여 8을 헤아려 하생하고 다시 8을 헤아려 상생한 것이 짝이 된다.[16]

○律書曰 "術曰 '以下生者는 倍其實하고 三其法이요, 上生者는 四其實하고 三其法이라'하니라." 假令 黃鐘九寸은 下生하면 則倍其實하야 爲一尺八寸하고 三其法하야 乃爲六寸而得林鐘이요, 林鐘六寸은 上生하면 則四其實하야 爲二尺四寸하고 三其法하야 乃爲八寸而得太簇라 他皆倣此라.

○『사기』「율서」에 말하기를 "생황종술生黃鐘術에 '하생은 그 실수에 2를 곱해서 분자로 하고 그 법法을 3으로 해서 분모를 삼는다. 상생은 그 실수에 4를 곱해서 분자로 하고 그 법法을 3으로 해서 분모를 삼는다.'고 하였다." 가령 황종 9촌은 하생하면 그 실수 9촌을 2배로 계산하여 1척 8촌이 되고 그 법法을 3으로 해서 나누니 6촌이 되어 임종을 얻는다. 임종 6촌은 상생하면 그 실수 6촌을 4배로 계산하여 2척 4촌이 되고 그 법法을 3으로 해서 나누니 8촌이 되어 태주를 얻는다. 다른 것도 모두 이 방법과 같다.

○漢後志曰 "術曰 '陽은 以圓爲形하니 其性動이요, 陰은 以方爲節하니 其性靜이라. 動者는 數三이요 靜者는 數二라. 以陽生陰엔 倍之하고 以陰生陽엔 四之하니 皆三而一이라. 陽生陰曰下生이요 陰生陽曰上生이니, 上生은 不得過黃鐘之淸濁하고 下生은 不得及黃鐘之數하니, 實皆參天兩

地와 **圓蓋·方覆**이니 **六耦**ㅣ **承奇之道也**라. **黃鐘**은 **律呂之首**니 **而生十一律者也**라'하니라"

○ 『후한서』「율력지」에 말하였다. "율술律術에 말하기를 '양陽은 원으로 모양을 삼으니 그 성정性情이 동적動的이고, 음陰은 모난 것으로 절節을 삼으니 그 성정이 정적靜的이다. 동적인 것은 수가 3이고, 정적인 것은 수가 2이다. 양을 기준으로 음을 낳을 때는 2배하고, 음을 기준으로 양을 낳을 때는 4배하니, 모두 3에 1을 가감한 것이다. 양이 음을 낳는 것을 하생下生이라 하고, 음이 양을 낳는 것을 상생上生이라 한다. 상생은 황종의 청탁淸濁을 지나칠 수 없고, 하생은 황종의 수에 미칠 수 없다.[17] 실상 모두 하늘에서 셋을 취하고 땅에서 둘을 취한 것과,[18] 원개圓蓋·방복方覆이니 육우六耦가 기奇를 계승한 도이다.[19] 황종은 율려의 으뜸이니 11률을 낳는 것이다.'고 하였다."[20]

1 『여씨춘추呂氏春秋』: 진대秦代의 정치가 여불위(呂不韋, ? ~B.C. 235)가 식객食客들을 모아 찬한 잡가서雜家書이다. 『사기』「문언후열전文言侯列傳」에 의하면, 여불위가 당시의 학자들을 빈객으로 초빙하여 학문을 토론하게 하고 그것을 모아 엮었다고 한다. 1년 12달의 자연 현상을 기록한 총 61편의 12기紀, 63편의 8람覽, 36편의 6논論으로 구성되어 있다.

2 3분하여~하생한다 : 4/3를 곱해주는 삼분익일과 2/3를 곱해주는 삼분거일三分去一이다.

3 한漢나라 고유高誘 주注의 『여씨춘추呂氏春秋』 권6 계하기季夏紀 제6/음율音律.
이곳에서 말한 상생과 하생은 가장 낮은 황종부터 7번째 유빈까지는 상생으로 보고, 다음 8번째 임종부터 가장 높은 응종까지는 하생으로 배열한 것으로 이 본문의 "3분하여 낳는 것에 그 1분을 더하여 상생上生하고, 3분하여 낳는 것에 그 1분을 덜어 하생下生한다."라고 한 것에 맞지 않는다. 그 내용에 따라 수정하면 하생下生은 임종·남려·응종·대려·협종·중려, 상생上生은 태주·고선·유빈·이칙·무역·황종이 되어야 한다.

4 한漢나라 고유高誘 주注의 『회남홍렬해淮南鴻烈解』 권3 천문훈天文訓. 이를 도표로 표시하면 다음과 같다.

12율律	황종	임종	태주	남려	고선	응종	유빈	대려	이칙	협종	무역	중려
12진辰	子	未	寅	酉	辰	亥	午	丑	申	卯	戌	巳
12월月	11	6	1	8	3	10	5	12	7	2	9	4
율관수	81	54	72	48	64	42	56	76	51	68	45	60
상하생	하생 임종	상생 태주	하생 남려	상생 고선	하생 응종	상생 유빈	상생 대려	하생 이칙	상생 협종	하생 무역	상생 중려	

위 한漢나라 고유高誘 주注의 『여씨춘추呂氏春秋』 권6 계하기季夏紀 제6/음율音律의 "3분하여 낳는 것에 그 1분을 더하여 상생上生하고, 3분하여 낳는 것에 그 1분을 덜어 하생下生한다."라고 한 것에 따라 바로잡으면 다음과 같다.

12율律	황종	임종	태주	남려	고선	응종	유빈	대려	이칙	협종	무역	중려
12진辰	子	未	寅	酉	辰	亥	午	丑	申	卯	戌	巳
12월月	11	6	1	8	3	10	5	12	7	2	9	4
역자계산 율관수	81	54	72	48	64	$42.\dot{6}$	$56.\dot{8}$	75.8519	50.5679	67.4239	44.9492	59.9323
상하생	하생 임종	상생 태주	하생 남려	상생 고선	하생 응종	상생 유빈	하생 대려	상생 이칙	하생 협종	상생 무역	하생 중려	

위 도표의 대려·협종·중려는 황종수 81의 반이 되지 못하여 배수倍數를 취하여 계산한 것이다. 이에 의하면 『회남자』의 율관수는 대체수인 것을 알 수 있다.

5 「율서律書」 생종분生鐘分 : 한漢나라 태사령太史令 사마천司馬遷의 『사기史記』 권25 율서律書 제3에 있다.

6 子는 一分 : '子는 1分'은 황종을 자子로 하여 기본수인 1로 정한 것이다. 이것에서 '一分'은 '一分一'이거나, 또는 '分'을 의미가 없는 연자衍字로 보아 '一'로 해야 할 것 같다.

7 대본에는 '申 六千五百六十一分四千□□九十六'이 누락되어 있는데 『성리대전서性理大全書』 권22 율려신서律呂新書1/율려증변律呂證辨/삼분손익상하상생三分損益上下相生 제4를 참조하여 보충하였다.

8 이를 정리하여 도표화하면 다음과 같다.

간지	12율	12율수치	삼분손익(三分損益) 수
자子	황종	1	1
축丑	임종	2/3	1×2/3=2/3

간지	12율	12율수치	삼분손익(三分損益) 수
인寅	태주	8/9	2/3×4/3=8/9
묘卯	남려	16/27	8/9×2/3=16/27
진辰	고선	64/81	16/27×4/3=64/81
사巳	응종	128/243	64/81×2/3=128/243
오午	유빈	512/729	128/243×4/3=512/729
미未	대려	1024/2187	512/729×2/3=1024/2187
신申	이칙	4096/6561	1024/2187×4/3=4096/6561
유酉	협종	8192/19683	4096/6561×2/3=8192/19683
술戌	무역	32768/59049	8192/19683×4/3=32768/59049
해亥	중려	65536/177147	32768/59049×2/3=65536/177147

9 子一分 : 위 각주 6) 참조.

10 대본에 누락된 '在'를 당唐나라 태종문황제太宗文皇帝의 『진서晉書』 권16 지志 제6/율력상律歷上을 참조하여 보충하였다.

11 황종의 전수이고 : 자子인 황종을 1로 하면, 예컨대 축丑인 임종은 황종의 수를 3으로 놓고 그 중 2의 길이에 해당하는 음이라는 것이고, 인寅인 태주는 황종의 수를 9로 놓고 그 중 8의 길이에 해당하는 음이라는 것이고, 묘卯인 남려는 황종의 수를 27로 놓고 그 중 16의 길이에 해당하는 음이라는 것이다. 따라서 앞 숫자인 3·9·27 등은 황종과의 비율을 얻기 위한 분모를 뜻한다.

12 자는~사수이다 : 악樂에서 촌寸·푼[分]·이釐·호毫·사絲는 9진수를 쓰므로 각 단위에 9를 곱하면 한 단위씩이 낮아진다. 따라서 자子를 1로 놓고 황종률로 삼았을 때 인寅은 자子 1을 9배 증가하여 9가 되어 한 단위 낮은 촌寸의 수가 되고, 진辰은 인寅 9를 9배 증가하여 81이 되어 한 단위 낮은 푼[分]의 수가 된다. 나머지 오午·신申·술戌도 이어 9배씩 증가해 나가면 오午는 이釐의 수, 신申은 호毫의 수, 술戌은 사絲의 수가 된다.

간지干支	12진辰 계산	수數와 법法 계산	육양진의 수數와 육음진의 법法
자子	1	1	황종률
축丑	3×子1=3	27/9=3	사絲의 법法
인寅	3×丑3=9,	1×9=9	촌寸의 수數
묘卯	3×寅9=27	243/9=27	호毫의 법
진辰	3×卯27=81,	9×9=81	푼의 수
사巳	3×辰81=243	2187/9=243	이釐의 법
오午	3×巳243=729,	81×9=729	이釐의 수

간지干支	12진辰 계산	수數와 법法 계산	육양진의 수數와 육음진의 법法
미未	3×午729=2187	19683/9=2187	푼의 법
신申	3×未2187=6561,	729×9=6561	호毫의 수
유酉	3×申6561=19683	177147/9=19683	촌寸의 법
술戌	3×酉19683=59049	6561×9=59049	사絲의 수
해亥	3×戌59049=177147	177147	황종의 실實

13 그 축~법이다 : 위 각주 12)의 도표를 참조하면, 3으로 12진辰을 두루 계산하여 177147을 얻어 황종의 실수實數를 삼는다. 그 실수를 1/9배 감소하면 유酉는 19683이 되므로 이는 촌寸의 법(法 : 분모)이 되고, 이를 다시 1/9배 감소하면 미未는 2187이 되므로 이는 푼의 법이 된다. 나머지 사巳·묘卯·축丑도 이어 1/9배씩 감소해 나가면 사는 이氂의 법, 묘는 호毫의 법, 축은 사絲의 법이 된다. 이를 다시 위로부터 보면, 축丑의 수 3을 1/3배 감소하면 자子의 황종률 1이 되고, 묘卯의 수 27을 1/3배 감소하면 인寅의 수 9가 되어 이는 촌寸의 수가 되고, 사巳의 수 243을 1/3배 감소하면 진辰의 수 81이 되어 이는 푼의 수가 된다. 나머지 미未·유酉·해亥의 계산법도 같으므로 미未·유酉·해亥 또한, 이氂·호毫·사絲를 삼분三分하는 법(法 : 분모)이 되는 것이다.

14 원래 12월과 12진과 12율의 관계로 보면 다음과 같다.

12월	11	12	1	2	3	4	5	6	7	8	9	10
12진	자子	축丑	인寅	묘卯	진辰	사巳	오午	미未	신申	유酉	술戌	해亥
12율	황종	대려	태주	협종	고선	중려	유빈	임종	이칙	남려	무역	응종

12진辰과 삼분손익三分損益 수에 따른 율관의 관계는 다음과 같다.

12진	자子	축丑	인寅	묘卯	진辰	사巳	오午	미未	신申	유酉	술戌	해亥
12율	황종	임종	태주	남려	고선	응종	유빈	대려	이칙	협종	무역	중려

이에 따르면 11·1·3·5·7·9 양월에는 12진과 12율이 일치한다. 이때는 양陽인 자子 황종이 삼분손일하여 음려陰呂인 임종林鐘을 하생下生하고, 인寅 태주太簇가 역시 삼분손일하여 음려인 남려를 하생한다. 나머지 고선·유빈·이칙·무역도 같다. 일치하지 않는 12·2·4·6·8·10 음월은 서로 상충相衝하는 관계에서 얻어 상생한다. 예컨대 12월 축丑 대려 대신 축과 상충하는 미未 임종을 얻어 삼분익일하여 양률陽律인 태주를 상생上生하고, 묘卯 협종 대신 묘와 상충하는 유酉 협종을 얻어 삼분익일하여 양률 고선姑洗을 상생한다. 나머지 4·6·8·10달도 같다.

참고로 12진辰에서 서로 상충相衝하는 관계는 다음과 같다. 자子와 오午, 축丑과 미未, 인寅과 신申, 묘卯와 유酉, 진辰과 술戌, 사巳와 해亥가 서로 상충相沖한다.

15 대려·협종·중려가~응한다 : 본서/율려본원/제7편 변성變聲의 세주細註. 「朱子曰 凡聲 陽也 自下而上 未及其半 則屬於陰而未暢 故 不可用 上而及半然後 屬於陽而始和 주자가 말하였다. "모든 성聲은 양陽이다. 아래로부터 위로 그 반에 미치지 못하면 음陰에 속해 통하지 못한다. 그러므로 쓸 수 없고, 위로 올려 반에 미친 다음에 양에 속해 비로소 조화롭다.」

황종을 9촌으로 놓았을 때 대려관은 4촌 1푼 8리 3호, 협종관은 3촌 6푼 6리 3호, 중려관은 3촌 2푼 8리 6호 2사 3홀이다. 이는 모두 황종의 반성半聲인 4촌 5푼에 미달한다. 따라서 각각 2배를 해주어야한다.

16『전한서』「율력지」에~된다 : 한漢나라 난대영사蘭臺令史 반고班固의 『전한서前漢書』 권21상 율력지律曆志 제1상.

내용을 도표로 정리하면 다음과 같다.

12진	자子	축丑	인寅	묘卯	진辰	사巳	오午	미未	신申	유酉	술戌	해亥
12율	황종	임종	태주	남려	고선	응종	유빈	대려	이칙	협종	무역	중려
하생 상생	임종 하생	태주 상생	남려 하생	고선 상생	응종 하생	유빈 상생	대려 하생	이칙 상생	협종 하생	무역 상생	중려 하생	

그 맹강孟康의 주註. 「從子 數辰 至未得八 下生林鐘 數未 至寅得八 上生太簇 律上下相生 皆以此爲率 伍 耦也 八八爲耦 자子로부터 12진辰을 세어 미未에 이르러 여덟 번째니 임종을 하생하고, 미未로부터 세어 인寅에 이르러 여덟 번째니 태주를 상생한다. 12율이 상하로 상생相生하는 것이 모두 대략 이와 같다. 오伍는 짝이라는 뜻이니, 여덟을 세어 여덟 번째로 짝을 삼는다.」

송宋나라 진양陳暘의 『악서樂書』 권100 악도론樂圖論/12율十二律/총론總論. 「本乎乾爻者爲六律 本乎坤爻者爲六同 六律左旋而生同爲同位 所以象夫婦 六同右轉而生律爲異位 所以象子母 間八而生 所以象八卦 건괘乾卦의 효爻에 근본을 두고 있는 것은 육률이 되고, 곤괘坤卦의 효에 근본을 두고 있는 것은 육동六同이 된다. 육률은 왼쪽으로 돌아 육동이 생겨 동등한 지위가 되니 부부관계를 본받은 것이고, 육동은 오른쪽으로 돌아 육률이 생겨 지위가 다르니 모자母子관계를 본받은 것이다. 8을 간격으로 낳는 것은 팔괘八卦를 본받은 것이다.」

17 상생은~없다 : 본서/율려본원/제4편 12율지실十二律之實의 각주 3) 도표를 참고하면, 황종수 177147을 삼분손일하면 177147×2/3=118098로 임종을 하생하는데, 이 하생한 수는 황종수에 미치지 못하고, 임종관 6촌을 삼분익일하면 6×4/3=8촌

으로 태주를 상생하는데, 이 상생한 관은 황종의 탁성濁聲을 지나칠 수 없다.

18 실상~것과 : 한漢나라 난대영사蘭臺令史 반고班固의 『전한서前漢書』 권21상 율력지律歷志 제1상. 「易曰 參天兩地而倚數 天之數 始於一 終於二十五 其義 紀之以三 故 置一得三 …中略… 得八十一 以天地五位之合終於十者 乘之 爲八百一十分 應曆一統 千五百三十九歲之章數 黃鐘之實也 繇此之義 起十二律之周徑 『주역』에 말하기를 '하늘에서 셋을 취하고 땅에서 둘을 취하여 수를 의지한다.'고 하였으니, 천수天數는 1에서 시작하고 25에서 마치는데, 그 뜻은 천·지·인 셋으로 기강을 삼았다. 그러므로 1을 두고 3을 얻었다. …중략… 81을 얻고, 천지天地 다섯 자리의 합이 10에서 마치는 것으로 곱하면 810입방푼이 되어 역법曆法의 일통一統인 1539년의 장수章數에 응하니, 황종의 부피이다. 이 뜻으로부터 12율의 주위(周圍 : 원둘레 안쪽넓이)와 지름이 시작되었다.」

19 원개圓蓋~도이다 : 명明나라 예부倪復의 『종률통고鐘律通考』 권2 삼분손익상하상생지변장三分損益上下相生之辨章 제11. 「律 陽也 其數 奇 有天之道 呂 陰也 其數 耦 有地之道 律生呂曰下生 圓蓋之義也 呂生律曰上生 方覆之義也 奇者 在上而尊 耦者 在下而卑 故曰六耦承奇 율律은 양陽이니 그 수는 기(奇 : 홀수)로 하늘의 도가 있다. 여呂는 음陰이니 그 수는 우(耦 : 짝수)로 땅의 도가 있다. 율이 여呂를 낳는 것을 하생下生이라고 하는데 원개圓蓋의 뜻이고, 여가 율을 낳는 것을 상생上生이라고 하는데 방복方覆의 뜻이다. 기奇는 위에 있어 높고 우耦는 아래에 있어 낮으니, 그러므로 육우六耦는 기奇를 계승한다고 한 것이다.」

20 송宋나라 선성태수宣城太守 범욱范煜의 『후한서後漢書』 권11 율력지律歷志 제1/율력지律歷志.

和聲第五

제5편 화성

漢前志曰 "黃鐘爲宮이면 則太簇 · 姑洗 · 林鐘 · 南呂ㅣ 皆以正聲應하야 無有忽微하야 不復與他律爲役者ㅣ 同心一統之義也라. 非黃鐘而他律이면 雖當其月自宮者ㅣ 則其和應之律이나 有空積忽微하야 不得其正이라. 此는 黃鐘이 至尊이라 無與並也일새라."

『전한서』「율력지」에 말하였다. "황종이 궁이 되면 태주 · 고선 · 임종 · 남려 모두 정성正聲으로 응하여 홀미忽微가 없어[1] 다시는 다른 율에게 이용되지 않는 것이 한 가지 마음으로 합쳐진 의의이다.[2] 황종이 아니고 다른 율이면, 비록 그 달의 율로 궁을 삼은 것이 조화롭게 응하는 율이나 공적空積 · 홀미忽微가 있어 정성을 얻지 못 할 것이다.[3] 이는 황종이 지존至尊이어서 함께 나란히 할 수 없기 때문이다."[4]

案黃鐘은 爲十二律之首니 他律이 無大於黃鐘이라. 故로 其正聲이 不爲他律役이라. 其半聲은 當爲四寸五分이어늘 而前乃云無者는 以十七萬七千一百四十七之數ㅣ 不可分이요, 又三分損益 上下相生之所不及이라. 故로 亦無所用也라. 至於大呂之宮[5] 夾鐘之羽 仲呂之徵 蕤賓之徵[6] 夷則之角 無射之商하야난 自用變律半聲하야 非復黃鐘矣라. 此其所以最尊而爲君之象라. 然亦非人之所能爲요, 乃數之自然이라. 他律이 雖欲役之나 而不可得也라. 此一節이 最爲律呂旋宮用聲之綱領하야 古人言之已詳이어늘, 唯杜佑通典에 再生黃鐘之法爲得之요, 而他人은 皆不及也니라. 佑說이 見下條라.

내가 살펴보니, 황종은 12율의 으뜸이니 다른 율이 황종보다 클 수 없다.[7]

그러므로 그 정성正聲이 다른 율에게 이용되지 않는다. 그 반성半聲은 당연히 4촌 5푼인데, 앞에 언급이 없는 것은 황종의 실수實數 177147이 나누어질 수 없고, 또 삼분손일 · 삼분익일하여 상생上生 · 하생下生이 미치지 못하는 곳이다. 그러므로 또한 쓸 이유가 없었다. 대려궁大呂宮과 협종우夾鐘羽와 중려치仲呂徵와 유빈치蕤賓徵와 이칙각夷則角과 무역상無射商에 대해서는 스스로 변율의 반성半聲을 쓰니 다시 정성正聲 황종이 아니다.[8] 이는 황종이 지존한 임금의 상象이기 때문이다. 그러나 또한 사람이 할 수 있는 것이 아니라, 바로 수의 자연이다. 다른 율이 비록 이용하려고 하나 할 수 없다. 이 한 구절이 율려의 선궁旋宮과 성聲을 쓸 때 가장 강령이 되어 옛 사람이 그것을 말한 것이 이미 상세한데, 오직 두우杜佑의 『통전』에 황종을 재생再生하는 법으로 그것을 얻었고, 다른 사람들은 미치지 못하였다. 두우杜佑의 학설이 아래에 있다.

漢後志京房六十律

黃鐘	子	黃鐘生林鐘	未	林鐘生太簇	寅	太簇生南呂	酉
南呂生姑洗	辰	姑洗生應鐘	亥	應鐘生蕤賓	午	蕤賓生大呂	丑
大呂生夷則	申	夷則生夾鐘	卯	夾鐘生無射	戌	無射生仲呂	己
仲呂生執始	子	執始生去滅	未	去滅生時息	寅	時息生結躬	酉
結躬生變虞	辰	變虞生遲內	亥	遲內生盛變	午	盛變生分否	丑
分否生解形	申	解形生開時	卯	開時生閉掩	戌	閉掩生南中	己
南中生丙盛	子	丙盛生安度	未	安度生屈齊	寅	屈齊生歸期	酉
歸期生路時	辰	路時生未育	亥	未育生離宮	午	離宮生凌陰	丑
凌陰生去南	申	去南生族嘉	卯	族嘉生鄰齊	戌	鄰齊生內負	己
內負生分動	子	分動生歸嘉	未	歸嘉生隨時	寅	隨時生未卯	酉
未卯生形始	辰	形始生遲時	亥	遲時生制時	午	制時生少出	丑
少出生分積	申	分積生爭南	卯	爭南生期保	戌	期保生物應	己

物應生質未 子 質未生否與 未 否與生形晉 寅 形晉生惟汗 酉
惟汗生依行 辰 依行生包育 亥 包育生謙待 午[9] 謙待生未知 丑[10]
未知生白呂 申[11] 白呂生南授 卯[12] 南授生分烏 戌[13] 分烏生南事 巳[14]

『후한서』「율력지」 경방京房의 60률

황종(黃鐘 : 子), 황종은 임종(林鐘 : 未)을 낳고,
임종은 태주(太簇 : 寅)를 낳고, 태주는 남려(南呂 : 酉)를 낳고,
남려는 고선(姑洗 : 辰)을 낳고, 고선은 응종(應鐘 : 亥)을 낳고,
응종은 유빈(蕤賓 : 午)을 낳고, 유빈은 대려(大呂 : 丑)를 낳고,
대려는 이칙(夷則 : 申)을 낳고, 이칙은 협종(夾鐘 : 卯)을 낳고,
협종은 무역(無射 : 戌)을 낳고, 무역은 중려(仲呂 : 巳)를 낳는다.
중려는 집시(執始 : 子)를 낳고, 집시는 거멸(去滅 : 未)을 낳고,
거멸은 시식(時息 : 寅)을 낳고, 시식은 결궁(結躬 : 酉)을 낳고,
결궁은 변우(變虞 : 辰)를 낳고, 변우는 지내(遲內 : 亥)를 낳고,
지내는 성변(盛變 : 午)을 낳고, 성변은 분부(分否 : 丑)를 낳고,
분부는 해형(解形 : 申)을 낳고, 해형은 개시(開時 : 卯)를 낳고,
개시는 폐암(閉掩 : 戌)을 낳고, 폐암은 남중(南中 : 巳)을 낳는다.
남중은 병성(丙盛 : 子)을 낳고, 병성은 안도(安度 : 未)를 낳고,
안도는 굴제(屈齊 : 寅)를 낳고, 굴제는 귀기(歸期 : 酉)를 낳고,
귀기는 노시(路時 : 辰)를 낳고, 노시는 미육(未育 : 亥)을 낳고,
미육은 이궁(離宮 : 午)을 낳고, 이궁은 능음(凌陰 : 丑)을 낳고,
능음은 거남(去南 : 申)을 낳고, 거남은 족가(族嘉 : 卯)를 낳고,
족가는 인제(鄰齊 : 戌)를 낳고, 인제는 내부(內負 : 巳)를 낳는다.
내부는 분동(分動 : 子)을 낳고, 분동은 귀가(歸嘉 : 未)를 낳고,
귀가는 수시(隨時 : 寅)를 낳고, 수시는 미묘(未卯 : 酉)를 낳고,
미묘는 형시(形始 : 辰)를 낳고, 형시는 지시(遲時 : 亥)를 낳고,
지시는 제시(制時 : 午)를 낳고, 제시는 소출(少出 : 丑)을 낳고,

소출은 분적(分積 : 申)을 낳고, 분적은 쟁남(爭南 : 卯)을 낳고,
쟁남은 기보(期保 : 戌)를 낳고, 기보는 물응(物應 : 巳)을 낳는다.
물응은 질미(質未 : 子)를 낳고, 질미는 부여(否與 : 未)를 낳고,
부여는 형진(形晉 : 寅)을 낳고, 형진은 유한(惟汗 : 酉)을 낳고,
유한은 의행(依行 : 辰)을 낳고, 의행은 포육(包育 : 亥)을 낳고,
포육은 겸대(謙待 : 未)를 낳고, 겸대는 미지(未知 : 寅)를 낳고,
미지는 백려(白呂 : 酉)를 낳고, 백려는 남수(南授 : 辰)를 낳고,
남수는 분오(分烏 : 亥)를 낳고, 분오는 남사(南事 : 午)를 낳는다.[15]

案世之論律者ㅣ 皆以十二律로 爲循環相生호대, 不知三分損益之數ㅣ 往而不返이라. 仲呂ㅣ 再生黃鐘이어든 止得八寸七分有奇하야 不成黃鐘正聲이라. 京房이 覺其如此라. 故로 仲呂ㅣ 再生別名執始하야 轉生四十八律이라.

其三分損益하야 不盡之算은 或棄或增하니, 夫仲呂ㅣ 上生하야 不成黃鐘은 京房之見이 則是矣나, 至於轉生四十[16]八律하야난 則是不知變律之數 止於六者ㅣ 出於自然하야 不可復加하니, 雖强加之나 而亦無所用也라. 況律學은 微妙하야 其生數立法ㅣ 正在毫釐秒忽之間이어늘, 今乃以不盡之算으로 不容損益하고 遂或棄之或增之하면 則其畸贏贅虧之積으로 亦不得爲此律矣리라.

又依行이 在辰하야 上生包育하니 編於黃鐘之次하면 乃是隔九라. 其黃鐘 · 林鐘 · 太簇 · 南呂 · 姑洗은 每律이 統五律하고, 蕤賓 · 應鐘은 每律이 統四律하고, 大呂 · 夾鐘 · 仲呂 · 夷則 · 無射은 每律이 統三律하야 三五不周하고 多寡不例하니 其與反生黃鐘으로 相去ㅣ 五十百步之間耳라.

意者 房之所傳은 出於焦氏하고 焦氏卦氣之學은 亦去四而爲六十이라. 故로 其推律하니 亦必求合卦氣之數하니, 不知數之自然在律者는 不可增而於卦者에 不可減也라.

何承天劉焯이 譏房之病하고 蓋得其一二라. 然承天與焯이 皆欲增林鐘已下十一律之分하야 使至仲呂하야 反生黃鐘하야 還得十七萬七千一百四十七之數하

니, 如此면 則是惟黃鐘一律이 成律하고 他十一律은 一不應三分損益之數하야 其失ㅣ 又甚於房矣니, 可謂目察秋毫而不見其睫也라.

내가 살펴보니, 세상에서 율을 논한 사람들이 모두 12율을 상생上生 · 하생下生하면서 순환한다고 여겼는데, 삼분손일 · 삼분익일의 수가 지나가면 돌아오지 않는 것을 알지 못하였다. 중려가 황종을 다시 낳으면 다만 8촌 7푼에 꼬리수를 얻어 정률正律의 황종을 이루지 못한다.[17] 경방이 이와 같은 것을 깨달았으므로 중려가 황종의 별명인 집시執始를 다시 낳아 48률을 돌려 낳게 한 것이다.

삼분손일 · 삼분익일하여 계산이 떨어지지 않는 것은 혹은 버리고 혹은 올림 하였는데, 중려가 상생上生하여 황종을 이루지 못한 것은 경방의 견해가 옳으나, 48률을 돌려 낳는 것에 대해서는, 변율의 수가 6에 그친 것이 자연에서 나와 다시 더할 수 없다[18]는 것을 알지 못했으니, 비록 억지로 더하려고 해도 또한 쓸 데 없다. 하물며 율학律學은 미묘하여 수數를 낳는 것과 법法을 수립하는 것이 바로 호毫 · 이釐 · 초秒 · 홀忽 사이에 있는데,[19] 이제 떨어지지 않는 계산 때문에 삼분손일 · 삼분익일을 하지 못하고 끝내 혹 버리고 혹 올림하면, 그 잔여 수[畸]와 군더더기 수[羸]와 많은 나머지 수[贅]와 부족 수[齾]의 무더기로 또한 율이 될 수 없을 것이다.

또 의행依行[20]이 진辰 자리에 있어 포육包育[21]을 상생上生하니 황종의 자리에서부터 늘어놓으면 9율 사이를 두고 있다.[22] 황종 · 임종 · 태주 · 남려 · 고선은 매 율마다 다섯 율을 거느리고, 유빈 · 응종은 매 율마다 네 율을 거느리고, 대려 · 협종 · 중려 · 이칙 · 무역은 매 율마다 세 율을 거느려서, 셋과 다섯 율이 두루 미치지 않고 많고 적음이 같지 않으니,[23] 돌아 황종을 낳는 것과 차이가 대동소이할 뿐이다.

대개 경방이 전한 것은 초연수焦延壽[24]에게서 나왔고, 초연수의 괘기학卦氣學[25]은 또한 넷을 버리고 60으로 하였다.[26] 그러므로 그 율을 미루어 생각해보니 또한 반드시 괘기卦氣의 수에 맞는 것을 구하였으니, 수의 자연이 율에 있어서는 더할 수 없고 괘에 맞추어 줄일 수 없다는 것을 알지 못한 것이다.

하승천(何承天, 370~447)[27] · 유작(劉焯, 544~610)[28]이 경방 학설의 결점을 비판하고 아마도 그 한 둘을 얻은 것 같으나, 하승천 · 유작이 모두 임종이하 11률의 푼[分]수를 더하여 중려에 이르러 다시 황종을 낳아 177147을 얻고자 하였으니, 이 같으면 오직 황종률만 율을 이루고 다른 11률은 한결같이 삼분손일 · 삼분익일의 수에 응하지 못해, 그 잘못이 또 경방보다 심하니, 눈으로는 추호秋毫같은 미세한 것을 보면서 석양을 보지 못하였다고 말할 수 있다.

杜佑通典曰 "陳仲儒云 '調聲之體ㅣ 宮商宜濁하고 徵羽宜淸이라. 若依公孫崇止以十二律로 而云 還相爲宮이라야 淸濁悉足이라하면, 非惟未練五調調器之法라 至於五聲次第하야 自是不足이리라. 何者오? 黃鐘은 爲聲氣之元이니 其管最長이라. 故로 以黃鐘爲宮하고 太簇爲商하고 林鐘爲徵하면 則一相順이니, 若均之八音하면 猶須錯採衆聲하야 配成其美리라. 若以應鐘爲宮하고 大呂爲商하고 蕤賓爲徵하면 則徵濁而宮淸하야 雖有其韻이나 不成音曲[29]이요, 若以無射爲宮하면 則十二律中에 惟得取仲呂[30]하야 爲徵하니, 其商角羽는 並無其韻이요, 若以仲呂爲宮하면 則十二律內에 全無所取리라. 何者오? 仲呂는 爲十二律之宮[31] 變律之首也일새라. 依京房書하면 仲呂爲宮이어든 乃以去滅爲商하고 執始爲徵 然後에 成韻이어늘, 而崇은 乃以仲呂爲宮이러니, 猶用林鐘爲商하야 黃鐘爲徵하니 何由可諧리요?'"

두우杜佑의 『통전』에 말하였다. "진중유陳仲儒[32]가 말하기를 '조성調聲의 본체本體가 궁성 · 상성은 마땅히 낮아야 하고 치성 · 우성은 마땅히 높아야한다. 만약 공손숭公孫崇[33]이 다만 12율을 가지고 돌아가며 서로 궁성이 되어야 높고 낮은 음이 모두 충분하다고 말한 것에 의하면, 오직 오조五調로 악기를 고르게 하는 법을 익히지 못한 것만 아니고, 오성의 차례에 관해서 스스로 충분하지 않을 것이다. 무슨 까닭인가? 황종은 성기聲氣의 근원이니, 그 율관이 가장 길다. 그러므로 황종으로 궁성을 삼고, 태주로 상성을 삼고, 임종으로 치성을 삼으면 한결같이 서로 순하게 될 것이니,[34] 만약 팔음八音의 악기를 고르게 하면 여러 악기 소리가 섞이기를 기다리는 것과 같아 두 가지 모두 그 아름다움을 이룰 것이다.

만약 응종으로 궁성을 삼고, 대려로 상성을 삼고 유빈으로 치성을 삼으면, 치성은 낮고 궁성은 높아 비록 그 운향韻響은 있으나 곡조를 이루지 못 할 것이고,[35] 만약 무역으로 궁성을 삼으면 12율 가운데 오직 중려만을 취하여 치성을 삼을 수 있으니, 그 상성·각성·우성은 모두 그 울리는 소리가 없을 것이고,[36] 만약 중려로 궁성을 삼으면 12율 가운데 취할 것이 없을 것이다. 무슨 까닭인가? 중려는 12율의 궁성이면서 변율의 으뜸이기 때문이다. 경방의 글에 의하면 중려로 궁성을 삼으면, 곧 거멸去滅로 상성을 삼고, 집시執始로 치성을 삼은 연후에 운향韻響을 이룰 수 있는데,[37] 공손숭公孫崇은 곧 중려로 궁성을 삼더니, 오히려 임종으로 상성을 삼고 황종으로 치성을 삼았으니, 어떻게 조화로울 수 있겠는가?' 라고 하였다."[38]

案仲儒ㅣ 所以考公孫崇者는 當矣라. 其論이 '應鐘爲宮 大呂爲商 蕤賓爲徵하면 商徵ㅣ 皆濁於宮하야 雖有其韻이나 不成音曲이라'하고, 又謂 '仲呂爲宮이면 則十二律內에 全無所取라'하니 尤爲的切이라. 然仲儒所主[39]은 是京氏六十律이어늘 不知依行爲宮 包育爲徵이니 果成音曲乎아? 果有其韻乎아? 蓋仲儒 知仲呂之反生이 不可爲黃鐘하고 而不知變至於六면 則數窮不生이라. 雖或增或棄하야 成[40]就使然之數하야 强生餘律이나 亦無所用也라.

내가 살펴보니, 진중유陳仲儒가 공손숭公孫崇을 고찰한 것은 마땅하다. 그 견해가 '응종으로 궁성을 삼고 대려로 상성을 삼고 유빈으로 치성을 삼으면 상성과 치성이 궁성보다 낮아 비록 그 운향韻響은 있으나 곡조를 이루지 못한다.'고 하고, 또 '중려로 궁성을 삼으면 12율 가운데 전연 취할 것이 없다'고 하였으니, 더욱 명확하다. 그러나 진중유陳仲儒가 주장한 것은 경방의 60률인데, 의행依行이 궁성이 되고 포육包育이 치성이 되는 것을 알지 못했으니 과연 곡조를 이룰 수 있겠는가?[41] 과연 그 운향韻響이 있겠는가? 진중유가 중려가 돌아 낳는 것이 황종이 되는 것이 불가한 것은 알고, 변율이 여섯에 이르면 수가 끝나 낳지 못하는 것은 알지 못하였다. 비록 혹 더하고 혹 버려 이 같은 수를 이루어 억지로 나머지 율을 만들었으나 또한 쓸 데 없다.

通典曰 "十二律相生之法은 自黃鐘始하야 黃鐘之管은 九寸이라. 三分損益하니 下生林鐘하고, 林鐘이 上生太簇하고, 太簇ㅣ 下生南呂하고, 南呂ㅣ 上生姑洗하고, 姑洗이 下生應鐘하고, 應鐘이 上生蕤賓하고, 蕤賓이 上生大呂하고, 大呂ㅣ 下生夷則하고, 夷則이 上生夾鐘하고, 夾鐘이 下生無射하고, 無射이 上生仲呂라. 仲呂之管은 長六寸과 一萬九千六百八十三分寸之萬二千九百七十四라.

此는 謂十二律長短이 相生하야 一終於仲呂之法이라. 又制十二鐘에 以准十二律之正聲이라. 又鳧氏爲鐘에 以律計호대 自倍半하니 以子聲比[42] 正聲하면 則正聲爲倍하고 以正聲比子聲하면 則子聲爲半이라.

但先儒釋用倍聲이 有二義하니, 一義는 云 半十二律하면 正律이 爲十二子聲之鐘이며, 二義는 云 從於仲呂之管寸數하야 以三分益一로 上生黃鐘하야 以所得管之寸數然後에 半之하야 以爲子聲之鐘이라. 其爲變正聲之法者은 以黃鐘之管正聲이 九寸이면 子聲則四寸半이라. 又上下相生之法者는 以仲呂之管長六寸一萬九千六百八十三分寸之萬二千九百

七十四로 上生黃鐘호대, 三分益一하야 得八寸五萬九千□□四十九分寸之五萬一千八百九十六하고 半之하야 得四寸五萬九千□□四十九分寸之二萬五千九百四十分하야 以爲黃鐘이라. 又上下相生하야 以至仲呂히 皆以相生所得之律寸數로 半之하야 以爲子聲之律이라."

『통전』에 말하였다. "12율이 상생相生하는 법은 황종으로부터 시작해서 황종의 율관은 9촌이다. 삼분손일·삼분익일하는데, 임종을 하생하고, 임종이 태주를 상생하고, 태주가 남려를 하생하고, 남려가 고선을 상생하고, 고선이 응종을 하생하고, 응종이 유빈을 상생하고, 유빈이 대려를 상생하고, 대려가 이칙을 하생하고, 이칙이 협종을 상생하고, 협종이 무역을 하생하고, 무역이 중려를 상생한다. 중려의 율관은 6촌과 19683분의 12974이다.

이는 12율관의 길이가 상생相生하여 한결같이 중려에서 마치는 법이라 한다. 또 12종鐘을 제작할 때 12율 정률正律을 기준으로 한다. 또 부씨鳧氏[43]가 종을 만들 때 율을 가지고 계산하는데, 배倍·반半으로부터 하니 자성子聲을 기준으로 정성을 비교하면 정성이 배培가 되고, 정성을 기준으로 자성을 비교하면 자성이 반半이 된다.

다만 선대의 유학자가 배성倍聲을 해석하여 쓴 것이 두 가지 뜻이 있다. 첫째는 '정률 12율관을 반으로 나누면 12자성子聲의 종이 된다.'는 것이고, 둘째는 '중려 율관의 촌寸 수로부터 삼분익일하여 황종을 상생上生하여 율관의 촌寸 수를 얻은 다음 반으로 나누어 자성의 종을 만든다.'는 것이다. 그 변율變律·정률正律을 만드는 법은 정률인 황종관이 9촌이면 자성子聲은 4촌 반이다. 또 상생上生·하생下生하는 법은 중려의 율관 6촌과 19683분의 12974로 황종을 상생하는데, 삼분익일하여 8촌과 59049분의 51896을 얻고, 그 수를 반으로 나누어 4촌과 59049분의 25940분分을 얻어 황종을 삼는다. 또 상생上生·하생下生하여 중려에 이르기까지 모두 상생相生하여 얻은 율관의 촌寸 수를 반으로 나누어 자성子聲의 율을 삼는다.

案此說黃鐘九寸이 生十一律하고 有十二子聲하니, 所謂正律正半律也라. 又自仲呂로 上生黃鐘하니 黃鐘은 八寸五萬九千□□四十九分寸之五萬一千八百九十六이라. 又生十一律하고 亦有十二子聲하니, 卽所謂變律變半律也라. 正變及半이 凡四十八聲이니 上下相生이라. 最得漢志所謂 '黃鐘이 不復爲他律役之意' 與律書 '五聲大小次第之法'이라. 但變律은 止於應鐘하야 雖設이나 而無所用하니 則其實三十六聲而已라. 其間에 陽律이 不用變聲하야 而黃鐘이 又不用正半聲하고, 陰律이 不用正半聲하야 而應鐘이 又不用變半聲하니, 其實止二十八聲而已라. 其詳은 見於前篇之八章이라.

내가 살펴보니, 이 학설은 황종 9촌이 11률을 낳고 또 12자성子聲이 있게 된 것이니, 이른바 정률 · 반율正半律이다.[44] 또 중려로부터 황종을 상생上生하니 황종은 8촌과 59049분의 51896이다.[45] 또 11률을 낳고 또한 12자성子聲이 있게 되니, 이른바 변율 · 변반율變半律이다.[46] 정률正律과 반율半律, 변율變律과 변반율變半律이 모두 48성이니 상생 · 하생한 것이다. 모두 『한서』 「율력지」 이른바 '황종이 다시 다른 율에게 이용되지 않는다.'[47]는 뜻과 『사기』 「율서」에 '오성 대소의 차례를 얻는 법'에서 얻어진 것이다. 다만 변율은 응종에서 그쳐 비록 늘어놓았어도 쓸 데 없으니 실상 36성일뿐이다.[48] 그 사이에 양률陽律이 변율變律을 쓰지 않아 황종이 또 정률正律의 반성半聲을 쓰지 않고, 음률陰律이 정성의 반성을 쓰지 않아 응종이 또 변반성變半聲을 쓰지 않으니, 그 실상은 다만 28성일뿐이다.[49] 그 상세한 내용은 전편前篇 8장에 있다.[50]

1 황종이~없어 : 황종궁조일 경우 12율 배치와 율관의 길이는 아래 도표와 같은데, 율관의 길이에서 리 · 호 · 사 · 홀 · 미의 잔푼[殘分]이 없음을 알 수 있다.

오성	궁	상	각	치	우
12율	黃	太	姑	林	南
율관길이	9촌	8촌	7촌 1푼	6촌	5촌 3푼

2 무원婺源 강영江永의 『예서강목禮書綱目』 권82 종률악鍾律樂2/선궁旋宮/보補/84성도八十四聲圖. 「朱子曰 此言黃鐘 唯於本宮用正律 若他律爲宮 則黃鐘之爲商角徵羽二變者 皆但用其變律 而正律 不復與之爲役也 주자가 말하였다. "이곳에서 말한 황종은 오직 본궁本宮에서 정률을 쓴 것이다. 만약 다른 율이 궁이 되면 황종의 상商·각角·치徵·우羽·2변二變이 되는 것이 모두 다만 그 변율을 써서 정률은 다시 함께 이용되지 않을 것이다.」

3 황종이~것이다 : 한漢나라 난대영사蘭臺令史 반고班固의 『전한서前漢書』 권21상 율력지律歷志 제1상의 안사고顔師古 주注. 「孟康曰 十二月之氣 各以其月之律爲宮 非五音之正 則聲有高下差降也 空積 若鄭氏分一寸爲數千 忽微 若有若無 細於髮者 맹강이 말하였다. "12월의 기氣는 각각 그 달의 율律로써 궁을 삼는다. 바른 오음이 아니면 소리가 높고 낮은 차이로 낮추어 줌이 있게 된다. 공적空積은 정씨鄭氏가 1촌을 나누어 수 천을 만든 것 같은 것이고, 홀미忽微는 있는 것도 같고 없는 것도 같이 터럭보다도 미세한 것이다.」

4 한漢나라 난대영사蘭臺令史 반고班固의 『전한서前漢書』 권21상 율력지律歷志 제1상.

5 대본에는 '變宮'으로 되어 있으나 본서/율려본원/제9편 60조도六十調圖를 참조하여 '宮'으로 바로잡았다. 아래 각주 8) 참조.

6 대본에는 '變徵'로 되어 있으나 본서/율려본원/제9편 60조도六十調圖를 참조하여 '徵'로 바로잡았다. 아래 각주 8) 참조.

7 다른~없다 : 황종관이 가장 길어 음이 낮아 존귀하다.

8 대려궁과~아니다 : 본서/율려본원/제9편 60조도六十調圖를 참조하면 다음과 같다.

	궁	상	각	변치	치	우	변궁
무역상	無 정률	潢 변반성	汰 변반성	澌 변반성	沖 반성	淋 변반성	湳 변반성
이칙각	夷 정률	無 정률	潢 변반성	汰 변반성	浹 반성	沖 반성	淋 변반성
중려치	仲 정률	林 변율	南 변율	應 변율	潢 변반성	汰 변반성	澌 변반성
협종우	夾 정률	仲 정률	林 변율	南 변율	無 정률	潢 변반성	汰 변반성
대려궁	大 정률	夾 정률	仲 정률	林 변율	夷 정률	無 정률	潢 변반성
유빈치	蕤 정률	夷 정률	無 정률	潢 변반성	汏 반성	浹 반성	沖 반성

위 도표에 의하면 황종이 정률을 쓰지 않고 모두 1응음(應音 : octave) 위 음인 변반성變半聲을 쓰고 있음을 알 수 있다.

9 대본에는 '未'로 되어 있으나 문맥이 통하지 않아 '午'로 바로잡았다. 경방京房 60률의 하생下生과 상생上生의 순서가 자子 → 미未 → 인寅 → 유酉 → 진辰 → 해亥 → 오午 → 축丑 → 신申 → 묘卯 → 술戌 → 사巳이기 때문이다. 아래 각주 10), 11), 12), 13), 14)도 같다.

10 대본에는 '寅'으로 되어 있으나 문맥이 통하지 않아 '丑'으로 바로잡았다.

11 대본에는 '酉'로 되어 있으나 문맥이 통하지 않아 '申'으로 바로잡았다.

12 대본에는 '辰'으로 되어 있으나 문맥이 통하지 않아 '卯'로 바로잡았다.

13 대본에는 '亥'로 되어 있으나 문맥이 통하지 않아 '戌'로 바로잡았다.

14 대본에는 '午'로 되어 있으나 문맥이 통하지 않아 '巳'로 바로잡았다.

15 경방京房의 60률을 도표로 정리하면 다음과 같다.

	子	丑	寅	卯	辰	巳	午	未	申	酉	戌	亥
本律	黃鐘	大呂	太簇	夾鐘	姑洗	仲呂	蕤賓	林鐘	夷則	南呂	無射	應鐘
第1子聲	執始	分否	時息	開時	變虞	南中	盛變	去滅	解形	結躬	閉掩	遲內
第2子聲	丙盛	凌陰	屈齊	族嘉	路時	內負	離宮	安度	去南	歸期	鄰齊	未育
第3子聲	分動	少出	隨時	爭南	形始	物應	制時	歸嘉	分積	未卯	期保	遲時
第4子聲	質未	未知	形晉	南授	依行	南事	謙待	否與	白呂	惟汗	分烏	包育

16 대본에는 '執始'로 되어 있으나 『성리대전서性理大全書』 권22 율려신서律呂新書1/율려증변律呂證辨/화성和聲 제5를 참조하여 '四十'으로 바로잡았다.

17 중려가~못한다 : 본서/율려본원/제4편 12율지실十二律之實 각주 3)에 의하면, 중려의 길이는 6촌 6푼 5리 9호 1사 5홀이므로 삼분익일하면 8촌 8푼 7리 8호 8사 7홀이 되어 정률 황종 9촌보다 대략 1푼 2리 1호 1사 3홀이 부족하다.

18 변율의~없다 : 본서/율려본원/제5편 변율. "중려의 실수實數 131072는 2/3로 곱해 정수로 떨어지지 않아 계산을 계속할 수 없으니, 당연히 통할 수 있게 해야 한다. 율이 당연히 변할 것이 여섯이 있다. 그러므로 자子의 수 1을 놓고 3을 6제곱 승하여 729를 얻고, 729로 본율本律 중려관의 수 131072에 곱해 95551488을 얻는다. 그 수를 삼분익일·삼분손일하면 황종·임종·태주·남려·고선·응종의 육률이 다시 생긴다. …중략… 응종의 실수(實數 : 被乘數) 67108864에 이르러 3으로 나누면, 또 정수로 떨어지지 않아 계산을 또 계속할 수 없다. 이는 변율이 6에서 그치는 이유이다."

19 율학은~있는데 : 악樂에서 촌寸·푼·리釐·호毫·사絲는 9진수를 쓰므로 9사가 1호가 되고, 9호가 1리가 되고, 9리가 1푼이 되고, 9푼이 1촌이 된다. 육양진六陽辰인 자子·인寅·진辰·오午·신申·술戌은 자 1에서부터 위로 차례차례 9배씩 증가하여 인 9, 진 81, 오 729, 신 6561, 술 59049가 된다. 따라서 각각의 수는 촌·푼·리·호·사의 수數가 된다. 육음진六陰辰인 해亥·유酉·미未·기己·묘卯·축丑은 해亥인 황종의 실수實數 177147부터 아래로 차례차례 1/9배씩 감소하여 유는 19683, 미는 2187, 사는 243, 묘는 27, 축은 3이 된다. 따라서 각각의 수는 촌·푼·리·호·사의 법(法 : 분모)이 된다.
도표로 정리하면 다음과 같다.

간지干支	12진辰 계산	수數와 법法 계산	육양진의 수數와 육음진의 법法
자子	1	1	황종률
축丑	3×子1=3	27/9=3	사絲의 법法
인寅	3×丑3=9,	1×9=9	촌寸의 수數
묘卯	3×寅9=27	243/9=27	호毫의 법
진辰	3×卯27=81,	9×9=81	푼의 수
사巳	3×辰81=243	2187/9=243	이釐의 법
오午	3×巳243=729,	81×9=729	이釐의 수
미未	3×午729=2187	19683/9=2187	푼의 법
신申	3×未2187=6561,	729×9=6561	호毫의 수
유酉	3×申6561=19683	177147/9=19683	촌寸의 법
술戌	3×酉19683=59049	6561×9=59049	사絲의 수
해亥	3×戌59049=177147	177147	황종의 실實

20 의행依行 : 경방京房의 60률 가운데 고선姑洗의 다른 이름으로 4응음(應音 : octave) 위 음이다.

21 포육包育 : 경방京房의 60률 가운데 중려의 다른 이름으로 4응음應音 위 음이다.

22 황종의~있다 : 의행으로부터 삼분손익三分損益을 하면, 자子인 황종의 자리까지는 다음과 같다. '의행(依行 : 辰) - 해亥 - 오午 - 축丑 - 신申 - 묘卯 - 술戌 - 사巳 - 자子'

23 황종·임종·태주·남려·고선은~않으니 : 경방京房의 60률 가운데 12율이 나머지 48률을 거느리는데, 황종·임종·태주·남려·고선은 각각 다섯 율씩을 거

느려 모두 25율이고, 유빈・응종은 각각 4율씩을 거느려 모두 8률이고, 대려・협종・중려・이칙・무역은 각각 3율씩을 거느려 15율이니, 합하여 48률이다. 황종은 자子에 해당하는 집시・병성・분동・질미, 임종은 미未에 해당하는 거멸・안도・귀가・부여・겸대, 태주는 인寅에 해당하는 시식・굴제・수시・형진・미지, 남려는 유酉에 해당하는 결궁・귀기・미묘・유한・백려, 고선은 진辰에 해당하는 변우・노시・형시・의행・남수이며, 유빈은 오午에 해당하는 성변・이궁・제시・남사, 응종은 해亥에 해당하는 지내・미육・지시・포육・분오이며, 대려는 축丑에 해당하는 분부・능음・소출, 협종은 묘卯에 해당하는 개시・족가・쟁남, 중려는 사巳에 해당하는 남중・내부・물응, 이칙은 신申에 해당하는 해형・거남・분적, 무역은 술戌에 해당하는 폐암・인제・기보로 본 것이다. 그러나 이는 오류가 있다. 원문대로 할 경우 황종은 다섯 율을 거느리는 것이 아니고 네 율이며, 응종은 네 율을 거느리는 것이 아니고 다섯 율이므로 주註에 오류가 있고, 원문을 오류로 보면 하생下生과 상생上生의 순서가 자子→미未→인寅→유酉→진辰→해亥→오午→축丑→신申→묘卯→술戌→사巳인데, 질미質未 이하는 자子→미未→인寅→유酉→진辰→해亥→미未→인寅→유酉→진辰→해亥→오午로 되어 있어 맞지 않는다. 따라서 위 각주 15)의 도표와 같이 바로잡아야 한다. 이렇게 하면 12율 모두 각각 4율씩을 거느리게 된다.

24 초연수焦延壽 : 맹희孟喜의 문인으로 벼슬은 소황령(小黃令 : 벼슬 이름)을 지냈다.

25 괘기학卦氣學 : 『주역』의 괘효卦爻와 4시四時, 12절十二節, 24기二十四氣 등의 기氣를 결합시킨 상수역象數易의 학설이다. 전한前漢 말의 맹희孟喜에게서 시작되어 경방京房에 의해 집대성되었으며 이것에 사분력四分曆이 가해져 역서曆書를 구성하기도 하였다. 맹희와 경방은 한대漢代 관방역학官方易學을 대표하는 인물로 이들은 기우奇偶와 수數와 팔괘八卦가 상징하는 물상物象으로 『주역』의 경문經文과 전문傳文을 해설하고, 괘기설로 주역의 원리를 해석하였으며, 『주역』을 이용하여 재변災變에 대해 논설하였다. 당승唐僧 일행一行의 『괘의卦議』에 의하면 맹희 역학易學의 특징은 『주역』의 괘상卦象으로 일년 절기의 변화를 해설한 것, 즉 64괘를 4시四時, 12월十二月, 24절기二十四節氣에 배치한 것이라고 하는데 이것이 이른바 괘기卦氣이다. <『유교대사전』, 유교사전편찬위원회, 1990, 139쪽.>

26 넷을~하였다 : 괘기설은 우선 역괘易卦의 감坎・이離・진震・태兌 4정괘四正卦를 4시四時에 배치하고 각 괘의 1효一爻가 24기二十四氣의 1기一氣를 담당하게 하여 12절十二節・12중十二中에 배치하는 것으로 구성된다. 12중은 12절의 각 절 간의 중기中氣로서 배치되고 12진十二辰과 정합整合한다. 또 12절에 12벽괘十二辟卦를 배

치하고 그것의 효, 모두 72효가 일기삼후一氣三候의 72후七十二候에 정합한다. 그 위에 사정괘를 제외한 60괘를 공公·벽辟·후侯·대부大夫·경卿의 5등괘五等卦로 나누고 72효, 곧 72후에 정합시키기 위해 후괘侯卦를 내외의 양괘兩卦로 하여 12후十二侯괘로써 정합시킨다. 64괘를 4분력四分曆의 365와 1/4일에 배분하면 1일은 80분이며 각 괘는 6일 7분이 된다. 이러한 것들의 일단一端을 도표로 나타내면 다음과 같다.

四正卦	月中節	二十四氣	十二辰	十二辟卦	七十二候	五等	六十卦	四分曆
坎初六	十日月中	冬至	子	復六四	蚯蚓結	公	中孚	6日 7分
離初九	五月中	夏至	午	姤九四	鹿角解	公	咸	188日 57分

<『유교대사전』, 유교사전편찬위원회, 1990, 140쪽.>

27 하승천(何承天, 370~447) : 남조 송南朝宋 섬剡 땅 사람으로 유사儒史·백가百家에 능하였다. 벼슬은 어사중승御史中丞을 지냈다. 바둑을 잘 뒀고 쟁箏을 타는데 능하였으며, 역산曆算에 정밀하여 원가력元嘉曆을 개정改定하였다. 문집이 전한다.

28 유작(劉焯, 544~610) : 수대隋代의 경학자經學者·천문학자天文學者로 자는 사원士元이다. 하북성河北省 창정昌亭 출신이다. 유헌지劉獻之의 삼전제자三傳弟子로서 『모시毛詩』를 전수받았으며, 웅안생熊安生에게서는 『예기』를 배웠다. 당시에 유현劉炫에 버금가는 명성을 얻어 '이류二劉'로 병칭되었다. 칙명으로 유현 등과 함께 낙양洛陽의 석경石經을 고정考定하였으며 양제煬帝 즉위 뒤에 태상박사太常博士가 되었다. 천문학에도 정통하여 문제文帝·양제 때 여러 차례 상소를 올려 역법曆法의 개정을 건의하였으며, 『황극력皇極曆』·『역서曆書』 등을 저술하였다.

29 대본에는 '典'으로 되어 있으나 『성리대전서性理大全書』 권22 율려신서律呂新書1/율려증변律呂證辨/화성和聲 제5를 참조하여 '曲'으로 바로잡았다.

30 대본에는 '呂'로 되어 있으나 『성리대전서性理大全書』 권22 율려신서律呂新書1/율려증변律呂證辨/화성和聲 제5를 참조하여 '仲呂'로 바로잡았다.

31 대본에는 '窮'으로 되어 있으나 『성리대전서性理大全書』 권22 율려신서律呂新書1/율려증변律呂證辨/화성和聲 제5를 참조하여 '宮'으로 바로잡았다.

32 진중유陳仲儒 : 후위 효명제後魏孝明帝 신구神龜 원년(518)에 강남으로부터 위魏나라에 귀순한 사람이다. 상당히 악사樂事에 익숙하여 전한前漢의 경방 이론에 따라 팔음八音을 조율할 것을 청하였다.

33 공손숭公孫崇 : 북위 선무제北魏宣武帝 영평永平 연간(508~512)에 신척新尺을 다시 만들었다.

34 황종으로~것이니 : 황종궁黃鐘宮일 경우의 음계조직은 모두 정률正律이 되어 순

조롭게 되는데, 다음과 같다.

조	궁	상	각	변치	치	우	변궁
황종궁	黃 정률	太 정률	姑 정률	蕤 정률	林 정률	南 정률	應 정률

35 만약~것이고 : 응종궁應鐘宮일 경우 음계조직은 아래와 같아 만약 상성·각성·치성·우성을 반성(半聲 : octave)을 쓰지 않으면 조調를 이룰 수 없다.

조	궁	상	각	변치	치	우	변궁
응종궁	應 정률	汏 반성	浹 반성	沖 반성	濊 반성	湕 반성	潕 반성

36 만약~것이고 : 무역궁無射宮일 경우 음계조직은 아래와 같아 위 응종궁應鐘宮에서와 같이 상성 이하는 모두 변반성·반성半聲을 써야 한다. 그런데 '중려만을 취하여 치성을 삼을 수 있다.'는 본문을 이해할 수 없다.

조	궁	상	각	변치	치	우	변궁
무역궁	無 정률	潢 변반성	汰 변반성	湖 변반성	沖 반성	淋 변반성	湳 변반성

37 만약~있는데 : 중려궁仲呂宮일 경우 음계조직은 아래와 같다.

조	궁	상	각	변치	치	우	변궁
중려궁	仲 정률	林 변율	南 변율	應 변율	潢 변반성	汰 변반성	湖 변반성

이에 따르면 상성과 각성은 변율變律이 되고 치성은 변반성變半聲 황종이 되는데 경방 60률의 집시執始와 같고, 우성은 변반성 태주가 되는데 경방 60률의 시식時息과 같다. 공손숭의 견해는 변반성을 써야 할 치의 '潢'을 정률 '黃'으로 생각한 것이다.

38 당唐나라 경조京兆 두우杜佑의 『통전通典』 권143 악樂3/역대제조歷代製造.

39 대본에는 '生'으로 되어 있으나 『성리대전서性理大全書』 권22 율려신서律呂新書1/율려증변律呂證辨/화성和聲 제5를 참조하여 '主'로 바로잡았다.

40 대본에는 '或'으로 되어 있으나 『성리대전서性理大全書』 권22 율려신서律呂新書1/율려증변律呂證辨/화성和聲 제5를 참조하여 '成'으로 바로잡았다.

41 의행이~있겠는가? : 의행依行은 고선姑洗의 제4자성子聲, 포육包育은 응종의 제4자성에 해당하여 경방의 60률을 적용한다면 고선궁姑洗宮의 음계조직과 같이 의행궁依行宮에 해당할 것이다.

42 대본에는 '則'으로 되어 있으나 『성리대전서性理大全書』 권22 율려신서律呂新書1/율

려증변律呂證辨/화성和聲 제5를 참조하여 '比'로 바로잡았다.

43 부씨鳧氏 : 『주례周禮』의 동관冬官 소속이다. 부씨鳧氏는 종을 만드는 기술자이다.

44 이른바~정반율이다 : 12율의 12정률과 그 12반성을 말한다. 반성은 정률의 길이를 반으로 나누어 생성되므로 정확하게 1옥타브 높다.

45 황종은 8촌과 59049분의 51896이다 : 이를 계산하면 대략 8촌 8푼 7리 8호 8사 6홀이 되는데, 본서/율려본원/제4편 12율지실十二律之實의 주註에 '중려는 6촌 5푼 8리 3호 4사 6홀'이라고 했으므로 6.58346×4/3=8.77795이 되어 8촌 7푼 7일 7호 9사 5홀이 되어야 한다.

46 또 중려로부터~변반율이다 : 9촌 길이의 황종을 차례로 삼분손일과 삼분익일을 반복하여 중려까지 생성한 후 다시 그 중려 수치로부터 반복하여 삼분손익을 하였으므로 저자가 변율을 생성한 방법과 같다. 그 생성한 수치를 2배하면 변율變律이 되고 그대로 쓰면 변반성이 된다.

47 이에 따라 황종의 제1자성은 집시執始, 제2자성은 병성丙盛, 제3자성은 분동分動, 제4자성은 질미質未라고 하였다.

48 다만 변율은~36성일뿐이다 : 12정률과 그에 따른 12반성, 그리고 본서/율려본원/제5편 변율의 6변율에 의한 6변율과 6변반성의 합이 36성이 된다.

49 그 사이에~28성일뿐이다 : 12율의 정률正律 12율과 반성半聲 8률, 그리고 6변율의 변율 3율과 변반성變半聲 5율이 되어 모두 28률이다.

각각의 치수는 본서/율려본원/제4편 12율지실十二律之實의 각주 3) 도표와 제5편 변율變律의 각주 10) 도표에 상세하다.

50 그 상세한~있다 : '전편前篇 8장'은 알 수 없고, 본서/율려본원/제4편 12율지실十二律之實의 각주 3) 도표와 제5편 변율變律의 각주 10) 도표에 상세하다.

五聲小大之次第六

제6편 오성대소지차

國語曰 "大不踰宮하며 細不過羽라하니이다. 夫宮은 音之主也요 第以及羽하니이다."

『국어國語』[1]에 말하였다. "주구州鳩[2]가 대답하기를 '큰 소리는 궁성을 넘어가지 않으며 가는 소리는 우성을 지나치지 않아야 한다.'[3]고 합니다. 궁성은 음의 주장이고, 차례로 우성에까지 미칩니다."[4]

○律書曰 "律數는 九九八十一이 以爲宮이요, 三分去一하야 五十四ㅣ 以爲徵요, 三分益一하야 七十二ㅣ 以爲商이요, 三分去一하야 四十八이 以爲羽요, 三分益一하야 六十四ㅣ 以爲角이라."

『사기』「율서」에 말하였다. "율수律數는 9×9=81이 궁성이 되고, 이 율관을 3으로 나누어 그 하나를 버리고 얻은 54가 치성이 되고, 이 율관을 3으로 나누어 그 하나를 더하여 얻은 72가 상성이 되고, 이 율관을 3으로 나누어 그 하나를 버리고 얻은 48이 우성이 되고, 이 율관을 3으로 나누어 그 하나를 더하여 얻은 64가 각성이 된다."[5]

○通典曰 "古之神瞽ㅣ 考律均聲에 必先立黃鐘之均하니, 五聲十二律은 起於黃鐘之氣數라. 黃鐘之管은 以九寸爲法이라. 度其中氣하야 明其陽數之極이라. 故로 用九自乘하야 爲管絲之數라. 九九는 八十一數라. 其增減之法은 又以三爲度하야 以上生者는 皆三分益一하고 下生者는 皆三分去一이라. 宮生徵하고, 三分宮數八十一하면 則分各二十七이라. 下生者는 去一이니 去二十七

하면 餘有五十四以爲徵라. 故徵數는 五十四也라. 徵生商하고, 三分徵數五十四하면 則分各十八이라. 上生者는 益一이니 加十八於五十四하면 得七十二以爲商이라. 故商數는 七十二也라. 商生羽하고, 三分商數七十二하면 則分各二十四라. 下生者는 去其一이니 去二十四하면 得四十八以爲羽라. 故羽數는 四十八也라. 羽生角이라. 三分羽數四十八하면 則分各十六이라. 上生者는 益一이니 加十六於四十八하면 則得六十四以爲角이라. 故角數는 六十四也라. 此는 五聲相生[6]之次也라. 是黃鐘爲均에 用五聲之法하야 以下十一辰이 辰各有五聲이라. 其爲宮商之法이 亦如之하야 辰各有五聲하야 合爲六十聲이니 是十二律之正聲也라.

『통전』에 말하였다. "옛날 신고神瞽[7]가 율을 고찰하고 성조聲調를 조화롭게 할 때 반드시 먼저 고른 황종조[黃鐘之均][8]를 수립하니, 오성과 12율은 황종의 기수氣數에서 시작된다. 황종관은 9촌으로 법을 삼는다. 그 달 중간의 절기에 재어 그 양수의 극점을 밝힌 것이다.[9] 그러므로 9×9를 해서 율관과 현絃의 수를 삼는다. 9×9=81이다. 그 증감增減하는 법은 또 3을 기준으로 해서 상생上生하는 것은 3으로 나누어 그 하나를 더하고 하생下生하는 것은 모두 3으로 나누어 그 하나를 버린다. 궁성은 치성을 낳고, 궁수宮數 81을 3분하면 1분이 각각 27이다. 하생下生은 1분을 버리는 것이니 27을 버리면 나머지는 54가 남아 치성을 삼는다. 그러므로 치수徵數는 54이다. 치성은 상성을 낳고, 치수徵數 54를 3분하면 1분이 각각 18이다. 상생上生은 1분을 더하는 것이니 54에 18을 더하면 72를 얻어 상성을 삼는다. 그러므로 상수商數는 72이다. 상성은 우성을 낳고, 상수商數 72를 3분하면 1분이 각각 24이다. 하생은 그 1분을 버리는 것이니 24를 버리면 48을 얻어 우성을 삼는다. 그러므로 우수羽數는 48이다. 우성은 각성을 낳는다. 우수羽數 48을 3분하면 1분이 각각 16이다. 상생上生은 1분을 더하는 것이니 48에 16을 더하면 64를 얻어 각성을 삼는다. 그러므로 각수角數는 64이다. 이는 오성이 상생相生하는 차례이다. 황종조黃鐘調를 조화롭게 할 때 오성의 법을 써서 이하 11률이 율마다 각각 오성이 있다. 그 궁조·상조 등을 조화롭게 하는 법도 또한 같아서 율마다 각각 오성이 있어 도합 60성이니, 바로 12율의 정성正聲이다."[10]

案宮聲之數는 八十一이요, 商聲之數는 七十二요, 角聲之數는 六十四요, 徵聲之數는 五十四요, 羽聲之數는 四十八이니, 是黃鐘一均之數而十一律이 於此에 取法焉이라. 通典所謂 '以下十一辰이 辰各五聲이라. 其爲宮爲商之法이 亦如之'者는 是也라. 夫以十二律之宮이 長短不同하야 而其臣民事物尊卑ㅣ 莫不有序하야 而不相陵犯은 良以是耳라.

沈括이 不知此理하고, 乃以爲五十四ㅣ 在黃鐘爲徵 在夾鐘爲角 在仲呂爲商者하니 其亦誤矣라.

俗樂之有清聲하니 蓋亦略知此意라. 但不知仲呂ㅣ 反生黃鐘하고, 黃鐘이 又自[11] 林鐘으로 再生太簇하야 皆爲變律하니, 已非黃鐘太簇之清聲耳라.

胡安定이 知其如此라. 故로 於四清聲에 皆小其圍徑則黃鐘太簇二聲이 雖合이나 而大呂夾鐘二聲은 又非本律之半이라. 且自夷則至應鐘히 四律을 皆以次小其圍徑以就之하야 遂使十二律五聲으로 皆有不得其正者하니 則亦不成樂矣라. 若李照蜀公은 止用十二律하니, 則又全然不知此理者也라. 蓋樂之和者는 在於三分損益하고, 樂之辨者는 在於上下相生이어늘, 若李照蜀公之法은 其合於三分損益者는 則和矣어니와 自夷則已降는 則其臣民事物이 豈能尊卑有辨而不相陵犯乎아? 晉荀勗之笛과 梁武帝之通도 亦不知此而有作者也라.

내가 살펴보니, 궁성의 수는 81이고, 상성의 수는 72이고, 각성의 수는 64이고, 치성의 수는 54이고, 우성의 수는 48이니, 바로 황종을 기준으로 돌려 계산하는[一均] 수이고, 나머지 11률이 이것에서 법을 취한다. 『통전』에 이른바 '이하 11률이 율마다 각각 오성이 있다. 그 궁조·상조 등을 조화롭게 하는 법도 또한 같다.'고 한 것은 이것이다. 12율의 궁조가 길이가 같지 않아 신臣·민民·사事·물物의 존비가 질서가 있어 서로 침범하지 않는 것은 확실히 이 때문이다.

심괄이 이 이치를 알지 못하고, 이에 54가 황종조에서는 치성이 되고, 협종조에서는 각성이 되고, 중려조에서는 상성이 된다고 생각하였으니, 그 또한 잘못이다.

속악俗樂에 청성淸聲이 있으니 아마도 또한 이 뜻을 대략 아는 것 같다. 다만 중려가 되돌아 황종을 낳고, 황종이 또 임종으로부터 태주를 다시 낳아 모두 변율이 되는 것을 알지 못했으니, 이미 황종 · 태주의 청성에 잘못되었을 뿐이다.

안정 호원胡瑗이 이와 같은 것을 알았다. 그러므로 4청성에 모두 그 원지름을 작게 하니 황종 · 태주 두 소리가 비록 맞았으나 대려 · 협종 두 소리는 또 본율本律의 반이 아니었다. 또 이칙으로부터 응종에 이르기까지 4율을 모두 차차 그 원지름을 작게 만들어 드디어 12율 · 오성으로 하여금 모두 그 바름을 얻지 못하게 하였으니 또한 악을 이루지 못한 것이다.

이조李照 · 범촉공范蜀公 같은 이는 다만 12율만을 썼는데, 또 전혀 이 이치를 알지 못한 사람들이다. 악의 조화는 삼분손일 · 삼분익일에 있고, 악의 분별은 상생上生 · 하생下生에 있는데, 이조 · 범촉공의 법은 삼분손일 · 삼분익일에는 맞으니 조화가 되지만, 이칙으로부터 이하는 신臣 · 민民 · 사事 · 물物이 어찌 존비를 분별할 수 있어 침범하지 않을 수 있겠는가? 진晉나라 순욱의 12율적律笛과 양 무제梁武帝의 통通[12]도 또한 이를 알지 못하고 만든 것들이다.

1 『국어國語』 : 춘추시대 주周나라 좌구명左丘明이 『좌씨전左氏傳』을 쓰기 위하여 8국의 역사를 모아 찬술撰述한 것으로 서주西周의 목왕穆王 때부터 노魯의 도왕悼王 때 조양자趙襄子가 지백智伯을 멸망시킨 일까지 약 500년 간의 역사를 기록하였다. 「주어周語」 3권, 「노어魯語」 2권, 「제어齊語」 1권, 「진어晉語」 9권, 「정어鄭語」 1권, 「초어楚語」 2권, 「오어吳語」 1권, 「월어越語」 2권의 21권으로 되어 있다. 허신許愼의

『설문說文』에서는 '춘추국어'라 적혀 있고, 또 주로 노魯나라에 대하여 기술한 『좌씨전』을 '내전內傳'이라 하는 데 대해서 이를 '외전外傳'이라 하며, 사마천司馬遷이 좌구명을 무식꾼으로 몰았다 하여 '맹사盲史'라고도 한다. 또 당나라 유종원柳宗元이 『비국어非國語』를 지어 이 책을 비난하자, 송나라의 강단례江端禮가 『비비국어非非國語』를 지어 이를 반박했으며, 그 후로 학자들의 논쟁이 끊이지 않았다. 현재는 오吳나라 위소韋昭의 주註만이 완전하게 남아 있다. 중국의 고대사를 연구하는 데 필요한 귀중한 책이다.

2 영주구伶州鳩 : 또는 영주구泠州鳩라고도 한다. 춘추시대春秋時代 사람으로 주 경왕周景王 때의 악관樂官이다. 왕이 장차 무역률無射律의 큰 종을 주조하려고 하니, 주구가 종소리가 조화롭지 않아 경왕이 마음의 병으로 죽을 것이라고 하였는데, 큰 종을 주조한 이듬해 경왕이 과연 죽었다.

3 대성大聲은 낮은 소리 세성細聲은 높은 소리를 뜻한다.

4 『국어國語』 주어하周語下.

5 한漢나라 태사령太史令 사마천司馬遷의 『사기史記』 권25 율서律書 제3/율수律數.

6 대본에는 '小大'로 되어 있으나 문맥이 통하지 않아 '相生'으로 바로잡았다. 궁성 → 치성 → 상성 → 우성 → 각성은 상생相生의 차례이기 때문이다. 대소大小의 차례일 경우는 궁성 → 상성 → 각성 → 치성 → 우성이 되어야 한다. 『예기禮記』 악기樂記의 주註. 「劉氏曰 五聲之本 生於黃鐘之律 其長九寸 每寸九分 九九八十一 是爲宮聲之數 三分損一 以下生徵 則去二十七 得五十四也 徵 三分益一 以上生商 則加十八 得七十二也 商 三分損一 以下生羽 則去二十四 得四十八也 羽 三分益一 以上生角 則加十六 得六十四也 角聲之數 三分之不盡一筭 其數不行 故 聲止於五 此其相生之次也 유씨劉氏가 말하였다. "오성의 근본이 황종의 율律에서 생기는데, 그 길이가 9촌寸이고, 매촌寸을 9로 나누어 9×9=81이 궁성의 숫자가 된다. 그 수를 삼분손일하여 치성을 하생下生하니, 즉 27을 버리고 54를 얻는다. 치성을 삼분익일하여 상성을 상생上生하니, 즉 18을 더하고 72를 얻는다. 상성을 삼분손일하여 우성을 하생하니, 즉 24를 버리고 48을 얻는다. 우성을 삼분익일하여 각성을 상생하니, 즉 16을 더하고 64를 얻는다. 각성의 수가 3으로 나누어 한번 계산으로 떨어지지 않기 때문에 그 수가 순행하지 못한다. 그러므로 성음聲音이 다섯에서 그치니, 이것은 그 상생相生의 차례이다.」

7 신고神瞽 : 옛날의 악정樂正으로 천도天道를 아는 사람이었다. 『국어國語』 주어하周語下. 「古之神瞽考中聲而量之以制 度律均鍾 百官軌儀 紀之以三 平之以六 成於十二 天之道也 옛날 신고神瞽가 중화中和의 소리를 조합해서 이를 헤아려 음악을 제정하고 12율을 헤아려 종을 고르게 하여 온갖 일의 기준이 되게 하였는데, 셋으로 기강을

삼고 여섯으로 소리를 고르게 하고 열둘에서 이루었으니, 하늘의 도道이다.」

그 위소韋昭 해解. 「神瞽 古樂正 知天道者也 死以爲樂祖 祭於瞽宗 謂之神瞽 신고神瞽는 옛날 악정樂正으로 천도天道를 아는 사람이었다. 죽어 악조樂祖가 되어 은殷나라 학교인 고종瞽宗에서 제사지내고 신고라 하였다.」

8 고른 황종조 : 원元나라 황진성黃鎭成의 『상서통고尙書通考』 권3 율律/오성12율환상위궁五聲十二律還相爲宮. 「以黃鐘爲宮 黃鐘 下生林鐘 爲徵 林鐘 上生太簇 爲商 太簇 下生南呂 爲羽 南呂 上生姑洗 爲角 此黃鐘之調至姑洗 皆三分之次 故 用正律之聲 황종으로 궁성을 삼는데, 황종이 임종을 하생하여 치성을 삼고, 임종이 태주를 상생하여 상성을 삼고, 태주가 남려를 하생하여 우성을 삼고, 남려가 고선을 상생하여 각성을 삼는다. 이는 황종조黃鐘調가 고선에 이르기까지 모두 삼분손일·삼분익일하는 차례이다. 그러므로 정률을 쓴다.」

9 중기中氣 : 24절기 중 매월 중순 이후에 드는 절후이다. 초순에 드는 것을 절기節氣, 중순 이후에 드는 것을 중기라 한다. 예를 들면, 입춘立春은 정월의 절기이고, 우수雨水는 정월의 중기이다.

10 당唐나라 경조京兆 두우杜佑의 『통전通典』 권143 악樂3/오성12율상생법五聲十二律相生法.

11 대본에는 '自'로 되어 있으나 『성리대전서性理大全書』 권22 율려신서律呂新書1/율려증변律呂證辨/오성대소지차五聲小大之次 제6을 참조하여 '又自'로 바로잡았다.

12 양 무제梁武帝의 통通 : 본서/율려증변/제10편 도량권형度量權衡/『수서』 「율력지」의 15등척隋志十五等尺의 2. 진전보옥척二晉田父玉尺에 내용이 상세하다.

'통通'은 세호細毫의 중간 기장을 취하여 누차累次 정정訂定하여 가장 세밀하게 신척新尺을 제정하여 네 개의 기구器具를 만들고 명명命名한 것이다.

變宮變徵第七

제7편 변궁·변치

春秋左氏傳에 晏子曰 先王之濟五味와 和五聲也는 以平其心하야 成其政也니 聲亦如味니이다. 一은 氣요 二는 體요 三은 類요 四는 物이요 五는 聲이요 六은 律이요 七은 音이요 八은 風이요 九는 歌니 以相成也니이다.

『춘추좌씨전』[1]에 안자晏子[2]가 말하였다. "옛날 훌륭한 성왕聖王이 오미五味를 맞추고 오성을 조화롭게 한 것은 그 마음을 화평하게 하고 그 정사를 이루려는 것이니, 소리도 또한 맛과 같은 것입니다. 1은 기氣이고, 2는 체體[3]이고, 3은 유類[4]이고, 4는 물物[5]이고, 5는 오성五聲이고, 6은 육률六律이고, 7은 음音[6]이고, 8은 팔풍八風[7]이고, 9는 가歌[8]이니, 이것이 어우러져 악이 이루어지는 것입니다."[9]

○漢前志曰 "書曰'予欲聞六律五聲八音七始詠하야 以出納五言이어든 汝聽하라'하니라."

○『전한서』「율력지」에 말하였다. "『서경』에 말하기를, '내가 육률과 오성과 팔음八音과 칠시七始[10] 읊는 것을 들어 시가詩歌의 오성에 맞춘 것을 출납하려하거든 너희들이 악樂을 살펴 정치政治의 득실을 살펴야한다."[11]고 하였다."[12]

○淮南子曰 "宮生徵하고 徵生商하고 商生羽하고 羽生角이라. 角生應鐘하니 比[13]於正音 故로 爲和요, 應鐘生蕤賓하니 不比於正音 故로 爲繆라."

○ 『회남자』에 말하였다. “궁음은 치음을 낳고, 치음은 상음을 낳고, 상음은 우음을 낳고, 우음은 각음을 낳는다. 각음은 응종을 낳는데 정음 무리이므로 화성和聲이 되고, 응종은 유빈을 낳는데 정음 무리가 아니므로 무성繆聲이 된다.”[14]

○通典注曰 “應鐘은 爲變宮이요, 蕤賓은 爲變徵라. 自殷以前은 但有五音이러니 自周以後엔 加文武二聲하야 謂之七聲이라하니, 五聲爲正이요 二聲爲變이니 變者는 和也라.”

○ 『통전』 주注에 말하였다. “응종은 변궁이 되고 유빈은 변치가 된다. 은殷나라까지 이전은 다만 오음만 있었는데, 주周나라 이후는 문文·무武 두 소리를 더하여 7성이라고 하였다.[15] 오성은 정성이고 변궁·변치 2성은 변성이니 변變은 화和의 뜻이다.”[16]

案宮與商 商與角 徵與羽는 相去皆二[17]律이요, 角與徵 羽與宮은 相去獨三[18]律이니, 二[19]律은 則近而和어니와 三律은 則遠而不相及이라. 故로 宮羽之間은 有變宮하고 角徵之間은 有變徵하니 此亦出於自然이니, 左氏所謂 ‘七音’과 漢前志所謂 ‘七始’ㅣ 是也라.
然五聲者는 正聲이라. 故로 以起調畢曲에 爲諸聲之綱이어니와 至二變聲하야난 則宮不成宮하고 徵不成徵하니 不比於正音이요, 但可以濟五聲之所不及而已라. 然有五音而無二變도 亦不可以成樂也니라.

내가 살펴보니, 궁과 상, 상과 각, 치와 우 사이는 2율 간격이고, 각과 치, 우와 궁 사이는 3율 간격이니, 2율 간격은 가까워 조화를 이루지만 3율 간격은 멀어 서로 조화로운 상태에 미치지 못한다. 그러므로 궁과 우 사이에는 변궁을 두고 각과 치 사이에는 변치를 두었으니 이 또한 자연에서 나온 것이다. 『춘추좌씨전』에 이른바 '칠음七音'[20]과 『전한서』 「율력지」에 이른바 '칠시七始'[21]가 이것이다.

그러나 오성은 정성正聲이므로 악곡의 시작과 끝에 여러 소리의 벼리가 되지만, 2변성에 이르러서는 궁宮이면서도 궁을 이루지 못하고 치徵면서도 치를 이루지 못하니 정성에 견주지 못하고, 다만 오성이 미치지 못하는 것을 도와줄 뿐이다. 그러나 오음만 있고 2변이 없어도 또한 악을 이룰 수 없다.

1 『춘추좌씨전春秋左氏傳』 : 공자孔子가 지은 『춘추春秋』를 해설한 춘추삼전春秋三傳의 하나이다. 본래의 명칭은 '좌씨춘추左氏春秋'이다. 저자는 전통적으로 좌구명左丘明으로 알려져 왔다. 『사기』 「12제후연표서十二諸侯年表序」에 "공자가 『춘추』를 지으시고 그 뜻을 제자들에게 구수口授하였는데, 노魯의 군자인 좌구명은 제자들이 제각기 다른 견해를 갖고 그 참다운 모습을 잃어버릴까 두려워하여 『춘추좌씨전』을 지었다."라고 하였다.

2 안자晏子 : 안영(晏嬰, ? ~B.C. 500)이다. 춘추시대의 정치가로 자는 평중平仲, 내(萊 : 지금의 산동성山東省 고밀현高密縣) 출신이다. 제齊나라의 대부大夫로서 영공靈公·장공莊公을 섬기고, 경공景公 때 재상宰相이 되어 제나라를 부강하게 만들었다.

3 2는 체體 : 문무文舞와 무무武舞이다.

4 3은 유類 : 풍風·아雅·송頌이다.

5 4는 물物 : 사방의 물건을 섞어 사용하여 악기를 만드는 것이다.

6 7은 음音 : 궁宮·상商·각角·변치變徵·치徵·우羽·변궁變宮이다.

7 8은 팔풍八風 : 동지의 광막풍廣莫風, 입춘의 조풍條風, 춘분의 명서풍明庶風, 입하의 청명풍淸明風, 하지의 경풍景風, 입추의 양풍凉風, 추분의 창합풍閶闔風, 입동의 부주풍不周風이다.

8 9는 가歌 : 『서경書經』 우서虞書/대우大禹. 「禹曰 於 帝 念哉 德惟善政 政在養民 水火金木

土穀 惟修 正德利用厚生 惟和 九功惟敍 九敍惟歌 戒之用休 董之用威 勸之以九歌 俾勿壞 우禹가 말하였다. "아! 황제여 생각하소서. 덕은 정사를 잘하는 것이고, 정사는 백성을 기르는데 있으니, 수·화·금·목·토와 곡식의 정사가 잘 닦여지며, 정덕正德·이용利用·후생厚生이 조화롭게 되어, 아홉 가지 공이 펴져서 아홉 가지 펴진 것을 노래로 읊거든 경계하고 깨우쳐서 잘하는 자는 칭찬해주고 잘못하는 자는 동독董督하여 두렵게 하며, 구가九歌의 노래를 부르게 권면하여 무너지지 않게 하소서."」

9 『춘추좌씨전春秋左氏傳』 소공昭公 20년.

10 칠시七始 : 한나라 때 12율을 천天·지地·인人과 사시四時의 시초에 견주어서 가른 일곱 가지 음률이다.

송宋나라 왕응린王應麟의 『옥해玉海』 권103 음악音樂/악樂/순칠시악舜七始樂. 「隋志 鄭譯曰 周有七音之律 黃鐘 林鐘 太簇 爲天地人之始 姑洗 蕤賓 南呂 應鐘 爲春夏秋冬之始 是以爲七 『수서』 「율력지」에서 정역鄭譯이 말하였다. "주周나라는 칠음七音의 율律이 있었으니, 황종·임종·태주로 천·지·인의 시초를 삼고 고선·유빈·남려·응종으로 춘하추동의 시초를 삼았다. 이 때문에 칠시七始가 되었다."」

정현鄭玄의 『상서대전尙書大傳』 권1하의 주注. 「七始 黃鐘 林鐘 大蔟 南呂 姑洗 應鐘 蕤賓也 칠시七始는 황종·임종·태주·남려·고선·응종·유빈이다.」

11 『서경書經』 우서虞書/익직益稷. 원문은 다음과 같다. 「帝曰 臣 作朕股肱耳目 予欲左右有民 汝翼 予欲宣力四方 汝爲 予欲觀古人之象 日月星辰山龍華蟲 作會, 宗彝藻火粉米黼黻 絺繡 以五采 彰施于五色 作服 汝明, 予欲聞六律五聲八音 在治忽 以出納五言 汝聽 순임금이 말하였다. "신하는 짐朕의 다리와 팔, 귀와 눈이 되는 것이니, 내가 백성들을 움직이고자하면 너희들이 도와주며, 내가 사방에 통치력을 펴고자하면 너희들이 하며, 내가 옛 사람들이 취했던 상象을 관찰하여 해와 달과 성신星辰과 산과 용과 꽃과 벌레를 그리며 범과 물풀과 불과 쌀과 도끼와 마주보고 있는 두 기己자 무늬를 수놓아 다섯 가지 색채로 다섯 가지 색을 물들여 옷을 만들려하거든 너희들이 그에 맞게 밝혀하며, 내가 육률과 오성과 팔음을 들어 다스려졌는지 소홀했는지를 살펴 오성에 맞춘 시가詩歌로써 출납하려하거든 너희들이 악을 살펴 정치의 득실을 살펴야한다."」

12 한漢나라 난대영사蘭臺令史 반고班固의 『전한서前漢書』 권21상 율력지律歷志 제1상.

13 대본에는 '不比'로 되어 있으나 한漢나라 고유高誘 주注의 『회남홍렬해淮南鴻烈解』 권3 천문훈天文訓을 참조하여 '比'로 바로잡았다.

14 한漢나라 고유高誘 주注의 『회남홍렬해淮南鴻烈解』 권3 천문훈天文訓.

대본의 응종은 변궁에 해당하고 유빈은 변치에 해당한다.

15 무원婺源 강영江永의 『예서강목부록禮書綱目附錄』 권상 논이변성論二變聲/논칠음비

고論七音非古. 「古有五聲 至周以來 加文武二聲 謂之七音 此則琴絃少宮少商之說也 옛날 오성이 있었는데 주周나라에 이른 이후로 문文·무武 두 소리를 더하여 7성이라고 하였다고 하였는데, 이것은 금현琴絃의 소궁少宮과 소상少商의 학설이다.」

16 당唐나라 경조京兆 두우杜佑의 『통전通典』 권143 악樂3/오성12율선상위궁五聲十二律旋相爲宮의 주注.

17 대본에는 '一'로 되어 있으나 문맥이 통하지 않아 '二'로 바로잡았다.
본서/율려본원/제6편 율생오성도律生五聲圖에 의하면 "궁성은 81이고, 상성은 72이고, 각성은 64이고, 치성은 54이고, 우성은 48이다."라고 하였다. 이는 치성은 궁성 81을 삼분손일 하여 얻은 수이고, 상성은 치성 54를 삼분익일하여 얻은 수이고, 우성은 치성 48을 삼분손일하여 얻은 수이고, 각성은 우성 48을 삼분익일하여 얻은 수이다. 따라서 궁성을 황종으로 대체하면 치성은 임종이 되고, 상성은 태주가 되고, 우성은 남려가 되고, 각성은 고선이 되어 궁성과 상성, 상성과 각성, 치성과 우성 사이는 2율 간격이 되고, 각성과 치성, 우성과 궁성 사이는 3율 간격이 되는 것을 알 수 있다.

18 대본에는 '二'로 되어 있으나 문맥이 통하지 않아 '三'으로 바로잡았다.
위 각주 17) 참조.

19 대본에는 '一'로 되어 있으나 문맥이 통하지 않아 '二'로 바로잡았다.

20 『춘추좌씨전春秋左氏傳』 소공昭公 25년. 「爲九歌 八風 七音 六律 以奉五聲 구가九歌와 팔풍八風과 칠음七音과 육률을 만들어 오성을 받들었다.」

21 한漢나라 난대영사蘭臺令史 반고班固의 『전한서前漢書』 권21상 율력지律歷志 제1상.

六十調第八

제8편 육십조

周禮曰 "春官大司樂에 凡樂이 圜鐘爲宮하고, 黃鐘爲角하고, 太簇爲徵하고, 姑洗爲羽하야, 雷鼓·雷鼗·孤竹之管·雲和之琴瑟·雲門之舞로 冬日에 至於地上之圜丘하야 奏之라. 若樂六變이면 則天神皆降하야 可得而禮矣리라.
凡樂이 函鐘爲宮하고, 大簇爲角하고, 姑洗爲徵하고, 南呂爲羽하야, 靈鼓·靈鼗·絲竹之管·空桑之琴瑟·咸池之舞로 夏日에 至於澤中之方丘하야 奏之니, 若樂八變이면 則地示皆出하야 可得而禮矣리라.
凡樂이 黃鐘爲宮하고, 大呂爲角하고, 太簇爲徵하고, 應鐘爲羽하야, 路鼓·路鼗·陰竹之管·龍門之琴瑟·九德之歌·九磬[1]之舞로 於宗廟之中에 奏之니, 若樂九變이면 則人鬼ㅣ 可得而禮也리라."

『주례』에 말하였다. "「춘관春官」 대사악大司樂에 악은 원종圜鐘[2]으로 궁성을 삼고, 황종으로 각성을 삼고, 태주로 치성을 삼고, 고선으로 우성을 삼아, 뇌고雷鼓[3]·뇌도雷鼗[4]와 고죽관孤竹管[5]과 운화산雲和山[6]에서 나는 나무로 만든 금슬琴瑟과 운문雲門의 춤[7]으로 동지에 천신을 제사하는 지상地上의 원구에 이르러 연주한다. 만약 여섯 종류의 악을 차례로 연주하면 천신天神이 하강하여 예가 이루어질 수 있을 것이다.

악은 함종函鐘[8]으로 궁성을 삼고, 태주로 각성을 삼고, 고선으로 치성을 삼고, 남려로 우성을 삼아, 영고靈鼓[9]·영도靈鼗[10]와 손죽관孫竹管과 공상산空桑山에서 나는 나무로 만든 금슬과 함지咸池의 춤[11]으로 하지에 지기地示를 제사하는 택중澤中의 방구方丘에 이르러 연주한다. 만약 여덟 종류의 악을 차례로 연주하면 지기地示가 모두 나와 예가 이루어질 수 있을 것이다.

악은 황종으로 궁성을 삼고, 대려로 각성을 삼고, 태주로 치성을 삼고, 응종으로 우성을 삼아, 노고路鼓[12]·노도路鼗[13]와 음죽관陰竹管과 용문산龍門山에서 나는 나무로 만든 금슬과 구덕九德의 노래[14]와 구소九磬[15]의 무용으로 인귀人鬼를 제사하는 종묘에서 연주한다. 만약 아홉 종류의 악을 차례로 연주하면 인귀人鬼가 만족하여 예가 이루어질 수 있을 것이다."[16]

案此祭祀之樂은 不用商聲이요, 只有宮·角·徵·羽四聲이나 無變宮·變徵하니, 蓋古人變宮·變徵는 不爲調也일새라. 左氏傳曰 "中聲以降하야 五降之後엔 不容彈矣라"하니, 夫五降之後에 更有變宮·變徵어늘 而曰 '不容彈'者는 以二變之不可爲調也라. 或이 問 "周禮大司樂說宮·角·徵·羽與七聲이 不合은 如何오?" 朱子曰 "此是降神之樂이니 如黃鐘爲宮, 大呂爲角, 太簇爲徵, 應鐘爲羽는 自是四樂[17]이라. 擧其一者而言之하면, 以大呂爲角이면 則南呂爲宮하고 太簇爲徵면 則林鐘爲宮하고 應鐘爲羽면 則太簇爲宮이라. 以七聲推之ㅣ 合如此하니 注家之說은 非也니라."

내가 살펴보니, 이 제사악은 상성을 쓰지 않고,[18] 다만 궁·각·치·우 4성은 있으나 변궁과 변치는 없으니, 아마도 옛 사람은 변궁과 변치는 조調가 되지 못한다고 생각했기 때문일 것이다. 『춘추좌씨전』에 말하기를 "중화中和의 소리[中聲][19]가 되면 음조音調를 낮추고 오성의 음조가 낮아진 뒤에 연주하지 않는다."[20]라고 하였다. 오성의 음조가 낮아진 뒤에 다시 변궁과 변치가 있는데 '연주하지 않는다.'고 한 것은 2변은 조調가 될 수 없기 때문이다. 어떤 사람이 물었다. "『주례』 대사악大司樂에서 말한 궁·각·치·우와 칠성七聲이 맞지 않는 것은 무슨 까닭인가?" 주자가 말하였다. "이것은 바로 강신악降神樂이니, 황종으로 궁성을 삼고, 대려로 각성을 삼고, 태주로 치성을 삼고, 응종으로 우성을 삼는 바로 네 가지 악이다.[21] 그 하나씩을 예로 들어 말하면, 대려로 각을 삼으면 남려가 궁이 되고, 태주로 치를 삼으면 임종이 궁이 되고 응종으로 우를 삼으면 태주가 궁이 된다.[22] 칠성七聲으로 미루어 생각한 것이 이와 같이 맞으니, 주注를 낸 사람의 학설은 잘못되었다."

禮記禮運曰 “五聲六律十二管이 還相爲宮也니라.”
鄭氏注曰 “五聲은 宮商角徵羽也라. 其管陽曰律이요, 陰曰呂니, 布十二辰이라. 始於黃鐘管長九寸호대, 下生者는 三分去一하고 上生者는 三分益一하야 終於仲呂하니 更相爲宮하야 凡六十也라.”
孔氏疏曰 “黃鐘은 爲第一宮이니, 下生林鐘하야 爲徵하고, 上生太簇하야 爲商하고, 下生南呂하야 爲羽하고, 上生姑洗하야 爲角이라. 林鐘은 爲第二宮이니, 上生太簇하야 爲徵하고, 下生南呂하야 爲商하고, 上生姑洗하야 爲羽하고, 下生應鐘하야 爲角이라. 太簇는 爲第三宮이니, 下生南呂하야 爲徵하고, 上生姑洗하야 爲商하고, 下生應鐘하야 爲羽하고, 上生蕤賓하야 爲角이라. 南呂는 爲第四宮이니, 上生姑洗하야 爲徵하고, 下生應鐘하야 爲商하고, 上生蕤賓하야 爲羽하고, 上生大呂하야 爲角이라. 姑洗은 爲第五宮이니, 下生應鐘하야 爲徵하고, 上生蕤賓하야 爲商하고, 上生大呂하야 爲羽하고, 下生夷則하야 爲角이라. 應鐘은 爲第六宮이니, 上生蕤賓하야 爲徵하고, 上生大呂하야 爲商하고, 下生夷則하야 爲羽하고, 上生夾鐘하야 爲角이라. 蕤賓은 爲第七宮이니, 上生大呂하야 爲徵하고 下生夷則하야 爲商하고, 上生夾鐘하야 爲羽하고, 下生無射하야 爲角이라. 大呂는 爲第八宮이니, 下生夷則하야 爲徵하고, 上生夾鐘하야 爲商하고, 下生無射하야 爲羽하고, 上生仲呂하야 爲角이라. 夷則은 爲第九宮이니, 上生夾鐘하야 爲徵하고, 下生無射하야 爲商하고, 上生仲呂하야 爲羽하고, 下生黃鐘하야 爲角이라. 夾鐘은 爲第十宮이니, 下生無射하야 爲徵하고, 上生仲呂하야 爲商하고, 上生黃鐘하야 爲羽하고, 下生林鐘하야 爲角이라. 無射은 爲第十一宮이니, 上生仲呂하야 爲徵하고, 上生黃鐘하야 爲商하고, 下生林鐘하야 爲羽하고, 上生太簇하야 爲角이라. 仲呂는 爲第十二宮이니, 上生黃鐘하야 爲徵하고, 下生林鐘하야 爲商하고, 上生太簇하야 爲羽하고, 下生南呂하야 爲角하니, 是十二宮이 各有五聲하야 凡六十聲이라.”[23]

『예기』 「예운禮運」에 말하였다. "오성을 따라 육률의 12율관律管이 돌아가며 서로 궁성이 된다."[24]

정씨鄭氏의 주注[25]에 말하였다. "오성은 궁·상·각·치·우이다. 12관 가운데 양陽을 율律이라 하고 음陰을 여呂라고 하는데, 12진辰[26]에 배치되어 있다. 9촌 길이의 황종관에서 시작하는데, 하생은 삼분거일(三分去一 : 2/3) 하고 상생은 삼분익일(三分益一 : 4/3) 하여 중려에서 마친다. 번갈아 서로 궁이 되어 모두 60조調이다."[27]

공씨孔氏의 소疏[28]에 말하였다. "황종은 제1궁이니, 임종을 하생하여 치가 되고, 태주를 상생하여 상이 되고, 남려를 하생하여 우가 되고, 고선을 상생하여 각이 된다. 임종은 제2궁이니, 태주를 상생하여 치가 되고, 남려를 하생하여 상이 되고, 고선을 상생하여 우가 되고, 응종을 하생하여 각이 된다. 태주는 제3궁이니, 남려를 하생하여 치가 되고, 고선을 상생하여 상이 되고, 응종을 하생하여 우가 되고, 유빈을 상생하여 각이 된다. 남려는 제4궁이니, 고선을 상생하여 치가 되고, 응종을 하생하여 상이 되고, 유빈을 상생하여 우가 되고, 대려를 상생하여 각이 된다. 고선은 제5궁이니, 응종을 하생하여 치가 되고, 유빈을 상생하여 상이 되고, 대려를 상생하여 우가 되고, 이칙을 하생하여 각이 된다. 응종은 제6궁이니, 유빈을 상생하여 치가 되고, 대려를 상생하여 상이 되고, 이칙을 하생하여 우가 되고, 협종을 상생하여 각이 된다. 유빈은 제7궁이니, 대려를 상생하여 치가 되고, 이칙을 하생하여 상이 되고, 협종을 상생하여 우가 되고, 무역을 하생하여 각이 된다. 대려는 제8궁이니, 이칙을 하생하여 치가 되고, 협종을 상생하여 상이 되고, 무역을 하생하여 우가 되고, 중려를 상생하여 각이 된다. 이칙은 제9궁이니, 협종을 상생하여 치가 되고, 무역을 하생하여 상이 되고, 중려를 상생하여 우가 되고, 황종을 하생하여 각이 된다. 협종은 제10궁이니, 무역을 하생하여 치가 되고, 중려를 상생하여 상이 되고, 황종을 상생하여 우가 되고, 임종을 하생하여 각이 된다. 무역은 제11궁이니, 중려를 상생하여 치가 되고, 황종을 상생하여 상이 되고, 임종을 하생하여 우가 되고, 태주를 상생하여 각이 된다. 중려는 제12궁이니, 황종을 상생하여 치가 되고, 임종을 하생하여 상이 되고, 태주를 상생하여 우가 되고, 남려를 하생하여 각이 된다. 이 12궁이 각각 오성을 갖추어 모두 60성이다."[29]

○淮南子曰 一律而生[30]五音하고 **十二律而爲六十音**이라. **因而六之**하야 **六六三十六 故**로 **三百六十音**은 **以當一歲之日**이라. **故**로 **律歷之數**는 **天地[31]之道也**니라.

○『회남자』에 말하였다. "1률이 오음을 낳고, 12율에서 60조調가 된다. 그 수를 6배로 중첩해서 6×6=36이므로 360음音은 1년의 날에 해당한다. 그러므로 율력律歷의 수는 천지의 도이다."[32]

案聲者는 所以起調畢曲에 爲諸聲之綱領라. 禮運所謂'還相爲宮'은 所以始於黃鐘하고 終於仲呂[33]也어늘, 後世에 以變宮變徵參하야 而八十四調하니 其亦不考也라.

내가 살펴보니, 성조聲調는 악을 시작하고 마칠 때에 여러 소리의 강령綱領이 되는 것이다. 『예기』「예운禮運」에 이른바 '돌아가며 서로 궁성이 된다.'는 것은 황종에서 시작하고 중려에서 마치는 것인데, 후세에 변궁·변치를 더해 84조로 하니, 그 또한 고찰하지 못한 것이다.[34]

1 대본에는 '磬'으로 되어 있으나 『주례周禮』 춘관春官/대사악大司樂을 참조하여 '韾'로

바로잡았다.

2 원종圜鐘 : 송宋나라 진양陳暘의 『악서樂書』 권100 악도론樂圖論/12율十二律/협종夾鍾.
「圜鍾 於時爲仲春 於方主規而已. 自其主規言之 謂之圜鍾 원종圜鍾은 때로는 중춘仲春이고, 방법으로는 그림쇠를 주장하는 것일 뿐이다. 그림쇠를 주장하는 것으로부터 말한 것을 원종圜鍾이라 한다.」
원종은 협종夾鐘의 다른 이름이다.

3 뇌고雷鼓 : 북통을 검게 칠한 6개의 편고片鼓를 기둥 쪽으로 모아 가자架子에 매달아 용간龍竿을 색사유소色絲流蘇로 장식하고 있다. 연주할 때는 이 6면 중에 1면만을 채로 친다. 우리나라에서는 반드시 뇌도雷鼗와 함께 편성되어 천신天神의 제향인 환단제圜壇祭 · 풍운뇌우제風雲雷雨祭 · 산천성황제山川城隍祭 등의 헌가軒架에 편성되었으나 이러한 제향이 폐지됨에 따라 현재 쓰이지 않는다. <『동아세계대백과사전』 7권, 동아출판사, 1994, 593쪽.>

4 뇌도雷鼗 : 6면面으로 된 북으로 몸통이 긴 3개의 작은 북을 몸통이 서로 '十'자형이 되도록 포개어 그 가운데를 긴 나무장대로 꿰어 받침대 위에 세우고, 장대 끝은 새를 1마리 얹어 장식하고 있다. 또 북마다 양 허리에 가죽 끈을 길게 달아 연주할 때는 나무대를 흔들어 그 가죽 끈이 북면에 닿아 소리가 나도록 되어 있다. 우리나라에서 뇌도는 뇌고雷鼓와 함께 천신天神의 제향인 환단제圜壇祭 · 풍운뇌우제風雲雷雨祭 · 산천성황제山川城隍祭 등의 헌가軒架에 편성되었다. <『동아세계대백과사전』 7권, 동아출판사, 1994, 594쪽.>

5 고죽관孤竹管 : 『주례周禮』 춘관春官/대사악大司樂.
송宋나라 진양陳暘의 『악서樂書』 권122 악도론樂圖論/고죽관孤竹管 · 손죽관孫竹管 · 음죽관陰竹管. 「先王之制管 所以道達陰陽之聲 然陽奇而孤 陰偶而羣 陽大而寡 陰小而衆 陽顯而明 陰幽而晦 孤竹之管 與圜鍾之宮 合 以之降天神 取其奇而孤也 孫竹之管 與函鍾之宮 合 以之出地祇 取其少而衆也 陰竹之管 與黃鐘之宮 合 以之禮人鬼 取其幽而晦也 옛날 훌륭한 성왕이 관管을 제정할 수 있었던 것은 음양陰陽의 소리에 통하여 알았기 때문이다. 그러나 양은 기수(奇數 : 홀수)여서 혼자이고 음은 우수(偶數 : 짝수)여서 많으며, 양은 크지만 적고 음은 작지만 많으며, 양은 드러나 밝고 음은 깊이 있어 어둡다. 고죽관孤竹管은 협종의 궁과 합해서 그로써 천신天神을 강신降神하니, 그것은 기수여서 혼자인 것에서 취한 것이고, 손죽관孫竹管은 임종林鐘의 궁과 합하여 그로써 지기를 현현顯現하게 하니, 그것은 작으면서 많은 것에서 취한 것이고, 음죽관陰竹管은 황종의 궁과 합하여 그로써 인귀人鬼를 예로 대접하니, 그것은 깊이 있어 어두운 것에서 취한 것이다.」

6 운화산雲和山 : 『주례주소周禮注疏』 권22 춘관종백하春官宗伯下의 한 정현漢鄭玄 주注.

「雲和·空桑·龍門 皆山名 운화·공상·용문은 모두 산 이름이다.」

7 운문의 춤 : 『주례周禮』 춘관春官/대사악大司樂의 정현鄭玄 주注. 「黃帝曰 雲門大卷 황제의 악을 운문대권雲門大卷이라고 한다.」

8 함종函鐘 : 송宋나라 진양陳暘의 『악서樂書』 권100 악도론樂圖論/12율十二律/총론總論. 「函鍾亦謂之林鐘 以夏主庇物言之 함종函鐘을 또한 임종林鐘이라고 한 것은 여름이 함같이 만물을 덮기 때문이다.」

곧 함종函鐘은 12율 중 임종林鐘의 다른 이름이다.

9 영고靈鼓 : 혁부革部 타악기의 일종으로 주 문왕周文王 때 제작된 것으로 전해진다. 우리나라에서는 조선 세종世宗 때 명明나라에서 받아들였다. 여덟 개의 편면고片面鼓를 등을 서로 맞대게 하여 가자架子에 매단 팔면고八面鼓로 북통은 노란 칠을 하였다. 또한 틀은 4마리의 호랑이가 엎드려 있는 형상을 한 2개의 받침대 위에 세워져 있다. 영도靈鼗와 함께 지기地祇의 제향인 사직社稷에 쓴다. 영고가 팔면인 것은 지신地神의 강신제악降神祭樂이 여덟 번 반복되는 것과 일치한다. <『동아세계대백과사전』 21권, 동아출판사, 1994, 92쪽.>

10 영도靈鼗 : 혁부革部 타악기의 일종으로 뇌도雷鼗·노도路鼗와 함께 주 문왕周文王 때 제작된 것으로 전해진다. 작은북 넷을 십자十字 모양으로 엇갈리게 겹쳐서 긴 나무자루에 북통 중간을 꿴 악기이다. 따라서 북면은 8면이 되고, 노란 칠을 한 북통마다 양쪽 중앙에 가죽 끈을 달아, 자루를 흔들면 끈이 북면을 때려 소리가 나게 되어 있다. 우리나라에서는 조선 세종世宗 때 명明나라에서 받아들였다. 북면이 8면인 것은 영고와 같으나, 쌍면고雙面鼓 4개를 서로 +자로 포개어 그 중심을 꿰뚫어 맨 것이 다르다. <『동아세계대백과사전』 21권, 동아출판사, 1994, 136쪽.>

11 함지의 춤 : 『주례周禮』 춘관春官/대사악大司樂의 정현鄭玄 주注. 「大咸 咸池 堯樂也 대함大咸은 함지咸池인데 요임금의 악이다.」

12 노고路鼓 : 혁부革部 타악기의 일종으로 주 문왕周文王 때 제작된 것으로 전해진다. 우리나라에서는 조선 세종世宗 때 명明나라에서 받아들여, 문묘文廟 또는 종묘宗廟의 인신人神 제사와 선농·선잠·우사雩祀에 사용되었다. 통이 긴 북 2개를 +자형으로 포개어 틀에 매달아놓고 치는데, 통에는 붉은 칠을 하였고, 주악할 때는 진고晉鼓와 쌍이 되어 친다. 북틀 위에는 달 모양을 새겨 희게 칠하였고, 좌우에는 봉鳳의 머리를 그려 유소流蘇를 길게 늘였다. 받침나무에는 두 마리의 작은 범을 +자로 웅크리게 새기고, 그 등허리에 가자架子를 박고, 그 가자를 중심으로 북을 매달았다. <『동아세계대백과사전』 7권, 동아출판사, 1994, 354쪽.>

13 노도路鼗 : 혁부革部 타악기의 일종이다. 고鼓는 채로 쳐서 소리를 내는 데 비해,

도鼗는 북 허리에 가죽 줄의 귀를 달아 자루를 잡고 흔들어 소리를 내는 북이다. 크기가 작은 4면고로 몸통이 긴 북 2개를 십자형으로 포개어 긴 나무장대로 북통을 관통하게 한 모양이다. 장대의 꼭대기에는 활짝 핀 연꽃을 올려놓았고, 연꽃 위에는 날아갈 듯 새 한 마리를 얹어 장식하고 있다. 그 제작연도나 수입경로, 용도 등은 노고路鼓와 같다. <『동아세계대백과사전』 7권, 동아출판사, 1994, 364쪽.>

14 구덕九德의 노래 : 『서경書經』 우서虞書/대우大禹에 나오는 육부六府인 수水·화火·금金·목木·토土·곡穀과 삼사三事인 정덕正德·이용利用·후생厚生의 구공九功의 덕을 읊은 노래이다.

15 구소九磬 : 순舜임금의 악곡 이름이다. 소소簫韶는 아홉 곡으로 이루어졌기 때문에 붙여진 이름이다.

『주례周禮』 춘관春官/대사악大司樂. 「九德之歌 九韶之舞 於宗廟之中 奏之 구덕九德의 노래와 구소九韶의 무용을 종묘에서 연주한다.」

『주례周禮』 춘관春官/대사악大司樂의 정현鄭玄 주注. 「九磬 讀當爲大韶 字之誤也 '구소九磬'는 마땅히 대소大韶로 읽어야 하니, 글자 오류이다.」

16 『주례周禮』 춘관春官/대사악大司樂.

17 대본에는 '律'로 되어 있으나 『성리대전서性理大全書』 권22 율려신서律呂新書1/율려증변律呂證辨/60조六十調 제8을 참조하여 '樂'으로 바로잡았다.

18 이 제사악은~않고 : 송宋나라 진양陳暘의 『악서樂書』 권100 악도론樂圖論/12율선궁十二律旋宮. 「三宮 不用商聲者 商爲金聲而周以木王 其不用 則避其所剋而已 삼궁三宮에서 상성을 쓰지 않는 것은 상성은 금金인데 주周나라는 목기木氣로 왕이 된 것이니, 그것을 쓰지 않는 것은 그 상극相剋을 피한 것일 뿐이다.」

19 중화의 소리[中聲] : 송宋나라 진양陳暘의 『악서樂書』 권4 예기훈의禮記訓義/예운禮運. 「樂 以中聲爲本 土 於位爲中央 於氣爲冲氣 而籥之爲器 又所以通中聲者也 伊耆氏之樂 始於土鼓 中聲作焉 中於蕢桴 中聲發焉 終於葦籥 中聲通焉 樂之所始 本於中聲如此 豈不爲中和之紀乎 악은 중화中和의 소리[中聲]로 근본을 삼는다. 토土는 자리에는 중앙이 되고 기운에는 충화冲和의 기운이 되며, 약籥은 또 중화中和의 소리[中聲]에 통하는 악기이다. 이기씨伊耆氏의 악은 토고土鼓에서 비롯하여 중화中和의 소리[中聲]가 시작하고, 비자나무 북채에서 중간이 되어 중화中和의 소리[中聲]가 발하고, 위약葦籥에서 마쳐 중화中和의 소리[中聲]가 통한다. 악의 시작에 중성에 근본하고 있는 것이 이와 같으니, 어찌 중화中和의 밑바탕이 되지 않겠는가?」

20 『춘추좌씨전春秋左氏傳』 소공昭公 원년.

21 이것은~악이다 : 송宋나라 진양陳暘의 『악서樂書』 권100 악도론樂圖論/12율선궁十

二律旋宮. 「皇帝親行祫享之禮 迎神 宮架 奏興安九成之曲 黃鐘爲宮 三奏 大呂爲角 二奏 太簇爲徵 二奏 應鐘爲羽 二奏 황제가 친히 행하는 협제祫祭의 영신迎神에 궁가宮架의 악기가 홍안지곡興安之曲을 아홉 번 연주하는데, 황종으로 궁宮을 삼아 세 번 연주하고, 대려로 각角을 삼아 두 번 연주하고, 태주로 치徵을 삼아 두 번 연주하고, 응종으로 우羽를 삼아 두 번 연주한다.」

22 대려로~된다 : 60조도에서 보면 다음과 같다.

	궁	상	각	변치	치	우	변궁
황종궁	黃 정률	太 정률	姑 정률	蕤 정률	林 정률	南 정률	應 정률
태주궁	太 정률	姑 정률	蕤 정률	夷 정률	南 정률	應 정률	汏 반성
임종궁	林 정률	南 정률	應 정률	汏 반성	汰 반성	湽 반성	㶋 반성
남려궁	南 정률	應 정률	汏 반성	浹 반성	湽 반성	㶋 반성	洟 반성

23 공씨의 소는 다음과 같이 바로잡아야 한다.

「孔氏疏曰 黃鐘 …中略… 下生大呂爲角 姑洗爲第五宮 下生應鐘爲徵 上生蕤賓爲商 下生大呂爲羽 上生夷則爲角 應鐘爲第六宮 上生蕤賓爲徵 下生大呂爲商 上生夷則爲羽 下生夾鐘爲角 蕤賓爲第七宮 下生大呂爲徵 上生夷則爲商 下生夾鐘爲羽 上生無射爲角 大呂爲第八宮 上生夷則爲徵 下生夾鐘爲商 上生無射爲羽 下生仲呂爲角 夷則爲第九宮 下生夾鐘爲徵 上生無射爲商 下生仲呂爲羽 上生黃鐘爲角 夾鐘爲第十宮 上生無射爲徵 下生仲呂爲商 上生黃鐘爲羽 下生林鐘爲角 無射爲第十一宮 下生仲呂爲徵 上生黃鐘爲商 下生林鐘爲羽 上生太簇爲角 仲呂爲第十二宮 上生黃鐘爲徵 下生林鐘爲商 上生太簇爲羽 下生南呂爲角 是十二宮 各有五聲 凡六十聲」

한漢나라 고유高誘 주注의 『여씨춘추呂氏春秋』 권6 계하기季夏紀 제6/음율音律. 「三分所生益之一分 以上生 三分所生去其一分 以下生 3분하여 낳는 것에 그 1분을 더하여 상생上生하고, 3분하여 낳는 것에 그 1분을 덜어 하생下生한다.」

송宋나라 선성태수宣城太守 범욱范煜의 『후한서後漢書』 권11 율력지律歷志 제1/율력지律歷志. 「術曰 陽以圓爲形 其性動 陰以方爲節 其性靜 動者數三 靜者數二 以陽生陰倍之 以陰生陽四之 皆三而一 陽生陰曰下生 陰生陽曰上生 율술律術에 말하기를 "양陽은 원으로 모양을 삼으니 그 성정性情이 동적動的이고, 음陰은 모난 것으로 절節을 삼으니 그 성정이 정적靜的이다. 동적인 것은 수가 3이고, 정적인 것은 수가 2이다. 양을 기준으로 음을 낳을 때는 2배하고, 음을 기준으로 양을 낳을 때는 4배하니, 모두 3에 1을 가감한 것이다. 양이 음을 낳는 것을 하생下生이라 하고, 음이 양을 낳는 것을 상생上生이라 한다."라고 하였다.」

『여씨춘추』와 『후한서後漢書』에 따르면, 12율이 상생하는 순서는 황종이 임종을 하생하고, 임종이 태주를 상생하고, 태주가 남려를 하생하고, 남려가 고선을 상생하고, 고선이 응종을 하생하고 응종이 유빈을 상생하고, 유빈이 대려를 하생하고 대려가 이칙을 상생하고, 이칙이 협종을 하생하고 협종이 무역을 상생하고, 무역이 중려를 하생한다. 바로 黃鐘→林鐘→太簇→南呂→姑洗→應鐘→蕤賓→大呂→夷則→夾鐘→無射→仲呂 순서로 하생과 상생이 반복되는 구조이기 때문이다.

24 『예기禮記』 예운禮運. 12관管은 육률과 육려六呂로 되어 있는데, 육률을 대표로 말한 것이다.

25 정씨鄭氏의 주注 : 한나라 정현鄭玄이다.

26 12진辰 : 자子·축丑·인寅·묘卯·진辰·사巳·오午·미未·신申·유酉·술戌·해亥의 12지支이다.

27 한漢나라 정현鄭玄 주注, 당唐나라 공영달孔穎達 소疏의 『예기주소禮記注疏』 권22 예운禮運.

28 공씨孔氏의 소疏 : 공영달(孔穎達, 574~648)이다. 공영달은 당나라의 대유大儒로 자는 중달仲達이다. 수나라 때 과거에 급제하고 당나라에 들어와서 국자사업國子司業·국자좨주國子祭酒 등을 지냈다. 태종太宗의 명을 받들어 『오경정의五經正義』, 곧 지금의 오경주소본五經注疏本의 소疏를 찬撰하였다.

29 한漢나라 정현鄭玄 주注, 당唐나라 공영달孔穎達 소疏의 『예기주소禮記注疏』 권22 예운禮運.

이를 도표로 그리면 다음과 같다.

	궁	상	각	치	우		궁	상	각	치	우
제1궁	黃	太	姑	林	南	제7궁	蕤	夷	無	汏	浹
제2궁	林	南	應	汰	[氵+姑]	제8궁	大	夾	仲	夷	無
제3궁	太	姑	蕤	南	應	제9궁	夷	無	潢	浹	[氵+仲]
제4궁	南	應	汏	[氵+姑]	[氵+蕤]	제10궁	夾	仲	林	無	潢
제5궁	姑	蕤	夷	應	汏	제11궁	無	潢	汰	[氵+仲]	淋
제6궁	應	汏	浹	[氵+蕤]	洟	제12궁	仲	林	南	潢	汰

본서/율려본원/제9편 60조도六十調圖에 따르면, 황종궁조에 딸린 것은 무역상·이칙각·중려치·협종우조이고, 대려궁조에 딸린 것은 응종상·남려각·유빈치·고선우조이다. 나머지 궁조도 이와 같아 결국 60조가 된다.

30 대본에 누락된 '生'을 한漢나라 고유高誘 주注의 『회남홍렬해淮南鴻烈解』 권3 천문훈天文訓을 참조하여 보충하였다.

31 대본에 누락된 '地'를 한漢나라 고유高誘 주注의 『회남홍렬해淮南鴻烈解』 권3 천문훈

天文訓을 참조하여 보충하였다.

32 한漢나라 고유高誘 주注의 『회남홍렬해淮南鴻烈解』 권3 천문훈天文訓.
1률은 황종이다.

33 대본에는 '南呂'로 되어 있으나 문맥이 통하지 않아 '仲呂'로 바로잡았다.
12율이 생기는 순서는 황종으로부터 삼분손익에 따른 하생·상생을 반복하여 임종·태주·남려·고선·응종·유빈·대려·이칙·협종·무역·중려이다. 위 공씨孔氏의 소疏에서도 이를 따르고 있는데, 저자는 제12궁이 '남려를 하생하여 각이 된다.'를 따라 '황종에서 시작하고 남려에서 마치는 것'으로 설명하고 있으나 이는 오류이다. 이는 60조를 설명하는 것이기 때문에 제1궁인 황종궁黃鐘宮에서 시작하여 제12궁인 중려궁仲呂宮에서 마치는 것으로 보아야 한다.

34 후세에~것이다 : 송宋나라 진양陳暘의 『악서樂書』 권157 악도론樂圖論/아부雅部/가歌/곡조하曲調下. 「自唐以來 雅樂均調法 著旋宮 一律 五音相生 二變起 自黃鐘爲始循 於中呂爲終 十二律 總十二均音 六十聲 成八十四調 皆漢之京房 晉之荀勖 參定 당나라 이후 아악雅樂에서 쓰는 균조법均調法은 궁성을 돌리는 것[旋宮]에서 드러나니, 한 율律마다 오음五音이 상생相生하고 2변二變이 일어나는데, 황종으로부터 처음 돌아 중려에서 마친다. 12율이 12균음均音과 60성聲을 거느려 84조調를 이루니, 모두 한나라의 경방(京房, B.C. 77~B.C. 37)과 진晉나라의 순욱이 참작하여 정한 것이다.」
명明나라 구준丘濬의 『대학연의보大學衍義補』 권43 치국평천하지요治國平天下之要/명예악明禮樂/악률지제 중樂律之制中. 「孔穎達禮疏曰 黃鐘爲第一宮 下生林鐘爲徵 …中略… 是十二宮 各有五聲 凡六十聲 공영달孔穎達의 『예기』 소疏에 말하였다. "황종이 제1궁宮이 되고, 그 황종이 하생下生한 임종이 치徵이 되고, …중략… 이 12궁이 각각 오성이 있어 모두 60성聲이다.」
그 주註. 「臣按朱熹所謂 變宮變徵之不得爲調 則孔氏之禮疏 因亦可見者 此也 신臣이 살펴보니 주자의 이른바 '변궁과 변치가 조調가 될 수 없다.'는 것은 공영달의 『예기』 소疏에 내용이 있으니, 그에 따라 또한 볼 수 있는 것은 이것입니다.」

候氣第九

제9편 후기

後漢志에 "候氣之法은 爲室三重하야 戶閉하고 塗釁必周密이라. 布緹縵室中하고 以木爲案하야 每律各一이라. 內庳[1]外高하야 從其方位하야 加律其上호대, 以葭莩灰로 抑其內端하고 按歷而候之하니, 氣至者는 灰去하니 其爲氣所動者는 其灰散하고 人及風所動者는 其灰聚라."

『후한서』「율력지」에 "후기법候氣法은 3중의 밀실을 만들어 문을 닫고 세밀하게 틈을 메운다. 밀실 안에 붉은 명주를 펴놓고 나무 책상을 만들어 율관마다 각각 책상이 하나씩이다. 안쪽은 낮고 바깥쪽은 높게 하여 방위를 따라 그 위에 율관을 올려놓는데, 갈대 속청을 태운 재로 그 안쪽 끝을 막고 책상에 놓인 율관을 두루 빠짐없이 살펴본다. 기운이 이르는 것은 재가 떨어지는데, 그 기운에 동하게 되는 것은 그 재가 흩어지고, 사람과 바람에 동하게 되는 것은 그 재가 모인다."[2]라고 하였다.

○隋志에 "後齊 神武霸府 田曹參軍 信都芳이 深有巧思하야 能以管候氣하고 仰觀雲色이러니, 嘗與人對語에 卽指天曰 '孟春之氣ㅣ 至矣라'하니라. 人往驗管하니 而飛灰已[3]應하며, 每月所候ㅣ 言皆無爽이라.

又爲輪扇二十四하야 埋地中하고 以測二十四氣호대 每一氣感則一扇自動이어든 他扇並[4]住하야 與管灰相應이 若符契焉이러라.

開皇九年平陳後에 高祖遣毛爽及蔡子元于普明等하야 以候節氣하니, 依古하야 於三重密室之內에 以木爲案十有二具하야 每取律呂之管호대 隨十二辰位하야 置于案上而以土埋之에 上平於地라. 中實葭莩之灰하야 以輕緹素覆律口라.

每其月氣至하야 與律冥符어든 則灰飛衝素하야 散出于外호대, 而氣應有早晩하고 灰飛有多少요, 或初入月其氣卽應이어나, 或至中下旬間 氣始

應者하며, 或灰飛出三五夜而盡이어나, 或終一月 纔飛少許者라.

高祖異之하야 以問牛弘한대, 牛弘이 對曰 "灰飛半出은 爲和氣吹요, 灰全出은 爲猛氣吹요, 灰不能出[5]은 爲衰氣니이다. 和氣應者는 其政平이요, 猛氣應者는 其臣縱이요, 衰氣應者는 其君暴일새니이다."

高祖駁之曰 "臣縱君暴하야 其政不平이 非月別而有異也라. 今十二月律[6]은 於一歲之內에 應並[7]不同이어늘, 安得暴君縱臣이 若斯之甚也아?"하니 弘不能對라.

令爽等하야 草定其法하니, 爽이 因稽諸故實하야 以著于篇하고 名曰'律譜라'하니라. 其略云 '漢興에 張蒼定律할새 乃推五勝之法하야 以爲水德호대, 實因戰國官이 失其守하고 後에 秦滅學하야 其道浸微하야 蒼이 補綴之나 未獲詳究하고, 及孝武創制하야 乃置協律之官하고 用李延年以爲都尉하니 頗解新聲變曲이나 未達音律之源이니이다.

至於元帝하야 自曉音律郎官京房이 亦達其妙하니이다. 於後에 劉歆이 典領으로 奏著其始末하야 理漸研精하니, 班氏漢志는 盡歆所出也요, 司馬彪志는 並房所出也니이다.

至於漢後하야 尺度稍長하며, 魏代杜夔도 亦制律呂하야 以之候氣나 灰悉不飛니이다.

晉光祿大夫荀勖이 得古銅管하야 校夔所制하니 長古四分하야 方知不調하고, 事由其誤하야 乃依周禮하야 更造古尺하야 用之定管하니 聲韻[8]始調니이다.

左晉之後엔 漸又訛謬하고, 至梁武帝時하야난 猶有汲冢玉律하고, 宋蒼梧時엔 鑽爲橫吹니이다. 然其長短厚薄의 大體具存이라, 臣先人棲誠이 學算祖暅하고 問律於何承天하야 沈研三紀하야 頗達其妙러니, 後爲太常丞하야 典司樂職이니이다. 乃取玉管及宋太史尺하야 並以聞奏하니, 詔付大匠하야 依樣制管이라 自斯以後로 律又飛灰니이다.

侯景之亂에 臣兄喜ㅣ 於大樂得之러니, 後陳宣帝ㅣ 詣荊州爲質라가, 俄

遇梁元帝敗하야 喜ㅣ 沒於周하야 適欲上聞이니이다.
陳武帝立하야 遂以十二管衍爲六十律하고, 私候氣序하니 並有徵應하고, 至大建하야 乃與均鐘器合이니이다.'

◯ 『수서』 「율력지」에 말하였다. "후제後齊[9] 신무패부神武霸府의 전조참군田曹參軍 신도방信都芳[10]이 깊이 상고하고 사색하여 관管으로 후기候氣하고 구름 색을 살펴볼 수 있었는데, 일찍이 사람들과 대화할 때 하늘을 가리켜 말하기를 '맹춘孟春[11]의 기운이 이르렀다.'고 하였다. 사람들이 가서 관을 시험해보니 날린 재가 이미 응했으며, 매월 관측한 것이 하는 말마다 어긋남이 없었다.

또 윤선輪扇[12] 24개를 만들어 땅 속에 묻고 24기氣를 관측하였는데, 한 기운이 감응할 때마다 한 윤선이 스스로 움직이면, 다른 윤선은 모두 그쳐 관管의 재와 서로 응하는 것이 마치 부신符信이 맞는 듯하였다.

개황開皇[13] 9년(A.D. 590)에 진陳나라를 평정한 후 고조高祖[14]가 모상毛爽[15]·채자원蔡子元·우보명于普明[16] 등을 보내 절기節氣를 관측하게 하였다. 옛날 방식에 따라 3중의 밀실 안에 나무 책상 12개를 만들어 책상마다 12진辰 방위에 따라 율려관을 올려놓고, 위는 지면과 평평하게 흙으로 묻었다. 관 속에는 갈대 속청을 태운 재로 채워 얇고 붉은 명주로 율관 입구를 덮었다.

매달 그 달의 기운이 이르러 율과 은연중 부합하면 재가 날려 명주에 부딪쳐 밖으로 흩어졌는데, 기운이 응하는 것이 빠름과 늦음이 있고 재가 날리는 것이 많음과 적음이 있었다. 혹 월초에 그 기운이 바로 응하거나, 혹 중·하순下旬 사이에 이르러 기운이 비로소 응하며, 혹 재가 음력 15일 늦은 밤에 다 날려 나오거나, 혹 한 달을 마치고 겨우 조금만 날렸다.

고조가 이상하게 여겨 우홍牛弘에게 물었는데 우홍이 대답하기를 '재가 날려 반이 나오는 것은 화기和氣가 불고, 재가 전부 나온 것은 사나운 기운이 불고, 재가 나오지 못한 것은 쇠약한 기운 때문입니다. 화기가 응하는 것은 그 정사가 평화롭고, 사나운 기운이 응하는 것은 그 신하가 방종하고, 쇠약한 기운이 응하는 것은 그 임금이 난폭하기 때문입니다.'고 하였다.

고조가 논박하기를 '신하가 방종하고 임금이 난폭하여 정사가 평화롭지 못한 것은 달이 같지 않아 다름이 있는 것이 아니다. 12월의 율律은 1년 동안 으레 모두 같지 않은데, 어찌 난폭한 임금과 방종한 신하가 이같이 심할 수가 있겠는가?'고 하니, 우홍이 대답하지 못하였다.

모상 등에게 명하여 초안을 잡아 그 법을 처음 정하게 명하니, 모상이 그에 따라 옛날 있던 여러 사실을 상고하여 책을 짓고 이름을 『율보律譜』라고 하였다. 그 대략적인 내용은 '한나라가 일어나고 장창(張蒼, ?~B.C. 152)[17]이 율을 정할 때 바로 오행五行이 상생相生하는 법을 미루어 생각하여 수덕水德을 삼았는데, 실상 전국시대戰國時代 관원官員이 그 직책을 잃고 뒤에 진秦나라가 학문을 멸하여 그 도가 점점 쇠미해진 까닭에 장창이 손질하였으나 상세한 연구를 얻지 못하였고, 효무제孝武帝[18]가 창제함에 미쳐, 협률관協律官을 두고 이연년李延年[19]을 임용하여 도위都尉를 삼으니, 신성新聲·변곡變曲을 자못 해득하였으나 음률의 근원을 정통하지는 못했습니다.

원제元帝[20]에 이르러 스스로 음률을 깨우친 낭관郞官 경방이 또한 그 묘리에 정통하였습니다. 뒤에 유흠劉歆이 전령典領으로 그 시말을 짓기를 주청하여 이론이 점점 정밀하게 연구되었으니, 반씨班氏[21]의 『한서』「율력지」는 모두 유흠이 낸 것이고, 사마표司馬彪의 『속한관지續漢官志』는 경방과 함께 낸 것이었습니다.

한나라 후대에 이르러 척도尺度가 점점 길어졌으며, 위魏나라 시대 두기杜夔도 또한 율려관을 제작하여 그것으로 후기候氣하였으나 재가 다 날리지 않았습니다.

진晉나라 광록대부光祿大夫 순욱[22]이 옛날 동관銅管을 얻어 두기가 제정한 것과 비교해보니 옛날 것보다 4푼이 길어 조화롭지 않은 것을 비로소 알고, 그 잘못된 것을 사유事由로 해서 『주례』를 의거하여 다시 고척

古尺[23]을 제조하여 그것을 기준으로 율관을 제정하니 소리가 비로소 조화로웠습니다.

동진東晋의 후대에는 점점 또 잘못되었고, 양 무제梁武帝 때에 이르러서는 당시까지 급군汲郡의 무덤에서 발굴된 옥률玉律이 있었고, 송나라[24]가 창오蒼梧에 있을 때에는 구멍을 뚫어 횡취橫吹를 만들었습니다. 그런데 그 길고 짧으며 두텁고 얇은 대체大體가 모두 남아 있었습니다. 신(臣 : 毛爽)의 아비 모서성毛栖誠[25]이 산술을 조환祖暅[26]에게 배우고 율을 하승천何承天에게 물어 삼기三紀를 깊이 연구하여 자못 그 묘리를 정통하더니, 뒤에 태상승太常丞이 되어 악직樂職을 주관하였습니다. 이에 옥관玉管과 송태사척宋太史尺을 얻어 모두 보고하니, 장인匠人에게 주도록 조칙을 내려 모양에 따라 율관을 제정하도록 하였습니다. 이로부터 율관이 있게 되고 또 재가 날리게 되었습니다.

후경侯景의 난[27]에 신(臣 : 毛爽)의 형 모희毛喜가 태악太樂에서 그것을 얻었습니다. 뒤에 진 선제陳宣帝[28]가 형주荊州에 이르러 인질人質이 되었다가, 얼마 안되어 양 원제梁元帝[29]에게 패배하여 모희가 주周에서 죽어 마침 황상께 아뢰려던 중이었습니다.

진 무제陳武帝[30]가 즉위하여 드디어 12관을 늘려 60율관을 만들고 사적으로 후기候氣하는 차례로 관측해보니 아울러 증험이 있었고, 진 선제陳宣帝 대건大建 연간(569~582)에 이르러 바로 종鐘을 가늠하는 기구와 부합하게 된 것입니다.'고 하였다."[31]

案律者는 陽氣之動 陽聲之始라 必聲和氣應 然後에 可以見天地之心이어늘 今不此之先而乃區區於黍之縱橫와 古錢之大小하니 其亦難矣라. 然非精於律數면 則氣節이 亦未易正也리라.

내가 살펴보니, 율律은 양기陽氣의 기동起動이고 양성陽聲의 시작이라, 반드시 소리가 화하고 기운이 응한 다음에 천지의 마음을 볼 수 있는데, 이제 이것을 우선하지 않고 기장의 가로세로 길이와 옛날 화폐의 대소에 구애되니 그 또한 곤란한 일이다. 그러나 율수律數에 정통精通하지 않으면 절기節氣가 또한 쉽게 바로잡히지 않을 것이다.

1 대본에는 '卑'로 되어 있으나 『성리대전서性理大全書』 권22 율려신서律呂新書1/율려증변律呂證辨/후기候氣 제9를 참조하여 '庳'로 바로잡았다.

2 송宋나라 선성태수宣城太守 범욱范煜의 『후한서後漢書』 권11 율력지律歷志 제1/율력지律歷志.

3 대본에는 '以'로 되어 있으나 당唐나라 장손무기長孫無忌 등의 『수서隋書』 권16 지志 제11/율력상律歷上/후기候氣를 참조하여 '已'로 바로잡았다.

4 대본에는 '自'로 되어 있으나 당唐나라 장손무기長孫無忌 등의 『수서隋書』 권16 지志 제11/율력상律歷上/후기候氣를 참조하여 '並'으로 바로잡았다.

5 대본에는 '出者'로 되어 있으나 당唐나라 장손무기長孫無忌 등의 『수서隋書』 권16 지志 제11/율력상律歷上/후기候氣를 참조하여 '出'로 바로잡았다.

6 대본에 누락된 '律'을 당唐나라 장손무기長孫無忌 등의 『수서隋書』 권16 지志 제11/율력상律歷上/후기候氣를 참조하여 보충하였다.

7 대본에는 '用'으로 되어 있으나 당唐나라 장손무기長孫無忌 등의 『수서隋書』 권16 지志 제11/율력상律歷上/후기候氣를 참조하여 '並'으로 바로잡았다.

8 대본에는 '韻'으로 되어 있으나 당唐나라 장손무기長孫無忌 등의 『수서隋書』 권16 지志 제11/율력상律歷上/후기候氣를 참조하여 '聲韻'으로 바로잡았다.

9 후제後齊 : 동위東魏의 실권자 고양(高洋 : 高歡의 아들)이 세운 왕조(550~577)인 북제北齊이다. 꼭두각시 군주인 효정제孝靜帝를 밀어내고 동위의 영토를 그대로 인수, 국호를 제齊라 하고 도읍을 업鄴에 정하였다. 그러나 잇단 폭군·암군暗君이 독재를 강화하였고, 사치·난행亂行이 속출하였다. 동위 때부터 내려온 무장武將을 억압하는 한편, 황제의 비위를 맞추어 세력을 만회하려는 한인漢人 귀족이 정치를 좌우하였으며, 황제의 측근에는 아첨배가 득실거리며 권세를 부렸다. 이들 세력 간의 암투로 북제는 내부로부터 붕괴하여, 화북통일華北統一의 계기를 북주北周에

빼앗겼다. 경쟁국인 서위西魏·북주에 비하여 인재도 많았고 물자도 풍부하였지만, 결국은 북주에게 멸망되었다. <『동아세계대백과사전』 15권, 동아출판사, 1994, 46쪽.>

10 신도방信都芳 : 북제北齊 하간河間 사람으로 자는 옥림玉琳이다. 산술에 정통하였다. 산술算術로 고조(高祖 : 高歡)에게 간여하여 관객館客이 되고 참군參軍에 임명되었다. 저서로는 『기준器準』·『악서樂書』·『사술주비종四術周髀宗』 등이 있다.

11 맹춘孟春 : 맹춘孟春은 봄의 첫 달인 음력 정월이다.

12 윤선輪扇 : 북제北齊의 신도방信都芳이 만든 기상 관측 기구이다.

13 수 문제隋文帝의 연호로 A.D. 581~600이다.

14 고조高祖 : 수나라 제1대 황제인 문제(文帝, 541~604)의 묘호廟號이다.

15 모상毛爽 : 수나라 사람으로 남조 진南朝陳에서 산양태수를 지냈다. 한나라 경방京房의 역법曆法을 익히고, 음률에 밝아 12율의 각각에 오음五音을 정하여 합계 60음을 만들고, 60음에서 다시 360음을 만들어 이 음을 1년의 하루하루에 배합시켰다. 저서로는 『율보律譜』가 있다.

16 채자원蔡子元·우보명于普明 : 수 고조隋高祖가 진陳나라를 평정하고 얻은 진陳나라 악관樂官들이다. 그에 따라 청상서淸商署를 설치하였는데, 당시에 우홍牛弘이 태상경太常卿이 되어 조효손을 협률協律로 삼아 채자원·우보명과 아악을 참정參定하였다.

17 장창(張蒼, ? ~B.C. 152) : 서한西漢 초 하남河南 양무陽武 사람으로 시호는 문文이다. 진秦나라에서 어사御史로 있다가 한에 항복하였다. 율력律曆에 정통하고, 도서圖書에 밝아 일찍이 음률과 역법을 개정改定하였다. 봉호는 북평후北平侯이고, 벼슬은 승상丞相을 지냈다.

18 효무제孝武帝 : 전한前漢 7대 황제로 재위는 B.C. 142~B.C. 87이다.

19 이연년(李延年, ? ~B.C. 87) : 『사기史記』 권125 영행열전佞幸列傳 제65. 「李延年 中山人也 父母及身兄弟及女 皆故倡也 延年坐法腐 給事狗中 而平陽公主言延年女弟善舞 上見 心說之 及入永巷 而召貴延年 延年善歌 爲變新聲 而上方興天地祠 欲造樂詩歌弦之 延年善承意 弦次初詩 其女弟亦幸 有子男 延年佩二千石印 號協聲律 與上臥起 甚貴幸 埒如韓嫣也 久之 寖與中人亂 出入驕恣 及其女弟李夫人卒後 愛弛 則禽誅延年昆弟也 이연년은 중산 사람이다. 부모와 자신·형제자매들이 다 광대였다. 이연년은 법을 어겨 부형腐刑을 받은 뒤 구중狗中에서 일을 보았다. 평양공주平陽公主가 황제에게 이연년의 누이동생이 춤을 잘 춘다는 말을 하였는데, 황제는 그의 누이동생을 보고 속으로 기뻐하였다. 그녀가 영항永巷에 들어오자, 황제는 이연년을 불러 지위를 높여주었다. 이연년은 노래도 잘 불렀고 변곡變曲과 신성新聲을

만들었다. 당시 황제는 마침 천지신명에 대한 제사를 일으키고, 음악에 어울리는 시를 지어 연주하고 노래 부르려고 하였다. 이연년은 황제의 뜻을 잘 받들어 새로운 악시樂詩를 만들어 연주하였다. 그의 누이동생도 총애를 받아 왕자를 낳았다. 이연년은 2000석의 인수를 차고, 협성률協聲律로 불리며, 황제와 함께 기거하며 매우 총애를 받아 현귀한 사람이 되어 한언韓嫣과 같은 대우를 받았다. 세월이 지나면서 이연년은 점점 궁녀와 사통을 했으며 궁궐을 드나드는 태도가 교만하고 방자하였다. 게다가 누이인 이李부인마저 죽은 뒤로는 황제의 사랑도 식어 그와 그의 형제가 잡혀 처형당하였다.」

20 원제元帝 : 전한前漢 10대 황제로 재위는 B.C. 48~B.C. 33이다.

21 반씨班氏 : 반고이다. 본서/율려증변/제1편 조율造律 각주 5) 참조.

22 순욱 : 진晉나라 영천潁川 영음潁陰 사람으로 자는 공증公曾, 봉호는 제북군공, 시호는 성이다. 벼슬은 위魏나라에서 시중侍中을 지냈다. 진晉나라 초 중서감中書監에 제수되고 광록대부光祿大夫에 올라 악사樂事를 관장했을 때 12율적律笛을 만들었다.

23 고척古尺 : 당唐나라 장손무기長孫無忌 등의 『수서隋書』 권16 지志 제11/율력상律歷上/심도審度. 「晉泰始十年 荀勖律尺 爲晉前尺 진晉나라 태시泰始 10년 순욱 율척律尺이 진晉나라 전척前尺이 된다.」

당唐나라 태종문황제太宗文皇帝의 『진서晉書』 권16 지志 제6/율력상律歷上/심도審度. 「晉武帝泰始中 命荀勖 校太樂八音 不和始知 後漢至魏 尺長於古尺四分有奇 爰依周尺 更鑄律呂 以古器校之 第爲七品 一曰姑洗玉律 二曰小呂玉律 三曰西京銅望臬 四曰金錯 五曰銅斛 六曰古錢 七曰建武銅尺 진 무제晉武帝 태시泰始 연간(265~274)에 순욱에게 명하여 태악太樂의 팔음 악기를 조사하게 하여 조화롭지 않은 것을 비로소 알게 되었다. 후한後漢으로부터 위魏나라에 이르기까지 척도가 옛 척도 4분에 기(奇 : 꼬리수)가 있는 것보다 길어 이에 주척周尺을 의거하여 다시 율려관을 주조하고 옛 기물을 기준으로 비교하여 차례로 칠품七品을 만들었으니, 1. 고선옥률姑洗玉律, 2. 소려옥률小呂玉律, 3. 서경동망얼西京銅望臬, 4. 금착金錯, 5. 동곡銅斛, 6. 고전古錢, 7. 건무동척建武銅尺이었다.」

24 송나라 : 남조 최초의 왕조로 동진東晋 말기의 권신權臣이자 무장武將이던 유유(劉裕 : 武帝)가 진 공제晉恭帝로부터 선양禪讓을 받아 420년 세운 나라이다. 도읍은 건강(建康 : 南京)이었다. 제7대 후폐제後廢帝에 이르러 황제가 불량소년과 같은 어린 왕이어서 장군 소도성(蕭道成 : 南齊의 高帝)이 실권을 장악하였고, 8대 순제順帝에 이르러 마침내 그에게 나라를 빼앗겨 8주主 60년 만인 479년에 망하였다. 유송劉宋이라고도 한다.

25 모서성毛栖誠 : 양梁나라 태상승太常丞이었고, 모상毛爽의 아버지이다.

26 조환祖暅 : 남조 양南朝梁 범양范陽 추遒 땅 사람으로 자는 경삭景爍이고, 충지冲之의

아들이다. 벼슬은 대주경大舟卿을 지냈다. 가업을 이어 천문과 수학을 연구하였으며, 아버지가 제작한 대명력大明曆을 수정하여 반포하였다. 저서로는 『천문록天文錄』이 있다.

27 후경侯景의 난 : 548년 남조 양南朝梁나라 말에 후경이 일으킨 반란이다. 후경은 본래 북위北魏의 수비병으로 북위 말의 대혼란 중 점차 출세하기 시작하여 마침내 동위東魏의 고환高歡 휘하에서 대장이 되었다. 고환이 죽자 소관 주군州軍을 이끌고 양 무제梁武帝에게 투항하였다. 그러나 양나라와 동위의 국교가 호전되자 양나라를 배반하고 강제모병强制募兵과 해방노예로써 10만 대군을 만들어 도읍인 건강(建康 : 南京)을 함락시키고 양 무제梁武帝를 궁중에 유폐하여 죽게 하였다. 양나라는 이 난으로 사실상 멸망하고 건강은 황야로 변하였으며 남조 귀족문화는 큰 타격을 받았다. 후경의 난은 왕승변王僧弁과 진패선陳霸先에 의해 평정되었다. <『동아세계대백과사전』 24권, 동아출판사, 1994, 543쪽.>

28 진 선제陳宣帝 : 진陳나라 제4대 군주로 재위는 568~582년이다.

진陳나라는 남조 최후의 왕조로 무장 진패선(陳霸先 : 武帝)이 557년 양梁나라의 선위禪位를 받아 지금의 장강長江과 월강粤江 유역에 세운 나라이다. 도읍은 건강建康이었다. 5주主 33년 만인 589년 수나라에게 망하였다.

29 양 원제梁元帝 : 양梁나라 제4대 군주로 재위는 552~554년이다.

30 진 무제陳武帝 : 진陳나라 제1대 군주로 재위는 557~559년이다.

31 당唐나라 장손무기長孫無忌 등의 『수서隋書』 권16 지志 제11/율력상律歷上/후기候氣.

度量權衡第十

제10편 도량권형

周禮 典瑞에 '璧羡以起度라'하고, 玉人에 '璧羡度尺은 好三寸이니 以爲度라'하니라.

『주례』 전서典瑞에 '벽선璧羡[1]에서 길이 재는 일이 시작된다.'[2]고 하였고, 옥인玉人에 '벽선璧羡의 도척度尺[3]은 호好[4]가 3촌이니 길이 재는 자를 삼는다.'[5]고 하였다.

案爾雅曰 "肉倍好를 謂之璧이라"하고, "羡은 延也라"하니, 此璧은 本圓이니 徑은 九寸이요, 好는 三寸이요, 肉은 六寸이니 而裁其兩旁各半寸하야 以益上下也라. 其好三寸은 所以爲璧也요, 裁其兩旁以益上下는 所以爲羡也라. 袤는 十寸이요 廣은 八寸이니 所以爲度尺也라. 以爲度者는 以爲長短之度也니, 則周家十寸八寸이 皆爲尺矣라.
陳氏曰 "以十寸之尺으로 起度면 則十尺爲丈이요 十丈爲引이며, 以八寸之尺으로 起度면 則八尺爲尋이요 倍尋爲常이라." 說文曰 "人手却十分動脉爲寸口니 十寸爲尺이라. 周制에 寸咫尺尋常仞[6]은 皆以人體爲法이라." 又曰 "中婦人手長[7]八寸謂之咫[8]니 周尺也라." 又曰 "丈은 丈夫[9]也니 周制는 以八寸爲尺하고 十尺爲丈이라. 人長八尺이라. 故曰 丈夫라."

내가 살펴보니, 『이아爾雅』[10]에 말하기를 "유肉[11]가 호好의 2배가되는 것을 벽璧이라 한다."[12]라고 하고, "선羡은 늘인다[延]는 뜻이다."[13]라고 하였는데. 이 벽璧은 본래 원형圓形이니 전체 지름은 9촌이고, 호好의 지름은 3촌이고, 유肉의 두께는 6촌이다. 그 양 곁에서 각각 0.5촌을 재단하여 위아래 세로에 더하였다. 그 호好 3촌은 벽璧이 되고, 그 양 곁을 재단하여 위아래에 더한 것은 선羡이 된다. 무袤[14]는 10촌이고 광廣[15]은 8촌이니 도척度尺이 된다.

도度가 된다는 것은 길이를 재는 단위가 되니, 주周나라는 무袤 10촌과 광廣 8촌이 모두 1척이 되었다.

진씨陳氏가 말하였다. "10촌을 1척으로 하여 길이 재는 단위[度]가 시작되면 10척이 1장丈이고 10장이 1인引이며, 8촌을 1척으로 하여 길이 재는 단위가 시작되면 8척이 1심尋이고 1심의 2배가 1상常이다."[16] 『설문해자說文解字』[17]에 말하였다. "사람 손에서 들어간 10푼 부분에 있는 동맥動脉[18]이 촌구寸口[19]가 되니 10촌이 1척이 된다. 주周나라 제도의 촌寸 · 지咫 · 척尺 · 심尋 · 상常 · 인仞은 모두 사람 몸 치수를 기준으로 한다."[20] 또 말하였다. "중간 몸집의 부인 손 길이 8촌을 지咫라고 하니, 주척周尺이다."[21] 또 말하였다. "장丈은 장부丈夫의 뜻이니, 주周나라 제도는 8촌을 1척으로 삼고 10척을 1장으로 삼았다. 사람의 키는 8척이므로 장부丈夫라고 하였다."[22]

淮南子曰 "秋分蔈定하니 蔈定而禾熟이라. 律之數는 十二라. 故로 十二蔈而當一粟하고, 十二粟而當一寸이라. 律은 以當辰하고 音은 以當日이라. 日之數는 十이라. 故로 十寸而爲尺이요 十尺而爲丈이라."

『회남자』에 말하였다. "추분에는 벼이삭이 패는데 벼이삭이 패 벼가 익는다. 율의 수는 12이다. 그러므로 12표蔈의 길이가 1속粟에 해당하고 12속은 1촌에 해당한다. 율律은 12진辰에 해당하고, 음音은 일진日辰에 해당한다. 일진의 수는 10이다. 그러므로 10촌이 1척이 되고 10척이 1장이 된다."[23]

○說苑曰 "度量權衡은 以黍[24]生之니 一黍爲一分이요, 十分爲一寸이요, 十寸爲一尺이요, 十尺爲一丈이라."

○ 『설원說苑』[25]에 말하였다. "도度 · 량量 · 권權 · 형權衡은 기장에서 나왔으니, 기장 1알이 1푼이 되고, 10푼이 1촌이 되고, 10촌이 1척이 되고,

10척이 1장이 된다."[26]

○易緯通卦驗엔 以十馬尾으로 爲一分이라.

○『역위통괘험易緯通卦驗』[27]에서는 말꼬리 10올로 1푼을 삼았다.

○孫子算術[28]曰 "蠶所吐絲爲忽이니 十忽爲一絲요, 十絲爲一毫요, 十毫便爲一釐요, 十釐爲一分이요, 十分爲一寸이요, 十寸爲一尺이요, 十尺爲一丈이라."

○『손자산경孫子算經』에 말하였다. "누에가 자아내는 실이 홀忽이 되니 10홀이 1사絲가 되고, 10사가 1호毫가 되고, 10호가 1리釐가 되고, 10리가 1푼[分]이 되고, 10푼이 1촌이 되고, 10촌이 1척尺이 되고, 10척이 1장丈이 된다."[29]

○漢前志曰 "度者는 分寸尺丈引也니 所以度長短也라. 本起黃鐘之長하니 以子穀秬黍中者로 一黍 房庶云 "得古本漢書하니 '一黍'字下에 有'之起積一千二百黍'八字하니 今本漢書는 闕之라." 之廣을 度之라. 九十分이 黃鐘之長이라. 一爲一分이니 十分爲寸이요, 十寸爲尺이요, 十尺爲丈이요, 十丈爲引하야 而五度ㅣ 審焉이라."

○『전한서』「율력지」에 말하였다. "길이 재는 단위[度]는 푼[分]·촌寸·척尺·장丈·인引이니, 길고 짧은 것을 재는 것이다. 본래 황종의 길이에서 시작되니, 중간 기장 씨앗을 가지고 한 알의 방서房庶가 말하였다. "고본古本『한서』를 얻었는데, '一黍'자의 아래에 '之起積一千二百黍' 8글자가 있으니, 지금『한서

』는 궐문闕文되었다."[30] 폭을 잰다. 90푼이 황종의 길이이다. 1알이 1푼이 되니 10푼이 1촌이 되고, 10촌이 1척이 되고, 10척이 1장이 되고, 10장丈이 1인引이 되니 다섯 가지 길이 재는 표준단위가 살펴 정해진 것이다."[31]

案一黍之廣이 爲一分[32]이라. 故로 累九十黍ㅣ 爲黃鐘之長이요, 積千二[33]百黍ㅣ 爲黃鐘之廣이니, 古人은 蓋三五以存法也라.
自晉宋以來로 儒者論律圍徑이 始有同異러니, 至隋하야 因定爲[34]徑三分之說이라. 苟徑三分則九十黍之長은 止容黍八百有奇리니, 與千二百黍之廣으로 兩不相通矣라.
房庶ㅣ 不知徑三分之爲誤하고, 乃欲增益漢志之文하야 以就其說이어늘, 范蜀公이 又從而信之하니, 其過ㅣ 益又甚矣라.

내가 살펴보니, 기장 한 알의 폭이 1푼이 된다. 그러므로 기장 90알을 잇댄 것으로 황종관의 길이를 삼고, 기장 1200알을 포갠 것으로 황종관의 단면 넓이를 삼았으니, 옛 사람들은 대체로 3 또는 5[35]를 가지고 법을 보존하였다.

진晉·송나라[36] 이래로 유학자들이 율관의 원지름을 논한 것이 비로소 달라졌는데, 그에 따라 수나라에 이르러 지름 3푼의 학설이 정해지게 되었다. 참으로 지름이 3푼이면 기장 90알을 잇댄 길이의 율관은 다만 나머지가 있는 기장 800알을 담을 것이니,[37] 기장 1200알을 담는 율관의 단면적[38]과 양쪽이 서로 통하지 않는다.

방서房庶[39]가 지름 3푼이 잘못된 것을 알지 못하고, 이에 『전한서』「율력지」의 문구를 더하여 그 학설을 이루려고 하였는데, 범촉공范蜀公이 또 따라 믿었으니, 그 잘못이 더욱더 심하다.

隋志[40]十五等尺

『수서』「율력지」의 15등척

一 周尺은 前漢志에 王莽時劉歆銅斛尺이라. ○後漢建武銅尺이라. ○晉荀勖律尺이 爲晉前尺이라. ○祖冲之所傳銅尺이라. 晉武帝泰始九年에 中書監荀勖이 校太樂八音不和이라가 始知爲後漢至魏尺長於古尺四分有餘하고, 勖이 乃部著作郎劉恭 依周禮制尺하니 所謂古尺也라.

依古尺하야 更鑄銅律呂하야 以調聲韻하고, 以尺으로 量古器하니 與本銘으로 尺寸無差라. 又汲郡盜ㅣ 發魏襄王冢하야 得古周時玉律及鐘磬한대, 與新律聲韻으로 闇同이라. 于時에 郡國이 或得漢時故鐘하야 吹新律命之하니 皆應이라.

梁武帝[41]鐘律緯에 云 "祖冲之所傳銅尺은 其銘曰 '晉泰始十年에 中書考古器할새 揆校今尺하니 長四分半이라. 所校古法有七品[42]하니, 一曰姑洗玉律이요, 二曰小呂玉律이요, 三曰西京銅望臬요, 四曰金錯望臬요, 五曰銅斛이요, 六曰古錢이요, 七曰建武銅尺이라. 姑洗은 微强하고, 西京望臬는 微弱하며 其餘는 與此尺으로 同이라'하니라." 銘八十二字라. 此尺者는 勖新尺也요, 今尺者는 杜夔尺也이라.

案此尺은 出於汲冢之律이니 與劉歆之斛으로 最爲近古라. 蓋漢去古未遠하야 古之律度量權衡이 猶在也라. 故로 班氏所志에 無諸家異同之論하고, 王莽之制作은 雖不足據나, 然律度量衡은 當不敢變於古也라.

自董卓之亂으로 而樂律散亡이라. 故로 杜夔之律은 圍徑差小하야 而尺因以長이라. 荀勖이 雖定此尺이나, 然其樂聲高急은 不知當時律之圍徑이니, 又果何如也오?

後周는 以玉斗生律하니 玉斗之容受는 則近古矣나, 然當時以斗制律하야 圍徑不及三分이라. 其尺이 遂長於此尺一寸五分八釐하니, 意者後世尺度之差는 皆由律圍徑之誤也라.

今司馬公所傳此尺者은 出於王莽之法錢하니, 盖丁度所奏를 高若訥所定者也

라. 雖其年代久遠하야 輪郭不無消毁나, 然其大約은 當尙近之하니, 後之君子ㅣ 有能驗聲氣之元하야 以求古之律呂者는 於此當有考[43]하니 而不可忽也니라.

1. 주척周尺은 『전한서』「율력지」에 왕망王莽시대 유흠劉歆의 동곡척銅斛尺이다. ○ 후한後漢의 건무동척建武銅尺이다. ○ 진晉나라 순욱의 율척律尺으로 진晉나라 전척前尺이 된다. ○ 조충지祖冲之가 전한 동척銅尺이다. 진 무제晉武帝 태시泰始 9년(273)에 중서감中書監 순욱이 태악太樂에서 쓰는 팔음八音의 악기가 조화롭지 않은 것을 교정校訂하다가, 후한後漢 때부터 위魏나라에 이르기까지 척尺이 고척古尺보다 4푼 남짓 길게 되어 있는 것을 비로소 알고, 순욱이 이에 저작랑著作郎 유공劉恭을 데리고 『주례』를 의거하여 척尺을 제정하였으니, 이른바 고척古尺이다.[44]

고척을 의거하여 다시 동銅으로 율려관을 주조하여 소리를 조화롭게 하고, 그 척尺으로 옛 계기計器를 계량計量하니 본래 명문銘文의 내용과 척尺과 촌寸이 차이가 없었다. 또 급군汲郡의 도둑이 위 양왕魏襄王의 무덤을 발굴하여 옛 주周나라 시대의 옥률玉律과 종鐘 · 경磬을 얻었는데, 새로이 만든 율관 소리와 은연중 같았다. 이에 군국郡國에서 혹 한나라 시대 옛 종鐘을 얻어 새로이 제정한 율관을 불게 하니 모두 서로 맞았다.

『양무제종률위梁武帝鐘律緯』에 말하였다. “조충지祖冲之가 전한 동척銅尺은 그 명문銘文에 ‘진晉나라 태시泰始 10년(274)에 중서감(中書監 : 荀勖)이 고기古器를 고찰할 때 지금의 척[杜夔의 尺]과 비교하니 4푼 반이 길었다. 비교한 옛날 법이 일곱이 있으니, 첫째는 고선옥률姑洗玉律, 둘째는 소려옥률小呂玉律, 셋째는 서경동망얼西京銅望臬, 넷째는 금착망얼金錯望臬, 다섯째는 동곡銅斛, 여섯째는 고전古錢, 일곱째는 건무동척建武銅尺이다. 고선옥률은 나머지가 조금 있고, 서경동망얼은 부족수가 조금 있으며, 그 나머지는 이 척[荀勖의 新尺]과 같다.’고 하였다.” 명문銘文이 82자이다. ‘이 척尺’은 순욱의 신척新尺이고, ‘지금의 척’은 두기杜夔의 척이다.

내가 살펴보니, 이 척[荀勖의 新尺]은 급군汲郡의 무덤에서 나온 율관이니,

유흠劉歆의 곡斛과 함께 고대古代에 가장 가깝다. 아마도 한나라시대는 고대古代와 멀지 않아 고대의 율律 · 도度 · 량量 · 권權 · 형權衡이 당시까지 남아 있었던 것이다. 그러므로 반씨(班氏 : 班固)가 기록한 것에 여러 학파의 다른 학설이 없고, 왕망王莽시대에 제작한 것은 비록 근거가 부족하였지만, 그러나 율律 · 도度 · 량量 · 형衡은 또한 감히 옛날 제도에서 변화시키려 하지 않았다.

동탁(董卓, ? ~192)의 난[45]으로부터 악률樂律이 흩어지고 망실되었다. 그러므로 두기杜夔의 율관은 원지름이 조금 작아 척尺이 그에 따라 길어졌다. 순욱이 비록 이 척을 교정校定하였으나, 그 소리가 높았던 것은 당시에 율관의 원지름을 알지 못했기 때문이니, 또 과연 어떠했겠는가?

후주後周는 옥두玉斗[46]를 기준으로 율관을 만들었는데, 옥두의 용량은 고대에 가까웠으나, 당시에 두斗를 기준으로 율관을 만들어 원지름이 3푼에 미치지 못하였다. 그 척이 드디어 이 척[荀勖의 新尺]을 기준으로 1촌 5푼 8리 길었으니, 생각건대 후세 척도의 차이는 모두 율관 원지름의 오류에서 비롯되었다.

이제 사마공司馬公[47]이 전해준 이 척은 왕망의 법전法錢[48]에서 나왔으니, 정도(丁度, 990~1053)[49]가 상주上奏한 것을 고약눌(高若訥, 997~1055)[50]이 제정한 것이다. 비록 그 연대가 오래되어 윤곽輪郭[51]이 빠지고 훼손되었으나, 그 대략은 오히려 근사하니, 후일의 군자들이 성기聲氣의 근원을 증험하여 옛날 율려를 구할 수 있는 것은 이것을 고찰하는 데 있으니, 소홀히 해서는 안 된다.

○二 晉田父玉尺은 梁法尺이라. 實比晉前尺하면 一尺七釐라. 世說稱有'田父ㅣ於野地中에 得周時玉尺하니 便是天下正尺이라'하니라. 荀勖試以校已所造金 · 石 · 絲 · 竹하니 皆短校一米라.

梁武帝鐘律緯에 稱 "從上相傳에 有周時銅尺一枚와 古玉律八枚한대, 檢周尺하니 東昏用爲章信이나 尺不復存하고, 玉律一口와 簫[52]餘定七枚러니 夾鐘有昔題

刻이라. 乃制爲尺하야 以相參驗이라. 取細毫中黍하야 積次詶[53]定하야 最爲詳密 以新尺制하야 爲四器하고, 名日通이라. 又依新尺하야 爲笛하고 以命古鐘이라."
案此兩尺은 長短近同이라.

◯ 2. 진晉나라 전보옥척田父玉尺은 양梁나라 법척法尺이다. 진晉나라 전척前尺[54]을 기준으로 비교하면 1척 7리이다. 세상의 소문이 '늙은 농부가 들판에서 주周나라시대의 옥척玉尺을 얻었으니, 곧 이것이 천하의 정척正尺이다.'고 하였다. 순욱이 자기가 만든 금金 · 석石 · 사絲 · 죽竹의 악기에 시험적으로 비교하니 모두 쌀 한 알만큼 짧았다.

『양무제종률위梁武帝鐘律緯』[55]에 "이전부터 전해온 것에 주周나라시대 동척銅尺 1매와 고옥률古玉律 8매가 있었는데, 주척周尺에 대해 검색해보니 동혼후(東昏侯, 재위 498~501)[56]가 쓰고 장신章信이라 하였으나 척尺을 다시 보존하지 못했고, 옥률玉律 한 자루와 소簫로 남겨진 7매를 정해 보존했는데 협종에는 옛날 표제表題가 새겨져 있었다. 이에 척尺을 만들어 서로 참고하여 조사하였다. 세호細毫의 중간 기장을 취하여 누차累次 정정訂定하여 가장 세밀하게 신척新尺을 제정하여 네 개의 기구器具를 만들고 '통通'이라고 명명命名하였다. 또 신척新尺을 의거하여 적笛을 만들고 고종古鐘으로 명명하였다."라고 하였다.

내가 살펴보니, 이 두 척은 길이가 비슷하였다.

◯三 梁表尺은 實比晉前尺하면 一尺二分二釐一毫有奇라. 蕭吉云 "出於司馬法이니 梁朝刻其度於影表하야 以測影이라."
案此卽祖暅所算으로 造銅圭影表者也라.

◯ 3. 양梁나라 표척表尺은 진晉나라 전척前尺을 기준으로 비교하면 1척 2푼 2리 1호에 꼬리수가 있다. 소길蕭吉[57]이 말하였다. "사마법司馬法[58]에서 나

왔으니 양梁나라 조정이 그 도수度數를 영표影表에 새겨 그림자를 측정測定하였다."

내가 살펴보니, 이것은 곧 조환祖暅이 계산한 것으로 동규銅圭[59] · 영표影表[60]를 만든 것이다.

○四 漢官尺은 晉時始平掘地하야 得古銅尺이라. 實比晉前尺하면 一尺三分七毫라. 蕭吉云 "漢章帝時에 零陵文學史奚景이 於冷道縣舜廟下에 得玉律하야 度爲此尺이라." 傅暢의 晉諸公敍[61]讚에 云 "荀勖이 新造鐘律하니, 時人이 並稱其精密이어늘 惟陳留阮咸이 譏其聲高라. 後에 始平掘地하야 得古銅尺이러니 歲久하야 欲腐라. 以校荀勖今尺하니 短校四分일새, 時人이 以咸爲神解라." 此兩尺은 長短近同이라.

○ 4. 한漢나라 관척官尺은 진晉나라시대 시평군始平郡[62] 땅을 파서 옛 동척銅尺을 얻은 것이다. 진晉나라 전척前尺을 기준으로 비교하면 1척 3푼 7호이다. 소길蕭吉이 말하였다. "한 장제(漢章帝, 재위 76~88)시대에 영릉문학사零陵文學史 해경奚景이 냉도현冷道縣 순묘舜廟 아래에서 옥률玉律을 얻어 길이를 재어 이 척을 만들었다." 부창傅暢[63]의 『진제공서찬晉諸公敍讚』에 말하였다. "순욱이 새로이 종률鐘律을 제조하니, 당시 사람들이 모두 그 정밀함을 칭찬하였는데, 오직 진류陳留의 완함阮咸이 그 소리가 높은 것을 비판하였다. 뒤에 시평군始平郡 땅을 파서 옛 동척銅尺을 얻었는데, 세월이 오래되어 부식腐蝕이 되려하였다. 순욱의 금척今尺과 비교하니 4푼이 짧았으므로 당시 사람들이 완함을 신해神解[64]라고 하였다." 이 두 척은 길이가 비슷하였다.

○五 魏尺은 杜夔所用調律[65]이니, 實比晉前尺하면 一尺四分七氂라. 案劉徽九章註에 云 "此尺이 長於王莽斛尺 四分五氂이라." 然卽其斛分을 以二千龠으로 約之하면, 知其律止容七百二十分六氂六毫六絲有奇이니 則其徑은 爲三分三

氂弱爾라. 然則其斛分數與王莽斛分이 雖不同이나 而其容受多寡는 相去未懸遠也라.

○ 5. 위魏나라 척尺은 두기杜夔가 조율調律에 쓴 것이니, 진晉나라 전척前尺을 기준으로 비교하면 1척 4푼 7리이다. 내가 살펴보니, 유휘의 『구장산술주九章算術註』에 말하기를 "이 척이 왕망王莽의 곡척斛尺보다 4푼 5리가 길다." 라고 하였다. 그러나 곧 그 곡분斛分을 2000약龠을 기준[66]으로 간략히 하면, 그 율관이 다만 720푼 6리 6호 6사에 꼬리수를 담으니, 그 지름은 3푼 3리와 부족수가 될 뿐이다.[67] 그렇다면 그 곡분斛分의 수와 왕망의 곡분이 비록 같지 않지만, 그 용량의 다과多寡는 서로 현격하게 멀지 않다.

○六 晉後尺은 實比晉前尺하면 一尺六分二氂이라. 蕭吉云 "晉氏江東이 所用이라."

○ 6. 진晉나라 후척後尺은 진晉나라 전척前尺을 기준으로 비교하면 1척 6푼 2리이다. 소길이 말하였다. "강동江東의 진晉나라[68] 왕조에서 쓴 것이다."

○七 後魏前尺은 實比晉前尺하면 一尺二寸七氂라.

○ 7. 후위後魏의 전척前尺은 진晉나라 전척前尺을 기준으로 비교하면 1척 2촌 7리이다.

○八 中尺은 實比晉前尺하면 一尺二寸一分一氂라.

○ 8. 중척中尺은 진晉나라 전척前尺을 기준으로 비교하면 1척 2촌 1푼 1리이다.

○九 後尺은 實比晉前尺하면 一尺二寸八分一釐라. 後周市尺과 開皇官尺은 卽鐵尺이니 一尺二寸이라. 此後魏初及東西分國하고, 後周ㅣ 未用玉尺之前에 雜用此等尺이라.

○ 9. 후척後尺은 진晉나라 전척前尺을 기준으로 비교하면 1척 2촌 8푼 1리이다. 후주後周의 시척市尺과 개황開皇 관척官尺은 곧 철척鐵尺이니 1척 2촌이다. 이는 후위後魏[69] 초기와 동위東魏·서위西魏로 나라가 나뉘고, 후주後周[70]가 옥척玉尺을 사용하기 전에 이 척尺 등을 섞어 사용하였다.

○十 東魏後尺은 實比晉前尺하면 一尺五寸八毫라. 魏史律歷志에 云 "公孫崇이 永平中에 更造新尺호대 以一黍之長으로 累爲寸法하고, 尋太常卿 劉芳이 受詔修樂호대 以秬黍中者의 一黍之廣으로 卽爲一分하고, 而中尉元匡은 以一黍之廣으로 度黍二縫하야 以取一分이라. 三家紛[71]競하야 久不能決이러니, 太和十九年에 高祖ㅣ 詔하야 以一黍之廣으로 用成分體하고, 九十之黍를 黃鐘之長하야 以定銅尺이라. 有司ㅣ 奏從前詔한대 而芳尺은 同高祖所制라. 故로 遂典修金石러니, 迄武定히 未有論律者라."

○ 10. 동위東魏의 후척後尺은 진晉나라 전척前尺을 기준으로 비교하면 1척 5촌 8호이다. 『위서魏書』「율력지」에 말하였다. "공손숭公孫崇이 북위 선무제北魏宣武帝 영평永平 연간(508~512)에 신척新尺을 다시 만들었는데 기장 한 알의 길이를 기준으로 잇대어 촌법寸法을 삼았고, 오래지 않아 태상경太常卿 유방(劉芳, 453~513)[72]이 조칙을 받아 악을 손질하였는데 중간 크기의 기장 한 알의 폭으로 1푼을 삼았고, 중위中尉 원광元匡[73]은 기장 한 알의 폭을 기준으로 기장 두 알을 이어 놓고 재어 1푼을 취하였다. 세 학자가 어지러이 다투어 오래도록 결정할 수 없었는데, 태화太和 19년(495)에 고조高祖[74]가 조칙을 내려 기장 한 알의 폭으로 푼의 본체를 이루고, 기장 90알을 황종 길이로

해서 동척銅尺을 정하였다. 담당관이 앞선 조칙을 따랐다고 아뢰었는데, 유방劉芳의 척은 고조高祖가 제정한 것과 같았다. 그러므로 드디어 금석金石의 악기를 법대로 손질하였는데, 동위 효정제東魏孝靜帝 무정武定 연간(543~550)에 이르기까지 율에 대해 논란하는 사람들이 없었다.

○十一 蔡邕銅龠尺은 後周玉尺이라. 實比晉前尺하면 一尺一寸五分八釐라. 從上相承有銅龠一하니 以銀錯題其銘이라. 見制律篇中이라.

祖孝孫이 云 "相承傳은 是蔡邕銅龠이라. 後周武帝保定中에 詔遣 盧景宣 · 長孫紹遠 · 斛斯徵等하야 累黍造尺할새 從橫不定이러니, 後因修倉掘地라가 得古玉斗하야 以爲正器하고, 據斗하야 造律度量衡이라. 因用此尺이라 大赦하고 改元天和하다. 百司ㅣ 行用이라가 終於大象之末하니, 其律은 與蔡邕古龠으로 同이라."

案銅龠玉斗二者에 當見古之嘉量이라. 當時據斗造尺호대, 但以容受乘除하야 求之나, 然自魏而下論律者ㅣ 多惑於三分之徑이라.

今以隋志所載玉斗容受로 析之하면 爲一十一萬八百分有奇하니, 一斗를 計[75]二百龠하야 以二百約之하면 得五百五十四分有奇이라. 爲一龠之分하야 以算法考之하면 其徑이 不及三分이라. 故로 其尺律이 遂長이나, 然權量與聲이 尙相依近也라. 唐之度量權衡이 與玉斗相符하니 則此尺爾라.

○ 11. 채옹蔡邕의 동약척銅龠尺은 후주後周의 옥척玉尺이다. 진晉나라 전척前尺을 기준으로 비교하면 1척 1촌 5푼 8리이다. 이전부터 계승된 동약銅龠 하나가 있는데 은으로 아로새겨 그 명문銘文을 썼다.[76] 제율편制律篇 가운데 있다.

조효손(祖孝孫, ? ~624)[77]이 말하였다. "계승되어 전해진 것은 바로 채옹蔡邕의 동약銅龠이다. 후주 무제後周武帝 보정保定 연간(561~565)에 노경의盧景宣[78] · 장손소원長孫紹遠[79] · 곡사징(斛斯徵, 529~584)[80] 등에게 조칙을 내려 기장을 잇대어 척을 만들 때 가로 · 세로가 일정하지 않았는데, 뒤에 창고를 보수하려 땅을 파다가 옛날 옥두玉斗를 얻어 정기正器를 삼고, 그 옥두玉斗를 의거하여 율·도·량·형을 만들었다. 그에 따라 이 척을 쓰게 되어 대사大赦를 내리고 천화天和[81]로 개원하였다. 백관百官들이 널리 행하여 쓰다가 후주 정제後周靜帝 대상大象 연간(579~580) 말기에 중지되었다. 그 율은 채옹蔡邕의 옛 약龠과 같았다."

내가 살펴보니, 동약銅龠과 옥두玉斗 두 가지에서 옛날 가량嘉量을 볼 수 있다. 당시에 두斗를 의거하여 척을 만들었는데, 다만 용량을 기준으로 곱하거나 나누어 구하였다. 그러나 위魏나라로부터 후대에 율을 논하는 사람들이 3푼의 지름에 헷갈림이 많았다.

이제 『수서』「율력지」에 수록된 옥두玉斗의 용량으로 분석하면 110800푼과 기(奇 : 꼬리수)가 있는 것이 되는데, 1두斗를 200약龠으로 계산하여[82] 200으로 나누면 554푼과 꼬리수를 얻는다. 1약龠의 분량을 삼아 산술법으로 고찰하면 그 지름이 3푼에 미치지 못한다. 그러므로 그 율척律尺이 마침내 길지만, 저울·용량과 소리가 오히려 서로 의지해서 비슷해진다. 당나라의 도度·량量·권權·형權衡이 옥두와 서로 맞으니 이 척尺일뿐이다.

○十二 宋氏尺은 錢樂之渾天儀尺과 後周鐵尺이라. 實比晉前尺하면 一尺六分四釐라. 開皇初에 調鐘律尺하고, 及平陳後에 調鐘律水尺한대, 此宋代人間所用尺이 傳入齊梁陳以制樂하야 制與晉後尺及梁時俗尺과 劉曜渾儀尺으로 略相依近이라, 當由人間常用하야 增損訛替之所致也라.

周建德六年平齊後에 卽以此同律度量하야 頒于天下하고, 其後宣帝時에 達奚震及牛弘等이 議曰 "竊惟權衡度量은 經邦懋軌니 誠須詳求故實하야 考校得衷이라. 謹尋今之鐵尺하니 是太祖ㅣ 遣尚書라. 故로 蘇綽所造니, 當時檢勘하야 用爲前周之尺하고 驗其長短하니 與宋尺符同이라 卽以調鐘律하고 幷用均田度地라.

今以上黨羊頭山黍로 依[83]後漢書歷志하야 度之하면, 若以大者로 稠黍하면 依數

滿尺하야 實於黃鐘之律하야 須撼乃容이요, 若以中者로 累尺하면 雖復小稀하야 實於黃鐘之律하야 不動而滿하리니, 計此에 二事之殊은 良由消息未善이라. 其於鐵尺에 終有一會하니, 且上黨之黍는 有異他鄕하야 其色至烏하고 其形圓重하야, 用之爲量에 定不徒然이나, 正以時有水旱之差하고 地有肥瘠之異일새, 取黍大小는 未必得中이리라. 案許愼解에 '秬는 黍體大하야 本異於常이라'하니 疑今之大者는 正是其中이리라. 累百滿尺은 卽是會古요, 實龠之外에 纔剩十餘는 此恐圍徑或差하야 造律未妙니, 就如撼動取滿도 論理亦通이라.

今勘周漢古錢大小하니 有合宋氏渾儀尺度하고, 又依淮南累粟十二成寸이라. 明先王制法하고 索隱鉤深하야 以律計分하니 義無差異라. 漢書食貨志에 云 "黃金方寸이면 其重一斤이라"하니라. 今鑄金校驗하니 鐵尺爲近이나, 依文據理하니 符會處多라. 且平齊之始에 已用宣布하고 今因而爲定하야 彌合時宜어니와, 至於玉尺하야난 累黍하야 以廣爲長하야 累旣有剩이어나 實復不滿하니, 尋訪古今이나 恐不可用이라. 其晉梁尺量은 過爲短小하야 以黍實管하면 彌復不容하야 據律調聲에 必致高急이라. 且'八音克諧'는 明王盛軌요, 同律度量은 哲后通規라.

臣等이 詳校前經하고 勘量時事하야 謂 '用鐵尺이 於理未便이라'하나, 未及詳定하고, 高祖受終하야 牛弘 · 辛彦之 · 鄭譯 · 何妥 等이 久議不決이라. 旣平陳하고 上[84]以江東樂爲善하야 曰 '此는 華夏舊聲이라. 雖隨俗改變이나 大體猶是古法이라'하니라. 祖孝孫이 云 '平陳後에 廢周玉尺律하고, 便用此鐵尺律하야 以一尺二寸으로 卽爲市尺이라'하니라."

案此는 卽本朝和峴所用 影表尺也라. 平陳以後에 蓋用此尺한대, 范蜀公이 以爲'卽今大府帛尺이라'하니 誤矣라.

○ 12. 송씨척宋氏尺은 전악지錢樂之[85]의 혼천의척渾天儀尺과 후주後周의 철척鐵尺이다. 진晉나라 전척前尺을 기준으로 비교하면 1자 6푼 4리이다. 수 문제隋文帝 개황開皇 연간(581~600) 초에 종률척鐘律尺을 알맞게 조정하고, 진陳나라를 평정한 뒤에 종률수척鐘律水尺을 알맞게 조정하였는, 이는 송대宋代 연간에 쓴 척

이 제齊·양梁·진陳[86]에 전해져 그것을 써서 악이 제정되어 제도가 진晉나라 후척後尺과 양梁나라 때의 속척俗尺, 그리고 유요(劉曜, ? ~329)[87]의 혼의척渾儀尺과 대략 서로 비슷하자, 당연히 사람들이 그 사이에 상용常用하여 늘어나고 줄어들고 어긋나고 잘못된 것에 따른 탓이었다.

북주 무제北周武帝 건덕建德 6년(577)에 제齊나라를 평정한 후 곧 이로써 율律·도度·량量을 같게 하여 천하에 반포하였다. 그 후 선제宣帝 때에 달해진達奚震[88]과 우홍牛弘 등이 의논하였다. "가만히 생각해보니, 권權·형衡·도度·량量은 나라를 경영하는 데 중요한 규범이니, 참으로 반드시 전고典故를 상세하게 구해 연구해서 속뜻을 얻어야 한다. 삼가 지금의 철척鐵尺을 탐색해 보니, 바로 북주 태조北周太祖가 상서尙書를 소작(蘇綽, 498~546)[89]에게 보냈다. 그러므로 소작이 제조한 것이다. 당시에 검사하고 살펴 전주척前周尺을 삼고 그 장단을 시험하니, 송씨척宋氏尺과 꼭 맞았으므로 곧 종률을 알맞게 조정하고 아울러 균전均田과 토지 측량에 썼다.

이제 상당上黨의 양두산羊頭山[90] 기장을 가지고 『후한서』「율력지」를 의거하여 재보면, 만약 큰 기장으로 잇대기를 조밀하게 하면 수에 따라 척도에 꽉 차 황종률관을 채울 것이니 반드시 흔들어 다져야 담을 수 있을 것이고, 만약 중간 크기로 기장을 잇대어 척도를 삼으면 비록 다시 할지라도 조금 성글게 황종률을 채워 흔들어 다지지 않아도 가득할 것이다. 이를 계산할 때 두 가지 일이 다른 것은 참으로 줄이고 늘임이 정당하지 않기 때문이다. 그 철척鐵尺에 대하여 마침 한 번 볼 때가 있었는데, 또 상당의 기장은 다른 고을과 달라 그 색이 검고 그 모양은 둥글고 무거워, 그것을 써서 양量을 정할 때 정하는 것이 부질없지는 않지만, 바로 사철 수해와 가뭄의 차이가 있고 땅이 비옥하고 척박한 차이가 있기 때문에, 기장을 취할 때의 대소는 반드시 맞는 것을 얻지 못 할 것이다. 살펴보니, 허신許愼의 『설문해자說文解字』에 '거秬는 기장 알이 굵어 본래 보통과는 다르다.'[91]고 하였으니, 아마도 지금 큰 기장은 바로 그 중간 것일 것이다. 기장 100알을 이어 척도에 꽉 채우는 것은 곧 옛 것을 이해한 것이고, 약龠을 채운 주위에 10여개가 남는 것은 이는 아마도 원지름이 혹 틀려 율관을 정묘하게 만들지 못한 것이니, 설사 흔들어 다져 채우는 것도 논리에 또한 통한다.

이제 주周 · 한나라의 고전古錢의 대소를 살펴보니, 송씨宋氏의 혼의척도渾儀尺度에 부합하고, 또 회남淮南의 알곡 12알을 이어 촌寸을 이룬 것을 의거하였다. 옛날 훌륭한 선왕이 법을 제정하고 숨은 사리를 찾으며 깊은 이치를 캐내 율로 푼[分]을 계산한 것이 분명하니 뜻이 차이가 없다. 『한서』「식화지食貨志」에 말하기를 '황금이 사방 1촌이면 그 무게가 1근斤이다.'[92]고 하였다. 이제 금을 녹여 비교해서 시험하니 철척이 비슷하지만, 문리文理를 의거해보니 견강부회한 곳이 많다. 또 제齊나라를 평정한 초기에 이미 선포하고 이제 그에 따라 제정하여 시의時宜에 더욱 적합하였지만, 옥척에 이르러서는 기장을 잇대어 폭으로 길이를 삼아 이은 것이 이미 남는 것이 있거나 채워도 다시 가득차지 않으니, 고금古今에서 찾아보았으나 아마도 쓸 수 없을 것 같다. 그 진晉 · 양梁나라의 척량尺量은 지나치게 작고 짧아 기장으로 율관을 채우면 더욱더 담지 못하여 율관을 의거하여 소리를 조율할 때에 반드시 높게 된다. 또 '팔음八音의 악기가 능히 어울린다.'[93]는 것은 현명한 왕의 성대한 궤범軌範이고, 율律 · 도度 · 량量을 동일하게 한 것은 명철한 임금의 통철通徹한 규범規範이다.

우리들이 전대前代의 경서를 상세히 조사하고 당시 일을 살펴 헤아려 말하기를 '철척을 쓰는 것이 이치에 편하지 않다.'고 하였으나, 미처 고찰하고 정정訂定하지 못하였고, 고조高祖가 왕위를 이어받아 우홍牛弘 · 신언지辛彦之 · 정역鄭譯 · 하타何妥 등이 오래 의논하였으나 결론을 내리지 못하였다. 진陳나라를 평정한 뒤에 황제가 강동악江東樂이 좋다고 하여 말하기를 '이는 중국의 옛날 악이다. 비록 민간을 따라 고치지만 대체大體는 오히려 바로 옛날 법이다.'고 하였다. 조효손祖孝孫이 말하기를 '진陳나라를 평정한 뒤에 주周나라 옥척률玉尺律을 폐지하고, 곧 이 철척률鐵尺律을 써서 1척 2촌으로 시척市尺을 삼았다.'고 하였다."[94]

내가 살펴보니, 이는 곧 우리나라 화현和峴이 사용한 영표척影表尺이다. 진陳나라를 평정한 뒤에 아마도 이 척을 썼는데, 범촉공范蜀公이 '곧 지금의 태부금척太府帛尺이다.'고 하였으니, 잘못이다.

○十三 開皇十年萬寶常所造律呂水尺은 實比晉前尺하면 一尺一寸八分六釐라. 今大樂庫及內出銅律一部ㅣ 是萬寶常所造라. 名은 水尺律이니, 說稱'其黃鐘律이 當鐵尺南呂倍聲하니 南呂는 黃鐘羽也라. 故로 謂之水尺律이라'하니라 案萬寶常之律與祖孝孫이 相近이라 然亦皆徑三分之法也라.

○ 13. 수 문제隋文帝 개황開皇 10년(590) 만보상萬寶常이 만든 율려수척律呂水尺은 진晉나라 전척前尺을 기준으로 비교하면 1척 1촌 8푼 6리이다. 지금 태악고太樂庫와 내출동률內出銅律 1부部가 바로 만보상이 만든 것이다. 이름은 수척률水尺律이니, 소문에 '그 황종률이 철척鐵尺의 남려 배성倍聲에 해당하는데, 남려는 황종우黃鐘羽이다.[95] 그러므로 수척률이라고 한다.'고 하였다. 내가 살펴보니 만보상의 율과 조효손祖孝孫이 서로 비슷하다. 그러한 것은 또한 모두 지름을 3푼으로 하는 법을 썼다.

○十四 雜尺은 劉曜[96]渾天儀土圭尺이라. 實比晉前尺하면 一尺五分이라.

○ 14. 잡척雜尺은 유요劉曜[97]의 혼천의토규척渾天儀土圭尺이다. 진晉나라 전척前尺을 기준으로 비교하면 1척 5푼이다.

○十五 梁朝俗間尺은 實比晉前尺하면 一尺七分一釐라. 案十五等尺이 其間에

多無所取證이나 所以存而不削者는 要見諸代之不同이니 多由於累黍及圍徑之誤也라.

○ 15. 양조梁朝의 속간척俗間尺은 진晉나라 전척前尺을 기준으로 비교하면 1척 7푼 1리이다. 내가 살펴보니, 15가지의 척이 그것들 가운데 증거를 찾을 수 없는 것이 많지만 보존해서 없애지 않는 까닭은 요컨대 여러 왕조가 같지 않았던 것을 보려는 것이니, 잇대어놓는 기장과 원지름의 오류에서 유래함이 많았다.

○五代王朴準尺은 比漢前尺하면 一尺二分이라. 見丁度表라.

○ 오대五代 왕박(王朴, 915~959)[98]의 준척準尺은 한漢나라 전척前尺을 기준으로 비교하면 1척 2푼이다. 정도(丁度, 990~1053)의 표문表文에 보인다.

○本朝和峴은 用景表石尺하니 比漢前尺하면 一尺六分이라. 見丁度表라.

○ 우리나라 화현(和峴, 933~988)[99]은 영표석척景表石尺을 쓰는데, 한漢나라 전척前尺을 기준으로 비교하면 1척 6푼이다. 정도丁度의 표문表文에 보인다.

○太府布帛尺[100]은 李照尺이라. 比漢前尺하면 一尺三寸五分라. 見溫公尺圖라.

○阮逸胡瑗尺은 橫累一百黍라. 比大府布帛尺하면 七寸八分六釐니 與景表尺同이라. 見胡瑗樂義라.

○鄧保信尺은 縱累百黍라. 短于大府尺九分하고 長于胡瑗尺九分五釐라. 見鄧保信奏議라.

○大晟樂尺은 徽宗皇帝指三節로 爲三寸이라. 長于王朴尺 二寸一分하고, 和峴尺 一寸八分弱하고, 阮逸胡瑗尺 一寸七分하며, 短于鄧保信尺三分하고, 大府帛尺 四分이라. 見大晟

樂書라.

○ 태부포백척太府布帛尺은 이조李照의 척이다. 한漢나라 전척前尺을 기준으로 비교하면 1척 3촌 5푼이다. 온공溫公의 『척도尺圖』에 보인다.

○ 완일阮逸 · 호원胡瑗의 척은 기장 100알을 가로로 놓은 것을 기준으로 한다. 대부포백척大府布帛尺을 기준으로 비교하면 하면 7촌 8푼 6리니 영표척景表尺과 같다. 호원胡瑗의 『악의樂義』에 보인다.

○ 등보신鄧保信[101]의 척은 기장 100알을 세로로 놓은 것을 기준으로 한다. 태부척大府尺보다 9푼이 짧고, 호원胡瑗의 척尺보다 9푼 5리가 길다. 등보신의 「주의奏議」[102]에 보인다.

○ 대성악大晟樂[103]의 척尺은 휘종황제徽宗皇帝[104]의 손가락 세 마디로 3촌을 삼았다. 왕박王朴의 척尺보다 2촌 1푼, 화현和峴의 척尺보다 1촌 8푼과 나머지, 완일阮逸 · 호원胡瑗의 척尺보다 1촌 7푼이 길고, 등보신鄧保信의 척尺보다 3푼, 태부백척大府帛尺보다 4푼이 짧다. 『대성악서大晟樂書』[105]에 보인다.

仁宗景祐三年에 丁度等이 詳定黍尺鐘律한대, 丁度等이 言 "鄧保信所製尺은 用上黨秬黍하야 圓者一黍之長으로 累百而成尺이요, 律管은 一據尺하야 裁九十黍之長하니 空徑은 三分이요 圍는 九分이요 容秬黍千二百이니이다. 遂用黍長하야 爲分하고 再累成尺한대, 校保信尺하면 律不同이요, 其龠合升斗의 深潤을 推以算法하면 類皆差舛하야 不同周漢量法이니이다. 阮逸 · 胡瑗所製도 亦上黨秬黍中者로 累廣求尺하야 制黃鐘之律하고, 今用再累成尺하니, 比逸所製하야 又復不同이니이다. 至於律管龠 · 合 · 升 · 斗 · 斛 · 豆 · 區 · 鬴하야도 亦率類是니이다.

蓋黍有圓長大小어늘 而保信所用者는 圓黍요, 又首尾相銜이어늘 逸等은 止用大者니이다. 故로 再考之하야도 卽不同이라 尺이 旣有差니이다. 故로 難以定鐘磬이니이다.

謹[106]詳考古今之制하니 自晉至隋히 累黍之法이 但求尺管하고 不以權量參校니이다. 故로 歷代黃鐘之管과 容黍之數ㅣ 不同이러니, 惟後周에 掘地得古玉斗하야 據斗造律하고 兼制權量이나, 亦不同周漢制度니이다.

故로 漢志에 有備數·和聲·審度·嘉量·權衡之說이 悉起於黃鐘하니, 今欲數器之制參伍無失이면 則班志積分之法이 爲近이니이다. 逸等은 以大黍累尺하고 小黍實龠하니 自戾本法하고, 保信黍尺은 以長爲分하야 雖合後魏公孫崇說이나, 然當時已不施用이니이다.

況保信今尺은 以圓黍累之하고 及首尾相銜하며 又與實龠之黍로 再累成尺하야 不同其量器하고 分寸이 旣不合古니이다"라고하니, 卽權衡之法은 不可獨用하야 詔悉罷之하니라.

又詔丁度等하야 '詳定大府寺幷鄧保信阮逸胡瑗所制四尺하라'고 하니, 度等이 言 漢志審度之法에 云 "一黍之廣으로 爲分하고 十分으로 爲寸하고 十寸으로 爲尺이니이다.

先儒ㅣ 訓解經籍하야 多引以爲義할새, 歷世祖襲하야 著之定令이나, 然而歲有豐儉하고 地有磽肥하야, 就令一歲之中一境之內에 取黍校驗하면 亦復不齊하니, 是蓋天之生物이 理難均一일새니이다. 古人立法에 存其大概爾라. 故로 前代制尺이 非特累黍요, 必求古雅之器하야 以黍校焉이니이다.

晉泰始十年에 荀公曾[107]等이 校定尺度하야 以調鐘律하니, 是爲晉之前尺이니이다. 前史에 稱其意精密하고 隋志所載 諸代尺度十有五等이 以晉之前尺으로 爲本하야 以其與姬周之尺과 劉歆銅斛尺과 建武銅尺으로 相合이니이다.

竊惟周漢二代는 享年永久하야 聖賢制作을 可取則焉이어늘, 而隋氏鑄毀하야 金石典正之物이 罕復存者矣니이다.

夫古物之有分寸이 明著史籍하야 可以酬驗者는 惟有法錢이니이다. 而以周之圜法이 歷代曠遠하야 莫得而詳察之나, 半兩은 實重八銖어늘 漢初四銖하고, 其文에 亦曰 '半兩이라'하고, 孝武之世에 始行五銖하야 下洎隋

朝히 多以五銖爲號니이다.

旣歷代尺度屢改 故로 小大輕重鮮有同者나, 惟劉歆制銅斛之世에 所鑄錯刀幷大泉五十과 王莽天鳳元年에 改鑄貨布貨泉[108]之類요 不聞後世復有鑄者니이다.

臣等이 檢詳漢志와 通典과 唐六典하니, 大泉五十은 重이 十二銖요 徑이 一寸二分이며, 錯刀는 環如大泉하고 身形如刀며 長이 二寸이고, 貨布는 重이 二十五銖요 長이 二寸五分이요 廣이 一寸이요 首長이 八分有奇요 廣이 八分이요 足枝長이 八分이요 間廣이 二分이요 圓好徑이 二分半이며, 貨泉은 重이 五銖요 徑이 一寸이니이다.

今以大泉 錯刀 貨布 貨泉 四物로 相參하야 校分寸하면 正同하며, 或有小大輕重이 與本志微差者나, 蓋當時盜鑄旣多하니 不必皆中法度요, 但當校其首足肉好長廣하야 分寸이 皆合正史者를 用之면 則銅斛之尺을 從而可知矣이리이다.

有唐은 享國三百年하니 其制作法度ㅣ 雖未逮周漢이나, 然亦可謂治安之世矣니이다.

今朝廷이 必求尺度之中이면 當依漢錢分寸이니이다. 若以爲太祖ㅣ 膺圖受禪하고 創制垂法할새 嘗詔和峴等하야 用景表尺하야 典脩金石하야 七十年間에 薦之郊廟하야 稽合唐制하야 以示詒謀하니 則可且依景表舊尺이나 俟有妙達鐘律之學者하야 俾考正하야 以從周漢之制니이다.

王樸律準尺은 比[109]漢錢尺寸하야 長二分有奇하고, 比景表尺하야 短四分하니 旣前代未嘗施用이요, 復經太祖朝하며 更易其逸瑗保信照所用 太府寺尺하나 其制ㅣ 彌長하고 去古彌遠하야 不可依用이니이다"하고, 謹考舊文하야 再造景表尺一하야 校漢錢尺二와 幷大泉 錯刀 貨布 貨泉 總十七枚하야 上進이라. 而高若訥이 卒用漢貨泉度一寸하야 依隋書하야 定尺十五種하야 上之하고 藏于太常寺하다.

○ 송 인종宋仁宗 경우景祐 3년(1036)에 정도(丁度, 990~1053) 등이 서척黍尺[110]·종률鐘律[111]을 고찰하여 정정訂定하였는데, 정도 등이 말하기를 "등보신鄧保信이 제정한 척은 상당上黨의 기장을 써서 둥근 한 알의 기장을 길이로 해서 100알을 잇대어 척을 정하였습니다. 율관律管은 한결같이 척을 의거해서 90알의 기장 길이에 맞게 잘랐으니, 지름은 3푼이고 원둘레는 9푼이고 용량은 기장 1200알을 담습니다. 결국 기장 길이로 푼을 삼고, 다시 잇대어 척을 정하였는데, 등보신의 척을 살펴 평가하면 율관이 같지 않고, 그 약龠·홉合·승升·두斗의 깊고 넓음을 계산법으로 미루어 생각하면 용량들이 모두 착오錯誤가 있어 주周·한漢의 용량법과 다릅니다.

완일阮逸·호원胡瑗이 제작한 것도 또한 중간크기의 상당上黨 기장을 폭으로 잇대어 척을 구하여 황종률관을 제정하였고, 이제 다시 거듭 잇대어 척을 정하여 쓰는데, 완일이 제작한 것에 비해 또 다시 같지 않습니다. 율관과 약龠·홉合·승升·두斗·곡斛·두豆·구區·부釜[112]에 이르러서도 또한 대략 이와 비슷합니다.

기장은 둥글고 길며 크고 작은 것이 있는데 등보신鄧保信이 쓴 것은 둥근 기장이고, 또 처음 머리부터 끝 꼬리까지 서로 맞지 않는데 완일阮逸 등은 오직 큰 것을 썼습니다. 그러므로 재고해 봐도 같지 않아서 척尺이 먼저 차이가 있게 됩니다. 그러므로 그것을 기준으로 종鐘·경磬을 정하기 어렵습니다.

삼가 고금의 제도를 자세히 참고해보니, 진晉나라로부터 수나라에 이르기까지 기장을 잇대는 법이 다만 길이[尺]와 율관을 구하고, 무게[權]와 용량[量]을 대조하여 잘못을 고치지 않았습니다. 그러므로 역대의 황종관과 기장을 담는 수량이 같지 않았는데, 오직 후주後周시대에 땅에서 옛 옥두玉斗를 얻어 그 옥두를 의거하여 율관을 만들고 아울러 무게와 용량을 제정하였으나, 또한 주周·한나라와 제도가 같지 않았습니다.

따라서 『한서』「율력지」에 있는 비수備數·화성和聲·심도審度·가량嘉量·권형權衡의 학설이 황종에서 비롯하였으니, 이제 수량과 용기의 제도가 뒤섞이는 잘못이 없기를 바라면 반고의 『한서』 「율력지」에 있는 용량[積分]의 법이 근사합니다. 완일阮逸 등은 큰 기장을 척尺에 잇대고 작은 기장을 약龠에 채웠으니 스스로 근본이 되는 법에 어긋나고, 등보신鄧保信의 서척黍尺은 길이 방향으로 1푼을 삼아 비록 후위後魏 공손숭公孫崇의 학설에 부합하지만, 그러나 당시에 정작 시행하지 않았습니다.

하물며 등보신의 금척今尺은 둥근 기장으로 잇댔고 그리고 처음 머리부터 끝 꼬리까지 서로 맞지 않으며, 또 약龠을 채운 기장으로 다시 잇대어 척尺을 정하여 그 양기量器가 같지 않고 푼[分]·촌寸이 이미 옛 제도와 부합하지 않습니다."라고 하니, 곧 무게[權衡] 다는 법만 독자적으로 쓸 수 없어 조칙으로 모두 폐지시켰다.

또 정도(丁度, 990~1053) 등에게 조칙을 내려 '태부시太府寺[113]에 있는 것과 아울러 등보신鄧保信·완일阮逸·호원胡瑗이 제정한 네 척尺을 고찰考察하여 정정訂定하라.'고 하니, 정도 등이 『한서』 「율력지」의 심도審度하는 법에 대해 말하기를 "기장 한 알의 폭으로 1푼을 삼고, 10푼으로 1촌을 삼고, 10촌으로 1척을 삼았습니다.

선대의 유학자가 경서를 풀이하여 증거로 들어 옳다고 생각한 것이 많았기 때문에, 대대로 인습因襲하여 법령을 제정하여 널리 알렸으나, 풍년들거나 흉년드는 해가 있고 척박하거나 비옥한 땅이 있어, 가령 1년 중 한 지역에서 기장을 얻어 비교해서 검증해보면 또한 같지 않습니다. 이는 하늘이 만물을 낼 때 이치가 균일하기 어렵기 때문입니다. 옛 사람이 입법할 때 그 대체만 있을 뿐이었으므로 전대前代에 척尺을 제정하는 것이 다만 기장을 잇대는 방법만 아니라, 반드시 고색의 용기를 구하여 기장으로 비교하였던 것입니다.

진晉나라 태시泰始 10년(274)에 순공증荀公曾[114] 등이 척도尺度를 상세히 조사하고 바로잡아 종률鐘律를 조율하였으니, 이것이 진晉나라 전척前尺입니다. 전대前代의 역사책에 그 의미가 정밀한 것을 일컬었고, 『수서』 「율력지」에 수록된 여러 대의 척도 15가지 등이 진晉나라의 전척前尺으로 근본을 삼아 희씨姬氏의 주周나라[115] 척과 유흠劉歆의 동곡척銅斛尺과 후한後

漢의 건무동척建武銅尺과 서로 부합하였습니다.

좀 생각해보니, 주周·한나라 2대는 존속한 해가 오래되어 성현聖賢이 제작한 것을 얻어 본보기로 삼을 수 있었는데, 수나라가 주형鑄型을 훼손하여 법에 맞는 종鐘·경磬의 기물이 다시는 거의 없게 되었습니다.

옛 기물에 푼[分]과 촌寸이 있는 것이 역사책에 분명히 있어 검증할 수 있는 것은 오직 법적인 주화[法錢]가 있습니다. 주周나라 화폐제도가 멀고 오래되어 상세히 살펴볼 수 없으나 반냥은 실로 무게가 8수銖인데, 한나라 초기에 4수銖로 하고[116] 그 명문銘文을 '반냥半兩'이라하였고, 효무제孝武帝시대에 비로소 오수五銖를 써서 아래 수나라에 이르기까지 오수로 호칭을 삼은 적이 많았습니다.

이미 역대로 척도가 거듭 고쳐졌으므로 대소와 경중이 같은 것이 드물지만, 오직 유흠이 동곡銅斛을 제작한 시대에 주조한 착도錯刀와 아울러 대천오십大泉五十, 왕망 천봉天鳳 원년(14)에 고쳐 주조한 화포貨布·화천貨泉 따위가 있고, 후세에 다시 주조한 것을 듣지 못했습니다.

우리들이 『한서』 「율력지」와 『통전』과 『당육전唐六典』을 조사하여 고찰해보니, 대천오십大泉五十은 무게 12수銖, 지름 1촌 2푼이며, 착도錯刀는 고리는 대천大泉과 같고 몸체는 칼과 같으며 길이는 2촌이고, 화포貨布는 무게 25수銖, 길이 2촌 5푼, 폭 1촌, 머리 길이 8푼 남짓, 폭 8푼, 족지足枝 길이 8푼, 간광間廣 2푼, 원 구멍의 지름 2푼 반이며, 화천貨泉은 무게 5수銖, 지름 1촌입니다.

이제 대천大泉·착도錯刀·화포貨布·화천貨泉 네 가지로 참고하여 푼과 촌寸을 조사하면 확실히 같으며, 혹 대소大小와 경중이 본래의 뜻과 미세하게 차이나는 것이 있으나, 아마도 당시에 사사로이 주조하는 화폐가 많았으니 모두 꼭 법도에 맞는 것을 기약할 수 없을 것입니다. 다만 그 머리[首]·다리[足]·구멍외변[肉]·구멍[好]·길이[長]·폭[廣]을 조사하여 푼分과 촌寸이 모두 정사正史에 부합하는 것을 쓰면 동곡銅斛의 척을 따라 알 수 있을 것입니다.

당나라는 300년간 존속하였으니, 그 제작하는 법도가 비록 주周·한나라에 미치지 못하였지만, 그러나 또한 나라를 잘 다스려 편안한 시대였다고 할 수 있습니다.

지금 조정이 맞는 척도尺度를 구하려면 마땅히 한나라 동전의 푼[分]과 촌寸을 의거해야 할 것입니다. 예컨대 태조께서 서응瑞膺의 하도河圖[117]를 받아 임금의 자리를 물려받으시고 후세에 남길 법을 창제하실 때 일찍이 화현和峴 등에게 조칙을 내려 영표척景表尺을 써서 금석金石의 악기를 바르게 정비하여 70년 사이에 교제郊祭와 종묘제宗廟祭에 올려 당나라 제도에 부합하게 하여 후세에 계책을 보이신 것 같이 해야 할 것이니, 우선 영표구척景表舊尺을 의거하였으나 종률鐘律에 아주 통달한 학자를 기다려 고찰하여 바로잡게 하여 주周·한나라의 제도를 따라야 합니다.

왕박王樸의 율준척律準尺은 한나라 동전의 척尺·촌寸에 비해 2푼 남짓이 길고, 영표척景表尺에 비해 4푼이 짧으니, 이미 전대前代에 일찍이 시행하지 못했고, 다시 태조시대를 지나며 그 완일阮逸·호원胡瑗·등보신鄧保信·이조李照가 쓴 태부시척太府寺尺을 고쳤으나 그 제도가 너무 길고 옛날과 너무 멀어 의거하여 쓸 수 없었습니다."라고 하고, 삼가 옛 글을 고찰하여 영표척景表尺 하나를 다시 만들어 한나라 전척錢尺 둘과 아울러 대천大泉·착도錯刀·화포貨布·화천貨泉 총 17매를 평가하여 올렸다. 고약눌高若訥이 마침내 한나라 화천貨泉 도度 1촌을 써서 『수서』를 의거하여 15종의 척尺을 정하여 올리고 태상시太常寺[118]에 보관하였다.

○周禮에 "㮚氏爲量호대, 改煎金錫하니 則不耗라. 不耗然後權之하고 權之然後準之하고 準之然後量之라. 量之以爲鬴호대 深尺內方尺而圓其外하니 其實一鬴요, 鄭氏注曰 "以其容爲之名也라. 四升曰豆요, 四豆曰區요, 四區曰鬴니, 鬴六斗四升也라. 鬴十則鐘이라. 方尺이면 積千寸이니 於今粟米法에 少二升八十一分升之二十二라. 其數必容鬴하니 此言大[119]方耳라. 圜其外者爲之脣이라." 其臀는 一寸에 其實一豆요, 故書에 臀은 作脣한대, 杜子春 云 "當爲臀하니 謂覆之라. 其底深一寸也라. 其耳는 三寸에 其實一升이라. 耳는 在旁하니 可

擧也라. 重은 一鈞[120]이요 三十斤이라. 其[121]聲은 中黃鐘之宮이라"하니라.

○『주례』에 "율씨㮚氏가 양기量器를 만드는데, 쇠와 주석을 다시 담금질하면 닳지 않으니, 닳지 않게 된 뒤에 저울질 하고, 저울질 한 뒤에 수준水準이 맞고, 수준이 맞게 된 뒤에 용적容積을 헤아릴 수 있다. 용적을 헤아려 부鬴를 만드는데, 깊이 1척 안에 방(方 : 한 변)이 1척이고 그 밖은 원모양이니, 그 부피는 1부鬴이다. 정현鄭玄의 주注에 말하였다. "그 용량으로 이름을 지었다. 4승升을 두豆라 하고, 4두를 구區라 하고, 4구를 부鬴라 하니, 부는 6두斗 4승升이다. 10부鬴가 1종鍾이다. 방方이 1척이면 부피는 1000촌이니,[122] 지금 속미법粟米法보다 2승과 22/81승이 작다. 그 수가 반드시 1부를 담으니 이는 한 변이 큰 것을 말한다. 그 밖이 둥근 모양을 순脣이라 한다." 그 밑은 1촌에 그 부피는 1두豆이다. 옛 책에 둔臀은 순脣으로 썼는데, 두자춘杜子春이 이르기를 "마땅히 둔臀으로 해야 하니, 덮음을 뜻한다. 그 바닥 깊이는 1촌이다."라고 하였다. 그 귀[耳]는 3촌에 그 부피는 1승升이다. 귀는 양쪽에 있으니 들어 올릴 수 있는 것이다. 무게는 1균鈞이고, 30근斤이다. 그 소리는 황종의 궁에 맞다."라고 하였다.

案 周鬴는 容六斗四升이니 實一千二百八十龠이라. 計一百三萬六千八百分하야 爲一千三十六寸分이라. 嘗考漢制斛하니 容十斗니 實二千龠이라. 計一百六十二萬分하야 爲一千六百二十寸이라.

蓋方尺에 圓其外요 庣旁은 九氂五毫라. 故로 冪은 百六十二寸이요, 深尺이니 積이 一千六百二十寸이라.

今考周家八寸十寸하니 皆爲尺이니, 范蜀公曰 "周鬴는 方尺者는 八寸之尺이요, 深尺者는 十寸之尺이라. 方은 八寸이니 圓其外요, 庣其旁하니 則冪은 一百三寸六分八氂라. 深十寸이면 則積은 一千三十六寸八分이니, 與漢斛으로 同法을 無疑也라"하니라.

鄭氏云 "方尺에 積이 千寸이라"하고, 又云 "圓其外者를 爲之脣이라"하니, 二說이

皆非라. 是는 方鄭氏之世에 漢斛이 尙在어늘, 豈偶不及見歟인저! 抑鄭氏 ㅣ 以爲周鬴之制 ㅣ 異於漢斛歟인저!

내가 살펴보니, 주周나라 부鬴는 용량이 6두斗 4승升이니 부피가 1280약龠[123]이다. 계산이 1036800입방푼[124]이니 1036입방촌[125]이 된다. 일찍이 한나라에서 제정한 곡斛을 고찰하니, 용량이 10두斗니 부피가 2000약이었다. 계산이 1620000푼이니 1620입방촌이 된다.

안쪽 방方이 1척에 그 밖은 원모양이고 조방(庣旁 : 나팔모양 입구)은 9리 5호이다. 그러므로 멱冪은 162평방촌이고, 깊이는 1척이니 부피는 1620입방촌이다.[126]

이제 주周나라의 8촌과 10촌을 고찰하니 모두 1척尺이 된다. 범촉공范蜀公이 말하기를 "주周나라 부鬴에서 방方이 1척은 8촌이 1척이고, 깊이가 1척은 10촌이 1척이다. 방方은 8촌에 그 밖은 원모양이고 그 입구를 나팔모양으로 하였으니 멱冪은 평방 103촌 6푼 8리이다. 심척深尺이 10촌이면 부피는 입방 1036촌 8푼이니,[127] 한나라 곡斛과 제도가 같은 것을 의심할 것이 없다."라고 하였다.

정씨鄭氏가 말하기를 "방方이 1척에 부피가 1000입방촌이다."라고 하고, 또 말하기를 "그 밖이 둥근 모양을 순脣이라 한다."라고 하였는데, 두 학설이 모두 잘못되었다. 이는 바야흐로 정씨의 시대에 한나라 곡斛이 그 때까지 있었는데, 아마도 미처 보지 못했던지, 아니면 정씨가 주周나라 부鬴 제도가 한나라 부鬴와 다르다고 여긴 것 같다.

○漢志曰 "量者는 龠合升斗斛也니 所以量多少也라. 本起於黃鐘之龠하야 用度數審其容하니 以子穀秬黍中者 千有二百實其龠하야 以井水准其槪라. 合龠爲合 十合爲升 十升爲斗 十斗爲斛니 而五量嘉矣라."

其法은 用銅하니 方尺而圜其外하고 旁有庣焉이라. 其上이 爲斛이요, 其下ㅣ 爲斗며, 左耳ㅣ 爲升이요, 右耳ㅣ 爲合龠이라. 其狀은 似爵한대, 上三下二니 參天兩地요, 圜而函方하고 左一右二[128]하니 陰陽之象也라. 其圜은 象規하고, 其重은 二鈞이니 備氣物之數하야 合萬有一千五百二十이라. 聲中黃鐘之宮하니 始於黃鐘而反覆焉이라.

○『한서』「율력지」에 말하였다. "양量은 단위가 약龠·홉合·승升·두斗·곡斛이니 부피를 재는 것이다. 본래 황종의 약龠에서 시작하니 장단長短을 헤아리는 도度와 다과多寡를 헤아리는 수數를 기준으로 그 용기容器를 상세히 조사하여 정하는데, 찧지 않은 기장 알곡 중간 것 1200알로 그 약龠을 채워 우물물로 그 평미레 수평을 잡는다. 2약이 1홉合이고, 10홉이 1승升이고, 10되가 1두斗이고, 10말이 1곡斛이니, 다섯 부피 단위가 훌륭하다."

그 표준 용기는 동銅을 쓰는데, 방(方 :한 변)이 1척에 그 밖은 원모양이며, 입구에는 나팔모양이 있다. 위부분이 곡斛이 되고, 아랫부분이 두斗가 되며, 왼쪽 귀가 승升가 되고, 오른쪽 귀가 홉合·약龠이 된다. 그 형상은 작爵과 비슷한데, 위는 세 가지이고 아래는 두 가지니[129] 하늘에서 셋을 취하고 땅에서 둘을 취한 의미이고,[130] 둥근 모양이 네모난 모양을 싸고 있고 왼쪽은 1 오른쪽은 2니 음양陰陽의 상象이다. 그 둥근 모양은 그림쇠를 본받고, 그 무게는 2균鈞이니 기물의 수를 갖추어 합이 11520이다.[131] 소리는 황종궁에 맞는데, 황종에서 시작하고 반곡反斛과 복곡覆斛이 있다.[132]

○隋志에 載斛銘하니 曰 "律嘉量斛은 方尺而圓其外이니, 庣旁은 九釐五毫요, 冪은 百六十二寸이요, 深은 尺이니 積은 一千六百二十寸이요, 容은 十斗라."

○ 『수서』 「율력지」에 곡명斛銘이 수록되어 있다. “율가량곡律嘉量斛은 안은 방方이 1척이고 그 밖은 원모양인데, 조방庣旁은 9리 5호이고, 멱冪은 162평방촌이고, 깊이는 1척이니 부피는 1620입방촌이고, 용량은 10두斗이다.”[133]

○魏陳留王 景元四年에 劉徽注九章商功에 曰 “當今大司農斛은 圓[134]徑은 一尺三寸五分五釐요, 深은 一尺이요, 積은 一千四百四十一寸 十分寸之三이라. 王莽銅斛을 於今寸에 爲深九寸五分五釐요, 徑은 一尺三寸六分八釐七毫라. 以徽計之[135]하니 於今斛에 爲容[136]九斗七升四合有奇라.” 比魏하면 斛大而尺長하고 王莽하면 斛小而尺短也라.

○ 위 진류왕魏陳留王 경원景元 4년(263)에 유휘劉徽[137]가 주注를 쓴 『구장산술九章算術』 「상공商功」에 말하였다. “지금 대사농大司農의 곡은 원지름은 1척 3촌 5푼 5리이고, 깊이는 1척이고, 부피는 1441입방촌과 10분의 3입방촌이다.[138] 왕망의 동곡銅斛을 지금의 치수를 기준으로 보면 깊이가 9촌 5푼 5리, 지름은 1척 3촌 6푼 8리 7호가 된다.[139] 내[劉徽]가 계산하니 지금 곡보다 용량이 9두 7승 4홉에 나머지가 있게 된다. 위魏나라에 비해서는 곡이 크고 척이 길며, 왕망에 비해서는 곡이 작고 척이 짧다.”[140]

○祖冲之以圓率[141]考之하니 此斛當徑은 一尺四寸三分六釐一毫九秒二忽이요 庣旁은 一分九毫有奇라. 劉歆庣旁이 少一釐四毫有奇하니 歆數術ㅣ 不精之所致也라.

○ 조충지祖冲之의 원주율로 고찰해보니, 이 곡斛의 지름은 1척 4촌 3푼 6리 1호 9초 2홀이고, 조방庣旁은 1푼 9호에 나머지가 있다. 유흠劉歆의 조방은 1리 4호에 나머지가 있게 작으니, 유흠의 산술이 정밀하지 못했던 탓이다.[142]

案斛銘文에 云 方尺者는 所以起數也라. 圜其外는 循四角而規圜之하니, 其徑은 當一尺四寸有奇也라. 庣旁이 九釐五毫者면 徑一尺四寸有奇之數엔 猶未足也요, 冪은 百六十二寸者어늘 方尺冪은 百寸이라. 圜[143]其外는 每旁約十五寸이니 合六十寸이요, 庣其旁은 約二寸也라. 深이 尺이면 積一千六百二十者는 以十而登也요, 容十斗者는 一寸이면 冪百六十二寸에 爲容一斗니, 積十寸이면 容一千六百二十寸이요 爲容十斗也라.

漢志에 止言旁有庣焉하고 不言九釐五毫者는 數ㅣ 猶有未足也일새니, 祖冲之所算에 云 少一釐四毫有奇ㅣ 是也라.

胡安定之法에 積이 一千六百二十寸이라하니 其律은 是也요, 范蜀公之法에 積이 一千二百五十寸이라하니 其律은 非也라. 蜀公은 惑乎徑三分之說하야 遂生圓分之法이나, 自古算法에 無所謂圓分也라. 圓其外를 以爲之脣이라하니, 與安定之法 一尺六寸二分하고, 蜀公之深一尺二寸五分은 其制ㅣ 皆非也라.

律之圍徑이 古無明文하니 向非因量之積分이면 則黃鐘之龠을 亦無由可得이리라. 其實은 自漢以下로 律之所以不成者ㅣ 其失이 皆所由也라.

내가 살펴보니, 곡斛의 명문銘文에 이른 방方이 1척尺은 장단長短과 다과多寡를 헤아리는 도수度數가 시작되는 것이다. 그 바깥이 둥근 것은 네 모서리를 돌아 그림쇠로 둥글게 한 것이니 그 지름은 1척 4촌에 나머지가 있는 것에 해당한다. 조방庣旁이 9리 5호이면 지름이 1척 4촌에 나머지가 있는 수에는 오히려 충분하지 않고, 멱冪은 162평방촌인데, 방方이 1척尺일 때 면적은 100평방촌이다. 그 바깥이 둥근 것은 모든 사방四旁마다 면적이 대략 15평방촌이니 합이 60평방촌이고 그 조방庣旁은 대략 2촌이다. 깊이가 1척尺이면 부피가 1620이라는 것은 10배를 해서 올린 것이고, 용량이 10두斗라는 것은 1촌이면 멱冪이 162평방촌에 용량이 1두가 되는 것이니, 부피가 10입방촌이면 1620입방촌을 담고 용량이 10두가 된다.

『한서』「율력지」에 다만 입구에 나팔모양이 있는 것을 말하고 9리 5호를 말하지 않은 것은 수가 오히려 충분하지 않기 때문이니, 조충지가 계산한 것에 '1리 4호에 나머지가 있게 작다.'고 한 것이 이것이다.

안정 호원胡瑗의 법에 부피가 1620입방촌이라고 하였는데 그 법은 옳고, 범촉공范蜀公의 법에 부피가 1250입방촌이라고 하였는데 그 법은 틀렸다. 범촉공은 지름 3푼의 학설에 헷갈려 드디어 원분圓分의 법을 만들었으나, 옛날부터 이른바 '원분'은 없었다. 그 밖이 둥근 것을 순脣이라 하니, 안정 호원의 법 1척 6촌 2푼은 인정하고, 범촉공의 깊이 1척 2촌 5푼은 그 제도가 모두 틀렸다.

율관의 원지름이 옛날에는 증명할 만 한 글이 없으니, 이전의 용량 값을 따르지 않으면 황종약黃鐘龠을 또한 근거를 얻을 수 없을 것이다. 그 실상은 한나라 이하로 율이 성립되지 못한 것은 그 잘못이 모두 근거가 있었다.

○淮南子曰 "十二粟[144]而當一分이요, **十二分而當一銖**이요, **十二銖而當半兩**이라. **衡有左右**하야 **因倍之**라. **故**로 **二十四銖爲一兩**이요, **天有四時以成一歲**하니 **因而四之**하야 **四四十六**이라. **故**로 **十六兩爲一斤**이요, **三月而爲一時**하고 **三十日爲一月**이라. **故**로 **三十斤爲一鈞**이요, **四時而爲一[145]歲**라. **故**로 **四鈞而爲石**이라."

○ 『회남자』에 말하였다. "12속粟이 1푼에 해당하고, 12푼이 1수銖에 해당하고 12수가 반냥兩에 해당한다. 형衡은 좌우가 있어 그에 따라 2배하여 24수가 1냥이 된다. 하늘에는 4시가 있어 1년이 되는데 4배로 중첩하여 4×4=16이므로 16량이 1근斤이 된다. 3개월이 한 철이 되고 30일이 1개월이 되므로 30근이 1균鈞이 된다. 4시가 1년이므로 4균이 1석石이 된다."[146]

○漢前志曰 "衡權者는 **衡**은 **平也**요 **權**은 **重也**니, **衡**은 **所以任權而均物**

乎輕重也라. 本起於黃鐘之重[147]하니, 一龠은 容千二百黍하고 重은 十二銖라. 兩之爲兩하니 二十四銖爲兩이요, 十六兩爲斤이요, 三十[148]斤爲鈞이요, 四鈞爲石이라.
忖爲十八하니 易有十八變之象也라. 五權之制는 以義立之하야 以物鈞之하니 其餘小大之差는 以輕重爲宜라. 圜而環之하야 令之肉倍好者하니 周旋無端하야 終而復始하야 無窮已也라."

○『전한서』「율력지」에 말하였다. "형(衡 : 저울대)과 권(權 : 저울추)은 형은 평형平衡의 의미이고 권은 무게의 의미이니, 형은 저울추를 메고 물건의 경중을 잡는 도구이다. 본래 황종의 무게에서 생겼으니, 1약龠은 기장 1200알을 담고 무게는 12수銖이다. 그것을 2배로 한 것이 1냥兩이 되니 24수가 1냥이 되고, 16냥이 1근斤이 되고, 30근이 1균鈞이 되고, 4균이 1석石이 된다.

헤아려보면 18가지가 되니,[149]『주역』에 18변의 상이 있다.[150] 다섯 가지 저울추 제도는 의義로 수립하여 물건으로 고르게 하였으니, 그 나머지 대소大小의 차이는 당연히 경중으로 나타난다. 둥글면서 고리로 되어 그것으로 하여금 유肉가 호好의 배가되게 하였으니,[151] 빙빙 돌아 끝이 없어 끝나도 다시 시작하여 끝이 없다."[152]

○隋開皇中에 以古斗三升으로 爲一升하고, 以古稱三斤으로 爲一斤하고, 以一尺二寸으로 爲一尺이라가, 大業中에 依復古法이라.

○ 수 문제隋文帝 개황開皇 연간(581~600)에 옛날 양기量器 3승升을 1승으로 하고, 옛날 저울 3근斤을 1근으로 하고, 길이 1척 2촌을 1척으로 하였다가, 수 양제隋煬帝 대업大業 연간(605~617)에 옛날 법을 따라 회복하였다.

○大唐貞觀中에 張文收ㅣ 鑄銅斛稱尺升合하야 咸得其數라. 詔하야 以其副로 藏於樂署라. 至武延秀ㅣ 爲太常卿하야 以爲奇玩하야 以律與古玉尺玉斗升合로 獻焉하다.

開元十七年에 將考宗廟樂할새 有司請出之하니, 勅唯以銅律付太常한대, 而亡其九管이라.

今正聲할새 有銅律三百五十六과 銅斛二와 銅稱二와 銅甌十四하니, 斛左右耳與臀ㅣ 皆正方이니 積十而登以至於斛이라.

銘에 云 "大唐貞觀十年의 歲次는 玄枵요 月旅應鐘에 依新令하야 累黍尺으로 定律校[153]龠하야 成玆嘉量하니 與古玉斗相符하야 同律度量衡이라. 協律郎張文收ㅣ 奉敕修定하노라."

稱磬銘[154]云 "大唐貞觀에 稱이 同律度權衡이라"하고, 匣上에 有朱漆題 '稱尺'二字하야 尺亡이나 其跡猶存이라.

以今常用度量으로 校之하면 尺은 當六之五하고 衡量은 皆三之一이니 一斛二稱이 是文收總章年所造라. 斛은 正圓而小하야 與稱相符也라.

○ 대당 태종大唐太宗 정관貞觀 연간(627~649)에 장문수張文收[155]가 동銅으로 곡斛・칭稱・척尺・승升・홉合을 주조하여 모두 그 적의한 수를 얻었기 때문에, 조칙을 내려 그 부본副本을 악서樂署에 보관하게 하였다. 무연수(武延秀, ? ~710)[156]가 태상경太常卿이 되자 진기한 노리개로 여겨 율관과 고옥척古玉尺・옥두玉斗・승升・홉合을 바쳤다.

당 현종唐玄宗 개원開元 7년(720)에 종묘악宗廟樂을 고찰하려 할 때 담당관이 내어주기를 요청하니, 칙명을 내려 동銅으로 만든 율관을 태상太常에게 주었는데, 그 아홉 개의 관管이 없어졌다.

지금 음률을 바로잡을 때 동銅으로 만든 율관 356개와 동곡銅斛 2개와 동칭銅稱 2개와 동구銅甌 14개가 있는데, 곡斛의 좌우에 귀와 볼기가 모두 정사각형이니, 10배하면 용량 단위가 곡斛에 이른다.

명문銘文에 이르기를 "대당 태종大唐太宗 정관貞觀 10년(637)의 세차歲次[157]

는 현효玄枵[158]이고, 월月은 응종[159]에 새로운 법령에 따라 기장을 잇대 만든 척을 기준으로 율관을 제정하고 약龠을 평가하여 이 가량嘉量을 완성하니, 옛 옥두玉斗[160]와 서로 부합하여 율·도·량·형이 균일해졌다. 협률랑協律郎[161] 장문수가 칙명을 받들어 바르게 제정한다."라고 하였다.

칭경稱磬의 명문에 이르기를 "대당 태종大唐太宗 정관 연간(627~649)에 칭稱이 율律·도度·권權·형衡과 균일하게 되었다."라고 하고, 상자 뚜껑에 붉은 옻칠로 '칭척稱尺' 두 글자가 표제表題되어 있어 척尺은 망실되었으나 그 자취는 오히려 있게 되었다.

이제 항상 쓰는 도량度量을 가지고 평가하면 척尺은 6가운데 5에 해당하고, 형량衡量은 모두 3가운데 1이니, 하나의 곡斛과 둘의 칭稱이 바로 장문수가 총장總章[162]이 된 해에 만든 것이다. 곡斛은 반듯한 원이면서 작아 칭稱과 서로 부합한다.

案萬寶常之樂은 當時以爲近前漢之樂하니, 則是隋代漢律이 雖已亡而樂聲猶存也라.

魏延陵이 得玉律한대 當時에 以漢律로 較之하니, 所謂黃鐘이 乃當太簇라. 肅宗之時에 不應하야 更有漢律이라. 蓋律之聲은 調耳니, 張文收所定 度量衡權이 與玉斗로 相符者는 卽此聲也라.

夫後周玉斗는 意者컨대 必古之嘉量이리니, 但無寸分之數하고 當時造律에 特以容受乘除로 取之리라.

自魏而降하야 律之圍徑이 不得其眞하고 多惑於徑三分之說이라. 故로 當時에 據斗造律하니 圍徑旣小하야 其律必長이리라. 律長이면 則尺亦長矣리라.

今以隋志所載玉斗分數로 求之하니, 其黃鐘之管이 止徑二分七釐七毫有奇요, 圍는 八分一釐有奇요, 羃은 五分五釐四毫有奇요, 積은 五百五十四分有奇이라. 夫容受同이면 則量與權이 當與古無異하야 而樂之聲도 亦必依近焉이리라.

故로 會要에 云 "唐樂器는 雖無法이나 而聲은 不失於古라"하니라. 自王樸以黍

定尺 以尺生律로 又惑於三分之徑하야 聲與器를 始皆失之矣니, 好古博雅君子는 於此에 蓋不能無憾焉이리라.

내가 살펴보니 만보상萬寶常[163]의 악은 당시에 전한前漢의 악에 가깝다고 생각하였으니, 이는 수대隋代에 한나라 율관이 비록 이미 망실되었으나 악성樂聲은 당시까지 남아있었던 것이다.

위연릉魏延陵이 옥률玉律을 얻었는데 당시에 한나라 율관을 가지고 비교하니, 이른바 황종이 바로 태주에 해당하였다. 숙종肅宗 때 소리가 응하지 않아 다시 한나라 율관을 두게 되었다.[164] 대체로 율律의 소리는 조화로운 것일 뿐이니, 장문수가 제정한 도·량·형·권이 옥두玉斗와 서로 부합한다는 것은 바로 이 소리이다.

후주後周의 옥두玉斗는 생각건대 반드시 옛날 가량嘉量일 것인데, 다만 촌寸·푼[分]의 수가 없고 당시 율관을 만들 때 특히 용량의 계산을 가지고 취하였을 것이다.

위魏나라로부터 후대로 내려와 율관의 원지름이 그 참값을 얻지 못하고 지름이 3푼이라는 학설에 헷갈림이 많았다. 그러므로 당시에 옥두를 근거로 율관을 만들었으니, 원지름이 처음부터 작아 그 율관이 반드시 길었을 것이다. 율관이 길었으면 척尺도 또한 길었을 것이다.

이제 『수서』「율력지」에 수록된 옥두玉斗의 분수分數로 구해보니, 그 황종관이 겨우 지름 2푼 7리 7호에 나머지가 있고, 원둘레는 8푼 1리에 나머지가 있으며,[165] 멱冪은 평방 5푼 5리 4호에 나머지가 있고,[166] 부피는 554입방푼에 나머지가 있었다.[167] 용량이 같으면 양量과 권權이 당연히 옛날과 다르지 않아 악의 소리도 또한 반드시 근사近似할 것이다.

그러므로 『국조회요國朝會要』에 말하기를 "당나라 악기는 비록 남아있는 법은 없으나 소리는 옛 제도를 잃지 않았다."라고 하였다. 왕박王樸이 기장을 써서 척尺을 정하고 척을 기준으로 율관을 만들면서부터, 또 지름 3푼의 학설에 헷갈려서 소리와 악기를 비로소 모두 그르쳤으니, 옛 것을 좋아하여 학식이 깊고 넓으며 품행이 단정한 군자는 이것에 아마도 한이 없을 수 없을 것이다.

朱子曰 "禮記註疏에 說 '五聲六律十二管이 還相爲宮'處ㅣ 極分明하고, 漢書所載도 甚詳이나 然不得其要하며, 史記所載는 甚略이나 却是要緊處라. 如說律數는 蓋自然之理니 與先圖로 皆一般이라, 更無安排라. 但數到窮處하면 又須變而生之니 却生變律이라. 國語에 有七聲之說하니, 但韋昭解는 得無理會요, 杜佑通典에 所算分數는 極精이라. 蓋唐以前은 樂律이 尙有制度하야 可考나, 唐以後는 都無可考라. 胡安定與阮逸李照議ㅣ 不合이라, 仁宗이 以胡安定阮逸樂書로 令天下名山藏之하니 意思甚好니라. 司馬公與范蜀公議ㅣ 又不合하나 司馬는 比范又低하고 諸公은 於通典에 皆似未曾看하며, 只如沈存中筆談所攷[168]器數ㅣ 甚精하나 亦似未曾看하니, 筆談所論이 過於范馬遠甚이라. 今世人無曉音律하고 只憑器하야 論造器[169]이 又紛紛如此라. 是故로 季通之書는 諸儒ㅣ 莫能及也니라."

◯廖子晦曰 "河出圖洛出書而起八卦九疇之數하고, 聽鳳鳴而生六律六呂之序하니, 然則黃帝造律一事與伏羲畫八卦와 大禹錫疇는 同功이라. 況度量權衡이 起於律而衡運生規하야 規는 生圓하고 圓은 生矩하야 繩은 直하고 準은 平한대, 至於定四時興六樂히 悉由是出이라. 故曰 '律者는 萬事之根本이니 學者ㅣ 詎可廢而不講哉아!'하시니라."

주자가 말하였다. "『예기주소禮記註疏』에 '오성을 따라 육률의 12율관律管이 돌아가며 서로 궁성이 된다.'고 말한 곳이 매우 분명하고, 『한서』에 수록된 것도 매우 상세하나 그 요점을 얻지 못하였으며, 『사기』에 수록된 것은 매우 간략하지만 도리어 중요하고도 시급한 곳이다. 예컨대 율수律數[170]는 자연의 이치로 선천도先天圖[171]와 같기 때문에 다시 정리할 것이 없다. 다만 수數가 궁극점에 이르면 또 반드시 변화가 일어나 도리어 변율[172]이 생긴다. 『국어』에 7성의 학설이 있는데, 다만 위소韋昭의 풀이는 이해할 수 없고, 두우杜佑의 『통전』에 계산한 분수分數는 매우 정교하다. 대체로 당나라 이전 악률은 오히려 제도가 남아있어 고찰할 수 있으나, 당나라 이후는 도무지 고찰할 수 없다. 호안정(胡安定 : 瑗)과 완일阮逸·이조李照의 의논이 맞지 않았기 때문에, 송 인종宋仁宗이 호원과 완일의 악서樂書를 천하의 명산에 보관하라고 명령하였으니 의견이 매우 좋다. 사마공[173]과 범촉공[174]의 의논이 또 맞지 않으나, 사마공은 범촉공에 비해 또 낮고, 여러 학자들은 『통전』에 대해 모두 지금까지 본 적이 없는 것 같으며, 다만 심존중沈存中[175]이 『몽계필담夢溪筆談』[176]에서 고찰한 기수器數[177]가 매우 정밀하지만 또한 지금까지 본적이 없는 것 같으니, 『몽계필담』에서 논한 것이 범촉공과 사마공보다 훨씬 뛰어나다. 이제 세상 사람들이 음률音律을 깨닫지 못하고 다만 용기容器를 빙자하여 용기를 만듦을 논한 것이 또 이와 같이 분분하였다. 이 때문에 채원정 계통의 책은 여러 선비들이 미칠 수 없는 것이다."

○ 요자회廖子晦[178]가 말하였다. "황하에서 하도河圖[179]가 나오고 낙수洛水에서 낙서洛書[180]가 나와 팔괘八卦와 홍범구주洪範九疇[181]의 수가 시작되었고, 봉황 울음소리를 듣고 육률·육려의 차례가 생겼으니, 그렇다면 황제黃帝[182]가 12율을 만든 일과 복희伏羲[183]가 팔괘를 그은 것과 우禹임금[184]이 홍범구주를 내려주신 것은 공이 같다. 하물며 도·량·권·형이 율관에서 시작되고 형(衡 : 저울대)이 돌아 그림쇠가 생겨 그림쇠는 원을 낳고 원은 곡척을 낳아 먹줄은 곧고 수준은 평평한데,[185] 사시四時를 정하고 육악六樂을 일으키는 것에 이르기까지 모두 이를 말미암아 나온 것이다. 그러므로 '율律은 만사萬事의 근본이니 학자學者가 어찌 폐지하여 강구하지 않을 수 있겠는가!'[186]라고 하신 것이다."

1 벽선璧羨 : 『주례周禮』 춘관春官/전서典瑞.
그 정현鄭玄 주注. 「鄭司農云 羨 長也 정사농이 말하였다. "선羨은 길이의 뜻이다."」

2 『주례周禮』 춘관春官/전서典瑞.
전서典瑞는 『주례』 춘관春官에 속하는 벼슬로 옥서玉瑞와 옥기玉器의 보관을 맡았다.

3 도척度尺 : 기장 1백 알을 세워서 가로로 늘어놓은 길이로 율척의 상대어이다. 율척律尺은 황제黃帝가 영륜伶倫을 시켜 만들었다는 율려의 척도이다. 황종률에서 대롱의 길이를 기준으로 삼고, 기장 알의 개수로 구별하여 기장 한 알의 세로 길이를 1푼[分], 아홉 알의 길이를 1촌, 81알의 길이를 1척尺으로 정하였는데 이것이 율척이다. 기장 알의 가로 길이로는 1백 알의 길이를 1척으로 정하였다.

4 호好 : 환상環狀으로 된 옥玉의 구멍이다. 고리는 유肉라 한다.

5 『주례周禮』 동관冬官/옥인玉人.
옥인玉人은 동관冬官에 소속된 옥玉을 다루는 기술자이다.

6 대본에는 '初'로 되어 있으나 『성리대전서性理大全書』 권22 율려신서律呂新書1/율려

증변律呂證辨/도량권형度量權衡 제10을 참조하여 ‘仞’으로 바로잡았다.

7 대본에는 ‘婦人手’로 되어 있으나 한漢나라 허신許愼의 『설문해자說文解字』 권8하 지咫를 참조하여 ‘中婦人手長’으로 바로잡았다.

8 대본에는 누락된 ‘咫’를 『성리대전서性理大全書』 권22 율려신서律呂新書1/율려증변律呂證辨/도량권형度量權衡 제10을 참조하여 보충하였다.

9 대본에는 ‘夫手’로 되어 있으나 『성리대전서性理大全書』 권22 율려신서律呂新書1/율려증변律呂證辨/도량권형度量權衡 제10을 참조하여 ‘丈夫’로 바로잡았다.

10 『이아爾雅』 : 십삼경十三經의 하나로 10권이다. 편찬 연대와 저자에 대하여 여러 가지 설이 있다. 한대漢代의 정현鄭玄은 양웅揚雄과 유향劉向의 설을 그대로 받아들여 공자의 문인이 지은 것으로 보았고, 위魏의 장읍張揖은 『대대례大戴禮』 「공자삼조기孔子三朝記」와 『춘추春秋』 원명포元命包의 기록을 들어 공자 이전이라고 보고, 『이아』 1편은 주공周公이 지은 것이고, 『한서』 「예문지藝文志」 『이아』 3편은 공자·자하子夏·숙손통叔孫通 등 후인들이 보익補益한 것으로 보았다. 이爾는 ‘가깝다[近]’ 아雅는 ‘바르다[正]’는 뜻으로 고금과 각지의 이어를 표준어로 해석한다는 뜻에서 붙여진 명칭이다.

11 유肉 : 엽전 따위와 같이 가운데 구멍이 있는 것의 외변外邊이다.

12 『이아爾雅』 석기釋器.

13 송宋나라 임희일林希逸의 『고공기해考工記解』 권하 옥인지사玉人之事.

14 무袤 : 세로의 연장이다.

15 광廣 : 가로의 연장이다.

16 송宋나라 진상도陳祥道의 『예서禮書』 권56 벽선璧羨.

17 『설문해자說文解字』 : 후한後漢의 경학자 허신許愼이 찬撰한 최초의 자서字書이다. 한자의 자형字形·의의意義·음운音韻을 체계적으로 해설한 책으로서 A.D. 100년에 완성되었다. ‘설문說文’이라고도 한다. 본문 14편 서序 1편 등 15편으로 구성되어 있다.

18 동맥動脈 : 맥박이 뛰는 곳이다.

19 촌구寸口 : 손목의 맥脈이 뛰는 부위이다. 양 손바닥 위의 관절에서 한 촌寸 되는 곳으로 오장의 맥이 이곳에 모여 있다고 한다.

20 한漢나라 허신許愼의 『설문해자說文解字』 권8하 척尺.

21 한漢나라 허신許愼의 『설문해자說文解字』 권8하 지咫.

22 한漢나라 허신許愼의 『설문해자說文解字』 권10하 장丈.

23 한漢나라 고유高誘 주注의 『회남홍렬해淮南鴻烈解』 권3 천문훈天文訓.

24 대본에는 '粟'으로 되어 있으나 한漢나라 유향劉向의 『설원說苑』 권18 변물辨物을 참조하여 '黍'로 바로잡았다.

25 『설원說苑』 : 한대漢代의 유학자 유향(劉向, B.C. 77~B.C. 6)이 중국 고대부터 당대까지의 교훈적인 고사를 모은 20권으로 된 책이다.

26 한漢나라 유향劉向의 『설원說苑』 권18 변물辨物.

27 『역위통괘험易緯通卦驗』 : 『역위易緯』는 한대漢代 경학자 정현(鄭玄, 127~200)이 편집한 12권으로 된 책이다. 『역위건원서제기易緯乾元序制記』·『역위변종비易緯辨終備』·『역위시류모易緯是類謀』·『역위곤령도易緯坤靈圖』·『역위건착도易緯乾鑿度』·『역위통괘경易緯通卦經』 등이 실려 있다.

28 대본에는 '算子術'로 되어 있으나 『성리대전서性理大全書』 권22 율려신서律呂新書1/율려증변律呂證辨/도량권형度量權衡 제10을 참조하여 '算術'로 바로잡았다.

29 『손자산경孫子算經』 권상.

30 『전한서前漢書』 권21상 고증考證.

31 한漢나라 난대영사蘭臺令史 반고班固의 『전한서前漢書』 권21상 율력지律歷志 제1상.

32 대본에는 '分'으로 되어 있으나 한漢나라 난대영사蘭臺令史 반고班固의 『전한서前漢書』 권21상 율력지律歷志 제1상을 참조하여 '一分'으로 바로잡았다.

33 대본에는 '二千'으로 되어 있으나 『성리대전서性理大全書』 권22 율려신서律呂新書1/율려증변律呂證辨/도량권형度量權衡 제10을 참조하여 '千二'로 바로잡았다.

34 대본에는 '圍'로 되어 있으나 『성리대전서性理大全書』 권22 율려신서律呂新書1/율려증변律呂證辨/도량권형度量權衡 제10을 참조하여 '爲'로 바로잡았다.

35 3 또는 5 : 지름 3푼 등의 학설과 도량형의 다섯 가지 단위를 말한다.

36 송나라 : 남조 송南朝宋나라이다.

37 참으로~것이니 : 기장 한 알의 단면적은 0.5푼×0.5푼×3.14=0.785평방푼이고, 지름 3푼의 관 단면적은 1.5푼×1.5푼×3.14=7.065평방푼이다. 따라서 7.065/0.785=9이므로 지름 3푼의 관에 대략 9알의 기장이 들어간다. 다시 관의 길이는 90푼이므로 9알×90푼=810알이 되어, 대략 나머지가 있는 800알을 담는다고 한 것이다.

38 기장~단면적 : 기장 90알 길이에 해당하는 전체 부피는 기장 1200알을 담으니, 전체 길이 90푼에서 1푼에 해당하는 단면적에는 13알과 1/3알이 채워지는 넓이가 된다.

39 방서房庶 : 본서/율려증변/제2편 율장단위경지수律長短圍徑之數의 각주 106) 참조.

40 당唐나라 장손무기長孫無忌 등의 『수서隋書』 권16 지志 제11/율력상律歷上/심도審度의 내용이다.

41 대본에 누락된 '帝'를 원元나라 중서우승상 총재中書右丞相總裁 탁극탁托克托 등等의 『송사宋史』 권202 예문지藝文志 제155/예문藝文1을 참조하여 보충하였다.

42 대본에 누락된 '品'을 『성리대전서性理大全書』 권22 율려신서律呂新書1/율려증변律呂證辨/도량권형度量權衡 제10을 참조하여 보충하였다.

43 '出於王莽之法錢'부터 이 부분까지 62자가 대본에 누락되어 『성리대전서性理大全書』 권22 율려신서律呂新書1/율려증변律呂證辨/도량권형度量權衡 제10을 참조하여 보충하였다.

44 진나라～고척이다 : 당唐나라 장손무기長孫無忌 등의 『수서隋書』 권16 지志 제11/율력상律歷上/심도審度.

45 동탁의 난 : 동탁(董卓, ? ~192)은 후한後漢말 군웅群雄의 한 사람으로 임조臨洮 출신이다. 처음 강족羌族의 추장을 회유하여 세력을 길렀다. 189년 외척 하진何進이 환관을 토멸하고자 할 때 이에 호응하여 군사를 거느리고 낙양洛陽으로 향하였으나 하진은 도리어 환관에게 죽고, 환관들은 또 원소袁紹의 군대에게 몰살당하였다. 동탁은 그대로 낙양에 입성하여 헌제獻帝를 옹립하여 정권을 잡았다. 이에 대해 원소를 맹주로 하는 동탁 토벌군이 조직되자, 190년 동탁은 낙양성을 소각하고 장안으로 천도하였다. 그러나 그 뒤에도 횡포가 심하였고, 그 때문에 사도司徒 왕윤王允의 모략에 걸려 부장 여포呂布에 의해 살해되었다. <『동아세계대백과사전』 9권, 동아출판사, 1994, 628쪽.>

46 옥두玉斗 : 당唐나라 장손무기長孫無忌 등의 『수서隋書』 권16 지志 제11/율력상律歷上/심도審度. 「祖孝孫云 相承傳 是蔡邕銅籥 後周武帝保定中 詔遣 大宗伯 盧景宣 上黨公 長孫紹遠 岐國公 斛斯徵等 累黍造尺 從橫不定 後因修倉掘地 得古玉斗 以爲正器 據斗 造律度量衡 因用此尺 大赦 改元天和 百司行用 終於大象之末 其律黃鐘 與蔡邕古籥 同 조효손(祖孝孫, ? ~624)이 말하였다. "계승되어 전해진 것은 바로 채옹蔡邕의 동약銅籥이다. 후주 무제後周武帝 보정保定 연간(561～565)에 대종백大宗伯 노경의盧景宜, 상당공上黨公 장손소원長孫紹遠, 기국공岐國公 곡사징斛斯徵 등에게 조칙을 내려 기장을 잇대어 척을 만들 때 가로・세로가 일정하지 않았는데, 뒤에 창고를 보수하려 땅을 파다가 옛날 옥두玉斗를 얻어 정기正器를 삼고, 그 옥두玉斗를 의거하여 율・도・량・형을 만들었다. 그에 따라 이 척을 쓰게 되어 대사大赦를 내리고 천화天和로 개원하였다. 백관百官들이 널리 행하여 쓰다가 후주 정제後周靜帝 대상大象 연간(579～580)의 말기에 중지되었다. 그 황종률관은 채옹蔡邕의 고약古籥과 같았다."」

47 사마공司馬公 : 사마광司馬光이다. 사마광(司馬光, 1019～1086)은 북송北宋의 유학자儒學者・정치가政治家・사학자史學者로 자는 군실君實, 호는 우부迂夫・우수迂叟이다.

산서성山西省 하현夏縣 속수향涑水鄕 출신이다. 속수선생涑水先生이라고도 하였으며, 죽은 뒤 온국공溫國公에 봉해졌으므로 사마온공司馬溫公이라고도 한다. 20세에 진사進士가 되고 지방관을 역임하였으며, 인종仁宗·영종英宗·신종神宗 삼대에 걸쳐 한림학사翰林學士·간관諫官 등을 지냈다. 신종이 진보적 정치가인 왕안석王安石을 발탁하여 신법新法을 단행하자 수구파守舊派의 영수領袖로서 이를 비판하고 구법舊法으로의 회복을 꾀하였으나 실패, 실각하였다. 이후 15년간 은거하며 『자치통감資治通鑑』의 저술에 전념하였다. 이듬해 신종이 죽고 철종이 즉위, 선인태후宣仁太后가 섭정攝政하자, 신법을 싫어하는 태후에게 발탁되어 중앙에 복귀하여 정권을 담당하였다. 재상이 되자 신법을 폐지하고 구법으로 대체하여 구법당舊法黨의 수령으로 크게 활약하였으나 곧 병사病死하였다. 주자朱子는 그를 북송육선생北宋六先生의 하나로 꼽았다. 시호는 문정文正이다. 저서로는 『자치통감資治通鑑』·『속수기문涑水紀聞』·『사마문정공집司馬文正公集』 등이 있다.

48 왕망의 법전法錢 : 법전은 형식·재료·중량 등을 법정 표준에 적합하게 주조한 돈으로 유흠이 동곡銅斛을 제작한 시대에 주조한 대천오십大泉五十과 착도錯刀, 그리고 왕망 천봉天鳳 원년(14)에 주조된 화포貨布·화천貨泉 등이다. 대천오십大泉五十은 무게 12수銖, 지름 1촌 2푼이며, 착도錯刀는 고리는 대천大泉과 같고 몸체는 칼과 같으며 길이 2촌이고, 화포貨布는 무게 25수銖, 길이 2촌 5푼, 폭 1촌, 머리 길이 8푼 남짓, 폭 8푼, 족지足枝 길이 8푼, 간광間廣 2푼, 원 구멍의 지름 2푼 반이며, 화천貨泉은 무게 5수銖, 지름 1촌이다.

49 정도(丁度, 990~1053) : 송나라 개봉開封 상부祥符 사람으로 봉길逢吉의 아들이다. 자는 공아公雅, 시호는 문간文簡이다. 인종仁宗 때 단명전 학사端明展學士를 거쳐 참지정사參知政事·상서좌승尙書左丞 등을 역임하였다. 문자훈고학文字訓詁學에 정통하였다. 저서에 『이영성람邇英聖覽』·『귀감정의龜鑑精義』·『편년총록編年總錄』·『무경총요武經總要』·『집운集韻』·『석문호주釋文互注』·『예부운략禮部韻略』·『공거조식貢擧條式』 등이 있다.

50 고약눌(高若訥, 997~1055) : 송나라 병주幷州 유차楡次 사람으로 자는 민지敏之, 시호는 문장文莊이다. 천성天聖 연간의 진사로 벼슬은 기거사인起居舍人·참지정사參知政事·추밀사樞密使를 지냈다. 범중엄范仲淹을 파직시키고 여정余靖·윤수상尹洙相을 좌천시킨 것을 나무라는 구양수歐陽脩를 이릉령夷陵令으로 좌천시켰다. 천문과 의서에 정통하였다. 문집이 있다.

51 윤곽輪郭 : 동전 앞뒤의 테두리이다.

52 대본에는 '蕭'로 되어 있으나 『성리대전서性理大全書』 권22 율려신서律呂新書1/율려

증변律呂證辨/도량권형度量權衡 제10을 참조하여 '籥'로 바로잡았다.

53 대본에는 '訓'으로 되어 있으나 당唐나라 장손무기長孫無忌 등의 『수서隋書』 권16 지志 제11/율력상律歷上/심도審度를 참조하여 '訓'로 바로잡았다.

54 진나라 전척 : 당唐나라 장손무기長孫無忌 등의 『수서隋書』 권16 지志 제11/율력상律歷上/심도審度. 「晉泰始十年 荀勖律尺 爲晉前尺 진晉나라 태시泰始 10년 순욱의 율척律尺이 진晉나라 전척前尺이 된다.」

55 『양무제종률위梁武帝鐘律緯』 : 원元나라 중서우승상 총재中書右丞相總裁 탁극탁托克托 등等의 『송사宋史』 권202 예문지藝文志 제155/예문藝文1의 악류樂類 111부部 1007권 중 하나로 1권이다.

56 동혼후(東昏侯, 재위 498~501) : 남조 제南朝齊 제6대 폐제廢帝인 소보권蕭寶卷이다. 명제明帝의 둘째 아들로서 즉위 후 황음잔포荒淫殘暴하였고, 옹주자사雍州刺史 소연蕭衍에게 살해되었다. 화제和帝 때 동혼후東昏侯로 강봉降封되었다.

남조 최초의 군벌왕조인 송(宋, 420~479)의 장군 소도성(蕭道成, 427~482)은 전공을 쌓아 양주揚州 북부의 군사권을 장악하여, 형주荊州의 심유지沈攸之를 쓰러뜨리고 왕검王儉 등 귀족층의 지지를 얻어, 479년 마침내 송 순제宋順帝로부터 양위를 받고 제위에 올라 남제를 창건하였다. 제2대 무제武帝 이후 24년간 7대나 황제가 교체되는 국정의 동요로 동족이며 무장이었던 옹주자사雍州刺史 소연(蕭衍, 464~549)이 그 틈을 타서 거병하여 폭군인 제6대 동혼후(東昏侯 : 廢帝)를 퇴위시키고 남강왕南康王을 화제和帝로 추대하여 스스로는 상국相國이 되었으나, 502년 화제에게 선양禪讓받아 제위에 오르고 국호를 양梁이라 하였다.

57 소길蕭吉 : 수나라 남난릉南蘭陵 사람으로 자는 문휴文休이다. 남조 양南朝梁나라의 종실宗室로 의懿의 손자이다. 벼슬은 태부소경太府少卿을 지냈다. 박학다재博學多才하고 음양술수陰陽術數에 정통하여 고금의 음양서를 고정考正하였다. 저서로는 『금해金海』·『상경요록相經要錄』·『택경宅經』·『장경葬經』·『악보樂譜』가 있다.

58 사마법司馬法 : 주대周代에 토지와 병부兵賦를 경리經理하던 법이다.

59 동규銅圭 : 구리로 만든 해의 그림자를 재는 자이다.

60 영표影表 : 고대에 해의 그림자를 측정하여 시간을 재던 천문기구이다.

61 대본에 누락된 '敍'를 보충하였다.

당唐나라 태종문황제太宗文皇帝의 『진서晉書』 권47 열전列傳 제17/부창傅暢에 의하면 부창이 저술한 것은 『진제공서찬晉諸公敍讚』 22권이기 때문이다.

62 시평군始平郡 : 진대晉代 호북성湖北省 균현均縣의 북쪽에 둔 군郡 이름이다.

63 부창(傅暢, ? ~330) : 서진西晉 북지北地 이양泥陽 사람으로 자는 세도世道, 기祇의

둘째 아들이다. 비서승秘書丞 무향정후武鄕亭侯에 봉해지고 석늑石勒의 아래에서 대장군우사마大將軍右司馬를 지냈다. 저서에 『진제공서찬晉諸公敍讚』·『공경고사公卿故事』 등이 있다.

64 신해神解 : 뛰어난 이해력이다.

65 대본에는 '所調之律'로 되어 있으나 『성리대전서性理大全書』 권22 율려신서律呂新書1/율려증변律呂證辨/도량권형度量權衡 제10을 참조하여 '所用調律'로 바로잡았다.

66 그 곡분을 2000약을 기준 : 1곡斛은 10두斗를 담고 2천약龠을 채워 1620000입방푼立方分으로 계산하는데, 2약이 1홉이고 810입방푼이기 때문이다.

67 그 율관이~될 뿐이다 : 부피 720푼 6리 6호 6사에서 원전술 '(지름×지름×3)/4'에 따라 길이를 계산하면, 길이=(720.666×4)/(3.3×3.3×3)이므로 이 율관의 길이는 대략 88푼 2리 3호 5사 정도이다.

68 강동의 진나라 : 동진東晉이다. 진(晉 : 西晉)나라는 원래 사마염司馬炎이 삼국三國 위魏나라의 황제 조환曹奐으로부터 선양禪讓이라는 명목으로 황제 위를 빼앗아 제위에 오르고 낙양洛陽을 도읍으로 265년에 세운 나라이다. 그 후 제3대 회제懷帝 때 이민족들이 일으킨 영가永嘉의 난으로 낙양과 장안長安이 파괴되고 311년에는 회제가 살해되었으며, 316년에는 제4대 민제愍帝도 잡혀 서진西晉은 멸망하였다. 이에 앞서 건업建業에 있었던 서진의 왕족 사마예司馬睿는 낙양과 장안이 함락되자 건업을 도읍으로 317년 동진東晋을 세웠다. 그 후 동진은 제권帝權이 약해서 장군들의 정권 싸움이 끊이지 않아 419년 무장武將인 유유劉裕는 공제恭帝로부터 선위禪位받아 송조宋朝를 일으켜 동진도 멸망하였다.

69 후위後魏 : 북위北魏라고도 한다. 선비족鮮卑族의 탁발부拓跋部가 중국 화북지역에 세운 북조北朝 최초의 왕조(386~534)이다. 위魏는 중국 고래의 전통에 의한 국가 체제를 채용하기로 정하고, 화북지방을 평정하기 위하여 몽골에서 데려온 여러 유목 부족을 해산시켜 부민部民을 군현郡縣의 호적에 편입하게 하였다. 그리고 훈공이 있는 부족 중의 유력자에게는 관작을 수여하고 한족漢族의 명문名門과 똑같이 고급관리로 채용하여 귀족제의 기초를 이루었다. 명원제明元帝 때 남조 송南朝宋을 공략하여 허남[河南] 지방의 땅을 빼앗았고, 태무제太武帝 때 하夏·북연北燕·북량北涼을 멸망시킴으로써 오호십육국五胡十六國의 난을 종식시켜 439년 마침내 북위는 강북지역 통일을 완성하였다. 그 뒤 북위는 우문태宇文泰와 고환高歡의 대립으로 각각 북위의 종실을 천자로 옹립한 서위西魏와 고환의 동위東魏로 분열되었고, 동위는 550년 고환의 아들 양洋에게 빼앗겨 북제北齊가 되었으며, 서위는 556년 우문태의 아들 우문각宇文覺에게 빼앗겨 북주北周가 되었다. <『동아세계대백

과사전』 30권, 동아출판사, 1994, 551쪽.>

70 후주後周 : 후주後周는 북조 북주北朝北周이다. 서위西魏의 실권자이던 우문태宇文泰가 죽고 아들 우문각宇文覺이 뒤를 이었을 때 그를 보좌하던 우문각의 사촌 우문호宇文護가 서위 공제西魏恭帝를 제위에서 밀어내고 세운 왕조이다. 557년부터 580년까지 6대 26년 존속하였다.

71 대본에는 '統'으로 되어 있으나 『성리대전서性理大全書』 권22 율려신서律呂新書1/율려증변律呂證辨/도량권형度量權衡 제10을 참조하여 '紛'으로 바로잡았다.

72 태상경太常卿 유방(劉芳, 453~513) : 북위北魏 팽성彭城 사람으로 자는 백문伯文, 시호는 문정이다. 음훈音訓에 정통하여 유석경劉石經으로 불렸다. 벼슬은 태상경太常卿을 지냈다. 13종의 율령律令 · 조의朝儀를 편찬하였다.

73 중위中尉 원광元匡 : 북위北魏의 종실宗室로 경목제景穆帝의 손자이다. 자는 건부建扶, 시호는 문정文貞이다. 벼슬은 탁지상서度支尙書를 지냈다. 상서령尙書令 고조高肇를 논죄하다가 광록대부光祿大夫로 강등되었다. 죽은 뒤에는 제남왕濟南王에 개봉改封되었다.

74 고조高祖 : 북위 효문제北魏孝文帝의 묘호廟號이다.

75 대본에는 '記'로 되어 있으나 『성리대전서性理大全書』 권22 율려신서律呂新書1/율려증변律呂證辨/도량권형度量權衡 제10을 참조하여 '計'로 바로잡았다.

76 채옹의~썼다 : 당唐나라 장손무기長孫無忌 등의 『수서隋書』 권16 지志 제11/율력상律歷上/심도審度. 「蔡邕銅籥尺 後周玉尺 實比晉前尺 一尺一寸五分八釐 從上相承有銅籥一以銀錯題其銘曰 籥黃鐘之宮 長九寸 空圍九分 容秬黍一千二百粒 稱重十二銖 兩之爲一合 三分損益 轉生十二律 채옹蔡邕의 동약척銅龠尺과 후주後周의 옥척玉尺은 진晉나라 전척前尺을 기준으로 비교하면 1척 1촌 5분 8리이다. 이전부터 계승된 동약銅龠 하나가 있는데 은으로 아로새겨 그 명문銘文을 썼는데, 말하기를 "1약龠이 황종궁黃鐘宮이니 길이는 9촌이고 공위空圍는 9평방푼이고, 용량은 기장 1200알이며, 맞는 무게는 12수銖이고, 그 둘을 합한 것이 1홉合이다. 삼분손일 · 삼분익일을 반복하여 11률을 낳는다."라고 하였다.」

77 조효손(祖孝孫, ? ~624) : 당나라 유주幽州 사람으로 숭유崇儒의 아들이다. 벼슬은 저작랑著作郎 · 태상소경太常少卿을 지냈다. 역산曆算과 음률音律에 정통하였다. 아악雅樂을 수정하고, 고음古音을 참고하여 대당아악大唐雅樂을 만들었다.

78 노경의盧景宜 : 당시 대종백大宗伯이었다.

79 장손소원長孫紹遠 : 북주北周 大代 땅 사람으로 처음 이름은 인仁, 자는 사師이다. 기귀의 아들이고, 시호는 헌獻이다. 아버지와 함께 위 효무제魏孝武帝를 따라 서천西遷하여 전중상서殿中尙書 · 대사악大司樂을 지냈고, 북주 효민제北周孝閔帝 때 상당

군공上黨郡公에 봉해졌다. 악률에 정통하여 여러 악기를 만들었다.

80 곡사징(斛斯徵, 529~584) : 북주北周 하남河南 낙양洛陽 사람으로 춘椿의 아들, 자는 사량士亮이다. 박식하고 음률音律에 밝았다. 무제武帝 때 황태자의 스승을 지냈고, 수 문제隋文帝때 태자태부太子太傅가 되었다. 저서로는 『악전樂典』이 있다.

81 천화天和 : 북주 무제北周武帝의 연호로 566~571년이다.

82 1두斗를~계산하여 : 2약이 1홉合이고, 10홉이 1승升이고, 10승이 1두斗이다.

83 대문에 누락된 '依'를 『성리대전서性理大全書』 권22 율려신서律呂新書1/율려증변律呂證辨/도량권형度量權衡 제10을 참조하여 보충하였다.

84 대본에는 '一'로 되어 있으나 당唐나라 장손무기長孫無忌 등의 『수서隋書』 권16 지志 제11/율력상律歷上/심도審度/후주철척後周鐵尺을 참조하여 '上'으로 바로잡았다.

85 전악지錢樂之 : 남조 송南朝宋나라 사람으로 벼슬은 태사령太史令을 지냈다. 장형張衡의 혼천의渾天儀를 새로 제작하였다.

86 송대 연간에 쓴 척이 제·양·진 : 송宋나라는 동진東晋 말기의 권신權臣이자 무장武將이던 유유(劉裕 : 武帝)가 진 공제晉恭帝로부터 420년 선양禪讓을 받아 시작되었고, 이어 제齊·양梁·진陳의 4왕조가 교체하여 나라를 세웠다가, 589년 진陳이 수문제隋文帝에게 멸망될 때까지이다.

87 유요(劉曜, ? ~329) : 16국시대 전조前趙의 군주로 흉노족匈奴族이었다. 자는 영명永明이다. 연淵의 족자族子로서 연에게 양육되었다. 장안長安을 점령하여 국호를 조趙로 고쳤으나 석늑石勒에게 살해당하였다. 재위 13년이다.

88 달해진達奚震 : 북주北周 대代 땅 사람으로 자는 맹략猛略이고, 선비족鮮卑族이었다. 무武의 아들이다. 화주자사華州刺史를 역임하고 광평군공廣平郡公에 봉해졌다. 정국공鄭國公을 습봉하고 상주국上柱國에 올랐으며, 북제北齊를 멸한 뒤 대종백大宗伯·원주총관原州總管을 역임하였다.

89 소작(蘇綽, 498~546) : 서위西魏 경조京兆 무공武功 사람으로 자는 영작令綽이다. 벼슬은 행대낭중行臺郎中·대행대좌승大行臺左丞·사농경司農卿을 지냈다. 공문의 격식과 계장법計帳法·호적법戶籍法을 제정하였고, 관리들이 알아야 할 여섯 가지 조항[六條詔書]을 마련하였으며, 또한 『주례』에 의한 관제 개편을 시도하다가 완성하지 못하고 과로로 병사하였다. 저서로는 『불성론佛性論』·『칠경론七經論』이 있다.
서위西魏 : 중국의 왕조(535~556)이다. 북위北魏는 내란 때문에 동서로 갈라졌으며, 그 중 장안長安을 근거지로 한 동위東魏와는 심한 제패전을 거듭하였다. 창건자는 선비족 출신의 우문태宇文泰로 북위의 종실을 받들어 국호를 위魏라 칭하였다. 우문태는 북위의 반동으로서 소박주의 정치를 표방하였고, 북방민족 존중주의를 취한 외에도 한인漢人 소작蘇綽 등을 등용하여 『주례』를 따라 관제개혁을 단행하였다. 부병제府兵制도 이 왕조에서 비롯되었다. <『동아세계대백과사전』 16권, 동아출판사, 1994, 617쪽.>

90 상당上黨의 양두산羊頭山 : 산서성山西省 장자현長子縣 남동쪽에 있는 산이다. 한漢나라 난대영사蘭臺令史 반고班固의 『전한서前漢書』 권99중 왕망전王莽傳 제69중의 안사고顔師古 주注. 「羊頭 山名 在上黨壺關縣 양두羊頭는 산 이름이니 상당上黨의 호관현壺關縣에 있다.」

91 허신許愼의 『설문해자說文解字』에는 이와 같은 내용이 없고, 다음과 같이 설명하고 있다. 「秬 黑黍也 一稃二米 以釀 거秬는 검은 기장이니 한 껍질에 두 알곡이 들어 있다. 그것으로 술을 빚는다.」

92 한漢나라 난대영사蘭臺令史 반고班固의 『전한서前漢書』 권24하 식화지食貨志 제4하.

93 『서경書經』 우서虞書/순전舜典. 「帝曰 夔 命汝典樂 敎胄子 直而溫 寬而栗 剛而無虐 簡而無傲 詩言志 歌詠言 聲依永 律和聲 八音克諧 無相奪倫 神人以和 순임금이 말하였다. "기夔야! 너를 명하여 악을 맡게 하니, 맏아들들을 가르칠 때는 솔직하면서 온화하게 하며, 너그러우면서 엄숙하게 하며, 강하지만 포학暴虐하지 말게 하며, 소탈하지만 오만하지 말게 할 것이니, 시는 뜻을 말한 것이고, 노래는 말을 길게 읊는 것이고, 악기소리는 길게 함을 의지하는 것이고, 음률音律은 소리를 화하게 하는 것이니, 팔음의 악기가 능히 어울려 서로 질서를 침범하지 않아야만 신과 사람이 화할 것이다."」

94 당唐나라 장손무기長孫無忌 등의 『수서隋書』 권16 지志 제11/율력상律歷上.

95 남려는 황종우黃鍾羽이다 : 본서/율려본원/제8편 84성도八十四聲圖에 의하면 8월八月은 남려궁南呂宮인데, 이하 태주치太簇徵·임종상林鐘商·황종우黃鍾羽로 되어 있다.

96 대본에는 '暉'로 되어 있으나 당唐나라 장손무기長孫無忌 등의 『수서隋書』 권16 지志 제11/율력상律歷上을 참조하여 '曜'로 바로잡았다.

97 유요劉曜 : 전조前趙 사람으로 자는 영명永明, 연淵의 족자族子로서 연에게 양육되었다. 장안을 점령하여 국호를 조趙로 고쳤으나 석늑石勒에게 살해당하였다. 재위 13년이다.

98 왕박(王朴, 915~959) : 오대五代시대 동평東平 사람으로 자는 문백文伯이다. 벼슬은 후주 세종後周世宗 때의 비부낭중比部郎中·추밀사樞密使를 지냈다. 흠천력欽天曆을 짓고 아악雅樂을 고정考正하였다.

99 화현(和峴, 933~988) : 송宋 준의浚儀 사람으로 응凝의 아들, 자는 회인晦仁, 음악에 밝았다. 벼슬은 주객낭중主客郎中을 지냈다. 저서는 『봉상집奉常集』·『비각집秘閣集

』·『무성왕묘찬주武成王廟贊注』가 있다.

100 대본에는 '大府布市尺'으로 되어 있으나 명明나라 주재육朱載堉의 『악률전서樂律全書』 권11 율려정의외편律呂精義外篇1와 명明나라 예부倪復의 『종률통고鐘律通考』 권4 역대황종위경장단지변장歷代黃鐘圍徑長短之辨章14/『수서』「율력지」의 15등척隋志十五等尺과 인화仁和 응휘겸應撝謙의 『고악서古樂書』 권5 척도尺度 제3을 참조하여 '太府布帛尺'으로 바로잡았다.

101 등보신鄧保信 : 송宋나라 왕응린王應麟의 『옥해玉海』 권卷8 율력律歷/도度. 「景祐三年 六月丙寅 鄧保信 上所制樂尺幷龠 言其法本漢志 可合律度量衡 송 인종宋仁宗 경우景祐 2년 6월에 등보신이 악척樂尺과 약龠을 올리고, 그 법이 『한서』「율력지」를 바탕으로 하였으므로 율律·도度·량量·형衡이 부합한다고 하였다.」

102 「주의奏議」 : 문체文體의 이름으로 신하가 임금에게 어떤 일의 시시비비를 낱낱이 적어 아뢰는 것이다.

103 대성악大晟樂 : 명明나라 형운로邢雲路의 『고금율력고古今律曆考』 권34 율려律呂6/율려律呂/역대악론歷代樂論. 「宋 大晟樂 卽方士魏漢津之所造 取徽宗指寸爲律者 송나라 대성악大晟樂은 곧 방사方士 위한진魏漢津이 지은 것이니, 휘종徽宗의 손가락에서 촌寸를 취하여 율律을 삼은 것이다.」

대성악은 원래 송나라 때 궁중에서 사용하던 제례음악으로 송 태조 때부터 휘종徽宗에 이르기까지 여섯 번이나 고쳐 만들었으며, 1105년(휘종 4)에는 구악舊樂을 일체 쓰지 않기로 함과 동시에 대성부大晟府를 세워 관장하였다.

104 휘종황제徽宗皇帝 : 본서/권1. 율려신서/주자 서문朱子序文 각주 15) 참조.

105 『대성악서大晟樂書』 : 파양鄱陽 마단림馬端臨의 『문헌통고文獻通考』 권186 경적고經籍考13/경經/악樂. 「陳氏曰 大中大夫 開封 劉炳 子蒙 撰大晟者 本方士魏漢津 妄出新意 以祐陵指節 定尺律 傅會身爲度之說 昺爲大司樂 精爲緣飾 진씨陳氏가 말하였다. "대중대부大中大夫 연간에 개봉開封의 유병 자몽劉昺子蒙이 『대성악서大晟樂書』를 편찬한 것은 본래 방사方士 위한진魏漢津이 망령되게 새로운 뜻을 내어 우릉(祐陵 : 宋徽宗의 陵)의 손가락 마디로 척尺과 율律을 정했는데, 몸이 척도尺度의 기준이 된다는 학설을 부회傅會한 것이다. 유병이 대사악大司樂이 되어 정성스럽게 치장하여 만들었다."」

자몽子蒙은 유병劉昺의 자이다.

106 대본에 누락된 '謹'을 『성리대전서性理大全書』 권22 율려신서律呂新書1/율려증변律呂證辨/도량권형度量權衡 제10을 참조하여 보충하였다.

107 대본에는 '魯'로 되어 있으나 당唐나라 태종문황제太宗文皇帝의 『진서晉書』 권39 열전列傳 제9/순욱荀勖를 참조하여 '曾'으로 바로잡았다.

108 대본에는 '錢'으로 되어 있으나 원元나라 중서우승상 총재中書右丞相總裁 탁극탁托克托 등等의 『송사宋史』 권71 율력지律歷志 제24/율력律歷4를 참조하여 '泉'으로 바로잡았다.

109 대본에는 '此'로 되어 있으나 『성리대전서性理大全書』 권22 율려신서律呂新書1/율려증변律呂證辨/도량권형度量權衡 제10을 참조하여 '比'로 바로잡았다.

110 서척黍尺 : 길이의 단위이다. 기장 알맹이 한 개의 길이를 1분分, 1백 개의 길이를 1척이라 하였다. 비교적 작은 도량 단위를 이르기도 한다.

111 종률鐘律 : 편종編鍾의 12율, 또는 음률을 두루 이르는 말이다.

112 부鬴 : 주周나라시대의 양기量器 이름이다. 모양이 안은 사방으로 모가 나고 밖은 둥글며 길이가 1자로서, 곡식 6말 4되를 담는다.

113 태부시太府寺 : 주관周官 천관天官에 속하여 창고의 회계에 관한 일을 맡아 보던 벼슬이다. 진한秦漢시대에는 사농 소부司農少府에 합병하였고, 남조 양南朝梁・북위北魏 때는 태부경太府卿을 두어 내탕內帑을 관리하였다. 북제北齊 때는 태부시太府寺라 하였고, 북주北周 때는 태부 중대부太府中大夫를 두어 공부貢賦와 재물을 관장하였으며, 당대唐代에는 외부外府・사부司府 등으로 고쳤다가 곧 환원하였다. 『수서隋書』 권27 지제志第22/백관중百官中(당 장손무기唐長孫無忌 등찬等撰) 「太常 光祿 衛尉 大宗正 太僕 大理 鴻臚 司農 太府 是爲九寺 태상시太常寺・광록시光祿寺・위위시衛尉寺・종정시大宗正)・태복시太僕寺・대리시大理寺・홍려시鴻臚寺・사농司農・태부시太府寺가 바로 구시九寺이다."」

114 순공증荀公曾 : 진晉나라 초 중서감中書監에 제수되고 광록대부光祿大夫에 올라 악사樂事를 관장했던 순욱이다. 공증公曾은 자이다.

115 희씨姬氏의 주周나라 : 주周나라의 국성國姓이 희씨姬氏이다.

116 반냥은~하고 : 명明나라 호아곤胡我琨의 『전통錢通』 권6 삼지상三之象. 「前漢高后紀曰 二年 行八銖錢 舊譜曰 重八銖 文曰半兩 食貨志曰 孝文五年 更鑄四銖錢 其文爲半兩 『전한서』 고후기高后紀에 말하기를 "2년(B.C. 186)에 8수전八銖錢을 발행하였다."라고 하고, 『구보舊譜』에 말하기를 "무게가 8수銖니 새겨진 글이 '반냥半兩'이다."라고 하였다. 「식화지食貨志」에 말하기를 "효문제孝文帝 5년(B.C. 175)에 4수전四銖錢을 다시 주조하였는데 그 새겨진 글이 '반냥半兩'이다."라고 하였다.」

117 서응瑞應의 하도河圖 : 서응은 임금의 어진 정치가 하늘에 감응되어 나타나는 길한 조짐이다. 도圖는 하도河圖이다.

118 태상시太常寺 : 당唐나라 장손무기長孫無忌 등의 『수서隋書』 卷27 지志 제22/백관중百官中. 「太常 光祿 衛尉 大宗正 太僕 大理 鴻臚 司農 太府 是爲九寺 …中略… 太常 掌陵廟羣祀

禮樂儀制 天文術數 衣冠之屬 태상시太常寺・광록시光祿寺・위위시衛尉寺・종정시大宗正寺・태복시太僕寺・대리시大理寺・홍려시鴻臚寺・사농시司農寺・태부시太府寺가 바로 구시九寺이다. …중략… 태상太常은 능묘陵廟의 여러 제사와 예악의 의례제도와 천문술수天文術數와 의관 따위를 관장하였다.」

119 대본에 누락된 '大'를 『주례周禮』 동관冬官/율씨㮚氏의 정현鄭玄 주註를 참조하여 보충하였다.

120 대본에는 '均'으로 되어 있으나 『주례周禮』 동관冬官/율씨㮚氏를 참조하여 '鈞'으로 바로잡았다.

121 대본에 누락된 '其'를 『주례周禮』 동관冬官/율씨㮚氏를 참조하여 보충하였다.

122 방이~1000촌이니 : 한 변이 1척인 정육각형의 부피를 계산하는 것이므로 10촌×10촌×10촌=1000입방촌이다.

123 1280약龠 : 6두 4승은 64승인데, 1승升이 20약龠이므로 64×20=1280약이 된다.

124 1036800푼 : 1약은 810입방푼이므로 1280약×810입방푼=1036800입방푼이다.

125 1036촌 : 부피 단위는 1000푼이 1촌이기 때문이다.

126 안쪽 방이~1620촌이다 : 한 변이 1척인 정사각형의 외접원 지름은 14.1421촌이고, 조방(庣旁 : 나팔모양 입구)이 9리 5호이면 전체 지름은 14.1421촌+(2×0.095)촌=14.3321촌이다. 이것으로 멱冪을 계산하면 (14.3321/2)×(14.3321/2)×(355/113)=161.3279평방촌이 되고, 깊이 1척의 부피를 계산하면 161.3279촌×10촌=1613.279입방촌이 된다.

127 방은~1036촌 8푼이니 : 한 변이 8촌인 정사각형의 외접원 지름은 11.3137촌이고, 다시 조방(庣旁 : 나팔모양 입구)을 9리 5호로 계산하면 전체 지름은 11.3137촌+(2×0.095)촌=11.5037촌이다. 이것으로 멱冪을 계산하면 (11.5037/2)×(11.5037/2)×(355/113)=103.9357평방촌이 되고, 깊이 1척의 부피를 계산하면 103.9357촌×10촌=1039.357입방촌이 된다.

128 대본에는 '三'으로 되어 있으나 『성리대전서性理大全書』 권22 율려신서律呂新書1/율려증변律呂證辨/도량권형度量權衡 제10을 참조하여 '二'로 바로잡았다.

129 위는 셋이고 아래는 둘이니 : 위에는 홉合・승升・곡斛 세 가지, 아래에는 약龠・두斗 두 가지가 있다.

130 하늘에서~의미이고 : 『주역周易』 설괘전說卦傳. 「參天兩地而倚數 하늘은 셋으로 하고 땅은 둘로 하여 수를 의지한다.」

131 그 무게는~11520이다 : 1약이 1/2냥이며 12수이므로 960약×12수= 11520수이다.

132 반곡과~있다 : 한漢나라 난대영사蘭臺令史 반고班固의 『전한서前漢書』 권21상 율

력지律歷志 제1상의 안사고顔師古 주注. 「孟康曰 其上謂 仰斛也 其下謂 覆斛之底 受一斗 맹강이 말하였다. "그 윗부분은 앙곡仰斛을 뜻하고, 그 아랫부분은 곡斛을 덮는 바닥을 뜻하니 1두를 담는다."」

한漢나라 난대영사蘭臺令史 반고班固의 『전한서前漢書』 권21상 율력지律歷志 제1상의 안사고顔師古 주注. 「孟康曰 反斛 聲中黃鐘 覆斛 亦中黃鐘之宮 宮爲君也 臣瓚曰 仰斛受一斛 覆底 受一斗 故曰 反覆焉 맹강이 말하였다. "반곡反斛은 소리가 황종에 맞고, 복곡覆斛도 또한 황종궁에 맞으니, 궁宮은 군상君象이다." 신찬臣瓚이 말하였다. "앙곡仰斛은 1곡을 담고 복곡覆斛의 바닥은 1두를 담는다. 그러므로 반복反覆이라 한 것이다."」

133 당唐나라 장손무기長孫無忌 등의 『수서隋書』 권16 지志 제11/율력상律歷上/심도審度.

134 대본에는 '圜'로 되어 있으나 당唐나라 장손무기長孫無忌 등의 『수서隋書』 권16 지志 제11/율력상律歷上/심도審度을 참조하여 '圓'으로 바로잡았다.

135 대본에 누락된 '之'를 『성리대전서性理大全書』 권22 율려신서律呂新書1/율려증변律呂證辨/도량권형度量權衡 제10을 참조하여 보충하였다.

136 대본에 '容容'으로 되어 있으나 『성리대전서性理大全書』 권22 율려신서律呂新書1/율려증변律呂證辨/도량권형度量權衡 제10을 참조하여 '容'으로 바로잡았다.

137 유휘劉徽 : 삼국시대 위魏나라의 수학자이다. 경력은 확실하지 않으나 한대漢代에 완성된 『구장산술九章算術』에 주석을 가하였으며, 『해도산경海島算經』을 저작하였다. 『구장산술주九章算術註』는 단순한 주석서에 그치지 않고 수학자로서의 그의 진가를 발휘한 귀중한 자료서였다. 그는 여기서 원주율圓周率을 산출함에 있어 무한등비급수의 극한치를 구하는 방법과 유사한 추리방법을 적용하여 근사치를 구하는 데 성공하였다. 또 여러 가지 모양의 부피를 구하는 데도 그의 뛰어난 기하학적 직관과 극한을 구하는 방법을 이용하여 성공을 거두었다. 과거 중국에 있어서의 가장 위대한 수학자로 평가되고 있다. <『동아세계대백과사전』 22권, 동아출판사, 1994, 489쪽.>

138 지금~10분의 3촌이다 : 원둘레와 지름이 13.55촌이고 깊이가 10촌이면 부피는 (13.55/2)×(13.55/2)×(355/113)×10=1442.0107입방촌이다.

139 왕망의 동곡을~된다 : 원둘레와 지름이 13.687이고 깊이가 9.55이면 부피는 (13.687/2)×(13.687/2)×(355/113)×9.55=1405.1083입방촌이다. 왕망의 동곡에 비하면 위魏나라는 1442.0107입방촌-1405.1083=36.9024입방촌이 작다.

140 당唐나라 장손무기長孫無忌 등의 『수서隋書』 권16 지志 제11/율력상律歷上/심도審度.

141 원률圜率 : 원주율이다.

142 당唐나라 장손무기長孫無忌 등의 『수서隋書』 권16 지志 제11/율력상律歷上/심도審度.

143 대본에는 '圍'로 되어 있으나 『성리대전서性理大全書』 권22 율려신서律呂新書1/율려증변律呂證辨/도량권형度量權衡 제10을 참조하여 '圜'으로 바로잡았다.

144 대본에는 '栗'로 되어 있으나 한漢나라 고유高誘 주注의 『회남홍렬해淮南鴻烈解』 권3 천문훈天文訓을 참조하여 '粟'으로 바로잡았다.

145 대본에 누락된 '一'을 한漢나라 고유高誘 주注의 『회남홍렬해淮南鴻烈解』 권3 천문훈天文訓을 참조하여 보충하였다.

146 한漢나라 고유高誘 주注의 『회남홍렬해淮南鴻烈解』 권3 천문훈天文訓.

147 대본에는 '宮'으로 되어 있으나 한漢나라 난대영사蘭臺令史 반고班固의 『전한서前漢書』 권21상 율력지律歷志 제1상을 참조하여 '重'으로 바로잡았다.

148 대본에는 '一十六'으로 되어 있으나 한漢나라 난대영사蘭臺令史 반고班固의 『전한서前漢書』 권21상 율력지律歷志 제1상을 참조하여 '三十'으로 바로잡았다.

149 헤아려보면~되니 : 한漢나라 난대영사蘭臺令史 반고班固의 『전한서前漢書』 권21상 율력지律歷志 제1상의 주註. 「孟康曰 忖度也 度其義 有十八也 黃鐘 龠 銖 兩 鈞 斤 石 凡七 與下十一象爲十八也 맹강이 말하였다. "촌忖은 헤아린다는 뜻이니, 그 뜻을 헤아리는 것이 18가지가 있다. 황종 · 약龠 · 수銖 · 냥兩 · 균鈞 · 근斤 · 석石 7가지와 아래 11가지의 상象이 더해 18가지가 된다."」

150 『주역』에~있다 : 『주역』의 점서법占筮法으로 열여덟 번의 변화를 거쳐서 한 괘卦를 얻기 때문이다.

151 둥글면서~하였으니 : 유肉는 엽전 따위와 같이 가운데 구멍이 있는 것의 외변外邊, 곧 고리인데 두께가 3촌이므로 지름으로 보면 6촌이고, 호好는 환상環狀으로 된 옥玉의 구멍인데 지름이 3촌이다.

152 한漢나라 난대영사蘭臺令史 반고班固의 『전한서前漢書』 권21상 율력지律歷志 제1상.

153 대본에는 '校'로 되어 있으나 『성리대전서性理大全書』 권22 율려신서律呂新書1/율려증변律呂證辨/도량권형度量權衡 제10을 참조하여 '校'로 바로잡았다.

154 대본에는 '名'으로 되어 있으나 『성리대전서性理大全書』 권22 율려신서律呂新書1/율려증변律呂證辨/도량권형度量權衡 제10을 참조하여 '銘'으로 바로잡았다.

155 장문수張文收 : 당나라 위주魏州 창락昌樂 사람으로 음률에 밝고 시문에 능하였다. 태종太宗 정관貞觀 연간 초기에 협률랑協律郞에 제수除授되었다.

156 무연수(武延秀, ? ~710) : 당나라 병주幷州 문수文水사람으로 승사承嗣의 아들이다.

어머니는 대방帶方 사람, 처妻는 돌궐突厥 여인이었다. 돌궐가突厥歌를 부르고 호선무胡旋舞를 지었다. 종형從兄 무숭훈武崇訓의 처인 안락공주安樂公主를 무숭훈이 죽은 뒤 취하고, 이어 무삼사武三思가 죽은 뒤 위후韋后와 내통하였다. 위후가 패하자 안락공주와 함께 죽음을 당하였다.

157 세차歲次 : 세성歲星이 머무르는 위치이다.

158 현효玄枵 : 『이아爾雅』 석천釋天. 12성좌星座의 하나이다. 28수宿와 어울려서는 여女·허虛·위危 삼수三宿가 되며, 12진辰과 어울려서는 자子가 되고, 점성술의 분야分野에서는 제齊나라 지역이 된다.

159 월은~응종에 : 『주례周禮』 지관地官 제2의 정현鄭玄 주註. 「旅 猶處也 여旅는 처處한다는 뜻이다.」
응종은 음력 10월이다.

160 옥두玉斗 : 당唐나라 장손무기長孫無忌 등의 『수서隋書』 권16 지志 제11/율력상律歷上/심도審度. 「祖孝孫云 相承傳 是蔡邕銅籥 後周武帝保定中 詔遣 大宗伯 盧景宣 上黨公 長孫紹遠 岐國公 斛斯徵等 累黍造尺 從橫不定 後因修倉掘地 得古玉斗 以爲正器 據斗 造律度量衡 因用此尺 大赦 改元天和 百司行用 終於大象之末 其律黃鐘 與蔡邕古籥 同 조효손(祖孝孫, ?~624)이 말하였다. "계승되어 전해진 것은 바로 채옹蔡邕의 동약銅籥이다. 후주後周 제4대 무제武帝 보정保定 연간(561~565)에 대종백大宗伯 노경의盧景宣, 상당공上黨公 장손소원長孫紹遠, 기국공岐國公 곡사징斛斯徵 등에게 조칙을 내려 기장을 잇대어 척을 만들 때 가로·세로가 일정하지 않았는데, 뒤에 창고를 보수하려 땅을 파다가 옛날 옥두玉斗를 얻어 정기正器를 삼고, 그 옥두玉斗를 의거하여 율·도·량·형을 만들었다. 그에 따라 이 척을 쓰게 되어 대사大赦를 내리고 천화天和로 개원하였다. 백관百官들이 널리 행하여 쓰다가 후주後周 제6대 정제靜帝 대상大象 연간(579~580)의 말기에 중지되었다. 그 율은 채옹蔡邕의 고약古籥과 같았다."」

161 협률랑協律郎 : 협률도위協律都尉·협률교위協律校尉와 함께 한나라 악관樂官의 명칭이다.

162 총장總章 : 악관樂官의 이름이다.

163 만보상萬寶常 : 수 문제隋文帝 때 사람으로 종률鍾律에 통달하고, 8음八音도 두루 잘 알았다. 문제 때에 모든 악기를 만들었다.

164 위연릉이~되었다 : 송宋나라 한림학사翰林學士 구양수歐陽修의 『당서唐書』 권21 지志 제11/예악지禮樂志. 「至肅宗時 山東人 魏延陵 得律一 因中官李輔國獻之 云 太常諸樂調 皆下 不合黃鐘 請悉更制諸鐘磬 帝以爲然 乃悉取太常諸樂器 入于禁中 更加磨剡 凡二十五日而成 御三殿觀之 以還太常 然以漢律考之 黃鐘乃太簇也 當時議者以爲非 숙종肅宗 때 이르러

산동山東 사람 위연릉魏延陵이 율관 하나를 얻었는데, 그에 따라 중관中官 이보국李輔國이 그것을 올리고 말하기를 "태상太常의 여러 악조樂調가 모두 낮아 황종에 부합하지 않으니, 여러 종경鐘磬을 다 다시 제정하기를 청합니다."라고 하였다. 황제가 그렇다고 여겨 이에 태상의 모든 악기를 다 취하여 궁중에 거둬들여 다시 더 갈아냈다. 25일 만에 끝내고 삼전三殿에 모시고 관람하고 태상에 돌려보냈다. 그러나 한나라 율관을 가지고 고찰해보니 황종이 바로 태주였다. 당시에 비평하는 사람들이 잘못되었다고 하였다.」

165 그 황종관이~있으며 : 원둘레=지름×원주율이므로 원둘레=2.77×355/113에서 원둘레는 대략 8푼 7리 정도이다.

166 위 바깥~있고 : 원전술=(원둘레의 반×지름의 반)이므로 면적=(2.77/2)×(8.1/2)에서 면적은 5.60925푼이다.

167 부피는~있었다 : 원전술=(원둘레의 반×지름의 반)이므로 율관의 길이를 9촌으로 계산하면, 부피=(2.77/2)×(8.1/2)×90=504.8325이므로 대략 504푼이 된다.

168 대본에는 '收'로 되어 있으나 『성리대전서性理大全書』 권22 율려신서律呂新書1/율려증변律呂證辨/도량권형度量權衡 제10을 참조하여 '孜'로 바로잡았다.

169 대본에는 '者卽以器論器'로 되어 있으나 『성리대전서性理大全書』 권22 율려신서律呂新書1/율려증변律呂證辨/도량권형度量權衡 제10을 참조하여 '只憑器論造器'로 바로잡았다.

170 한漢나라 태사령太史令 사마천司馬遷의 『사기史記』 권25 율서律書 제3/율수律數.

171 선천도先天圖 : 소옹邵雍의 선천역先天易에 기초해서 제정한 도표이다. 선천역도先天易圖라고도 한다. 문왕文王과 공자孔子에 의해 부연・발전되었다고 전해지는 『주역』을 후천역後天易이라고 하는 데 비해 복희가 지었다고 전해지는 원초적인 역易을 선천역이라고 한다. 이것은 『주역』의 「계사하전繫辭下傳」에 복희가 맨 처음 팔괘八卦를 만들었다고 한 것에 의거해서 소옹이 복희에게 탁고託古한 것이다.

172 변율 : 본서/율려본원/제5편 변율變律. 「黃鐘 十七萬四千七百六十二 林鐘 十一萬六千五百□□八 太簇 十五萬五千三百四十四 南呂 十□萬三千五百六十三 姑洗 十三萬八千□□八十四 應鐘 九萬二千□□五十六 황종은 174762이고, 임종은 116508이고, 태주는 155344이고, 남려는 103563이고, 고선은 138084이고, 응종은 92056이다.」

본서의 저자 채원정은 황종으로부터 시작한 12율이 중려에서 마치고, 다시 그 중려에서 한 응음應音 위의 황종이 생겨 이하 응종까지 6변율이 필요하다고 보았다.

173 사마공 : 사마광(司馬光, 1019~1086)이다. 위 각주 47) 참조.

174 범촉공 : 범진(范鎭, 1008~1089)이다.

본서/제1권 율려신서/주자서문朱子序文 각주 14) 참조.

175 심존중沈存中 : 심괄沈括이다. 존중存中은 자이다.

176 『몽계필담夢溪筆談』: 송대宋代의 학자 심괄沈括의 잡저雜著로 26권이다. 보필담補筆談 2권, 속필담續筆談 1권이며, 고사古事·변증辨證·악률樂律·상수象數·인사人事·관정官政·권지權智·예문藝文·서화書畵·기예技藝·기용器用·신기神奇·이사異事·유오謬誤·기학譏謔·잡지雜志·약의藥議 등 총 17문門 609조條로 구성되었다. 보필담은 총 84조를 추가한 것이고, 속필담은 총 11조를 수록하였다. 제도制度·개인의 일화逸話·음악·문학 등의 차기箚記를 제외한 200조 이상이 자연과학과 과학기술 등에 관한 내용이다.

177 기수器數 : 예기禮器와 예절禮節에 대한 각종 규정이다.

178 요자회廖子晦 : 주자의 제자로 자회子晦는 자이고 이름은 덕명德明이다. 남검주南劍州 사람이다. 어려서 불교를 배우다가 구산龜山 양시楊時의 책을 얻어 읽고 크게 깨달아 마침내 주자에게 가르침을 받았다. 저서로는 『주자어록朱子語錄』·『춘추회요春秋會要』·『사계집槎溪集』이 있다.

179 하도河圖 : 복희씨伏羲氏 때에 황하黃河에 나타난 용마龍馬의 등에 쓰여 있었다는 그림이다.

180 낙서洛書 : 우禹가 홍수를 다스릴 때 낙수洛水에 나타난 신구神龜의 등에 있었다는 글을 말한다.

181 홍범구주洪範九疇 : '홍범구주洪範九疇'는 『서경』의 한 편인 「홍범洪範」이다. 유가儒家의 천하적 세계관에 의거한 정치철학서로 주 무왕周武王이 은殷나라를 친 후 은나라의 유신 기자箕子에게 도를 물었을 때 기자는 우禹가 천제의 계시로 얻은 홍범洪範을 주었다. 홍범은 그 내용이 9부분, 즉 오행五行·오사五事·팔정八政·오기五紀·황극皇極·삼덕三德·계의稽疑·서징庶徵·오복육극五福六極으로 나누어져 있다.

182 황제黃帝 : 중국 고대 신화전설상의 제왕으로 성은 공손公孫, 또는 희姬라고 하며, 헌원軒轅 지방의 언덕에서 태어났으므로 헌원씨軒轅氏라고 칭하기도 하고 유웅有熊에 그의 나라가 있었으므로 유웅씨라고도 칭하였다. 소전씨少典氏의 아들이다. 국가를 건설한 것이나 문물제도를 많이 발명하였다는 점에서 그는 중국 민족에게 문명을 전해준 개조로 숭앙崇仰되며 오늘날 중국 민족은 모두 황제의 자손이라고 칭하기도 한다. 『산해경山海經』과 『사기』에 의하면 창힐蒼頡로 하여금 육서六書를 만들어 결승結繩을 대신하게 하고, 예도隷道에게 수數를 정하게 하여 도度·량量·형衡을 정하게 하고, 영윤伶倫에게 율려를 정하게 하여 오음五音을 만들고, 기백岐伯

의 자문을 받아 내경內經을 만들어 의약의 시초가 되게 하고, 화폐를 만들고 주거舟車·가옥·궁시弓矢·의관 제도를 만들기도 하였다한다. <『유교대사전』, 유교사전편찬위원회, 1990, 1756쪽.>

183 복희伏羲 : 중국 고대 전설상의 인물로 삼황三皇의 한 사람으로 성姓은 풍風이다. 진陳에 도읍을 정하고 115년간 제왕帝王의 자리에 있었다고도 하며 15세世 1,260년간 통치하였다고도 한다. 『세본世本』「제계편帝系篇」에는 그를 '태호복희씨太昊伏羲氏'라 하였으며 또 태호太昊를 대호(大昊·大皞)·태호太皞라고도 하고 복희를 복희(宓犧·伏犧·伏戲)·포희(庖犧·包羲·炮犧)라고도 한다. <『유교대사전』, 유교사전편찬위원회, 1990, 532쪽.>

184 우禹임금 : 중국 고대의 성군聖君으로 하夏왕조의 시조이다. 성은 사似, 이름은 문명文命이다. 아버지 곤鯀을 이어 치수의 일을 맡아 황하黃河의 범람을 막고 구하九河와 구주九州를 잘 다스려 공을 세웠다. 순舜에 의해 사공司空 벼슬을 하다가 백규百揆로 승진하여 상相이 되어 정사를 맡아보다가 순의 선양禪讓을 받았다. 우임금의 성품과 많은 치적은 유교에서 위대한 군주상으로 높이 칭송받고 있다. <『유교대사전』, 유교사전편찬위원회, 1990, 1034쪽.>

185 형이~평평한데 : 송宋나라 하선夏僎의 『상서상해尙書詳解』 권9 오자지가五子之歌의 주註. 「衡運生規 規圓生矩 矩方生繩 繩直生準 저울대가 도는 모양이 그림쇠를 낳았고, 그림쇠가 둥글게 그리는 모양이 곱자를 낳았고, 곱자가 모지게 그리는 모양이 먹줄을 낳았고, 먹줄이 곧게 그리는 모양이 수준기를 낳았다.」

186 송宋나라 주자朱子의 『회암집晦庵集』 권45 서書/답요자회答廖子晦.

색인 索引

大泉五十

貨泉

半兩

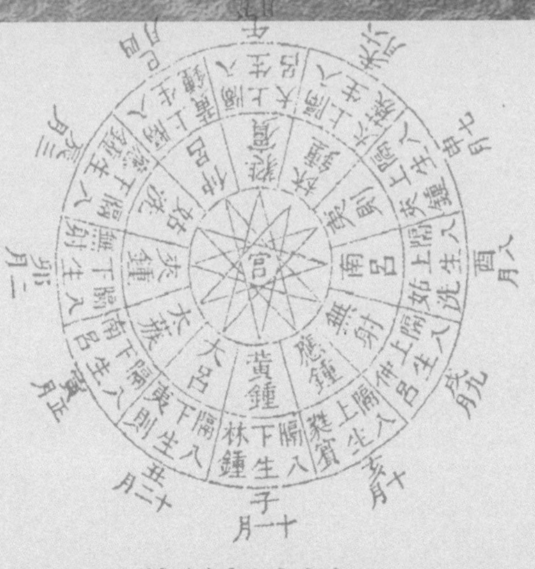

律呂相生圖

【 가 】

【나】

【다】

【마】

【 바 】

【 사 】

【아】

【 자 】

【 하 】

【 기타 】

王雲五主編

四庫全書珍本十集

律呂新書

詳校官內閣學士管理樂部臣鄒奕孝

侍讀臣孫球覆勘

欽定四庫全書　　經部九

律呂新書　　樂類

提要

臣等謹案律呂新書二卷宋蔡元定撰元定字季通建陽人慶元中坐黨禁流道州卒事迹具宋史道學傳朱子稱其律書法度湛精近世諸儒皆莫能及又云季通理會樂律大段有心力看得許多書及為是書作序又曰

黃鍾圍徑之數則漢斛之積分可考寸以九分為法則淮南太史小司馬之說可推五聲二變之數變律半聲之例則杜氏之通典具焉變宮變徵之不得為調則孔氏之禮疏固亦可見至于先求聲氣之元而因律以生尺則尤所謂卓然者而亦班班雜見于兩漢之制蔡邕之說與夫國朝會要以及程子張子之言蓋是書實朱蔡師弟子相與共成之者

故獨見許如此書分二卷一為律呂本原凡
十三篇黄鍾第一黄鍾之實第二黄鍾生十
一律第三十二律之實第四變律第五律生
五聲圖第六變生第七八十四聲圖第八六
十調圖第九候氣第十審度第十一嘉量第
十二謹權衡第十三其一卷為律呂証辨九
十篇造律第一律長短圍徑之數第二黄鍾
之實第三三分損益上下相生第四和聲第

五五聲大小之次第六變宫變徵第七六十調第八候氣第九度量權衡第十今考元定之說多截竹以擬黄鍾之管皆即以其長權爲九寸而度其圍徑如黄鍾之法更迭以次則中聲可得淺深以列則中氣可驗是截管之法必本之候氣也而候氣之説最爲荒渺後漢晉隋志所載又各異同既云以木爲案加律其上又云埋之土與地平又云置于案

上而以土埋之上平於地此置律有淺深高下之不一也旣云以葭莩灰抑其内端氣至者灰去又云以竹莩灰實律以羅轂覆律口氣至吹灰動轂有小動大動不動三說又云灰飛動素散出于外而氣應有早晩灰飛有多少其說又不一也然則侯氣旣不足憑人聲又無左驗是蔡氏所謂聲氣之元者亦徒為美聽而已非能見之實事也劉歆銅斛具

詳漢志而隋志又詳載其銘曰律嘉量斛方尺而圓其外庣旁九釐五毫冪百六十二寸深尺積一千六百二十寸容十斗祖冲之所譏以為漢世斛銘劉歆詭謬其數為算氏之劇疵者是也元定乃併漢志取之以定黃鍾積實為八百一十分何也荀勗之尺隋志所謂晉前尺也當晉之時阮咸已譏其高而元定以為此尺出于汲冢之律與劉歆之斛最

為近古樂聲高急不知當時之圍徑果為何如夫古人所云徑三分圍九分者言圓徑三分而周九分也空圍即圓周也胡瑗疑其管狭不足容千二百黍遂大其空徑四釐六毫而周圍十分三釐八毫是亦徑三圍九之率也因以空圍為管内之面羃為容九方分矣元定從之而以圓田術起算黃鍾積實又失之太大則不精算術之悮也至若謂黃鍾六

變律不與本均之聲相應而不知當用清聲又謂二變不可以為調而不知二變之調具足五音若以二變音為每調之七音則反為出調凡此皆元定之所未及詳者故特著之以糾其失焉乾隆四十六年十一月恭校上

總纂官臣紀昀臣陸錫熊臣孫士毅

總校官臣陸費墀

[illegible]

律呂新書卷[illegible]

宋 蔡元定 撰

[illegible]之間去周未遠其器與聲猶

[illegible]世而其為法猶未有異

[illegible]之初則已浸多說矣

[illegible]多而法愈不定爰及我

朝功成治定理宜有作建隆皇祐元豐之間蓋亦三

致意焉而和胡阮李范馬劉楊諸賢之議終不能以相一也而況於崇宣之季姦諛之會黥涅之餘而能有以語夫天地之和哉丁未南狩今六十年神人之憤猶有未攄是固不遑於稽古禮文之事然學士大夫因仍簡陋遂無復以鐘律為意者則已甚矣吾友建陽蔡君元定季通當此之時乃獨心好其說而力求之旁搜遠取巨細不捐積之累年乃若冥契著書兩卷凡若干言予嘗得而讀之愛其明白而淵深縝

密而通暢不為牽合傅會之談而橫斜曲直如珠之
不出於盤其言雖多出於近世之所未講而實無一
字不本於古人已試之成法蓋若黃鍾圍徑之數則
漢斛之積分可考寸以九分為法則淮南太史小司
馬之說可推五聲二變之數變律半聲之例則杜氏
之通典具焉變宮變徵之不得為調則孔氏之禮疏
固亦可見至於先求聲氣之元而因律以生尺則尤
所謂卓然者而亦班班雜見於兩漢之制蔡邕之說

與夫國朝會要以及程子張子之言顧讀者不深考其間雖或有得於此而又不能無失於彼是以晦蝕紛拏無復定論大抵不拘攣於習熟見聞之近即肆其胸臆妄為穿穴而無所據依季通乃能奮其獨見超然遠覽爬梳剔抉參互考尋用其半生之力以至於一旦豁然而融會貫通焉斯亦可謂勤矣及其著論則又能推原本根比次條理撮取機要闡究精微不為浮詞濫說以汨亂於其間亦庶幾乎得書之體

者予謂國家行且平定中原以開中天之運必將審音協律以諧神人當是之時受詔典領之臣能得此書而奏之則東京郊廟之樂將不待公孫述之瞽師而後備而參摹四分之書亦無待乎後世之子雲而後知好之矣抑季通之為此書詞約理明初非難讀而讀之者往往未及終篇輒已欠伸思睡固無由了其歸趣獨以予之頑鈍不敏乃能熟複數過而僅得其指意之彷彿季通於是亦許予為能知己志者故

屬予以序引而予不得辭焉季通更欲均調節族被之管弦別為樂書以究其業而又以其餘力發揮武侯六十四陳之圖緒正邵氏皇極經世之歷以大備乎一家之言其用意亦健矣予雖老病儻及見之則亦豈非千古之一快也哉淳熙丁未正月朔旦新安朱熹序

朱子曰蔡神與名發博學强記高簡廓落不能與世俗相俯仰因去遊四方聞見益廣遂於易象天文地理三式之說無所不通而皆能訂其得失杜門掃軌專以讀書教子為事季通生十年即教使

讀西銘稍長則示以程氏語錄邵氏經世張氏正
蒙而語之曰此孔孟正脉也季通承厥志學行之
餘尤邃律歷討論定著遂成一家之言使千古之
誤曠然一新而遡其源流皆有成法是亦足以顯
其視於無窮矣　季通律書法度甚精近世諸儒
皆莫能及　季通律書分明是好却不是聼說自
有案據　季通理會樂律大段有心力看得許多
書　劉文簡公爚曰先生天資高聞道早於書無
所不讀於事無所不講明陰陽消長之運達古今
盛衰之理上稽天時下考人事文公嘗曰人讀易
書難季通讀難書易又曰造化微妙惟深於理者
識之吾與季通言而未嘗厭也　西山真氏曰先
生嘗特召堅辭不起世謂之聘君聘君以師事文
公而文公顧曰季通吾老友也凡性與天道之妙
他弟子不得聞者必以語季通焉異篇與傳微辭
邃旨先令討究而後親折衷之先生於經無不通

嘗語三子曰淵汝宜紹吾易學曰沉汝宜演吾皇極數而春秋則以屬知方焉 黃瑞節曰蔡氏祖子孫於斯文可知也而盛時遠引三世一轍朱子云蔡神與所以教其子者不干利祿而開之以聖賢之學其志識高遠非世人所及西山先生辭聘不起九峯先生三十歲即棄舉子業一以聖賢爲師九峯之子抗始推進士第理宗寳祐參政云

律呂書蓋朱蔡師弟子相與成之者朱子與西山書云但用古書古語或注疏而以己意附其下方甚簡約而極周盡學者一覽可得梗槩其他推說之泛濫旁正之異同不盡載也

律呂本原

黃鍾第一 以漢志斛銘文定

長九寸空圍九分積八百一十分

案天地之數始於一終於十其一三五七九為陽九者陽之成也其二四六八十為陰十者陰之成也黃鍾者陽聲之始陽氣之動也故其數九分寸之數其於聲氣之元不可得而見及斷竹為管吹之而聲和候之而氣應而後數始形焉均其長得九寸審其圍得九分（此章凡言分者皆十分寸之一）積其實得八百一十分長九寸圍九分積八百一十分是為律本度量衡權於是

而受法十一律由是而損益焉算法置八百一十分分作九重每重得九分圓田術三分益一得一十二以開方法除之得三分四釐六毫强為實徑之數不盡二毫八絲四忽今求圓積之數以徑三分四釐三毫自相乘得十一分九釐七毫一絲六忽加以開方不盡之數二毫八絲四忽得一十二分以管長九十分乘之得一千八十分為方積之數四分取三分為圓積得八百一十分

朱子曰本原第一章圍徑之數此是最大節目不可草草又曰古者只說空圍九分不說徑三分蓋不啻三分猶有奇也　魯齋彭氏曰黃鍾律管有周有徑有面冪有空圍內積有從長如史記論從長律歷志論從長及積東漢鄭氏注月令論冪東漢蔡氏月令章句論從長皆不易之論獨周徑之說漢以前俱無明文漢律歷志開端未竟東漢蔡氏始創為徑三分之說晉孟氏以後諸儒續圍徑

三分圍九分之說宋胡氏蔡氏又為徑三分四釐六毫圍十分三釐八毫之說然考之于古圍周徑冪積率皆未有合嘗依東漢蔡氏所言徑三分以九章少廣內祖氏密率乘除止得空圍內面冪七分七釐奇乃少一分九十二釐奇空圍內積實止得六百三十六分奇乃少一百七十三分奇如此則黃鍾之管無乃太狹蓋黃鍾空積忽微若徑內差一忽即面冪及積所差忽數至多此東漢蔡氏之說所以不合也晉孟氏諸儒言徑三分圍九分又用徑一圍三之法雖是古率然古人大約以之圓田若以密率推之徑一則圍三有奇假如徑七則圍當二十有二今依孟氏所言徑三分則圍長當九分四釐二毫一秒強不但止於九分也若依九分圍長之數則徑當止有二分八釐六毫二秒六忽強又不及三分也此晉孟氏諸儒之說所以不合也宋胡氏不主徑三圍九之說大意疑其管

狭耳然所言徑長三分四釐六毫圍長十分三釐八毫亦用徑一圍三之率若依所言三分四釐六毫徑當得圍長十分八釐七毫六秒二忽强不但止於十分三釐八毫也若依十分三釐八毫圍長之數則徑止得三分三釐奇又不及三分四釐六毫也此宋胡氏之説所以不合也宋蔡氏説徑圍分數與胡氏同至於算法用圓田術三分益一得一十二開方除之求徑又以徑相乘以管長乘之用三分益一四分退一之法求冪積今姑依其説以九方分平置用又三分益一以三方分割置於九方分之外如此　其積十二方分其從横可得三分四釐六毫强不盡二毫八絲四忽的如蔡氏之説但依此徑以密率相乘則空圍内面冪不但止得九方分乃得九方分零四十釐六十毫五十七秒十四忽奇空圍内積實不但止得八百一十分乃得八百四十六分五百四十五釐一百四十

二秒六百忽奇如此則黃鍾之管無乃太大細考
之方內之圓所古者不止四分三圓外之方所當
退者又不及四分一以此知三分益一四分退一
乃虛加實退算家大約之法此宋蔡氏之說所以
又不能以盡合也今欲求黃鍾律管從長周徑冪
積的實定數者須依蔡氏多截管候氣之說又以
祖氏沖之密率乘除方可蓋祖沖之乃古今算家
之最而蔡氏多截管候氣之說實得造律本原其
說乃前人未發者今宜依此說先多截竹以擬黃
鍾之管或短或長長短之內每差纖微各為一管
悉以此諸管埋地中俟冬至時驗之若諸管之中
有氣應者即取其管兩計之知此管合於造化自
然非人力可為即以此管分作九寸寸作九分分
作九釐釐作九毫毫作九秒秒作九忽以合十十
二終天之數乃元氣運行自子至亥得十七萬七
千一百四十七之數凡用此管三分損益上下相

生由此又取此管九寸寸作十分分作十釐釐作十毫毫作十秒秒作十忽以合天地五位終于十之數乃以十乘八十一得八百一十分以八百一十分配九十分管知此管長九十分空圍中容八百一十分即十分管長空圍中容九十分一分管長空圍中容九分凡求度量衡由此乃以此管面空圍中所容九分以平方冪法推之知一分有百釐釐有百毫毫有百秒秒有百忽積而計之一平方分通有面冪一萬萬忽九平方分通有面冪九萬萬忽乃以此九萬萬忽依算經少廣章所載宋祖冲之密率乘除得圓周長的計十分六釐三毫六秒八忽萬分忽之六千三百一十二又以圓周求徑計三分三釐八毫四秒四忽萬分忽之五千六百四十五又以半徑半周相乘仍得九萬萬忽內忽弱通之得面冪九平方分也既以周徑相乘復得面冪如此則黃鍾之廣與長及空圍內積實

皆可計矣故面冪計九方分深一分管則空圍內當有九立方分深九十分管計九寸則空圍內當有八百一十立方分此即黃鍾一管之實其數與天地造化無不相合此算法所以成也算法既成之後或以竹或以銅別為之依其長各作八十一分以為十二律相生之法又依其長作九十分乃取九十分之分計三分三氂八毫四秒四忽萬分忽之五千六百四十五以合孔徑如此則圓長面冪與夫空圍內積自然無不諧會特徑數自八毫以下非可細分而算法積忽與秒不容不然

黃鍾之實第二

以淮南子漢前志定其寸分氂毫絲之法以律書生鍾分定

子一　　黃鍾之律

丑三　　為絲法

寅九　為寸數

卯二十七　為毫法

辰八十一　為分數

巳二百四十三　為釐法

午七百二十九　為釐數

未二千一百八十七　為分法

申六千五百六十一　為毫數

酉一萬九千六百八十三　為寸法

戌五萬九千〇〇四十九　為絲數

亥一十七萬七千一百四十七　黃鍾之實

案黃鍾九寸以三分為損益故以三歷十二辰得一十七萬七千一百四十七為黃鍾之實其十二辰所得之數在子寅辰午申戌六陽辰為黃鍾寸分釐毫絲之數子為黃鍾之律寅為九寸辰為八十一分午為七百二十九釐申為六千五百六十一毫戌為五萬九千四十九絲在亥酉未巳卯丑六陰辰為黃鍾寸分釐毫絲之法亥為黃鍾之實酉之一萬九千六百八十三為寸未之二千一百八十七為分

巳之二百四十三為釐卯之二十七為毫丑之三為絲其寸分釐毫絲之法皆用九數故絲為毫九毫為釐九釐為分九分為寸為黃鍾蓋黃鍾之實一十七萬七千一百四十七之數以三約之為絲者五萬九千四十九以二十七約之為毫者六千五百六十一以二百四十三約之為釐者七百二十九以二千一百八十七約之為分者八十一以一萬九千六百八十三約之為寸者九由是三分損益以生十一律焉或曰徑圍之分以十為法

兩相生之分釐毫絲以九為法何也曰以十為法者天地之全數也以九為法者因三分損益而立也全數者即十而取九相生者約十而為九即十而取九者體之所以立約十而為九者用之所以行體者所以定中聲用者所以生十一律也或問算到十七萬有餘之數當何用朱子曰以定管之長短而出是聲大抵考究其法是如此

黃鐘生十一律第三

子一分

一為九寸

丑三分二

一為三寸

寅九分八

一為一寸

卯二十七分十六

三為一寸　一為三分

辰八十一分六十四

九為一寸　一為一分

巳二百四十三分一百二十八

二十七為一寸　三為一分　一為三釐

午七百二十九分五百一十二

八十一為一寸　九為一分　一為一釐

未二千一百八十七分一千二十四

五百四十三為一寸　二十七為一分　三為一釐

[illegible]六為[illegible]

申六千五百六十一分四千九十六

七百二十九為一寸　八十一為一分　九為一釐

一為一毫

酉一萬九千六百八十三分八千一百九十二

二千一百八十七為一寸　二百四十三為一分

二十七為一釐　三為一毫　一為三絲

戌五萬九千四十九分三萬二千七百六十八

六千五百六十一為一寸　七百二十九為一分

八十一為一釐　九為一毫　一為一絲
亥十七萬七千一百四十七分六萬五千五百三十六
一萬九千六百八十三為一寸　二千一百八十
七為一分　二百四十三為一釐　二十七為一毫
三為一絲　一為三忽
案黃鐘生十一律子寅辰午申戌六陽辰皆下生丑
卯巳未酉亥六陰辰皆上生其上以三歷十二辰者
皆黃鐘之全數其下陰數以倍者（即算法倍其實）三分本律

而損其一也陽數以四者即算法四其實三分本律而增其一也六陽辰當位自得六陰辰則居其衝其林鐘南呂應鐘三呂在陰無增損也其大呂夾鐘仲呂三呂在陽則用倍數方與十二月之氣相應蓋陰之從陽自然之理也

習軒吳氏曰子一分者數起子得一也丑三分二者三其法為三分兩其實為二也寅九分八者三其法為九分四其實為八也以下生者倍其實以上生者四其實也以法以子析為三分每分五萬九千四十九五於三分之中得其二為十一萬八千九十八積六寸為林鐘此黃鐘之實三分損一

下生林鍾也以子一析為九分每分得萬九千六百八十三寅千九分之中得其八為十五萬七千四百六十四積八寸為太蔟此林鍾之實三分益一上生太蔟也自卯而下放此　黄瑞節曰其上云者十二辰分字以上如子一分丑三分是也其下云者十二辰分字以下如二八十六是也其上為黄鍾全數其下為損益相生之數　此損益數即下章十二律實數吳氏算法全載圖類今衆二律起例附此　子為陽辰黄鍾當位自得也丑為未衝林鍾以未而居丑居其衝也他放此衝亦作衝餘載後辨證

十二律之實第四

子黄鍾十七萬七千一百四十七

全九寸 半無

丑林鐘十一萬八千口口九十八

全六寸 半二十不用

寅太簇十五萬七千四百六十四

全八寸 半四寸

卯南呂十口萬四千九百七十六

全五寸三分 半二寸六分不用

辰姑洗十三萬九千九百六十八

全七寸一分 半三寸五分

巳應鍾九萬三千三百一十二

全四寸六分六釐 半二寸三分三釐不用

午蕤賓十二萬四千四百一十六

全六寸二分八釐 半三寸一分四釐

未大呂十六萬五千八百八十八

全八寸三分七釐六毫 半四寸一分八釐二毫

申夷則十一萬口口五百九十二

全五寸五分五釐一毫　半二寸七分二釐五毫

酉夾鍾十四萬七千四百五十六

全七寸四分三釐七毫三絲　半三寸六分六釐三

毫六絲

戌無射九萬八千三百口口四

全四寸八分八釐四毫八絲　半二寸四分四釐二

毫四絲

亥仲吕十三萬一千口口七十二

全六寸五分八釐三毫四絲六忽餘二算 半三寸二分八釐六毫二絲二忽

案十二律之實約以寸法則黃鍾太簇得全寸全寸約以分法則南呂姑洗得全分約以釐法則應鍾蕤賓得全釐約以毫法則大呂夷則得全毫約以絲法則夾鍾無射得全絲至仲呂之實十三萬一千七十二以三分之不盡二算其數不行此律之所以止於十二也

變律第五

黃鍾十七萬四千七百六十二小分四百八十六

全八寸七分八釐一毫六絲二忽不用 半四寸三分

八釐五毫三絲一忽

林鍾十一萬六千五百口口八小分三百二十四

全五寸八分二釐四毫一絲一忽三初 半二寸八分

五釐六毫五絲六初

太簇十五萬五千三百四十四小分四百三十二

全七寸八分二毫四絲四忽七初不用　半三寸九
分四釐五毫六絲六忽八初
南呂十口萬三千五百六十三小分四十五
全五寸二分三釐一毫六忽一初六秒　半二寸五
分六釐七絲四忽五初三秒
姑洗十三萬八千口口八十四小分六十
全七寸一釐一毫二絲一初二秒不用　半三寸四
分五釐一毫一絲一初一秒

應鐘九萬二千口口五十六小分四十

全四寸六分七毫四絲三忽一初四秒餘算半二寸

三分三毫六絲六忽六秒彊不用

案十二律各自為宮以生五聲二變其黃鐘林鐘太簇南呂姑洗應鐘六律則能具足至蕤賓大呂夷則夾鐘無射仲呂六律則取黃鐘林鐘太簇南呂姑洗應鐘六律之聲少下不和故有變律變律者其聲近正而少高於正律也然仲呂之實一十三萬一千口口

七十二以三分之不盡二算既不可行當有以通之
律當變者有六故置一兩六三之得七百二十九以
七百二十九因仲呂之實十三萬一千口口七十二
為九千五百五十五萬一千四百八十八三分益一
再生黃鍾林鍾太簇南呂姑洗應鍾六律又以七百
二十九歸之以從十二律之數紀其餘分以為忽秒
然後洪纖高下不相奪倫至應鍾之實六千七百一
十口萬八千八百六十四以三分之又不盡一算數

又不可行此變律之所以止於六也變律非正律故不可宮也朱子曰自黃鐘至仲呂相生之道至是窮矣遂復變而上生黃鐘之宮再生之黃鐘不及九寸只是八寸有餘然黃鐘君象也非諸宮之所能役故虛其正而不復用所用只再生之變者就再生之變又缺其半所謂缺其半者蓋若大呂為宮黃鐘為變宮時黃鐘管最長所以只得用其半其餘宮亦放此

律生五聲圖第六

宮聲八十一　商聲七十二　角聲六十四

徵聲五十四　羽聲四十八

案黃鍾之數九九八十一是為五聲之本三分損一以下生徵徵三分益一以上生商商三分損一以下生羽羽三分益一以上生角至角聲之數六十四以三分之不盡一筭數不可行此聲之數所以止於五也或曰此黃鍾一均五聲之數他律不然曰置本律之實以九九因之三分損益以為五聲再以本律之實約之則宮固八十一商亦七十二角亦六十四徵亦五十四羽亦四十八矣假令應鍾九萬三千三百二十二以八十一乘之得

七百五十五萬八千二百之十二為宮以九萬三千三百一十二約之得八十一三分宮損一得五百口口三萬八千八百四十八為徵以九萬三千三百一十一約之得五十四三分徵益一得六百七十一萬八千四百六十四為商以九萬三千三百一十二約之得七十二三分商損一得四百四十七萬八千九百七十六為羽以九萬三千一百一十二約之得四十八三分羽益一得五百九十七萬一千九百六十八為角以九萬三千三百一十二約之得六十四

變聲第七

變宮聲四十二小分六　變徵聲五十六小分八

案五聲宮與商商與角徵羽羽相去各一律至角與

徵羽與宮相去乃二律相去一律則音節和相去二律則音節遠故角徵之間近徵收一聲比徵少下故謂之變徵羽宮之間近宮收一聲少高於宮故謂之變宮也角聲之實六十有四以三分之不盡一算既不可行當有以通之聲之變者二故置一而兩三之得九以九因角聲之實六十有四得五百七十六三分損益再生變徵變宮二聲以九歸之以從五聲之數存其餘數以為强弱至變徵之數五百一十二以

三分之又不盡二算其數又不行此變聲所以止於二也變宮變徵宮不成宮徵不成徵古人謂之和繆

又曰所以濟五聲之不及也變聲非正故不為調也

朱子曰五聲之序宮最大而沈濁羽最細而清輕商之大次宮徵之細次羽而角居四者之中焉然世之論中聲者不以角而以宮何也曰凡聲陽也自下而上未及其半則屬於陰而未暢故不可用上而及半然後屬於陽而始和故即其始而用之以為宮因其每變而益上則為商為角為變徵為徵為羽為變宮而皆以為宮之用焉是以宮之聲一在五行為土在五常為信在五事為忠蓋以其正當衆聲和與未和用與未用陰陽際會之中所以為盛若角則雖當五聲之中而非衆聲之會且以七均論之又有變徵以

居焉亦非五聲之所取正也然自其聲之始和者推而上之亦至於變宮而止耳自是以上則又過乎輕清而不可以為宮於是就其兩間而細分之則其別又十有二以其最大而沈濁者為黃鐘以其極細而輕清者為應鐘及其旋相為宮而上下相生以盡五聲一變之用則宮聲常不越乎十二之中而四聲者或時出於其外以取諸律半聲之管然後七均備而一調成也黃鐘之與餘律其所以為貴賤者亦然若諸半聲以上則又過乎輕清之甚而不可以為樂矣蓋黃鐘之宮始之始中之中也十律之宮始之次而中少過也應鐘之宮始之終而中已盡也諸律半聲過乎輕清始之外而中之上也半聲之外過乎輕清之甚則又外之外上之上而不可為樂者也正如子時初四刻屬前日正四刻屬後日其兩日之間即所謂始之始中之中也然則聲自屬陰以下亦當默有十二正變半律之地以為中聲之前假如子初四刻

之為者但無聲氣之可紀耳由是論之則審音之難不在於聲而在於律不在於宮而在於黃鍾蓋不以十二律節之則無以著夫五聲之實不得黃鍾之正則十一律者又無所受以為本律之宮也

八十四聲圖第八

正律墨書 半聲朱書
變律朱書 半聲墨書

十一月黃鍾宮

六月林鍾宮黃鍾徵

正月太簇宮林鍾徵黃鍾商

八月南呂宮太簇徵林鍾商黃鍾羽

三月姑洗宮南呂徵太簇商林鍾羽黃鍾角

十月應鍾宮姑洗徵南呂商大蔟羽林鍾角黃鍾變宮

五月蕤賓宮應鍾徵姑洗商南呂羽太蔟角林鍾黃鍾變宮變徵

十二月大呂宮蕤賓徵應鍾商姑洗羽南呂角太蔟林鍾變宮變徵

七月夷則宮大呂徵蕤賓商應鍾羽姑洗角南呂太蔟變宮變徵

二月夾鍾宮夷則徵大呂商蕤賓羽應鍾角姑洗南呂變宮變徵

九月無射宮夾鍾徵夷則商大呂羽蕤賓角應鍾姑洗變宮變徵

四月仲呂宮無射徵夾鍾商夷則羽大呂角蕤賓應鍾變宮變徵

　黃鍾變仲呂徵無射商夾鍾羽夷則角大呂蕤賓變宮變徵

林鍾變　仲呂商無射羽夾鍾角夷則大呂變宮變徵

太蔟變　仲呂羽無射角變鍾夷則變宮變徵

南呂變　仲呂角無射夾鍾變宮變徵

姑洗變　仲呂無射變宮變徵

應鍾變　仲呂變徵

案律呂之數往而不返故黃鍾不復為他律役所用七聲皆正律無空積忽微自林鍾而下則有半聲大呂太蔟一半聲夾鍾姑洗二半聲蕤賓林鍾四半聲夷則南呂五半聲無射應鍾六半聲仲呂為十二律之

窮三半聲自蕤賓而下則有變蕤賓一變律大呂二變律夷則三變律夾鍾四變律無射五變律仲呂六變律皆有空積忽微不得其正故黃鍾獨為聲氣之元雖十二律八十四聲皆黃鍾所生然黃鍾一均所謂純粹中之純粹者也八十四聲正律六十三變律二十一六十三者九七之數也二十一者三七之數也或問聲氣之元朱子曰律曆家最重這元聲元聲一定向下都定元聲差下都差

六十調圖第九以周禮淮南子禮記鄭氏註孔氏正義定

宮 商 角 變徵 徵 羽 變宮

黃鍾宮黃正大正姑正蕤正林正南正應正

無射商無正黃變半太變半姑變半仲半林變半南變半

夷則角夷正無正黃變半太變半夾半仲半林變半

仲呂徵仲正林變南變應變黃變半太變半姑變半

夾鍾羽夾正仲正林變南變無正黃變半太變半

大呂宮大正夾正仲正林變夷正無正黃變半

應鍾商應正大半夾半仲蕤半夷半無半

南呂角南正應正大半夾姑半蕤半夷半

蕤賓徵蕤正夷正無正黄變半大半夾半仲半

姑洗羽姑正蕤正夷正無正應正大半夾半

太簇宮太正姑正蕤正夷正南正應正大半

黄鍾商黄正大正姑正蕤正林正南正應正

無射角無正黄變半大變半姑變半仲半林變半南變半

林鍾徵林正南正應正大半太半姑半蕤半

仲呂羽仲正林變南變應變黄變半太變半姑變半

夾鍾宮夾正仲正林變南變無正黄變半太變半

大呂商大正夾正仲正林變夷正無正黃變半
應鍾角應正大半夾半仲半蕤半夷半無半
夷則徵夷正無正黃變半太變半夾半仲半林變半
蕤賓羽蕤正夷正無正黃變半大半夾半仲半
姑洗宮姑正蕤正夷正無正應正大半夾半
太簇商太正姑正蕤正夷正南正應正大半
黃鍾角黃正太正姑正蕤正林正南正應正
南呂徵南正應正大半夾半姑半蕤半夷半

林鍾羽林正南正應正大半太半姑半蕤半

仲呂宮仲正林變南變應變黃變半太變半姑變半

夾鍾商夾正仲正林變南變無正黃變半太變半

大呂角大正夾正仲正林變夷正無正黃變半

無射徵無正黃變半太變半姑變半仲半林變半南變半

夷則羽夷正無正黃變半太變半夾半仲半林變半

蕤賓宮蕤正夷正無正黃變半大半夾半仲半

姑洗商姑正蕤正夷正無正應正大半夾半

太簇角太正姑正蕤正夷正南正應正大半

應鍾徵應正大半夾半仲半蕤半夷半無半

南呂羽南正應正大半夾半姑半蕤半夷半

林鍾宮林正南正應正大半太半姑半蕤半

仲呂商仲正林變南變應變黃變半太變半姑變半

夾鍾角夾正仲正林變南變無正黃變半大變半

黃鍾徵黃正太正姑正蕤正林正南正應正

無射羽無正黃變半太變半姑變半仲半林變半南變半

夷則宮夷正無正黃變半太變半夾變半仲半林變半

蕤賓商蕤正夷正無正黃變半大半夾半仲半

姑洗角姑正蕤正夷正無正應正太半夾半

大呂徵大正夾正仲正林變夷正無正黃變半

應鍾羽應正大半夾半仲半蕤半夷半無半

南呂宮南正應正大半夾半姑半蕤半夷半

林鍾商林正南正應正大半太半姑半蕤半

仲呂角仲正林變南變應半黃變半太變半姑變半

太蔟徵太正姑正蕤正夷正南正應正大半

黃鍾羽黃正太正姑正蕤正林正南正應正

無射宮無正黃變半太變半姑變半仲半林變半南變半

夷則商夷正無正黃變半太變半夾半仲半林變半

蕤賓角蕤正夷正無正黃變半太半夾半仲半

夾鍾徵夾正仲正林變南變無正黃變半太變半

大呂羽大正夾正仲正林變夷正無正黃變半

應鍾宮應正大半夾半仲半蕤半夷半無半

南呂商南正應正大半夾半姑半蕤半夷半

林鍾角林正南正應正大半大半姑半蕤半

姑洗徵姑正蕤正夷正無正應正大半夾半

太蔟羽太正姑正蕤正夷正南正應正大半

案十二律旋相為宮各有七聲合八十四聲宮聲十二商聲十二角聲十二徵聲十二羽聲十二凡六十聲為六十調其變宮十二在羽聲之後宮聲之前變徵十二在角聲之後徵聲之前宮不成宮徵不成徵

凡二十四聲不可為調黄鍾宮至夾鍾羽並用黄鍾起調黄鍾畢曲大吕宮至姑洗羽並用大吕起調大吕畢曲太蔟宮至仲吕羽並用太蔟起調太蔟畢曲夾鍾宮至蕤賓羽並用夾鍾起調夾鍾畢曲姑洗宮至林鍾羽並用姑洗起調姑洗畢曲仲吕宮至夷則羽並用仲吕起調仲吕畢曲蕤賓宮至南吕羽並用蕤賓起調蕤賓畢曲林鍾宮至無射羽並用林鍾起調林鍾畢曲夷則宮至應鍾羽並用夷則起調夷則

畢曲南呂宮至黄鍾羽並用南呂起調南呂畢曲無射宮至大呂羽並用無射起調無射畢曲應鍾宮至太蔟羽並用應鍾起調應鍾畢曲是為六十調六十調即十二律也十二律即一黄鍾也黄鍾生十二律十二律生五聲二變五聲各為綱紀以成六十調六十調皆黄鍾損益之變也宮商角三十六調老陽也其徵羽二十四調老陰也調成而陰陽備也或曰日辰之數由天五地六錯綜而生律呂之數由黄鍾九

寸損益而生二者不同至數之成則日有六甲辰有五子為六十日律呂有六律五聲為六十調若合符節何也曰即上文之所謂調成而陰陽備也夫理必有對待數之自然也以天五地六合陰與陽言之則六甲五子究於六十其三十六為陽二十四為陰以黃鍾九寸紀陽不紀陰言之則六律五聲究於六十亦三十六為陽二十四為陰蓋一陽之中又自有陰陽也非知天地之化育者不能與於此 朱子曰律呂有十二箇用

時只使七箇若更挿一聲便拗了　旋宮且如大呂為宮則大呂用黃鍾八十一之數而三分損一下生夷則又用林鍾五十四之數而三分益一上生夾鍾其餘皆然　旋相為宮若到應鍾為宮則下四聲都當低去所以有半聲亦謂之子聲近時所謂清聲是也　樂家大率最忌臣民陵君故商聲不得過宮聲　如應鍾為宮其聲最短而清或蕤賓為之商則是商聲高似宮聲為臣陵君不可用遂乃用蕤賓律減半為清聲以應之雖然減半只是此律故亦能相應也　若以黃鍾為宮則餘律皆順若以其他律為宮便有相陵處今且以黃鍾言之自第九宮後四宮則或為角或為羽或為商或為徵若以為角則是民陵其君若以為商則是臣陵其君徵為事羽為物皆可類推故製黃鍾四清聲用之清聲短其律之半是黃鍾清長四寸半也若後四宮用黃鍾為角徵商羽則以四清聲代之不可用黃鍾本律以避陵慢沈存中

云唯君臣民不可相陵事物則不必避

候氣第十

候氣之法為室三重戸閉塗釁必周密布緹縵室中以木為案每律各一案内庳外高從其方位加律其上以葭灰實其端覆以緹素案歷而候之氣至則吹灰動素小動為和氣大動為君弱臣強專政之應不動為君嚴猛之應其升降之數在冬至則黄鍾九寸（升五分二釐三毫）大寒則大吕八寸三分七釐六毫（升三分七釐六毫）雨水則太蔟

八寸升四分五釐一毫六絲春分則夾鍾七寸四分三釐七毫三
絲升三分三釐七毫三絲穀雨則姑洗七寸一分升四分口五毫四絲二忽
小滿則仲呂六寸五分八釐三毫四絲六忽升三分口口三毫四
絲六忽夏至則蕤賓六寸二分八釐升二分八釐大暑則林鍾
六寸升三分三釐四毫處暑則夷則五寸五分五釐五毫升二分五
釐五毫秋分則南呂五寸三分升三分口口四毫一絲霜降則無射
四寸八分八釐四毫八絲升二分二釐四毫八絲小雪則應鍾四
寸六分六釐

案陽生於復陰生於姤如環無端今律呂之數三分損益終不復始何也曰陽之升始於子午雖陰生而陽之升于上者未已至亥而後窮上反下陰之升始于午子雖陽生而陰之升于上者亦未已至巳而後窮上反下律於陰則不書故終不復始也是以升陽之數自子至巳差彊在律為尤彊在呂為少弱自午至亥漸弱在律為尤弱在呂為差彊分數多寡雖若不齊然其絲分毫則各有條理此氣之所以飛灰聲

之所以中律也或曰易以道陰陽而律不書陰何也曰易者盡天下之變善與惡無不備也律者致中和之用止於至善者也以聲言之大而至於雷霆細而至於蠛蠓無非聲也易則無不備也律則寫其所謂黄鍾之聲而已矣雖有十二律六十調然實一黄鍾也是理也在聲為中聲在氣為中氣在人則喜怒哀樂未發與發而中節也此聖人所以一天人贊化育之道也魯齋彭氏曰西山蔡氏所述禮記月令章句蔡邕說也如邕所云則是為十二月律布室

內十二辰若其月氣至則辰之管灰飛而管空也然則十二月各當其辰斜埋地下入地處庳出地處高故云內庳外高黃鍾之管埋於子位上頭向南以外諸管推之可悉知又律書云以河內葭莩為灰宜陽金門山竹為管熊氏云灰實律管以羅縠覆之氣至則吹灰動縠矣又長樂陳氏曰候氣之法造室三重各啟門為門之位外之以子中之以午內復以子揚子所謂九閑之中也蓋布緹縵室中上圓下方依方位埋律管使其端與地齊而以薄紗覆之中秋白露降採葭莩為灰加管端以候氣至灰去為氣所動者灰散為物所動者其灰聚今採諸說具圖云

審度第十一

度者分寸尺丈引所以度長短也生於黃鍾之長以子

穀秬黍中者九十枚度之一為一分凡黍實於管中則十三黍三分黍之一而滿一分積九十分則千有二百黍矣故此九十黍之數與下章千二百黍之數其實一也十分為寸十寸為尺十尺為丈十丈為引數始於一終於十者天地之全數也律未成之前有是數而未見律成而後數始得以形焉度之成在律之後度之數在律之前故律之長短圍徑以度之分寸之數而定焉

嘉量第十二

量者龠合升斗斛所量多少也生於黃鍾之容容以子

穀秬黍中者一千二百實其龠以井水準其槩以度數審其容（一龠積八百一十分）合龠為合（兩龠也積一千六百二十分）十合為升（二十龠也積一萬六千二百分）十升為斗（百合二百龠也積十六萬二千分）十斗為斛（二千龠千合百升也積一百六十二萬分）

謹權衡第十三

權衡者銖兩斤鈞石所以權輕重也生於黃鍾之重以子穀秬黍中者一千二百實其龠百黍一銖一龠十二銖二十四銖為一兩（兩龠也）十六兩為斤（三十二龠三百八十四銖也）

三千斤為鈞九百六十龠一萬一千五百二十銖四百八十兩也四鈞為石三千八百四十龠四萬六千八十銖一萬九千二百兩也

律呂新書卷一

總校官編修臣王燕緒
校對官主事臣陳文樞
謄錄監生臣丁成鍾

詳校官內閣學士管理樂部臣鄒奕孝

侍讀臣孫球覆勘

律呂新書卷一

律呂證辨

蔡元定 撰

夏之西昆侖之陰取

間而吹之以為黃鍾

之宮制十二筩以聽鳳之鳴其雄鳴為六雌鳴亦六此

黃鐘之宮而皆可以生之是為律本至治之世天地之氣合以生風天地之風氣正十二律定 劉昭漢後志曰伏羲作易紀陽氣之初以為律法建日冬至之聲以黃鐘為宮太簇為商姑洗為角林鐘為徵南呂為羽應鐘為變宮蕤賓為變徵此聲氣之元五音之正也又曰截管為律吹以攷聲列以候氣道之本也 國朝會要曰古者黃鐘為萬事之根本故尺量權衡皆起於黃鐘至晉隋間累黍為尺而以制律容受卒不能合及平陳

得古樂遂用之唐興因聲以制樂其器雖無法而其聲猶不失於古五代之亂大樂淪散王朴始用尺定律而聲與器皆失之故太祖患其聲高特減一律至是又減半律然太常樂比唐之聲猶高五律比今燕樂高三律帝雖勤勞於制作而未得其當者有司失之於以尺而生律也（此皆范蜀公之說）

河南程氏曰黃鍾之聲亦不難定世自有知音者將上下聲考之既得正便將黍以實其管看管實得幾粒然後推而定法可也古法律管當實

千二百粒黍令羊頭黍不相應則將數等驗之看如何大小者方應其數然後為正昔胡先生定樂取羊頭山黍用三等篩子篩之取中等者特未定也又曰以律管定尺乃是以天地之氣為準非秬黍之比也秬黍積數在先王時惟此適與度量合故可用今時則不同　橫渠張氏曰律呂有可求之理德性淳厚者必能知之

案律呂散亡其器不可復見然古人所以制作之意則猶可考也太史公曰細若氣微若聲聖人因神而

存之雖妙必效言黃鐘始於聲氣之元也班固所謂
黃帝使伶倫取竹斷兩節間吹之以為黃鐘之宮又
曰天地之風氣正而十二律定劉昭所謂伏羲紀陽
氣之初以為律法又曰吹以考聲列以候氣皆以聲
之清濁氣之先後求黃鐘者也是古人制作之意也
夫律長則聲濁而氣先至極長則不成聲而氣不應
律短則聲清而氣後至極短則不成聲而氣不應此
其大凡也今欲求聲氣之中而莫適為準則莫若且

多截竹以擬黃鍾之管或極其短或極其長長短之內每差一分以為一管皆即以其長權為九寸而度其圍徑如黃鍾之法焉如是而更迭以吹則中聲可得淺深以列則中氣可驗苟聲和氣應則黃鍾之為黃鍾者信矣黃鍾者信則十一律與度量衡權者得矣後世不知出此而唯尺之求晉氏而下則多求之金石梁隋以來又參之秬黍下至王樸剛果自用遂專恃累黍而金石亦不復考矣夫金石真偽固難盡

信若秬黍則歲有凶豐地有肥瘠種有長短小大圓妥不同尤不可恃況古人謂子穀秬黍中者實其龠則是先得黃鍾而後度之以黍不足則易之以大有餘則易之以小約九十黍之長中容千二百黍之實以見周徑之廣以生度量衡權之數而已非律生於黍也百世之下欲求百世之前之律者其亦求之於聲氣之元而毋必之於秬黍則得之矣

律長短圍徑之數第二

司馬遷律書

本文	改正
黄鐘八寸七分一宮	八寸十分一
林鐘五寸七分四角	五寸十分四
太簇七寸七分二商	七寸十分二
南呂四寸七分八徵	四寸十分八
姑洗六寸七分四羽	六寸十分四
應鐘四寸二分三分二羽	四寸二分三分二

蕤賓五寸六分三分一　五寸六分三分二強四百八十六

大呂七寸四分三分一　七寸五分三分二強四百口口五

夷則五寸四分三分二商　五寸口口三分二弱二百一十六

夾鐘六寸一分三分一　六寸七分三分一強一百九十八

無射四寸四分三分二　四寸四分三分二強六百口口二

仲呂五寸九分三分二徵　五寸九分三分二強五百八十一

案律書此章所記分寸之法與他記不同以難曉故多誤蓋取黃鐘之律九寸一寸九分凡八十一分而

又以十約之為寸故云八寸十分一本作七分一者誤也今以相生次序列而正之其應鍾以下則有小分小分以三為法如歷家太少餘分强弱耳其法未密也今以二千一百八十七為全分七百二十九為三分一一千四百五十八為三分二餘分之多者為强少者為弱列於逐律之下其誤字悉正之隋志引此章中黃鍾林鍾太簇應鍾四律寸分以為與班固司馬彪鄭氏蔡邕杜夔荀勗所論雖尺有增減而十

二律之寸數並同則是時律書尚未誤也及司馬貞索隱始以舊本作七分一為誤其誤亦未久也沈括亦曰此章七字皆當作十字誤屈中畫耳大要律書用相生分數相生之法以黃鍾為八十一分今以十為寸法故八寸一分漢前後志及諸家用審度分數審度之法以黃鍾之長為九十分亦以十為寸法故有九十分法雖不同其長短則一故隋志云寸數並同也其黃鍾下有宮太簇下有商姑洗下有羽林鍾下有角南呂下有徵字晉志論律書五音相生

而以宮生角角生商商生徵徵生羽羽生宮求其理用罔見通達者是也仲呂下有徵夷則下有商應鐘下有羽字三者未詳亦疑後人誤增也下云上九商八羽七角六宮五徵九者即是上文蕤律數太簇八寸為商姑洗七寸為羽林鐘六寸為角南呂五寸為徵黃鐘九寸為宮其曰宮五徵九誤字也

漢志曰易曰參天兩地而倚數天之數始於一終於二十五其義紀之以三故置一得三又二十五分之六凡二十五置終天之數得八十一以天地五位之合終於十者乘之為八百一十分應歷一統孟康曰十九歲為一章一統凡八十一章千五百三十九歲之章數黃鐘之實也由此之義起

十二律之周徑孟康曰律孔徑三分參天數也圍九分終天數也地之數始於二終於三十其義紀之以兩故置一得二凡三十置終地之數得六十以地中六數乘之為二百六十分當期之日林鍾之實也孟康曰林鍾長六寸圍六分以圍乘長得二百六十分人者繼天順地序氣成物統八卦調八風理八政正八節諧八音舞八風監八方被八荒以終天地之功故八八六十四其義極天地之變以天地五位之合終於十者乘之為六百四十分以應六十四卦太簇之實也孟康曰太簇長八寸

圍八分為積六百四十分也

案漢志以黃鐘林鐘太簇三律之長自相乘又因之以十也黃鐘長九寸九九八十一又以十因之為八百一十林鐘長六寸六六三十六又以十因之為三百六十太簇長八寸八八六十四又以十因之為六百四十黃鐘應歷一統林鐘當期之日太簇應六十四卦皆倚數配合為說而已獨黃鐘云由此之義起十二律之周徑蓋黃鐘十其廣之分以為長十一其

長之分以為廣故空圍九分積八百一十分其數與此相合長九寸積八百一十分則其周徑可以數起矣即胡安定所謂徑三分四釐六毫圍十分二釐八毫者是也孟康不察乃謂凡律圍徑不同各以圍乘長而得此數者蓋未之考也

後漢鄭康成月令註曰凡律空圍九孔穎達疏曰諸律雖短長有差其圍皆以九分為限蔡邕銅龠銘曰龠黃鐘之宮長九寸空圍九分容秬黍一千二百粒稱重十二銖兩之為一合三分損

益轉生十一律月令章句曰古之為鐘律者以耳齊其聲後人不能則假數以正其度度正則音已正矣鐘以斤兩尺寸中所容受升斗之數為法律亦以寸分長短為度故曰黃鐘之管長九寸徑三分其餘稍短雖大小圍數無增減以度量者可以文載口傳與衆共知然不如耳決之明也韋昭周語註曰黃鐘之變也管長九寸徑三分圍九分因而九之九九八十一故黃鐘之數立焉

案鄭康成月令註云凡律空圍九分蔡邕銅龠銘亦云空圍九分蓋空圍中廣九分也東都之亂樂律散亡邕之時未亂當親定之又曉解律呂而月令章句

云徑三分何也孟康韋昭之時漢斛雖在而律不存矣康昭等不通律呂故康云黃鍾林鍾太簇圍徑各異昭云黃鍾徑三分皆無足怪者隋氏之失豈康昭等有以啟之與不知而作宜聖人所深戒也

魏徵隋志曰開皇元年平陳後牛弘辛彥之鄭譯何妥等參考古律度合依時代制隶其黃鍾之管俱徑三分長九寸度自有損益故聲有高下圍徑長短與度而差故容黍不同今列其數云

晉前尺黃鐘容黍八百八粒

梁法尺黃鐘容八百二十八

梁表尺黃鐘三其一容九百二十五其一容九百一

十其一容一千一百二十

漢官尺黃鐘容九百三十九

古銀錯題黃鐘龠容一千二百

宋氏尺卽鐵尺黃鐘凡二其一容一千二百其一容

一千四十七

後魏前尺黃鍾容一千一百一十五
後周玉尺黃鍾容一千二百六十七
後魏中尺黃鍾容一千五百五十五
後魏後尺黃鍾容一千八百一十九
東魏尺黃鍾容二千八百六十九
萬寶常水尺律母黃鍾容黍一千三百二十
梁寶鐵尺律黃鍾副别者其長短及日空之圍徑並
同而容黍或多或少皆是作者旁庣其腹使有盈

虛

案梁表尺三律與宋氏尺二律容受不同史謂作者旁庣其腹使有盈虛則當時制作之跡亦可見矣晉前尺律黃鐘止容八百八黍者失在於徑三分也古銀錯與玉尺玉斗合玉斗之容受與晉前尺徑三分四釐六毫者不甚相遠但玉尺律徑不及三分故其律遂長而尺長於晉前尺寸五分八釐蓋自漢魏而下造律竟不能成而度之長短量之容受權衡之輕

重皆戾於古大率皆由徑三分之說誤之也

本朝胡安定律呂議曰案歷代律呂之制黃鍾之管長九十黍之廣積九寸度之所由起也容千二百黍積八百一十分量之所由起也重十有二銖權衡之所由起也既度量權衡皆出於黃鍾之龠則黃鍾之龠圍徑容受可取四者之法交相酬驗使不失其實也今驗黃鍾律管每長一分內實十三黍又三分黍之一圍中容九方分也後世儒者執守孤法多不能貫知權量之法但

制尺求律便為堅證因謂圍九分者取空圍圓長九分爾以是圍九分之誤遂有徑三分之說若從徑三圍九之法則黄鐘之管止容九百黍積止六百七分半如此則黄鐘之聲無從而正權量之法無從而生周之嘉量漢之銅斛皆不合其數矣

案十二律圍徑自先漢以前傳記並無明文惟班志云黄鐘八百一十分由此之義起十二律之周徑然其說乃是以律之長自乘而因之以十蓋配合為說

耳未可以為據也惟審度章云一黍之廣度之九十分黃鍾之長一為一分嘉量章則以千二百黍實其龠謹權衡章則以千二百黍為十二銖則是累九十黍以為長積千二百黍以為廣可見也夫長九十黍容千二百黍則空當圍有九方分乃是圍十分三釐八毫徑三分四釐六毫也每一分容三十黍又三分黍之一以九十因之則一千二百也又漢斛銘文云律嘉量方尺圓則外庛旁九釐五毫冪百六十二寸

深尺積一千六百二十寸容十斗嘉量之法合龠為合十合為升十升為斗十斗為石十石積一千六百二十寸為分者一百六十二萬一斗積一百六十二寸為分者十六萬二千一升積十六寸二分為分者一萬六千二百一合積一寸六分二釐為分者一千六百二十則黃鍾為龠為八百一十分明矣空圍八百一十分則長累九十黍廣容一千二百黍矣蓋十其廣之分以為長十一其長之分以為廣自然之數

也自孟康以律之長十之一為圍之謬其後韋昭之徒遂皆有徑三分之説而隋志始著以為定論然衆九十黍徑三黍止容黍八百有奇終與一千二百黍之法兩不相通而律竟不成唐因聲制樂雖近於古而律亦非是本朝承襲皆不能覺獨胡安定以為九分者方分也以破徑三分之法然所定之律不本於聲氣之元一取之秬黍故其度量權衡皆與古不合又不知變律之法但見仲呂反生不及黃鐘之數乃

遷就林鐘以下諸律圍徑以就黃鐘清聲以夷則南呂為徑三分圍九分無射為徑二分八釐圍八分四釐應鐘為徑二分六釐五毫圍七分九釐五毫夫律以空圍之同故其長短之異可以定聲之高下而其所以為廣狹長短者又莫不有自然之數非人之所能為也今其律之空圍不同如此則亦不成律矣遂使十二律之聲皆不當位反不如和峴舊樂之為條理亦可惜也房庶以徑三分周圍九分累黍容受不

能相通遂廢一黍為三分之法而增益班志八字以就其說范蜀公乃從而信之過矣

黃鍾之實第三

淮南子曰規始於一一不生故分而為陰陽陰陽合和而萬物生故曰一生二二生三三生萬物天地三月而為一時故祭祀三飯以為禮喪紀三踊以為節兵重三軍以為制三參物三三如九故黃鍾之九寸而宫音調因而九之九九八十一故黃鍾之數立焉黃者土德之色

鐘者氣所鍾也日冬至德氣為土土色黄故曰黄鐘律之數六分為雌雄故曰十二鐘以副十二月十二各以三成故置一而十一三之為積分十七萬七千一百四十七黄鐘大數立焉　前漢志曰太極元氣函三為一極中也元始也行於十二辰始動於子參之於丑得三又參之於寅得九又參之於卯得二十七又參之於辰得八十一又參之于巳得二百四十三又參之於午得七百二十九又參之於未得二千一百八十七又參之

於申得六千五百六十一又參之於酉得萬九千六百
八十三又參之於戌得五萬九千□□四十九又參之
於亥得十七萬七千一百四十七此陰陽合德氣鍾於
子化生萬物者也　律書曰置一兩九三之以為法實
如法得長一寸凡得九寸命曰黃鍾之律
案淮南子謂置一兩十一三之以為黃鍾之大數即
此置一兩九三之以為寸法者其術一也夫置一兩
九三之既為寸法則七三之為分法五三之為釐法

三三之為毫法一三之為絲法從可知矣律書獨舉寸法者蓋已生於鐘分內黙具律寸分釐毫絲之法而又於此律數之下指其大者以明凡例也一三之而得三三三之而得二十七五三之而得二百四十三七三之而得二千一百八十七九三之而得一萬九千六百八十三故一萬九千六百八十三以九分之則為二千一百八十七二千一百八十七以九分之則為二百四十三三百四十三以九分之則為二

十七二十七以九分之則為三三者絲法也九其三得二十七則毫法也九其二十七得二百四十三則釐法也九其二百四十三得二千一百八十七則分法也九其二千一百八十七得一萬九千六百八十三則寸法也一寸九分一分九釐一釐九毫一毫九絲以之生十一律以之生五聲二變上下乘除參同契合無所不通蓋數之自然也顧自淮南太史公之後即無識其意者如京房之六十律雖亦用此十七

萬七千一百四十七之數然乃謂不盈寸者十之所得爲分又不盈分者十之所得爲小分以其餘爲强弱不知黃鍾九寸以三損益數不出九苟不盈分者十之則其奇零無時而能盡雖泛以强弱該之而卒無以見强弱之所幾何則其數之精微固有不可得而紀者矣至於杜佑胡瑗范蜀公等則又不復知有此數而以意強爲之法故通典則自南呂而下各自爲法固不可以見分釐毫絲之實胡范則止用八百

一十分乃是以積實生量之數為律之長而其因乘之法亦用十數故其餘算亦皆棄而不録蓋非有意於棄之實其重分累析至於無數之可紀故有所不得而録耳夫自絲以下雖非目力之所能分然既有其數而或一算之差則法於此而遂變不以約十為九之法分之則有終不可得而齊者故淮南太史公之書其論此也已詳特房等有不察耳司馬貞史記索隠注黄鐘八寸十分一云律九九八十一故云八寸十分一漢書云長九寸者九分之寸也此則古人論律以九分

為寸之明驗也

三分損益上下相生第四

呂氏春秋曰黄鐘生林鐘林鐘生太蔟太蔟生南呂南呂生姑洗姑洗生應鐘應鐘生蕤賓蕤賓生大呂大呂生夷則夷則生夾鐘夾鐘生無射無射生仲呂三分所生益之一分以上生三分所生去其一分以下生黄鐘大呂太蔟夾鐘姑洗仲呂蕤賓為上林鐘夷則南呂無射應鐘為下　淮南子曰黄鐘位子其數八十一主十

一月下生林鐘林鐘之數五十四主六月上生太簇太
簇之數七十二主正月下生南呂南呂之數四十八主
八月上生姑洗姑洗之數六十四主三月下生應鐘應
鐘之數四十二主十月上生蕤賓蕤賓之數五十六主
五月上生大呂大呂之數七十六主十二月下生夷則
夷則之數五十一主七月上生夾鐘夾鐘之數六十八
主二月下生無射無射之數四十五主九月上生仲呂
仲呂之數六十主四月極不生

案呂氏淮南子上下相生與司馬氏律書漢前志不同雖大呂夾鐘仲呂用倍數則一然呂氏淮南不過以數之多寡為生之上下律呂陰陽皆錯亂而無倫非其本法也

律書生鐘分

子一分　丑三分二　寅九分八　卯二十七分十六　辰八十一分六十四　巳二百四十三分一百二十八　午七百二十九分五百一十二　未二千

十一分四千口口九十六　酉一萬九千六百八十
三分八千一百九十二　戌五萬九千口口四十九
分三萬二千七百六十八　亥一十七萬七千一百
四十七分六萬五千五百三十六

案此即三分損益上下相生之數其分字以上者皆黃鍾之全數子律數寅寸數辰分數午釐數申毫數戌絲數其正卯巳未酉亥則三分律寸分釐毫絲之法也其分字以下者諸律所取於黃鍾長短之數也假令子一分則一為九寸是黃鍾之全數丑三分二則一為三寸三三如九亦是黃鍾之九寸

（二分取其二故林鐘得六寸寅九分八則一為一寸亦是黄鐘之九寸九分取其八故太簇得八寸）其上下相生之敘則晉志所謂在六律為陽則當位自得而下生於陰六呂為陰則得其所衝而上生於陽者是也（丑為林鐘卯為南呂巳為應鐘未為大呂酉為夾鐘亥為仲呂）大呂夾鐘仲呂止得半聲必用倍數乃與天地之氣相應其寸分釐毫絲皆積九以為法詳見上章

漢前志曰黄鐘三分損一下生林鐘三分林鐘益一上生太簇三分太簇損一下生南呂三分南呂益一上生

姑洗三分姑洗損一下生應鐘三分應鐘益一上生蕤賓三分蕤賓損一下生大呂三分大呂益一上生夷則三分夷則損一下生夾鐘三分夾鐘益一上生無射三分無射損一下生仲呂陰陽相生自黃鐘始而左旋八八為伍

律書曰術曰以下生者倍其實三其法上生者四其實三其法（假令黃鐘九寸下生則倍其實為一尺八寸三其法乃為六寸而得林鐘林鐘六寸上生則四其實為二尺四寸三其法乃為八寸而得太簇他皆倣此）

漢後志曰術曰陽以圓為形其性動陰以方為節其性靜動者數三

靜者數二以陽生陰倍之以陰生陽四之皆三而一陽生陰曰下生陰生陽曰上生上生不得過黃鐘之清濁下生不得及黃鐘之數實皆參天兩地圓蓋方覆六耦承奇之道也黃鐘律呂之首而生十一律者也

和聲第五

漢前志曰黃鐘為宮則太簇姑洗林鐘南呂皆以正聲應無有忽微不復與他律為役者同心一統之義也非黃鐘而他律雖當其月自宮者則其和應之律有空積

忽微不得其正此黄鍾至尊無與並也

案黄鍾為十二律之首他律無大於黄鍾故其正聲不為他律役其半聲當為四寸五分而前乃云無者以十七萬七千一百四十七之數不可分又三分損益上下相生之所不及故亦無所用也至於大呂之變宮夾鍾之羽仲呂之徵蕤賓之變徵夷則之角無射之商自用變律半聲非復黄鍾矣此其所以最尊而為君之象然亦非人之所能為乃數之自然他律

雖欲復之而不可得也此一節最為律呂旋宫用聲之綱領古人言之已詳唯杜佑通典再生黄鍾之法為得之而他人皆不及也佑說見下條

漢後志京房六十律

黄鍾 子　黄鍾生林鍾 未

林鍾生太簇 寅　太簇生南呂 酉

南呂生姑洗 辰　姑洗生應鍾 亥

應鍾生蕤賔 午　蕤賔生大呂 丑

大呂生夷則 申　夷則生夾鐘 卯

夾鐘生無射 戌　無射生仲呂 巳

仲呂生執始 子　執始生去滅 未

去滅生時息 寅　時息生結躬 酉

結躬生變虞 辰　變虞生遲內 亥

遲內生盛變 午　盛變生分否 丑

分否生解形 申　解形生開時 卯

開時生閉掩 戌　閉掩生南中 巳

南中生丙盛 子　丙盛生安度 未

安度生屈齊 寅　屈齊生歸期 酉

歸期生路時 辰　路時生未育 亥

未育生離宮 午　離宮生凌陰 丑

凌陰生去南 申　去南生族嘉 卯

族嘉生鄰齊 戌　鄰齊生內負 巳

內負生分動 子　分動生歸嘉 未

歸嘉生隨時 寅　隨時生未卯 酉

未卯生形始 辰　形始生遲時 亥

遲時生制時 午　制時生少出 丑

少出生分積 申　分積生爭南 卯

爭南生期保 戌　期保生物應 巳

物應生質末 子　質末生否與 未

否與生形晉 寅　形晉生惟汗 酉

惟汗生依行 辰　依行生包育 亥

包育生謙待 未　謙待生未知 寅

未知生白呂酉　白呂生南授辰
南授生分烏亥　分烏生南事午
案世之論律者皆以十二律爲循環相生不知三分
損益之數往而不返仲呂再生黃鍾止得八寸七分
有奇不成黃鍾正聲京房覺其如此故仲呂再生别
名執始轉生四十八律其三分損益不盡之筭或棄
或增夫仲呂上生不成黃鍾京房之見則是矣至於
轉生執始八律則是不知變律之數止於六者出於

自然不可復加雖强加之而亦無所用也況律學微妙其生數立法正在毫釐秒忽之間今乃以不盡之算不容損益遂或棄之或增之則其畸贏贅虧之積亦不得為此律矣又依行在辰上生包育編於黃鍾之次乃是隔九其黃鍾林鍾太簇南呂姑洗每律統五律蕤賓應鍾每律統四律大呂夾鍾仲呂夷則無射每律統三律三五不周多寡不例其與反生黃鍾相去五十百步之間耳意者房之所傳出於焦氏焦

氏卦氣之學亦去四而為六十故其推律亦必求合
卦氣之數不知數之自然在律者不可增而於卦者
不可減也何承天劉焯譏房之病蓋得其一二然承
天與焯皆欲增林鐘已下十一律之分使至仲吕反
生黄鐘還得十七萬七千一百四十七之數如此則
是惟黄鐘一律成律他十一律一不應三分損益之
數其失又甚於房矣可謂目察秋毫而不見其睫也
杜佑通典曰陳仲儒云調聲之體宫商宜濁徵羽宜清

若依公孫崇止以十二律而云還相為宮清濁悉足非惟未練五調調器之法至於五聲次第自是不足何者黄鍾為聲氣之元其管最長故以黄鍾為宮太蔟為商林鍾為徵則一相順若均之八音猶須錯採衆聲配成其美若以應鍾為宮大呂為商蕤賓為徵則徵濁而宮清雖有其韻不成音典若以無射為宮則十二律中惟得取呂為徵其商角羽並無其韻若以仲呂為宮則十二律内全無所取何者仲呂為十二律之窮變律之首

也依京房書仲呂為宮乃以去滅為商執始為徵然後成韻而崇乃以仲呂為宮猶用林鐘為商黄鐘為徵何由可諧

案仲儒所以考公孫崇者當矣其論應鐘為宮大呂為商蕤賓為徵商徵皆濁於宮雖有其韻不成音曲又謂仲呂為宮則十二律内全無所取尤為的切然仲儒所生是京氏六十律不知依行為宮包育為徵果成音曲乎果有其韻乎蓋仲儒知仲呂之反生不

可為黃鐘而不知變至於六則數窮不生雖或增或棄或就使然之數強生餘律亦無所用也

通典曰十二律相生之法自黃鐘始黃鐘之管九寸三分損益下生林鐘林鐘上生太簇太簇下生南呂南呂上生姑洗姑洗下生應鐘應鐘上生蕤賓蕤賓上生大呂大呂下生夷則夷則上生夾鐘夾鐘下生無射無射上生仲呂仲呂之管長六寸一萬九千六百八十三分寸之萬二千九百七十四此謂十二律長短相生一終於仲呂之法又制十二鐘以准十二律之

正聲又鳧氏為鍾以律計自倍半以子聲則正聲則正聲為倍以正聲比子聲則子聲為半但先儒釋用倍聲有二義一義云半十二律正律為十二子聲之鍾二義云從於仲呂之管寸數以三分益一上生黃鍾以所得管之寸數然後半之以為子聲之鍾其為變正聲之法者以黃鍾之管正聲九寸子聲則四寸半又上下相生之法者以仲呂之管長六寸一萬九千六百八十三分寸之萬二千九百七十四上生黃鍾三分益一得八寸

五萬九千口口四十九分寸之五萬一千八百九十六半之得四寸五萬九千口口四十九分寸之二萬五千九百四十分以為黃鐘又上下相生以至仲呂皆以相生所得之律寸數半之以為子聲之律

案此說黃鐘九寸生十一律有十二子聲所謂正律正半律也又自仲呂上生黃鐘黃鐘八寸五萬九千口口四十九分寸之五萬一千八百九十六又生十一律亦有十二子聲即所謂變律變半律也正變及

半凡四十八聲上下相生最得漢志所謂黄鍾不復為他律役之意與律書五聲大小次第之法但變律止於應鍾雖設而無所用則其實三十六聲而已其間陽律不用變聲而黄鍾又不用正半聲陰律不用正半聲而應鍾又不用變半聲其實止二十八聲而已其詳見於前篇之八章

五聲小大之次第六

國語曰大不踰宫細不過羽夫宫音之主也第以及羽

律書曰律數九九八十一以為宮三分去一五十四以為徵三分益一七十二以為商三分去一四十八以為羽三分益一六十四以為角

通典曰古之神瞽考律均聲必先立黄鍾之均五聲十二律起於黄鍾之管以九寸為法度其中氣明其陽數之極故用九自乘為管絲之數九九八十一其增減之法又以三為度以上生者皆三分益一下生者皆三分去一宮生徵三分宮數八十一則分各二十七下生者去一去二十七餘有五十四以為徵故徵數五十四也徵生商三分徵數五十四則分各十八上生者益一加十八

於五十四得七十二以為商故商數七十二也商生羽三分商數七十二則分各二十四下生者去其一去二十四得四十八以為羽故羽數四十八也羽生角三分羽數四十八則分各十六上生者益一加十六於四十八則得六十四以為角故角數六十四也此五聲小大之次也是黃鍾為均用五聲之法以下十一辰辰各有五聲其為宮商之法亦如之辰各有五聲合為六十聲是十二律之正聲也

案宮聲之數八十一商聲之數七十二角聲之數六十四徵聲之數五十四羽聲之數四十八是黃鍾一

均之數而十一律於此取法焉通典所謂以下十一辰辰各五聲其為宮為商之法亦如之者是也夫以十二律之宮長短不同而其臣民事物尊卑莫不有序而不相陵犯良以是耳沈括不知此理乃以為五十四在黃鍾為徵在夾鍾為角在仲呂為商者其亦誤矣俗樂之有清聲蓋亦畧知此意但不知仲呂反生黃鍾黃鍾自林鍾再生太簇皆為變律已非黃鍾太簇之清聲耳胡安定知其如此故於四清聲皆小

其圍徑則黃鍾太簇二聲雖合而大呂夾鍾二聲又非本律之半且自夷則至應鍾四律皆以次小其圍徑以就之遂使十二律五聲皆有不得其正者則亦不成樂矣若李照蜀公止用十二律則又全然不知此理者也蓋樂之和者在於三分損益樂之辨者在於上下相生若李照蜀公之法其合於三分損益者則和矣自夷則已降則其臣民事物豈能尊卑有辨而不相陵犯乎晉荀勗之笛 梁武帝之通亦不知此

而有作者也

變宮變徵第七

春秋左氏傳晏子曰先王之濟五味和五聲也以平其心成其政也聲亦如味一氣二體三類四物五聲六律七音八風九歌以相成也　漢前志曰書曰予欲聞六律五聲八音七始詠以出納五言汝聽　淮南子曰宮生徵徵生商商生羽羽生角角生應鍾不比於正音故為和應鍾生蕤賓不比於正音故為繆　通典注曰應

鐘為變宮蕤賓為變徵自殷以前但有五音自周以後加文武二聲謂之七聲五聲為正二聲為變變者和也案宮與商商與角徵與羽相去皆一律角與徵羽與宮相去獨二律一律則近而和三律則遠而不相及故宮羽之間有變宮角徵之間有變徵此亦出於自然左氏所謂七音漢前志所謂七始是也然五聲者正聲故以起調畢曲為諸聲之綱至二變聲則宮不成宮徵不成徵不比於正音但可以濟五聲之所不

及而已然有五音而無二變亦不可以成樂也

六十調第八

周禮曰春官大司樂凡樂圜鐘為宮黃鐘為角太簇為徵姑洗為羽雷鼓雷鼗孤竹之管雲和之琴瑟雲門之舞冬日至於地上之圜丘奏之若樂六變則天神皆降可得而禮矣凡樂函鐘為宮太簇為角姑洗為徵南呂為羽靈鼓靈鼗絲竹之管空桑之琴瑟咸池之舞夏日至於澤中之方丘奏之若樂八變則地示皆出可得而

禮矣凡樂黃鐘為宮大呂為角太簇為徵應鐘為羽路鼓路鼗陰竹之管龍門之琴瑟九德之歌九磬之舞於宗廟之中奏之若樂九變則人鬼可得而禮也

案此祭祀之樂不用商聲只有宮角徵羽四聲無變宮變徵蓋古人變宮變徵不為調也左氏傳曰中聲以降五降之後不容彈矣夫五降之後更有變宮變徵而曰不容彈者以二變之不可為調也或問周禮大司樂說宮角徵羽與七聲不合如何朱子曰此是降神之樂如黃鐘為宮大呂為角太簇為徵應鐘為羽自是四

律舉其一者而言之以大呂為角則南呂為宮太簇為徵則林鍾為宮應鍾為羽則太簇為宮以七聲推之合如此注家之說非也

禮記禮運曰五聲六律十二管還相為宮也鄭氏注曰五聲宮商角徵羽也其管陽曰律陰曰呂布十二辰始於黃鍾管長九寸下生者三分去一上生者三分益一終於仲呂更相為宮凡六十也孔氏疏曰黃鍾為第一宮下生林鍾為徵上生太簇為商下生南呂為羽上生姑洗為角林鍾為第二宮上生太簇為徵下生南呂為

商上生姑洗為羽下生應鐘為角太簇為第三宮下生
南呂為徵上生姑洗為商下生應鐘為羽上生蕤賓為
角南呂為第四宮上生姑洗為徵下生應鐘為商上生
蕤賓為羽下生大呂為角姑洗為第五宮下生應鐘為
徵上生蕤賓為商上生大呂為羽下生夷則為角應鐘
為第六宮上生蕤賓為徵上生大呂為商下生夷則為
羽上生夾鐘為角蕤賓為第七宮上生大呂為徵下生
夷則為商上生夾鐘為羽下生無射為角大呂為第八

宮下生夷則為徵上生夾鍾為商下生無射為羽上生仲呂為角夷則為第九宮上生夾鍾為徵下生無射為商上生仲呂為羽上生黃鍾為角夾鍾為第十宮下生無射為徵上生仲呂為商上生黃鍾為羽下生林鍾為角無射為第十一宮上生仲呂為徵上生黃鍾為商下生林鍾為羽上生太簇為角仲呂為第十二宮上生黃鍾為徵下生林鍾為商上生太簇為羽下生南呂為角是十二宮各有五聲凡六十聲　淮南子曰一律而五

音十二律而為六十音因而六之六六三十六故三百六十音以當一歲之日故律歷之數天之道也

案聲者所以起調畢曲為諸聲之綱領禮運所謂還相為宮所以始於黃鐘終於南呂也後世以變宮變徵參而八十四調其亦不考也

候氣第九

後漢志候氣之法為室三重戶閉塗釁必周密布緹縵室中以木為案每律各一內卑外高從其方位加律其

上以葭莩灰抑其内端案歷而候之氣至者灰去其為氣所動者其灰散人及風所動者其灰聚　隋志後齊神武霸府田曹參軍信都芳深有巧思能以管候氣仰觀雲色嘗與人對語即指天曰孟春之氣至矣人往驗管而飛灰以應每月所候言皆無爽又為輪扇二十四埋地中以測二十四氣每一氣感則一扇自動他扇自住與管灰相應若符契焉開皇九年平陳後高祖遺毛爽及蔡子元于普明等以候節氣依古於三重密室之

内以木為案十有二具每取律吕之管隨十二辰位置于案上而以土埋之上平於地中實葭莩之灰以輕緹素覆律口每其月氣至與律冥符則灰飛衝素散出于外而氣應有早晚灰飛有多少或初入月其氣即應或至中下旬間氣始應者或灰飛出三五夜而盡或終月纔飛少許者高祖異之以問牛弘牛弘對曰灰飛半出為和氣吹灰全出為猛氣吹灰不能出者為衰氣和氣應者其政平猛氣應者其臣縱衰氣應者其君暴高祖

駁之曰臣縱君暴其政不平非月别而有異也今十二月於一歲之内應用不同安得暴君縱臣若斯之甚也弘不能對令奕等草定其法奕因揩諸故實以著于篇名曰律譜其畧云漢興張蒼定律乃推五勝之法以為水德實因戰國官失其守後秦滅學其道浸微蒼補綴之未獲詳究及孝武創制乃置協律之官用李延年以為都尉頗解新聲變曲未達音律之源至於元帝自曉音律郎官京房亦達其抄於後劉歆典領奏著其始末

理漸研精班氏漢志盡歆所出也司馬彪志並房所出也至於漢後尺度稍長魏代杜夔亦制律吕以之候氣灰悉不飛晉光祿大夫荀勗得古銅管校夔所制長古四分方知不調事由其誤乃依周禮更造古尺用之定管韻始調左晉之後漸又訛謬至梁武帝時猶有汲冢玉律宋蒼梧時鑽為横吹然其長短厚薄大體具存臣先人栖誠學算祖暅問律於何承天沈研三紀頗達其妙後為太常丞典司樂職乃取玉管及宋太史尺並以

聞奏詔付大匠依樣制管自斯以後律又飛灰候景之亂臣兄喜於大樂得之後陳宣帝詔荆州為質俄遇梁元帝敗喜沒於周適欲上聞陳武帝立遂以十二管衍為六十律私候氣序並有徵應至大建乃與均鐘器合

案律者陽氣之動陽聲之始必聲和氣應然後可以見天地之心今不此之先而乃區區於黍之縱橫古錢之大小其亦難矣然非精於律數則氣節亦未易正也

度量權衡第十

周禮典瑞璧羨以起度玉人璧羨度尺好三寸以為度
案爾雅曰肉倍好謂之璧羨延也此璧本圓徑九寸好三寸肉六寸而裁其兩旁各半寸以益上下也其好三寸所以為璧也裁其兩旁以益上下所以為羨也袤十寸廣八寸所以為度尺也以為度者以為長短之度也則周家十寸八寸皆為尺矣陳氏曰以十寸之尺起度則十尺為丈十丈為引以八寸之尺起

度則八尺為尋倍尋為常 説文曰人手卻十分動脈為寸口十寸為尺周制寸咫尺尋常初皆以人體為法又曰婦人手八寸謂之周尺也又曰丈夫手也周制以八寸為尺十尺為丈人長八尺故曰丈夫

淮南子曰秋分蔈定蔈定而禾熟律之數十二故十二蔈而當一粟十二粟而當一寸律以當辰音以當日日之數十故十寸而為尺十尺而為丈 説苑曰度量權衡以粟生之一粟為一分十分為一寸十寸為一尺十尺為一丈 易緯通卦驗以十馬尾為一分 孫子算

子術曰蠶所吐絲為忽十忽為一絲十絲為一毫十毫便為一氂十氂為一分十分為一寸十寸為一尺十尺為一丈　漢前志曰度者分寸尺丈引也所以度長短也本起黃鐘之長以子穀秬黍中者一黍房庶云得古本漢書一黍字下有之起積一千二百黍八字今本漢書闕之之廣度之九十分黃鐘之長一為一分十分為寸十寸為尺十尺為丈十丈為引而五度審焉

案一黍之廣為分故累九十黍為黃鐘之長積二千

百黍為黃鐘之廣古人蓋三五以存法也自晉宋以來儒者論律圍徑始有同異至隋因定圍徑三分之說苟徑三分則九十黍之長止容黍八百有竒與千二百黍之廣兩不相通矣房庶不知徑三分之為誤乃欲增益漢志之文以就其說范蜀公又從而信之其過益又甚矣

隋志十五等尺

一周尺 前漢志王莽時劉歆銅斛尺 後漢建武銅尺 晉荀勗律尺為晉前尺 祖冲之所傳

銅尺 晉武帝泰始九年中書監荀勗校太樂八音不和始知為後漢至魏尺長於古尺四分有餘勗乃部著作郎劉恭依周禮制尺所謂古尺也依古尺更鑄銅律呂以調聲韻以尺量古器與本銘尺寸無差又汲郡盜發魏襄王冢得古周時玉律及鐘磬與新律聲韻闇同于時郡國或得漢時故鐘吹新律命之皆應梁武鐘律緯云祖冲之所傳銅尺其銘曰晉泰始十年中書考古器揆校今尺長四分半所校古法有七

一曰姑洗玉律二曰小呂玉律三曰西京銅望臬
四曰金錯望臬五曰銅斛六曰古錢七曰建武銅尺
姑洗微強西京望臬微弱其餘與此尺同銘八十二字此
尺者勗新尺也今尺者杜夔尺也　案此尺出於汲
冢之律與劉歆之斛最為近古蓋漢去古未遠古之
律度量權衡猶在也故班氏所志無諸家異同之論
王莽之制作雖不足據然律度量衡當不敢變於古
也自董卓之亂而樂律散亡故杜夔之律圍徑差小

而尺因以長荀勗雖定此尺然其樂聲高急不知當時律之圍徑又果何如也後周以玉斗生律玉斗之容受則近古矣然當時以斗制律圍徑不及三分其尺遂長於此尺一寸五分八釐意者後世尺度之差皆由律圍徑之誤也今司馬公所傳此尺者闕

而不可忽也　二晉田父玉尺梁法尺實比晉前尺一尺七釐世説稱有田父於野地中得周時玉尺便是天下正尺荀勗試以校己所造金石絲竹皆短校一米梁武帝鍾律緯稱從上相傳有周時銅尺一枚古玉律八枚檢周尺東昏用為章信尺不復存玉律一口蕭餘定七枚夾鍾有昔題刻乃制為尺以相參驗取細毫中黍積次訓定最為詳密以新尺制為四器名曰通又依新尺為笛以命古鍾　案此兩尺長短

近同　三梁表尺實比晉前尺一尺二分二釐一毫有奇蕭吉云出於司馬法梁朝刻其度於影表以測影　案此即祖暅所算造銅圭影表者也　四漢官尺（晉時始平掘地得古銅尺）實比晉前尺一尺三分七毫蕭吉云漢章帝時零陵文學史奚景於冷道縣舜廟下得玉律度為此尺傅暢晉諸公讚云荀勗新造鐘律時人並稱其精密惟陳留阮咸譏其聲高後始平掘地得古銅尺歲久欲腐以校荀勗今尺短校四分時人以

咸為神解此兩尺長短近同　五魏尺杜夔所調之律實比晉前尺一尺四分七釐　宋劉徽九章註云此尺長於王莽斛尺四分五釐然即其斛分以二千龠約之知其律止容七百二十分六釐六毫六絲有奇則其徑為三分三釐弱爾然則其斛分數與王莽斛分雖不同而其容受多寡相去未懸遠也　六晉後尺實比晉前尺一尺六分二釐蕭吉云晉氏江東所用　七後魏前尺實比晉前尺一尺二寸七釐

八中尺實比晉前尺一尺二寸一分一釐　九後尺實比晉前尺一尺二寸八分一釐（後周市尺開皇官尺即鐵尺一尺二寸）　此後魏初及東西分國後周未用玉尺之前雜用此等尺　十東魏後尺實比晉前尺一尺五寸八毫魏史律歷志云公孫崇永平中更造新尺以一黍之長累為寸法尋太常卿劉芳受詔修樂以秬黍中者一黍之廣即為一分而中尉元匡以一黍之廣度黍二縫以取一分三家統競久不能決太和十九年

高祖詔以一黍之廣用成分體九十之黍黄鍾之長以定銅尺有司奏從前詔而芳尺同高祖所制故遂典修金石迄武定未有論律者　十一蔡邕銅籥尺後周玉尺實比晉前尺一尺一寸五分八釐從上相承有銅籥一以銀錯題其銘見制律篇中祖孝孫云相承傳是蔡邕銅籥後周武帝保定中詔遣盧景宣長孫紹遠斛斯徵等累黍造尺從横不定後因修倉掘地得古玉斗以為正器據斗造律度量衡因用此尺大赦改

元天和百司行用終於大業之末其律與蔡邕古龠同 案銅龠玉斗二者當見古之嘉量當時據斗造尺但以容受乘除求之然自魏而下論律者多惑於三分之徑令以隋志所載玉斗容受析之為一十一萬八百分有奇一斗記二百龠以二百約之得五百五十四分有奇為一龠之分以算法考之其徑不及三分故其尺律遂長然權量與聲尚相依近也唐之度量權衡與玉斗相符則此尺爾

十二宋氏尺 錢樂之渾天儀

尺後周鐵尺實比晉前尺一尺六分四釐開皇初調鍾律
尺及平陳後調鍾律水尺此宋代人間所用尺傳入
齊梁陳以制樂制與晉後尺及梁時俗尺劉曜渾儀
尺畧相依近當由人間常用增損訛替之所致也周
建德六年平齊後即以此同律度量頒于天下其後
宣帝時達奚震及牛弘等議曰竊惟權衡度量經邦
懋軌誠須詳求故實考校得衷謹尋今之鐵尺是太
祖遺尚書故蘇綽所造當時檢勘用為前周之尺驗

其長短與宋尺符同即以調鍾律并用均田度地今以上黨羊頭山黍後漢書歷志度之若以大者稠黍依數滿尺實於黃鍾之律須撼乃容若以中者累尺雖復小稀實於黃鍾之律不動而滿計此二事之殊良由消息未善其於鐵尺終有一會且上黨之黍有異他鄉其色至烏其形圓重用之為量定不徒然正以時有水旱之差地有肥瘠之異取黍大小未必得中案許慎解秬黍體大本異於常疑今之大者正是

其中累百滿尺即是會古實龠之外纔剩十餘此恐
圍徑或差造律未妙就如撼動取滿論理亦通令勘
周漢古錢大小有合宋氏渾儀尺度又依淮南累粟
十二成寸明先王制法索隱鈎深以律計分義無差
異漢書食貨志云黃金方寸其重一斤今鑄金校驗
鐵尺為近依文據理符會處多且平齊之始已用宣
布今因而為定彌合時宜至於玉尺累黍以廣為長
累既有剩實復不滿尋訪古今恐不可用其晉梁尺

量過為短小以黍實管彌復不容據律調聲必致高急且八音克諧明王盛軌同律度量哲后通規臣等詳校前經勘量時事謂用鐵尺於理未便未及詳定高祖受終牛弘辛彥之鄭譯何妥等久議不決既平陳一以江東樂為善曰此華夏舊聲雖隨俗改變大體猶是古法祖孝孫云平陳後廢周玉尺律便用此鐵尺律以一尺二寸即為市尺　案此即本朝和峴所用影表尺也平陳以後蓋用此尺范蜀公以為即

令大府帛尺誤矣　十三開皇十年萬寶常所造律呂水尺實比晉前尺一尺一寸八分六釐今大樂庫及内出銅律一部是萬寶常所造名水尺律説稱其黄鐘律當鐵尺南呂倍聲南呂黄鐘羽也故謂之水尺律

案萬寶常之律與祖孝孫相近然亦皆徑三分之法也　十四雜尺劉曜渾天儀土圭尺實比晉前尺一尺五分　十五梁朝俗間尺實比晉前尺一尺七分一釐　案

十五等尺其間多無所取證所以存而不削者要見諸代之不同多由於累黍及圍徑之誤也

五代王朴準尺比漢前尺一尺二分見丁度表

本朝和峴用景表石尺比漢前尺一尺六分見丁度表

大府布市尺李照尺比漢前尺一尺三寸五分見溫公尺圖

阮逸胡瑗尺橫累一百黍比大府布帛尺七寸八分六釐與景表尺同見胡瑗樂義

鄧保信尺縱累百黍短于大府尺九分長于胡瑗尺九分五釐見鄧保信奏議

大晟樂尺徽宗皇帝指三節為三寸長于王朴尺二

寸一分和峴尺一寸八分弱阮逸胡瑗尺一寸七分短于鄧保信尺三分大府帛尺四分見大晟樂書

仁宗景祐三年丁度等詳定黍尺鍾律丁度等言鄧保信所製尺用上黨秬黍圓者一黍之長累百而成尺律管一據尺裁九十黍之長空徑三分圍九分容秬黍千二百遂用黍長為分再累成尺校保信尺律不同其龠合升斗深闊推以算法類皆差舛不同周漢量法阮逸胡瑗所製亦上黨秬黍中者累廣求尺制黃鍾之律今用再累成尺比逸所製又復不同至於律管龠合升斗

斛豆區鬴亦率類是盖黍有圓長大小而保信所用者圓黍又首尾相銜逸等止用大者故再考之即不同尺既有差故難以定鐘磬詳考古今之制自晉至隋累黍之法但求尺管不以權量參校故歷代黃鐘之管容黍之數不同惟後周掘地得古玉斗據斗造律兼制權量亦不同周漢制度故漢志有備數和聲審度嘉量權衡之說悉起於黃鐘今欲數器之制參伍無失則班志積分之法為近逸等以大黍累尺小黍實龠自戾本法保

信黍尺以長為分雖合後魏公孫崇說然當時已不施用況保信令尺以圓黍累之及首尾相銜又與實龠之黍再累成尺不同其量器分寸既不合古即權衡之法不可獨用詔悉罷之　又詔丁度等詳定大府寺并鄧保信阮逸胡瑗所制四尺度等言漢志審度之法云一黍之廣為分十分為寸十寸為尺先儒訓解經籍多引以為義歷世祖襲著之定令然而歲有豐儉地有磽肥就令一歲之中一境之内取黍校驗亦復不齊是蓋天

之生物理難均一古人立法存其大槩爾故前代制尺非特累黍必求古雅之器以黍校焉晉泰始十年荀公勗等校定尺度以調鍾律是為晉之前尺前史稱其意精密隋志所載諸代尺度十有五等以晉之前尺為本以其與姬周之尺劉歆銅斛尺建武銅尺相合竊惟周漢二代享年永久聖賢制作可取則焉而隋氏鑄毁金石典正之物罕復存者矣夫古物之有分寸明著史籍可以酬驗者惟有法錢而以周之圜法歷代曠遠莫得

兩詳察之半兩實重八銖漢初四銖其文亦曰半兩孝武之世始行五銖下洎隋朝多以五銖爲號既歷代尺度屢改故小大輕重鮮有同者惟劉歆制銅斛之世所鑄錯刀并大泉五十王莽天鳳元年改鑄貨布貨錢之類不聞後世復有鑄者臣等檢詳漢志通典唐六典大泉五十重十二銖徑一寸二分錯刀環如大泉身形如刀長二寸貨布重二十五銖長二寸五分廣一寸首長八分有奇廣八分足枝長八分間廣二分圓好徑二分

半貨泉重五銖徑一寸今以大泉錯刀貨布貨泉四物
相參校分寸正同或有小大輕重與本志微差者蓋當
時盜鑄既多不必皆中法度但當校其首足肉好長廣
分寸皆合正史者用之則銅斛之尺從而可知矣有唐
享國三百年其制作法度雖未逮周漢然亦可謂治安
之世矣今朝廷必求尺度之中當依漢錢分寸若以為
太祖膺圖受禪創制垂法嘗詔和峴等用景表尺典脩
金石七十年間薦之郊廟稽合唐制以示詒謀則可且

依景表舊尺俟有妙達鍾律之學者俾考正以從周漢之制王樸律準尺比漢錢尺寸長二分有奇比景表尺短四分既前代未嘗施用復經太祖朝更易其逸瑗保信照所用太府寺尺其制彌長去古彌遠不可依用謹考舊文再造景表尺一校漢錢尺二并大泉錯刀貨布貨泉總十七枚上進而高若訥卒用漢貨泉度一寸依隋書定尺十五種上之藏于太常寺　周禮㮚氏為量改煎金錫則不耗不耗然後權之權之然後準之準之

然後量之量之以為鬴深尺内方尺而圜其外其實一鬴鄭氏注曰以其容為之名也四升曰豆四豆曰區四區曰鬴鬴六斗四升也鬴十則鍾方尺積千寸於今粟米法少二升八十一分升之二十二其數必容鬴此言方耳圜其外者為之脣其脣一寸其實一豆故書脣作脣杜子春云當為脣謂覆之其底深一寸也其耳三寸其實一升耳在旁可舉也重一均三十斤聲中黃鍾之宮

案周鬴容六斗四升實一千二百八十龠計一百三萬六千八百分為一千三十六寸分嘗考漢制斛容十斗實二千龠計一百六十二萬分為一千六百二

十寸蓋方尺圓其外庣旁九釐五毫故冪百六十二寸深尺積一千六百二十寸今考周家八寸十寸皆為尺范蜀公曰周鬴方尺者八寸之尺深尺者十寸之尺方八寸圓其外庣其旁則冪一百三寸六分八釐深十寸則積一千三十六寸八分與漢斛同法無疑也鄭氏云方尺積千寸又云圓其外者為之脣二說皆非是方鄭氏之世漢斛尚在豈偶不及見歟抑鄭氏以為周鬴之制異於漢斛歟

漢志曰量者龠合升斗斛也所以量多少也本起於黃鍾之龠用度數審其容以子穀秬黍中者千有二百實其龠以井水準其槩合龠為合十合為升十升為斗十斗為斛而五量嘉矣其法用銅方尺而圜其外旁有庣焉其上為斛其下為斗左耳為升右耳為合龠其狀似爵上三下二參天兩地圜而函方左一右三陰陽之象也其圜象規其重二鈞備氣物之數合萬有一千五百二十聲中黃鍾之宮始於黃鍾而反覆焉　隋志載斛

銘曰律嘉量斛方尺而圓其外庣旁九釐五毫冪百六十二寸深尺積一千六百二十寸容十斗　魏陳留王景元四年劉徽注九章商功曰當今大司農斛圜徑一尺三寸五分五釐深一尺積一千四百四十一寸十分寸之三王莽銅斛於今寸為深九寸五分五釐徑一尺三寸六分八釐七毫以徽計於今斛為容容九斗七升四合有奇此魏斛大而尺長王莽斛小而尺短也　祖冲之以圜率考之此斛當徑一尺四寸三分六釐一毫

九秒二忽庣旁一分九毫有奇劉歆庣旁少一釐四毫有奇歆數術不精之所致也

桼斛銘文云方尺者所以起數也圜其外循四角而規圜之其徑當一尺四寸有奇也庣旁九釐五毫者徑一尺四寸有奇之數猶未足也冪百六十二寸者方尺冪百寸圜其外每旁約十五寸合六十寸庣其旁約二寸也深尺積一千六百二十寸者以十兩登也容十斗者一寸冪百六十二寸為容一斗積十寸容

一千六百二十寸為容十斗也漢志止言旁有庣焉不言九氂五毫者數猶有未足也祖冲之所算云少一氂四毫有奇是也劉安定之法積一千六百二十寸其律是也范蜀公之法積一千二百五十寸其律非也蜀公惑乎徑三分之說遂生圓分之法自古算法無所謂圓分也圓其外以為之脣與安定之法一尺六寸二分蜀公之深一尺二寸五分其制皆非也律之圍徑古無明文向非因量之積分則黃鍾之龠

亦無由可得其實自漢以下律之所以不成者其失皆所由也

淮南子曰十二粟而當一分十二分而當一銖十二銖而當半兩衡有左右因倍之故二十四銖為一兩天有四時以成一歲因而四之四四十六故十六兩為一斤三月而為一時三十日為一月故三十斤為一鈞四時而為歲故四鈞而為石　漢前志曰衡權者衡平也權重也衡所以任權而均物平輕重也本起於黃鍾之宫

一龠容千二百黍重十二銖兩之為兩二十四銖為兩十六兩為斤一十六斤為鈞四鈞為石忖為十八易有十八變之象也五權之制以義立之以物鈞之其餘小大之差以輕重為宜圜而環之令之肉倍好者周旋無端終而復始無窮已也　隋開皇中以古斗三升為一升以古稱三斤為一斤以一尺二寸為一尺大業中依復古法　大唐貞觀中張文收鑄銅斛稱尺升合咸得其數詔以其副藏於樂署至武延秀為太常卿以為奇

玩以律與古玉尺玉斗升合獻焉開元十七年將考宗廟樂有司請出之勑唯以銅律付太常而亡其九管今正聲有銅律三百五十六銅斛二銅稱二銅甌十四斛左右耳與臀皆正方積十而登以至於斛銘云大唐貞觀十年歲次玄枵月旅應鐘依新令累黍尺定律校龠成茲嘉量與古玉斗相符同律度量衡協律郎張文收奉勑脩定稱磬名云大唐貞觀稱同律度權衡匣上有朱漆題稱尺二字尺亡其跡猶存以今常用度量校之

尺當六之五衡量皆三之一一斛二稱是文收總章年
所造斛正圓而小與稱相符也
案萬寶常之樂當時以為近前漢之樂則是隋代漢
律雖已亡而樂聲猶存也魏延陵得玉律當時以漢
律較之所謂黃鍾乃當太簇肅宗之時不應更有漢
律蓋律之聲調耳張文收所定度量衡權與玉斗相
符者即此聲也夫後周玉斗意者必古之嘉量但無
寸分之數當時造律特以容受乘除取之自魏而降

律之圍徑不得其真多惑於徑三分之說故當時據斗造律圍徑既小其律必長律長則尺亦長矣今以隋志所載王斗分數求之其黃鍾之管止徑二分七釐七毫有奇圍八分一釐有奇冪五分五釐四毫有奇積五百五十四分有奇夫容受同則量與權當與古無異而樂之聲亦必依近焉故會要云唐樂器雖無法而聲不失於古自王樸以黍定尺以尺生律又惑於三分之徑聲與器始皆失之矣好古博雅君子

於此蓋不能無憾焉

朱子曰禮記註疏說五聲六律十二管還相為宮處極分明漢書所載甚詳然不得其要史記所載甚畧却是要緊處如說律數蓋自然之理與先圖皆一般更無安排但數到窮處又須變而生之却生變律國語有七律之說但韋昭解得無理會杜佑通典所筭分數極精蓋唐以前樂律尚有制度可考唐以後都無可考胡安定與阮逸李照議不合仁宗以胡安定阮逸樂書令天下名山藏之意思甚好司馬公與范蜀公議又不合司馬比范又低諸公於通典皆似未曾看只如沈存中筆談所收器數甚精亦似未曾看筆談所論過於范馬遠甚今世人無曉音律者即以器論說又紛紛如此是故李通之書諸儒莫能及也

廖子晦曰河出圖洛出書而起八卦九疇之數聽鳳鳴而生六律六呂之序然則黃帝造律一事與伏羲畫八卦大禹錫疇同功況度量權衡起於律而衡運生規規

生圓圓生矩繩直準平至於定四時與六樂悉由是出故曰律者萬事之根本學者詎可廢而不講哉

律呂新書卷二

總校官編修臣王燕緒
校對官員外臣張愼和
謄録監生臣駱鍾球